AF450497

TABLETTES DRAMATIQUES,

CONTENANT

L'Abrégé de l'Histoire du Théâtre François,

L'ETABLISSEMENT

Des Théâtres à Paris,

UN DICTIONNAIRE

Des Piéces,

ET L'ABREGE' DE L'HISTOIRE

Des Auteurs & des Acteurs.

DÉDIÉES

A S. A. S. M. LE DUC D'ORLEANS.

Par M. le Chevalier DE MOUHY.

Le prix six livres broché.

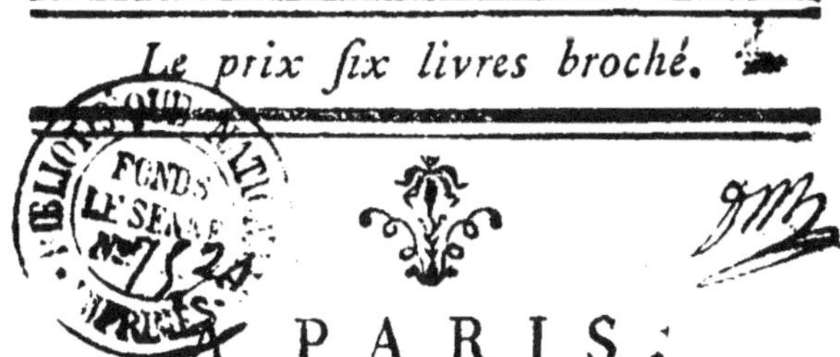

A PARIS;

Chez SEBASTIEN JORRY, Quai des Augustins,
près le Pont S. Michel, aux Cigognes.

M. DCC. LII.

Avec Approbation & Privilége du Roy.

A
SON ALTESSE SERENISSIME
MONSEIGNEUR
LE DUC D'ORLEANS.

ONSEIGNEUR,

Le Baron de Longepierre , mon oncle ,
qui a eu l'honneur de participer à l'Educa-
tion de feu Son Altesse Sérénissime Mon-
seigneur LE DUC D'ORLEANS , m'avoit

inſpiré dès l'enfance , l'attachement invio-
lable qu'il a conſervé tant qu'il a vécu pour
votre Auguſte Maiſon ; je me trouverois
infiniment heureux , ſi Votre Alteſſe Sérénis-
ſime, étoit bien perſuadée de celui que je lui ai
voué pour le reſte de ma vie. La protection qu'Elle accorde aux Belles - Lettres ,
m'a fait eſpérer qu'Elle ne déſaprouvera pas
la liberté que je prens de lui préſenter un
Ouvrage que j'ai fait pour ſon amuſement.
Je ſuis avec reſpect,

MONSEIGNEUR;

DE VOTRE ALTESSE SERENISSIME,

Le très-humble & très-
obéiſſant Serviteur

DE MOUHY.

PREFACE.

MON deſſein en commençant ce long & pénible Ouvrage, avoit d'abord été de comprendre dans le même ordre que celui qu'on a ſuivi dans le Dictionnaire, tout ce qui a rapport au Théâtre; j'avois raſſemblé pour cet effet avec ſoin, tous les matériaux néceſſaires pour l'exécution de ce projet; mais à peine ai-je mis la main à l'œuvre, que j'en ai compris toute la difficulté. Traiter tant de genres à la fois, c'étoit riſquer de ſe méprendre ſouvent. Cette juſte crainte m'a fait changer de réſolution, & m'a déterminé à ne parler ici que de la Comédie Françoiſe. J'ai donc remis après la publication de ce Livre, à donner au Public la Collection des Piéces des autres Théâtres. Elle paroîtra au commencement de l'année prochaine, ſera diviſée en deux parties : la première renfermera les Piéces de l'ancien & du nouveau Théâtre Italien, & la ſeconde tous les Ballets & Opéra, qui ont été repréſentés depuis l'origine de ce Spectacle juſqu'à ce jour.

J'ai pris pour guides dans les recherches que j'ai faites ſur le Théâtre François, les Écrivains qui ſe font le plus diftingués dans cette partie importante de la Littérature, mais leurs fecours ne me fuffifant pas, j'ai confulté les Regiftres de la Comédie, les Comédiens, & les gens du monde les plus éclairés fur cette matière.

Après avoir fait connoître les fources où j'ai puifé, ma délicateffe m'oblige à déclarer qu'on trouvera bien des chofes dans cet Ouvrage qui ne m'appartiennent pas, mais cette même délicateffe me force à taire le nom de ceux aufquels j'en ai l'obligation.

Je ne dois point entrer dans d'autres détails fans prier les Auteurs Dramatiques dont les noms font répandus dans ce Livre, de ne point me fçavoir mauvais gré d'avoir parlé d'eux comme des anciens Écrivains. Je fçai qu'il eft d'ufage de qualifier du nom de *Monfieur*, les Auteurs vivans, mais je me flatte qu'ils ne s'offenferont pas de fe voir traités comme les *Corneille*, les *Racine*, & les *Moliere*.

Je dois encore les prier, de ne point défapprouver la liberté que j'ai prife de marquer le nombre des repréfentations qu'ont eu leurs Piéces. Je n'aurois pas penfé à leur faire aucune excufe fur ce fujet, fi je n'avois été averti que quelques-uns d'entr'eux avoient déja défapprouvé cette liberté dans l'*Hiftoire du Théâtre François.* Pour la juftifier il ne faut qu'un mot. Le Public & les Connoiffeurs ne jugent pas toujours du mérite d'une Tragédie, ou d'une Comédie, par le nombre de fois qu'elle a été repréfentée. Ne fçait-on pas que la Cabale, & de certaines circonſtances, font réuſſir ou tomber les Piéces. Combien d'exemples ne pourrois-je pas en donner! Les vrais Connoiſſeurs & la Poſtérité, font les ſeuls Juges compétens ſur cette matière. Nous avons eu des Piéces, qui ont été repréſentées pendant pluſieurs mois, qui n'ont jamais été repriſes: & nous en connoiſſons d'autres, que l'on a voulu à peine entendre, qui ont été remiſes avec ſuccès, & que l'on revoit encore avec plaiſir.

Après cette réfléxion, qu'une aſſez longue expérience a dû me permettre, je dois rendre compte des motifs qui m'ont fait choiſir un genre d'impreſſion ſi contraire à l'uſage ordinaire. On auroit tenté vainement de renfermer dans un ſeul Volume, tout ce qui a été écrit ſur l'Hiſtoire du Théâtre François, ſi l'on n'avoit pas imaginé une manière d'imprimer, qui reſſerât dans une ſeule ligne, ce qu'on n'auroit pu rendre qu'avec pluſieurs; c'eſt à quoi l'on eſt enfin parvenu après bien des eſſais différens; mais l'obligation où l'on s'eſt trouvé de diviſer en cinq colonnes la largeur de chaque page du Dictionnaire, a demandé qu'on portât à la ſeconde ligne, le ſecond titre d'une Piéce; l'eſpace ne ſuffiſant pas à la premiere colonne pour inſérer les deux titres en entier: mais il ſera facile de ſuppléer à cet inconvénient, en comprenant dans le même coup d'œil ce qui reſte à lire du premier titre: ce ſeroit ſe défier de l'intelligence de ceux qui voudront bien faire uſage du Dictionnaire, que de propoſer un exemple; le Siècle eſt aujourd'hui trop éclairé pour qu'il reſte à l'Auteur aucune inquiétude ſur ce ſujet.

Mais je ne puis me difpenfer d'expliquer pourquoi l'on trouve fouvent des Etoiles à la colonne qui indique le nombre des repréfentations au lieu des chiffres : on n'en fera pas furpris quand on apprendra qu'avant Moliere les Comédiens n'avoient point de Regiftres , & que ce n'eft que depuis ce grand homme qu'ils en ont confervé l'ufage. Le premier des Regiftres de la Comédie Françoife eft du 6 Avril 1663 jufqu'au 6 Janvier 1664 , & le fecond reprend au 2 Janvier de la même année 1664 , & eft terminé le 4 Janvier 1665.

Je finirai par prier inftamment les Connoiffeurs de vouloir bien fuppléer aux omiffions que j'aurois pû faire ; je conçois bien que malgré tous les foins que je me fuis donné, & les recherches infinies que j'ai faites, il a pû m'échapper bien des fautes. Pour les réparer il convient qu'ils me les faffent connoître ; loin que leur critique me défoblige , je leur annonce d'avance que j'en ferai fort reconnoiffant. Malgré le befoin que j'ai d'indulgence , je fouhaite qu'on ne me pardonne rien , afin d'être en état de profiter des lumières qu'on aura bien voulu me procurer , fi je me trouve dans le cas de faire une autre Édition.

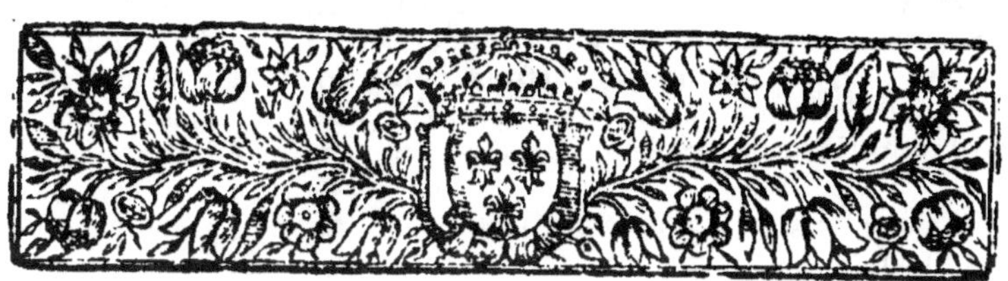

ABREGÉ DE L'HISTOIRE
DU
THEATRE FRANÇOIS.

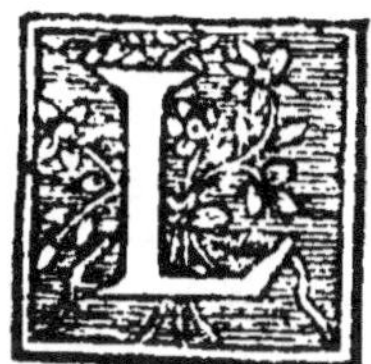

ES Histrions ou Farceurs commencérent à être connus sous les Rois de la premiere Race.

Charlemagne, informé de l'indécence de leurs
jeux, les supprima par une Ordonnance en 789.

Depuis cette défense, l'empressement du Peuple
pour le Spectacle, donna lieu à un abus encore plus
condamnable. Sous le prétexte de célébrer la Fête
du Saint, les Farces se représentoient jusques dans les Eglises; & dans
quelques-unes, sous le nom de *Fête des fous*, l'on y jouoit non-seulement
les bouffonneries les plus sacriléges, mais même on y chantoit les chansons les plus libres.

Ces abus durerent jusqu'en 1198. *Eudes de* SULLY, Evêque de *Paris*,
qui en fut justement indigné, s'éleva contre ces profanations; il les cen-
sura dans un Mandement. Sa fermeté les réprima, mais ils subsisterent
jusqu'en 1444. Alors, la Faculté de Théologie les ayant condamnés avec
encore plus de force, les *Histrions* furent chassés, & leurs jeux abolis entierement.

Un petit nombre de Poëtes, nommés *Trouveres* ou *Troubadours*, qui
venoient des Provinces Méridionales de France, ayant imaginé un genre de Poëme plus épuré, les mirent en action sous les noms de *Chant*,
de *Chanterel*, de *Pastorales*, de *Comédies*, &c. Ces nouveaux Spécta-
cles, où l'oreille étoit flattée par le charme de la rime, & l'esprit plus
intéressé que dans ceux qui les avoient précédés, eurent beaucoup de
succès.

Ces premiers Poëtes, qu'on appelloit *comiques*, parce qu'ils jouoient
eux-mêmes dans leurs Piéces, furent *Daniel* ARNAUD de *Tarascon*; *An-
selmo* FAIDIT, d'*Avignon*; *Hugues* BRUNET; *Guid* USEZ, *Pierre* de
SAINT-REMY, d'une naissance distinguée de Provence; PERDIGON; *Ri-
card* de NOVES; *Giraud* de BOURNELH; LUCO ou LUCAS; *Pierre*
ROGER; PARASOLS; (ce dernier fit cinq Tragédies contre *Jeanne*,
Reine de *Naples*, qu'il dédia au Pape *Clement VII*, résident alors à

Avignon;) enfin *Bertrand* de PESARS, Gentilhomme de *Pezenas*, excellent Poëte, donna publiquement des Leçons de versification.

A ces premiers hommes de Lettres s'aſſociérent bientôt les gens à talens : ceux qu'on nommoit *Chanteurs* mirent en Muſique les Poëſies des Troubadours ; & les Jongleurs les accompagnerent de leurs inſtrumens.

Ce genre de ſpectacle inconnu juſqu'alors, fit un ſi grand plaiſir & acquit tant de réputation, que toutes les Cours de l'Europe recherchérent à l'envi les Auteurs & ceux qu'ils menoient à leur ſuite. A l'imitation des Souverains les Grands Seigneurs & les gens riches les attirérent chez eux, les protégérent & les comblérent de préſens.

En 1220. le Marquis de *Monferrat* voulant ſe vanger du Pape, fit appeller *Anſelme* FAYDIT, Poëte fort en réputation alors pour la ſatyre, & il lui ordonna de faire une Piéce qui fut jouée publiquement ſous le titre de l'HERESIE DES PERES.

Les *Trouveres* ou *Troubadours* fleurirent depuis 1130 juſqu'en 1382, mais la mort de la Comteſſe de *Provence*, qui les avoit toujours protégés & comblés de bienfaits, étant arrivée dans ce tems-là, ils ſe diſperſérent, & leur mauvaiſe conduite les ayant fait tomber dans le mépris, la mode en paſſa.

Le Roi *Philippe-Auguſte* qui avoit été le premier à les chaſſer de ſon Royaume, ayant été informé qu'ils s'étoient corrigés pour la plûpart, & que leurs Jeux étoient plus épurés, les rappella, & les Rois ſes ſucceſſeurs les comblérent de graces dans les ſuites.

La politique de l'Etat trouvant qu'il étoit néceſſaire de tolérer les Spectacles, elle les aſſujettit à une police qui les contenoit. Ils ſe multipliérent, & il ſe forma des Troupes ſous le nom de *Bateleurs*, dont les Jeux conſiſtoient principalement dans les exercices du corps.

Sous le régne de *S. Louis*, *Thibault* Comte de *Champagne*, qui étoit devenu follement épris des charmes de la *Reine Blanche*, mere de ce Roi, ſe diſtingua beaucoup par la douceur & par la tendreſſe des Poëſies qu'il fit pour cette Princeſſe : l'envie de plaire à ce Souverain généreux encouragea les talens, & fit éclore un grand nombre de nouveaux Poëtes : *Gaces* BRULE', Seigneur du premier rang, ſe diſtingua parmi ce nombre ; il fut le premier qui imagina des aſſemblées pour conférer ſur les ouvrages d'eſprit, & le Comte de *Champagne* y préſidoit.

Dans ce tems-là, des Pélerins qui revenoient des Lieux-Sacrés, étant arrivés à Paris, ſe mirent à réciter & à chanter publiquement dans les carrefours, les Cantiques qu'ils avoient compoſés ſur leurs voyages. La piété de quelques riches particuliers que ces ſaintes déclamations avoient édifiés, les engagea à ſe cottiſer entr'eux, ils formérent une ſociété & achetérent un lieu commode, où ces Pélerins puſſent élever un Théâtre & y chanter leurs Cantiques : à peine ce projet eut-il été exécuté que l'on imagina de mettre ces Cantiques en action.

Le premier Myſtere qui fut repréſenté publiquement fut celui de la Paſſion. Le peuple donna tant d'applaudiſſement à ce premier ſpectacle & y revint avec tant d'affluence, que le Prevôt de Paris craignant

que cet enthousiasme ne dégénérât en fanatisme , rendit une ordonnan
ce en date du 3 Juin 1398 , portant défense de repréſenter à l'avenir
ce Myſtere , ni aucune vie des Saints

Les nouveaux Acteurs conſternés de cet ordre imprévu , qui détruiſoit dans un inſtant une fortune ſur laquelle ils avoient eu raiſon de compter , s'adreſſérent à la Cour & y ſollicitérent leur rétabliſſement

Avant que le Roi *Charles VI.* ſtatuât ſur leurs inſtances , il voulut juger par lui-même d'un Spectacle qui avoit déja tant fait de bruit. Il y alla , & il en ſortit ſi ſatisfait , qu'il leur accorda des Lettres pour former
un établiſſement , afin qu'ils fuſſent à l'abri de toute crainte.

En vertu de ce Privilége , les Pélerins qui prirent alors le titre de Confreres de la Paſſion , s'établirent à l'Hôpital de la Trinité , où ils repréſenterent ſur leur nouveau Théâtre , tous les Dimanches & toutes les Fétes , à l'exception des Solemnelles , des MYSTERES tirés du Nouveau
Teſtament. Ces Spectacles devinrent ſi agréables au Public , que les Curés des Paroiſſes , voulant faciliter à tout le monde les moyens d'y aſſiſter , avancerent les Vêpres , afin qu'après le Service leurs Paroiſſiens puſſent s'y trouver.

Cet établiſſement fit un ſi grand bruit , que preſque toutes les Villes
déſirerent d'en former de ſemblables. Celles de *Rouen* , d'*Angers* & de
Metz furent les premieres qui en fonderent : elles furent imitées par toutes les autres Villes du Royaume , & malgré les guerres civiles qui troublerent pendant longtems la France , ces Spectacles continuerent d'avoir
la même réuſſite , & ſe ſoutinrent durant pluſieurs années.

Cependant , comme la gravité de ces Repréſentations de MYSTERES
SAINTS , commença à moins intéreſſer que par le paſſé , les Confreres
imaginerent de les entremêler de différens divertiſſemens : pour cet effet ,
ils s'aſſocierent avec le Prince des *Sots* & ſes ſujets.

Ces Comédiens , ou pour mieux dire , Farceurs , s'étoient établis quelques années auparavant , ſous le nom d'*Enfans ſans ſoucis*. C'étoient
pluſieurs jeunes gens de famille , bien élevés , mais aimant l'indépendance & le plaiſir , qui s'étoient formés en ſociété. Ils avoient élu un
chef , auquel ils avoient déféré le titre de Prince des *Sots* ou de la *Sotiſe*.
Cette plaiſanterie , qui étoit neuve , réuſſit , & d'autant mieux qu'ils inventerent un genre de Farce qui renfermoit d'abord une critique fine &
ſenſée des mœurs , dont les Repréſentations plûrent autant à la Cour qu'à
la Ville. Ils jouerent ſur le Théâtre de la *Trinité* juſqu'en 1547 , avec
le même ſuccès ; mais les Religieux de cette Maiſon , fatigués du ſcandale que les *Farces* appellées *ſotiſes* occaſionnoient , obligerent les Confreres d'en ſortir. Ceux-ci , ne pouvant l'éviter louerent une partie de l'Hôtel de Flandres , & s'y établirent. Ils n'y reſterent pas longtems. Le Roi
François I. ayant beſoin de cette maiſon & de pluſieurs autres qui l'environnoient , en ordonna la démolition. Les Confréres , ne voulant plus
ſe trouver dans le cas de déloger ſi ſouvent , acheterent une partie de l'Hôtel de *Bourgogne* qui étoit à la veille de tomber , y bâtirent leur Théâtre,
& y continuerent leurs Repréſentations.

Quelque tems après , le Parlement confirma leurs Priviléges par un Arrêt en date du 17 Novembre 1548 ; mais la condition expreſſe qui y fut attachée , *de ne jouer à l'avenir que des sujets profanes & honnêtes , & de ne plus entremêler, dans leurs jeux, rien qui eût rapport aux Mysteres ou à la Religion*, les replongea dans un nouvel embarras; persuadés que ce dernier arrangement, fait par le Parlement, étoit un ordre tacite pour qu'ils se séparassent, n'étant pas naturel qu'avec la qualité de Confreres de la Passion, ils représentassent ou fissent représenter des Piéces profanes & bouffones, ils louerent leur Théâtre à une Troupe de Comédiens, déja formée depuis que la *Farce* étoit à la mode, & ils se réserverent deux Loges, qui furent appellées *Loges des Maîtres*, pour assister au Spectacle *gratis*, toutes les fois que bon leur sembleroit.

Ce Théâtre n'étoit pas le seul qui subsistât à Paris; les Clercs de la *Basoche*, qui s'étoient rendus recommandables depuis longtems à cause de leur Poësie, excités par les premiers succès des MYSTERES, tenterent dès ce tems-là d'obtenir la permission de jouer leurs ouvrages; mais le Privilége exclusif dont les Confreres étoient déja en possession, ayant rendu inutiles leurs démarches, ils imaginerent un moyen qui leur réussit : ils composerent des Piéces sous le titre de *Moralité*, dans lesquelles ils personnifierent les vertus & les vices, s'attachant à inspirer autant d'amour pour les unes que d'horreur pour les autres. Enhardis par les prérogatives dont *Philippe le Bel* les avoit comblés, ils représenterent un de ces Poëmes, le jour d'une de leurs Fêtes, avec toute la pompe qui pouvoit en augmenter l'éclat. Cette Représentation eut tout le succès qu'ils en pouvoient attendre; encouragés par un début aussi heureux, ils continuerent à représenter leurs *Moralités*, & toujours avec le même appareil. Il est vrai que ce ne fut d'abord que trois fois l'année, le Jeudi d'après la Fête des Rois, le jour de la cérémonie du Mai dans la cour du Palais, & la troisiéme, quelques jours après * la Montre générale. Mais dans les suites ils saisirent tous les prétextes qui se présentoient; comme entrées des Rois & des Reines, avantages remportés sur les ennemis, Banquets Royaux, Naissances de Princes ou de Princesses, & enfin tous les jours consacrés à des réjouissances publiques.

Après la Représentation des *Moralités*, les *Basochiens* jouerent des Farces qui étoient des especes de Satyres. Ils n'attaquerent d'abord que de simples tours de leurs camarades; mais le grand succès qu'eurent ces innovations, les enhardirent, & leur fit oser non seulement jouer les ridicules des Gens en place : mais même ils pousserent la témérité jusqu'à les désigner de maniére à ne s'y pas méprendre : l'impunité leur fit tout hazarder : ils joignirent aux representations de leurs farces qu'ils donnoient sur des échaffauts publics, celles des *sories* ou *sottises*, & ces

---

* Tous les Clercs de la Basoche s'assembloient une fois l'année dans la cour du Palais; ils se partageoient ensuite en douze Compagnies & passoient en revuë devant leur Roi. Cette cérémonie achevée, ils se mettoient en marche ayant leur Prince à leur tête avec leurs tambours & leurs trompettes, & se rendoient avec cette pompe sous les fenêtres des premiers Magistrats du Parlement, auxquels ils donnoient des sérénades & des réveils.

Piéces devinrent bientôt des libelles diffamatoires qui rendoient odieux au peuple les gens qui leur déplaisoient.

Ces abus qui auroient dû d'abord être réprimés, augmentérent à cause des troubles dont le Royaume étoit déchiré, ils subsistérent pendant les régnes de *Charles VI.* & le commencement de celui de *Charles VII.* la politique de chacun des chefs de parti engageoit les Basochiens à fronder dans leurs Représentations & dans leurs Piéces les Princes qui leur étoient opposés afin de les rendre odieux au peuple, ainsi toutes les Farces qui parurent alors n'étoient remplies alternativement que d'injures grossieres contre les différens partis qui dominoient : au lieu d'une punition justement méritée, les Auteurs de ces libelles & ceux qui les récitoient étoient protégés & souvent récompensés.

Charles VII. ayant obligé les Anglois à repasser la mer, ne se trouva pas plutôt en état de songer aux affaires du dedans de son Royaume, qu'il s'attacha à en réformer les abus. La licence des Clercs de la Basoche fut un des premiers qui parut mériter attention. Le Parlement en continuant de leur permettre de jouer des Farces, leur ordonna de supprimer tout ce qui pouvoit offenser la réputation du citoyen ou blesser la pureté des mœurs ; ces sages ordonnances n'ayant pas été observées avec l'exactitude qu'elles méritoient, elles furent renouvellées avec ordre aux Clercs de la *Basoche* de ne plus représenter à l'avenir des Piéces sans avoir été examinées, & sans en avoir obtenu préalablement la permission du Parlement.

Les *Basochiens* ne s'étant pas conformés à cette loi en 1442, le Parlement punit leur désobéïssance quelques tems après, en les condamnant à tenir la prison pendant quinze jours au pain & à l'eau.

Plusieurs années après, le Parlement leur ordonna la continuation de leurs jeux, & de ne point les cesser sans un ordre exprès de la Cour.

En 1476 intervint un Arrêt tout contraire, en conséquence duquel, il fut défendu aux *Basochiens*, sous quelque prétexte que ce pût être ; de représenter aucune de leurs Piéces.

La suppression de tous ces jeux dura jusqu'au régne de *Louis XII.* qui rétablit non seulement tous les Théâtres & les Priviléges accordés par ses prédécesseurs, mais qui permit même aux Poëtes de fronder, dans leurs ouvrages, tous les vices de ses sujets, sans ménagement & sans exception. Il ajouta à toutes ces graces, celle de permettre aux *Basochiens* de dresser un Théâtre, toutes les fois qu'ils voudroient jouer leurs Piéces, sur la Table de Marbre *, placée dans la grande Salle du Palais.

Il n'auroit manqué aux *Basochiens*, pour tirer le plus grand parti de tant de faveurs, que d'oser, comme par le passé, mettre des libelles sur leur Théâtre ; mais *Louis XII.* étant mort, & *François I.* étant monté sur le Trône, les *Basochiens* n'étant plus autorisés à représenter des Satyres, imaginerent de jouer avec des masques qui représentoient au naturel

---

* *Voyez Théâtre de la Table de Marbre, dans l'établissement des Théâtres.*

les perfonnes qu'ils défignoient , ou des écriteaux qui les indiquoient. Le Parlement en étant informé, les manda le 3 Mai 1536 , & leur défendit fous peine de Prifon & de banniffement la récidive de cet abus.

En 1538 il les remit en poffeffion de continuer leurs Repréfentations en la maniere accoutumée ; mais avec ordre de ne jouer à l'avenir aucune Piéce , fans avoir été portée à la Cour quinze jours avant que d'être mife au Théâtre , afin que l'on eût le tems de l'examiner. Neuf ans après cet Arrêt , une maladie contagieufe s'étant répanduë à Paris , il fut défendu aux *Bafochiens* , fous quelque prétexte que ce pût être , de repréfenter aucune Piéce. L'on verra dans l'abrégé qui fuit, de l'établiffement des Théâtres de Paris , quelles font les Troupes qui ont fuccédé aux Confreres de la Paffion & aux *Bafochiens*. Je ne pourrois entrer dans un plus grand détail fur ce fujet, fans paffer les bornes que je me fuis prefcrites ; d'ailleurs on trouvera dans l'hiftoire du Théâtre François, actuellement en 15 volumes , à fatisfaire entierement la curiofité qu'on peut avoir , non feulement fur cet article, mais encore fur beaucoup d'autres non moins intéreffans. Cet ouvrage renferme des recherches très-exactes, & des anecdotes auffi fingulieres qu'amufantes. Il mérite bien d'être placé dans les cabinets des Amateurs de Spectacles , & d'être confulté par ceux qui veulent être pleinement inftruits de tout ce qui les concerne.

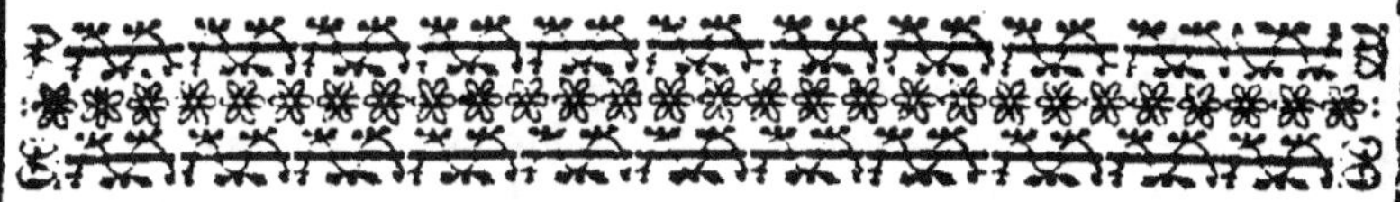

ETABLISSEMENT DES THEATRES.

Théâtre de S. Maur en 1398.

LES Pélerins revenant de S. Jacques de Compostelle, ouvrirent ce premier Théâtre, par une représentation du MYSTERE DE LA PASSION en 1398. il fut fermé par un Arrêt du Parlement en date du 3 Juin de la même année.

Théâtre de la Trinité en 1442.

En vertu des Lettres-Patentes accordées aux Confreres de la Passion, il leur fut permis de reprendre les Représentations des MYSTERES qu'ils avoient été obligés de discontinuer. Ils louerent une Salle de la Maison Abbatiale de la Trinité, qui étoit de vingt & une toises de longueur sur six de large, & ils y éleverent leur Théâtre ; mais le projet ayant été proposé en 1539, de remettre la Maison de la Trinité sur le pied d'Hôpital, suivant son ancien Institut, les Confreres cesserent leurs Représentations.

Théâtre de l'Hôtel de Flandres en 1540.

Se trouvant alors sans Théâtre, ils louerent une partie de l'Hôtel de Flandres, où ils jouerent leurs MYSTERES & leurs MORALITE's jusqu'en 1543 ; mais le Roi *François I.* ayant eu besoin de cette maison, ils furent encore obligés d'en sortir.

Théâtre de l'Hôtel de Bourgogne en 1548.

Las d'être toujours errans, ils acquirent à leurs dépens une partie de l'Hôtel de Bourgogne, de 17 toises de longueur sur 16 de large, à condition d'en payer au Roi 16 liv. de cens, & 225 liv. tournois de rentes perpétuelles au Propriétaire de cette maison. L'Acte en fut passé le 30 Août 1548.

La crainte de fatiguer le Public de leur Spectacle, le désir de le relever par plus de variété, avoit donné l'idée aux Confreres quelques années auparavant, comme il a déja été dit dans l'Histoire du Théâtre, d'entremêler leurs moralités de farces & de Piéces bouffonnes ; cette innovation avoit plû d'abord , mais l'indécence de ces Jeux augmentant de plus en plus , le Parlement, toujours attentif au maintien du bon ordre, y pourvut. Il prit l'occasion de la permission que les Confreres demanderent d'ouvrir leur nouveau Théâtre pour leur défendre de jouer des sujets saints & aucun Mystere , en ordonnant qu'à l'avenir , ils n'en repréfenteroient que d'honnêtes & de profanes. Ils comprirent par les termes de cette défense qu'ils ne pouvoient décemment remonter sur le Théâtre à cause de leur qualité de Confreres de la Paffion à moins de s'abaiffer. C'est ce qui fit qu'ils louerent leur Privilege & leur Salle à une Troupe de Comédiens, qui s'étoit formée depuis que la Farce étoit devenue à la mode , & ils ne se referverent en cédant l'un & l'autre que le droit d'y avoir deux Loges pour eux & pour leurs amis fans être tenus à aucun frais.

Ce Théâtre est le même que les Comédiens Italiens du Roi occupent aujourd'hui. Le Bas-relief qui avoit été placé au-deffus de la porte , ruë Françoife , lorfque les Confreres en firent l'acquifition, y est encore. Il repréfente les attributs de la Paffion du Sauveur , & il s'est confervé jufqu'ici dans fon entier.

Théâtre des Colléges de Reims & de Boncourt en 1552.

Le célébre *Jodele* à qui la Tragédie Françoife doit fa naiffance , occafionna l'établiffement de ces deux Théâtres. Le Roi *Henri II.* fe trouva accompagné de fa Cour , à la Repréfentation des Piéces que ce premier Poëte Dramatique y fit jouer , & qu'il abandonna enfuite aux Comédiens de l'Hôtel de Bourgogne , auxquels elles furent dans les fuites très-profitables.

Théâtre fur la Table de Marbre en 1580.

François I. ayant rétabli tous les Théâtres, à fon avénement à la Couronne, permit à ceux qui compofoient la Bafoche, qui n'en avoient point eu encore de fixe jufques-là , d'en élever un fur la Table de Marbre , placée alors dans la grande Salle du Palais. Cette Table fervoit anciennement aux fomptueux banquets que les Rois de France faifoient aux Empereurs & aux Souverains qui paffoient par leurs Etats. La grandeur de la tranche de ce marbre étoit fi prodigieufe qu'elle occupoit prefque toute la largeur de la grande Salle ; l'épaiffeur & la longueur étoient à l'équivalent. Ce monument précieux fut réduit en éclats par l'horrible incendie qui brûla une partie du Palais la nuit du 5 au 6 Mars 1618.

Théâtre de l'Hôtel de Cluny en 1584.

Une Troupe de Comédiens, enorgueillie par les applaudiffemens qu'elle avoit reçus en différentes Provinces, ofa tenter de s'établir à Paris , de fa propre autorité, dans la confiance que fi elle parvenoit à fe faire connoître , la faveur la maintiendroit malgré l'oppofition & les plaintes des

Comédiens privilégiés de l'Hôtel de Bourgogne. Dans cette confiance, ces campagnards louerent une grande Salle de l'Hôtel de Cluny, ruë des Mathurins, & y firent construire un Théâtre. Ils en firent l'ouverture par les Piéces qui avoient le mieux réussi dans les différentes Villes où ils avoient joué ; mais à peine étoient-ils à la fin de la semaine, que le Parlement irrité d'un attentat qui blessoit son autorité, rendit un Arrêt qui défendit à ces Comédiens de continuer la Représentation de leurs Piéces, & qui ordonnoit au Portier de la maison de mettre à bas leur Théâtre, sous peine de mille écus d'amende, & de plus grande peine si le cas échéoit.

Théâtre de l'Hôtel de Bourbon en 1588.

Le Roi *Henri III.* avoit appellé à son service une Troupe de Comédiens Italiens de Venise ; ils étoient connus sous le nom de *Gelosi* : ils jouerent pendant les Etats de Blois devant Sa Majesté. Se trouvant sans emploi lorsqu'ils furent finis, ils s'établirent à l'Hôtel de *Bourbon,* & pour ne point être inquiétés, ils introduisirent dans leurs Piéces à l'instar des anciens Histrions, des *Pantomimes,* & par-là formerent un Spectacle tout différent de celui de l'Hôtel de Bourgogne. Mais cette nouveauté ayant trop réussi, les Comédiens privilégiés firent valoir leurs droits, & obtinrent un Arrêt du Parlement en date du 10 Décembre de la même année, qui maintenoit le Théâtre de l'Hôtel de *Bourgogne* dans ses prérogatives, & qui renouvelloit les défenses faites à tous autres, tant François qu'Italiens, de jouer la Comédie, & d'avoir aucun Théâtre, sous peine d'amende & de prison. Les Italiens, hors d'état de continuer, se retirerent, & il n'en fut plus question.

Théâtre de la Foire S. Germain en 1596.

Quelques Comédiens de Province étant venus à Paris dans le tems de la Foire, imaginerent qu'ils pouvoient se prévaloir des franchises dont elle a toujours été en possession, & ils y établirent un Théâtre. Le succès avec lequel ils débuterent, inquiéta les Confreres Maîtres de l'Hôtel de Bourgogne, toujours attentifs au maintien de leurs Priviléges. Ceux-ci rendirent plainte, & dans leur conclusion demanderent la suppression du nouveau Théâtre de la Foire. Les Forains crurent devoir le fermer en attendant la décision du Magistrat, & cette conduite fit un fort bon effet pour eux. Le Public, amateur des nouveautés, n'eut pas plûtôt appris les raisons qui empêchoient la continuation de leurs jeux, qu'il prit parti. Une foule de gens se déclarerent hautement en faveur de ces Comédiens, accusa les Confreres de tyrannie, & ils se transporterent à l'Hôtel de Bourgogne où ils insulterent les Acteurs, & commirent tous les excès que l'on peut attendre d'une populace mutinée. Le Magistrat, qui en craignit les suites, les prévint par une Sentence en date du 5 Février 1596, qui estima : que le Privilége exclusif des Maîtres de l'Hôtel de Bourgogne ne devant point prévaloir sur les droits de tout tems accordés aux Forains, il devoit être permis aux Comédiens qui s'étoient établis à la Foire, en vertu de ces franchises, d'y joüer tant qu'elle dureroit, pourvû qu'ils se conformassent à la Police établie pour le bon ordre, & qu'ils payassent aux Administrateurs de la Passion deux écus chaque année.

Théâtre du Marais en 1600.

Par une faveur singuliere, & jusques-là sans exemple, il fut permis à une Troupe de Comédiens de Province, dont le premier projet avoit été de profiter des franchises de la Foire, d'élever un Théâtre au Marais, dans une maison connue sous le nom de *l'Hôtel d'Argent*, située au coin de la ruë de la Potterie, près de la Gréve, à condition qu'ils payeroient à chaque Représentation un écu tournois aux Confreres de la Passion. Le mérite des Acteurs qui la composoient, le choix des Piéces qu'ils donnoient, les machines dont ils firent usage pour donner du relief à leur Spectacle, & les soins qu'ils prenoient de plaire, tout cela les mit à la mode, & fit qu'on les suivit préférablement aux autres Troupes. Ils occuperent, pendant quelques années, ce Théâtre; mais se trouvant trop à l'étroit dans ce quartier, ils passèrent dans un Jeu de Paulme, situé au haut de la vieille ruë du Temple, au-dessus de l'égoût, où ils subsisterent jusqu'à la mort de *Moliere*, arrivée le 17 Février 1673, que le Roi ordonna la réunion des deux Troupes.

Théâtre de la ruë Michel-le-Comte en 1632.

Sur la fin de l'année 1632, des Comédiens de Province vinrent s'établir au Jeu de Paulme de la Fontaine de la ruë Michel-le-Comte, en vertu d'une permission accordée pour deux ans par le Lieutenant Civil; mais à peine eurent-ils ouvert leur Spectacle, que les particuliers qui demeuroient dans cette ruë & dans les environs, porterent plainte sur l'incommodité qu'ils souffroient de l'emplacement de ce Théâtre, à cause du concours des carosses qu'il attiroit, ce qui les empêchoit de sortir & de rentrer chez eux. La Cour fit droit sur leur Requête, & rendit un Arrêt le 22 Mai de l'année suivante, par lequel il ordonna la clôture de ce nouveau Théâtre, sous peine de 4000 liv. d'amende & de prison contre les contrevenans.

Second Théâtre au Faubourg S. Germain en 1635.

Une Troupe de Comédiens de Province ayant eu l'honneur de jouer devant le Roi à Fontainebleau, obtint la permission après le voyage, de venir s'établir dans le Fauxbourg Saint-Germain, & d'y représenter leurs Piéces pendant tout le tems de la Foire.

Théâtre de la Croix-Blanche en 1650.

Plusieurs jeunes gens de famille, qui jouoient la Comédie en société, s'étant persuadés, après s'être essayés pendant quelques mois, qu'ils étoient de bons Acteurs, prirent le parti de s'établir dans le Jeu de paulme de la Croix-Blanche au Fauxbourg S. Germain, & d'y tirer parti de leurs talens. Ce fut dans cette Troupe que *Moliere* débuta. Elle se soutint pendant trois ans sous le nom de l'*Illustre Théâtre*; mais la foiblesse des Piéces & des Acteurs le fit fermer au bout de ce tems.

Théâtre au Louvre en 1658.

Au commencement de cette année, le célébre *Moliere*, qui s'étoit déja acquit de la réputation dans les Provinces, arriva à Paris avec sa Troupe, & sollicita avec tant d'instance la grace de jouer devant le Roi, qu'il l'obtint. Il éleva un Théâtre dans la Salle des Gardes du Louvre, & il en fit l'ouverture en préfence de Leurs Majeſtés, le 24 Octobre de la même année, par la Tragédie de NICOMEDE, ſuivie d'une Farce de ſa compoſition, intitulée LES DOCTEURS AMOUREUX, & il joua dans les deux Piéces.

Théâtre du petit Bourbon en 1658.

Le Roi fut ſi content de *Moliere* & de ſa Troupe, qu'il leur permit de jouer alternativement avec les Comédiens Italiens ſur le Théâtre du petit Bourbon, ſitué vis-à-vis Saint Germain-l'Auxerrois, à l'entrée du Louvre, & ils y parurent pour la premiere fois le 3 Novembre de la même année 1658.

Théâtre du Palais Royal en 1660.

Le Roi ayant ordonné la démolition du Théâtre du petit Bourbon pour qu'on pût travailler au magnifique Portail du Louvre ; Sa Majeſté voulut que les deux nouvelles Troupes, Françoiſe & Italienne, paſſaſſent dans la Salle du Palais Royal, pour y continuer les Repréſentations de leurs jeux. Celle de *Moliere* y parut pour la premiere fois, le 5 Novembre 1660, ſous le titre de Troupe de *Monſieur*, & donna L'ETOURDI, Comédie de ce célébre Auteur. Après la mort de *Moliere*, cette Salle fut donnée au fameux *Lully*, pour y placer l'Opéra, & la Troupe de *Moliere* paſſa au Théâtre de la ruë Mazarine.

Comédiens Eſpagnols en 1660.

Dans la premiere année du mariage de *Louis XIV*. une Troupe de Comédiens Eſpagnols qui avoit ſuivi la Reine *Marie-Thereſe*, & qui joua pendant qu'elle fut à Saint-Germain, débuta à Paris ſur le Théâtre de l'Hôtel de Bourgogne le 20 Juillet 1660. Ces Comédiens reſterent en France juſqu'en 1672, avec une penſion de Sa Majeſté ; mais leur Spectacle étant devenu déſert, & ne pouvant plus ſe ſoutenir, ils s'en retournerent dans leur Pays, & depuis ce tems-là il n'en eſt plus revenu de cette nation.

Troupe de Mademoiſelle en 1661.

Une Troupe de Comédiens de Province ayant eu le bonheur de plaire à *Mademoiſelle* (*de Montpenſier*), dans un ſéjour qu'elle fit à la campagne, cette Princeſſe leur obtint la permiſſion d'élever un Théâtre dans le Fauxbourg Saint-Germain, & leur permit de prendre le nom de Troupe de *Mademoiſelle*. Ces nouveaux Comédiens ſe placerent dans un Jeu de Paulme de la ruë des Quatre-Vents ; ils ſe ſoutinrent tant que la Foire dura ; mais après la clôture, leur Spectacle ſe trouvant abandonné, ils ſe diſperſerent & retournerent en Province.

Troupe du Dauphin en 1662.

Le Sieur *Raiſin*, Organiſte de Troyes, qui travailloit ſécrétement depuis pluſieurs années à faire ſa fortune, partit pour Paris au commencement de l'année 1662, avec ſa femme & quatre enfans. A peine y fut-il arrivé qu'il loua une Loge à la Foire Saint Germain. Il fit publier, quelques jours avant que de l'ouvrir, qu'il feroit voir une merveille qui re-

noit du prodige , & qui feroit l'admiration de tout le monde. Une annonce qui promettoit pour ainſi dire un miracle , lui attira un ſi grand
monde , le jour indiqué , qu'il avoit à peine la place qui lui convenoit
pour mettre en évidence la merveille affichée. *Raiſin* tint exactement parole. Elle conſiſtoit en une Epinette à trois claviers. Deux filles de *Raiſin*
jouoient ſur les deux premiers : lorſqu'elles avoient fini , elles élevoient
les mains , & le troiſiéme clavier répétoit tout ſeul l'air qu'elles venoient
de jouer. Ce Spectacle frappa d'une ſi grande ſurpriſe tous ceux qui s'y
trouverent , que les jours ſuivans il ne déſemplit pas. Il fit ſi grand bruit
que le Roi voulut le voir : *Raiſin* ayant eu ordre de ſe rendre à Verſailles , il expoſa devant Leurs Majeſtés , environnées de leur Cour , la fameuſe Epinette. La répétition du troiſiéme clavier ſurprit le Roi au dernier point. *Raiſin* reçut ordre ſur le champ de rendre raiſon du prodige.
L'Organiſte ouvrit alors le corps de l'inſtrument : dès qu'il eut tiré une
planche en couliſſe , il en ſortit un enfant de cinq ans (c'étoit *Raiſin* le
cadet) beau comme l'amour , & c'étoit lui qui touchoit le merveilleux
clavier dans l'intérieur de l'inſtrument. Leurs Majeſtés trouvérent le
petit *Raiſin* charmant , le careſſerent beaucoup & lui firent des préſens;
toute la Cour en uſa de même : *Raiſin*, ſa femme & ſes enfans jouérent enſuite une petite Piéce; & en conſidération du plaiſir que ce ſpectacle avoit
fait au Roy , Sa Majeſté leur accorda la permiſſion de jouer à la Cour ,
ſous le titre de Troupe du Dauphin , & en attendant de continuer à
montrer leur Epinette à la Foire , grace qui valut encore beaucoup
d'argent à l'Organiſte & à ſa famille.

Raiſin étant mort en 1664. ſa veuve continua à jouer la Comédie
avec ſes enfans; l'acquiſition qu'elle fit quelque tems après du jeune
Baron qui n'avoit que douze ans alors , & qui annonça dans ſes débuts
les talens ſupérieurs qu'il a acquis depuis & qui lui ont fait une ſi grande réputation , lui fit gagner tout ce qu'elle voulut , on ne ſe laſſa point
d'aller voir ce jeune Acteur. Le Théatre de la veuve *Raiſin* étoit toujours rempli , & tous les autres étoient déſerts.

Moliere ſurpris de cet abandon , & bien davantage du motif qui l'oc-
caſionnoit , voulut juger par lui-même de tout ce que la Renommée
publioit du jeune Acteur. Il ne l'eut pas plutôt entendu réciter une
Scene , qu'il vola à Verſailles & le demanda au Roi pour ſa Troupe ;
il l'obtint : la veuve *Raiſin* qui en fut avertie ſur le champ , en fut
déſeſpérée; elle accourut chez *Moliere*, la fureur dans les yeux & armée de deux piſtolets , voulant qu'on lui rendît , diſoit-elle , ſon *Baron* , ou qu'elle feroit ſauter la cervelle à qui oſeroit le retenir : *Moliere*, ſans ſe déconcerter lui préſenta l'ordre du Roi ; la *Raiſin* jugeant
par-là qu'elle n'avoit plus rien à eſpérer fondit en pleurs , ſe jetta aux
pieds de *Moliere* , & le pria du moins de lui prêter pour trois jours
le jeune Acteur , *Moliere* touché lui en accorda généreuſement huit ;
mais à condition qu'un de ſes gens accompagneroit *Baron* , ne le per-
droit pas de vûë & le rameneroit chez lui auſſitôt que la Piéce ſeroit
finie. Cette grace calma la *Raiſin* & lui valut des ſommes conſidéra-
bles , mais auſſitôt qu'elle fut privée du jeune Comédien , ſon Théâtre
devint déſert , & ſe voyant hors d'état de ſe ſoutenir davantage , elle
prit le parti de le fermer & de ſe retirer.

Grand Théâtre des Thuilleries en 1671.

Le feu Roi voulant avoir un Théâtre fixe dans son Palais des Thuilleries, où l'on y pût représenter des Spectacles dans différens genres, en
donna la direction au Sieur *Vegarani*. L'enfoncement de cette Salle étoit
de quarante toises, & elle fut partagée en deux parties ; l'une pour le
Théâtre, & l'autre pour l'assemblée.

Cette Salle ne servoit d'abord qu'aux Représentations du Ballet de Psi-
che'e, elle fut ensuite abandonnée jusqu'en 1716.

Théâtre de la ruë Mazarine ou de Guenegaud en 1673.

Après la mort du célébre *Moliere*, sa Veuve & sa Troupe se trouvant
sans Théâtre, par le don que le Roi avoit fait de la Salle du Palais
Royal à *Lully*, elle acheta du Marquis de *Sourdeac*, moyennant la som-
me de trente mille livres, une maison de la ruë Mazarine, dans laquelle
il y avoit un fort beau Théâtre, monté de toutes les décorations & de
toutes les machines propres à représenter différens Spectacles. L'ouverture
s'en fit le 9 Juillet 1673, il subsista jusqu'en 1689, & il finit par la derniere représentation de la Tragédie de LAODAMIE de Mademoiselle
Bernard.

Théâtre des Bamboches en 1677.

Un célébre Peintre, nommé *Bamboche*, qui ne peignoit que de petites
figures, s'acquit une si grande réputation, & devint si fort à la mode dans
ce tems-là, qu'un particulier s'avisa d'élever un Théâtre au *Marais*, &
d'y faire jouer des enfans sous le nom de *Bamboches*. La nouveauté plut
& attira grand monde d'abord ; mais comme on s'en lassa aussi vîte
qu'on y avoit couru, ce Théâtre ne subsista que quelques mois.

Théâtre de la Comédie Françoise en 1689.

Plusieurs Ecrivains placent l'époque de l'établissement de ce Théâtre,
qui subsiste encore aujourd'hui, en 1688, trompés par l'inscription
gravée au-dessus de la porte de l'Hôtel de la Comédie Françoise ; mais il
est certain que LAODAMIE, *Tragédie* de Mademoiselle *Bernard*, est
la derniere Piéce, comme on vient de le dire, qui fut jouée sur le Théâtre de *Guenegaud*, le 11 Février 1689, & que l'ouverture de celui-ci
se fit le 18 Avril 1689, par la Tragédie de PHEDRE, & par le MEDE-
CIN MALGRE' LUI.

La raison qui engagea le Roi à ordonner aux Comédiens de quitter le
Théâtre de *Guenegaud*, & d'en bâtir un ailleurs, procéda des représentations qui lui furent faites, que les écoles du Collége de *Mazarin* étant
achevées, il résulteroit de grands inconvéniens du concours des écoliers
& des carosses que les Colléges & la Comédie devoient naturellement
occasionner. Sa Majesté pensa qu'il étoit de sa prudence de les prévenir :
dans cet esprit, elle donna ses ordres au Marquis de *Louvois*, qui les
fit notifier aux Comédiens par M. de *la Reynie*, Lieutenant-Général de
Police, le 20 Juin 1687. La compagnie n'ayant que six mois pour former son nouvel établissement, se pressa de chercher un endroit commode
pour y élever son Théâtre, & pour ne pas être exposée à de nouveaux

changemens , il fut arrêté dans une affemblée qu'elle tint le 30 du même mois, qu'elle acheteroit un fond pour y conftruire un Hôtel : celui de *Sourdis* ayant paru commode , elle en fit l'acquifition fur le pied de 66 mille livres , mais à la veille d'en paffer le contrat, des obftacles furvinrent qui en firent échouer le projet ; il en arriva de même de l'ancien Hôtel de *Nemours* d'une maifon près la *Croix-du-Trahoir* , faifant face à la rue de l'Arbre-Sec , de l'Hôtel de *Sens* rue *S. André des Arcs* , de l'Hôtel de *Luffan* rue de la *Croix des Petits-Champs* , & de l'Hôtel d'*Auch* rue *Montorgueil* : enfin ayant propofé le Jeu-de-Paulme de l'*Etoile* & fes dépendances fitué dans la rue neuve *S. Germain des Prés*. Le Roi en agréa le plan , & permit aux Comédiens d'en faire l'acquifition , ce qu'ils firent & elle leur revint toutes dépenfes faites pour la conftruction du Théâtre , des Loges , Machines & de tous les frais en conféquence , à la fomme de cent quatre-vingt-dix-huit mille quatre cent trente-trois livres quinze fols.

Le Sieur *Dorbay* , célébre Architecte , fut chargé de la conftruction de l'Hôtel de la Comédie qui occupe un terrain de dix toifes de face , & dont l'Architecture eft fimple mais réguliere.

Il avoit été arrêté , fous le bon plaifir du Roi , dans une affemblée tenue par la Compagnie le premier Juillet 1687 , pour parvenir à la liquidation des dépenfes que l'on feroit obligé de faire pour la conftruction du nouvel établiffement ; que le nombre des parts feroit fixé à vingt-trois, & qu'il feroit retenu fur chacune , tous les jours de Repréfentation , un vingt-troifiéme qui feroit mis en féqueftre pour fervir au payement des fommes dûes pour l'acquifition de cette maifon , & que la penfion de douze mille francs que le Roi donne aux Comédiens, feroit retenue en entier pour le même objet. Cette délibération, qui fut ratifiée, eut fon plein effet ; la preuve s'en trouve dans un Acte en date du 3 Juillet 1695 , qui porte qu'au moyen des foixante-fix livres par jour , accordées par la Compagnie , tout ce qui reftoit dû , pour l'établiffement de l'Hôtel de la Comedie , eft entierement acquité , & qu'il eft devenu le propre des Comédiens du Roi.

LE DICTIONNAIRE

DU

THEATRE FRANÇOIS.

TABLETTES

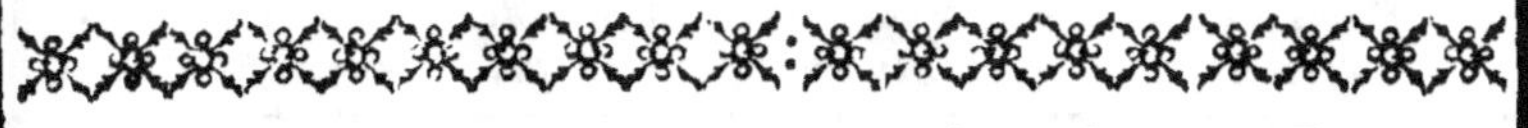

TABLETTES
DRAMATIQUES,
CONTENANT
TOUTES LES PIECES
DU THEATRE FRANÇOIS.
Jouées ou imprimées depuis JODELLE en 1552.
jusqu'en l'année 1752.

A B E		A B S		
Noms des Piéces.	*Noms des Auteurs.*	*An. des Repr.*	*Le Nomb*	*An. des Editions.*
A B E L , *Tragédie*	TH. LE COQ.	1580.	*	1580.

Tirée du 4e chap. de la Genèse , sans distinction d'Actes ni de Scenes.

ABDERITES, *Comédie.*	DE MONCRIF.	1732. 26 Juil.	*	1732-12.

En un Acte en Vers & Prologue. Fut représentée le 4. Novembre 1732. à Fontainebleau.

ABDOLONIME,	FONTENELLE.	N. R.	*	1751-12.

Comédie en 5 Actes en Prose. Elle est imprimée dans le septiéme Tome des Oeuvres de l'Auteur.

ABENSAID,	l'Ab. LEBLANC.	1735.	12.	1736-8°.

Tragédie. Coup d'essai de l'Auteur qui eut beaucoup de succès. Elle fut reprise dans la même année , & elle eut encore plusieurs Représentations.

ABSALON,	DUCHE'.	1712. 7 Avril.	16.	1702-4°.

Bien faite, intéressante ; le rôle de Tharès est neuf. Elle fut d'abord représentée a S. Cyr , & valut à l'Auteur une pension de 1000 liv.

Noms des Piéces.	Noms des Auteurs.	An. des Repr.	Le Nomb	An. des Editions.
A B S E N T, (L')	DOUVILLE.	1643.	*	1643-4°.

DE CHEZ SOI. *Comédie.* Assez intéressante, mais foible.

| A B U S E 'S, (LES) | CH. ETIENNE. | Incert. | * | 1516-16 |

Comédie. Tirée mot à mot des Histoires Tragiques du Landel, & composée à la mode des anciennes Comédies, dit Beauchamps.

| A C A D E M I E, (L') | CHAPUZEAU. | 1661. | * | 1661-12 |

DES FEMMES, OU LE CERCLE DES FEMMES SÇAVANTES. *Comédie en* 3 *Actes.* Médiocre, mais a été applaudie. Imitée d'Erasme, avec l'Histoire d'Hymenée ou du Lit Nuptial.

| A C H A B, | ROL. MARCE'. | 1601. | * | 1601-8°. |

Tragédie. Sans distinction de Scenes. Elle est fort rare. Elle est tirée de l'Écriture Sainte. Maupoint s'est trompé en l'attribuant à Mareuil.

| A C A D E M I S T E S, | S. EVREMOND. | N. R. | * | 1605-12. |

(LA COMEDIE DES) *Comédie en* 3 *Actes.* Elle fut d'abord imprimée en 1643. l'an de la Réform ; mais cette édition se trouvant remplie de fautes, l'Auteur la refondit entiérément, & la publia sous le titre des Académiciens.

| A C H I L L E, | LE FEVRE. | 1563. | * | n. imp. |

Tragédie. Fut jouée au Collége d'Harcourt.

| A C H I L L E, | NIC. FILLEUL. | 1563. | * | 1564-4°. |

Tragédie. Mauvaise & sans intérêt : fut jouée au Collége d'Harcourt. Ne seroit-ce pas celle qu'on attribue à Lefevre ?

| A C H I L L E, | ALEX. HARDY. | 1607. | * | 1625-8°. |

Tragédie. Assez d'intérêt, mais très-foible.

| A C H I L L E, | BORE'E. | 1626. | * | 1617-8° |

VICTORIEUX. *Tragédie.* Irréguliere, froide & ennuyeuse.

| A C H I L L E, | BENSERADE. | 1636. | * | 1636-4°. |

(LA MORT D') ET LA DISPUTE DE SES ARMES, *Tragédie.* Renferme deux sujets : elle est très-foible en tous points.

| A C H I L L E, | THOMAS | 1673. | 9 | 1674-12 |
| (LA MORT D') *Tragéd.* | CORNEILLE. | 29 Dec. | | |

Très-foible, & remplie de défauts.

Noms des Piéces.	Noms des Auteurs.	An. des Repr.	Le Nomb	An. des Editions.
A C H I L L E	G U Y O T DE MERVILLE.	1737. 10. Oct.	8	1738-8°.

DANS L'ISLE DE SCIROS, *Comédie*, en 3 *Actes en Vers*. Dubois habillé en femme y jouoit le rôle d'Achille.

| ACCOMMODE-MENT IMPREVU, l' | LA GRANGE. | 1737. 12 Nov. | 2. | 1738-12. |

Comédie. Représentée avec le Rival Sécretaire & l'heure du Berger.

| ACONCE & CIDIPE, | GOMBAULT. | 1625. | * | n. imp. |

Tragédie. N'est pas connue.

| A C O U B A R, | DUHAMEL. | 1586. | * | 1586-12. |

OU LA LOYAUTE' TRAHIE, *Tragédie*. Tirée du Roman intitulé les Amours de Piction. Très-médiocre & sans intérêt.

| ACTEURS (LES) DEPLACE'S, | L'AFFICHARD. | 1735. 14 Oct. | 7. | 1746-12. |

Com. en un Acte en Prose: Jouée pendant le voyage de Fontainebleau.

| ACTRICE (LA NOUV.) | POISSON. | N. R. | * | S. D.-8°. |

Comédie, en un Acte en vers. Une fameuse Actrice crut s'y reconnoître, & empêcha que la Piéce ne fût jouée ; elle fut imprimée sans nom de Ville, d'Imprimeur & sans date.

| A D A M & E V E, | TANNEVAULT. | N. R. | * | 1742-8° |

Comédie. Tirée du Paradis perdu de Miltou.

| ADAMANTINÉ, | D'ESPANAY. | 1600. | * | 1608-16. |

OU LE DESESPOIR, *Comédie*. Intéressante, mais mal construite.

| A D E L A I D E DU GUESCLIN, | VOLTAIRE. | 1734. 18 Jan. | 11. | n. imp. |

Tragédie. Un coup de canon hazardé dans la Piéce favorisa la mauvaise intention de ceux qui voulurent troubler la premiére Représentation.

| ADELPHES, (LES) OU L'ECOLE DES PERÉS, | BARON. | 1705. 3. Janv. | 7. | 1705-12. |

Comédie en 5 Actes en Vers. Imitée de Térence, attribuée au Pere Larue. Elle fut affichée sous le nom de Baron.

Noms des Piéces.	Noms des Auteurs.	An. des Repr.	Le Nomb	An. des Editions.
ADHERBAL, ROY DE NUMIDIE,	LA GRANGE CHANCEL.	1694. 8 Janv.	5.	1694-12.

ou Jugurtha, *Tragédie.* L'Auteur n'avoit que 16 ans lorſqu'il la compoſa.

| ADMETE & ALCESTE, *Trag.* | BOISSY. | 1727. 25 Jan. | 4. | 1735-8°. |

Aprés la ſeconde Repréſentation elle fut défenduë : elle fut repriſe avec des changemens le 26 Novembre de la même année. L'Auteur y ſubſtitua plus de 600 vers, & la retira aprés la ſeconde Repréſentation.

| ADIATOR, | Anonyme. | 16... | * | M. S. |

ROY DES GALATES, *Trag.* Le ſujet en eſt grand & fort intéreſſant : elle fut jouée ſous le Régne de Louis XIII.

| ADIEU DU TRONE, | MONTANDRE'. | N. R. | .* | 1654-4°. |

Tragédie. Elle a encore pour titre Dioclétien & Maximien, impri-mée à Bruxelles.

| ADOLPHE, | LE BIGRE. | 1650. | * | 1650-4° |

ou LE BIGAME GENFREUX, *Trag.* Irréguliere, le ſujet mal ren du & froidement dialogué.

| ADONIS, | LE BRETON. | 1569. | * | 1579-12 |

Tragédie. On ne peut pas plus mauvaiſe. Venus y appelle Vulcain ſou-ſle charbon. Elle fut repréſentée devant le Roy Charles IX.

| ADONIS, *Tragédie.* | Anonyme. | 1585. 23 Sept. | 5. | n. imp. |

Trouvée dans les Regiſtres de la Comédie Françoiſe.

| ADRASTE, *Tragédie.* | FERRIER. | 1680. Février. | * | 1686-12. |

Mauvaiſe & ſans art. L'Auteur des recherches ſur le Théâtre aſſure qu'il a vû une Tragédie intitulée Criſis, dont le fond eſt le même que celui de cette Piéce.

| ADRIEN, *Tragédie.* | CAMPISTRON. | 1690. 11 Jan. | 8. | 1715-12 |

Médiocre : elle eſt tirée de l'Hiſtoire Eccléſiaſtique, eut quelque ſuccès.

Noms des Pieces.	Noms des Auteurs.	An. des Repr.	Le Nonb	An. des Edi tons.
ÆGISTE, Tragédie.	SEGUINAU ET PRALARD.	1721, 18 Nov	5.	n. imp.

Froide & médiocre.

| ÆTIUS, Tragédie. | CAMPISTRON. | 1693. 28 Jan. | 15. | n. imp. |

La plus foible de toutes celles de l'Auteur, n'est pas cependant sans beautés.

| AGAMEMNON, | C. TOUSTAIN. | 1556. | * | 1557-4°. |

Tragédie en vers de 16 syllabes. Froide & ennuyeuse.

| AGAMEMNON, | LE DUCHAT. | 1561. | * | 1561-4°. |

Tragédie. Tirée de Sénéque, mauvaise & sans intérêt. La Tragédie de SUSANNE sans date est du même Auteur.

| AGAMEMNON, Tragédie. | BOYER sous le n.d'ASSEZAN | 1680. 12 Mars | 19. | 1680-12. |

Passable, & le sujet assez bien exposé. D'Assezan se l'attribua. Beauchamps dit que Boyer s'en etoit nommé l'Auteur à la premiere Représentation : & qu'elle fut sisslée le lendemain, ce qui est faux.

| AGAMEMNON, | ROL. BRISSET. | 1584. | * | 1589-4°. |

Tragédie. Tirée de Sénéque. On ne peut pas plus foible.

| AGAMEMNON, | P. LINAGE Jés. | N. R. | * | 1651-12. |

Tragédie. De Sénéque, traduite en prose.

| AGARITHE, | D'URVAL. | 1635. | * | 1636.8°. |

Tragédie Pastorale en 5 Actes en Vers. Très-foible, sans aucune observation de régles ; eut cependant quelque succès.

| AGATHE, | N. GRANDVAL. | 1749. | * | 1750.8°. |

OU LA CHASTE PRINCESSE, Tragédie Burlesque, représentée chez Mademoiselle Dumesnil, célébre Actrice tragique, dans sa maison à la Barriere-Blanche.

| AGATOCLE, Tragédie. | AUBRY. | 1690. 10 Mai. | 2. | n. imp. |

Le sujet intéressant, mais médiocre.

Noms des Piéces.	Noms des Auteurs.	An. des Repr.	Le Nomb	An. des Editions.
A G E S I L A N,	J. DE ROTROU.	1635.	*	1637-4°.

DE COLCHOS, *Trag. C.* Tirée du Roman d'Amadis de Gaule. Irréguliere, foible, mais divertissante.

| A G E S I L A S, Trag. Com. | P. CORNEILLE. | 1666. Avril. | * | 1666-12. |

En vers libres. Elle n'a jamais été reprise.

| A G I M E' E, | S. B. | 1628. | * | 1629-8°. |

OU L'EXTRAVAGUANT, *Tragédie.* Elle remplit son second titre : car elle n'a pas le sens commun.

| A G I O T E U R S, (LES) Comédie. | D A N C O U R T | 1710. 28 Janv | 85. | 1710-12. |

En 3 *Actes en Prose.* A réussi par les circonstances du tems.

| A G I S, (LA MORT D') | G. BOUSCAL. | 1642. | * | 1642-4°. |

Tragédie. Renferme des situations touchantes : mais la Poësie en est fort foible.

| A G R I P P A, | P. QUINAULT. | 1661. | * | 1661-12. |

ROY D'ALBE, OU LE FAUX TIBERINUS, *Trag.* Elle a bien des défauts ; mais le quatriéme Acte en est admirable & l'a fait réussir. Restée au Théâtre.

| A G R I P P A, | RIUPEROUX. | 1696. 19 Mars | 2. | n. imp. |

OU LA MORT D'AUGUSTE, *Tragédie.* On ne peut pas plus foible.

| A G R I P P I N E, | DE BERGERAC. | 1653. | * | 1654-4°. |

(LA MORT D') *Tragédie.* Ecrite avec chaleur, pleine de traits hardis.

| A J A X , *Tragédie.* | LA CHAPELLE. | 1684. 27 Dec. | 19. | M. s. |

Assez bien conduite, mais médiocre, jouée sur le Théâtre de Guenegaud.

| A I M E R | DOUVILLE. | 1645. | * | 1646-4°. |

SANS SÇAVOIR QUI, *Comédie.* Passable & plaisante. Elle eut beaucoup de succès, quelques Auteurs modernes en ont tiré parti.

Noms des Piéces.	Noms des Auteurs.	An. des Repr.	Le Nomb	An. des Editions.
ALBOUIN,	N. Chretien.	1608.	*	1608-12.

OU LA VENGEANCE TRAHIE, *Trag. Avec des Chœurs.* Tirée de l'Histoire des Lombards de P. Dinere Liv. II. chap. 28. Foible, excepté quelques endroits. AMNON ET THAMAR Trag. avec des Chœurs indiquée sans date dans Beauchamps, est du même Auteur. *Voyez* AMNON.

| ALBOUIN, | Cl. Billard. | 1609. | * | 1610-8°. |

Tragédie. Mauvaise en tout points. A moins qu'on n'en excepte trois Scenes, dont les situations sont intéressantes.

| ALCANDRE, | Boisrobert. | 1640. | * | 1649-4°. |

(LES DEUX) *Tragi-Comédie.* Mauvaise copie des Menechmes de Plaute, & d'un comique fort bas.

| ALCE'E, | Alex. Hardy | 1610. | * | 1625-8°. |

OU L'INFIDELITE', *Pastorale avec des Chœurs.* L'invention passable, & quelques Scenes intéressantes. Tom. II.

| ALCESTE, | Alex. Hardy | 1606. | * | 1606-8°. |

OU LA FIDELITE', *Pastorale en 5 Actes en Vers.* Singuliérement dialoguée, & quelques endroits intéressants. Tom. I.

| ALCESTE, *Tragédie.* | La Grange Chancel. | 1703. 19 Dec. | 6. | 1734-12. |

Trop dans le merveilleux, la Poësie négligée. Beauchamps l'annonce sans date.

| ALCIBIADE, *Tragédie.* | Campistron. | 1685. 28 Dec. | 25. | 1686-12. |

C'est une copie trop ressemblante de Themistocle, de Ryer : elle est intéressante, mais moins qu'Andronic. L'Auteur assure dans son discours préliminaire que cette Piéce fut aussi suivie à la 40e Reprise qu'à la premiere.

| ALCIBIADE, *Comédie.* | Poisson. | 1731. 23 Fev. | 11. | 1731-8°. |

En 5 *Actes en Vers.* Tirée de Madame de Villedieu, assez bonne. Fut jouée à la Cour le premier Mars de la même année.

| ALCIDIANE, | Desfontaines | 1642. | * | 1644-4°. |

OU LES 4 RIVAUX, *Tragi-Comédie.* Tirée de Manzini, ennuyeuse.

Noms des Piéces.	Noms des Auteurs.	An. des Repr.	Le Nomb	An. des Editions.
ALCIMEDON,	P. du Ryer.	1634.	*	1655-4°.

Tragédie. Sans invention & fort médiocre.

| ALCIMÉNE, | Bonpart.S.V. | 1667. | * | 1667-12 |

Past. Elle étoit dans la Bibliothéque de Madame la Comtesse de Veruë.

| ALCIONE'E, | P. du Ryer. | 1639. | * | 1640-8°. |

Tragédie. N'est passable que par quelques endroits de sentiment ; du reste médiocre. Maupoint l'annonce sous le titre d'Alcinoé.

| ALEXANDRE, | La Taille. | 1562. | * | 1573-8°. |

Tragédie. Horrible versification, pitoyablement construite.

| ALEXANDRE, | Gilb. Giboin. | n. r. | * | 1619-8°. |

ou les Amours du Seigneur, *Trag.* Sans distinction de Scenes ; mauvaise.

| ALEXANDRE, | Alex.Hardy. | 1626. | * | 1626-8°. |

Tragédie avec des Chœurs. Fortement écrite, & quelques situations Théatrales & hardies.

| ALEXANDRE, | Racine. | 1665. 12 Dec. | * | 1666-12 |

le Grand, *Tragédie.*

Fut jouée sur les Théâtres du Palais Royal & de l'Hôtel de Bourgogne en même tems: tomba sur le premier, reussit sur le second. Le rôle de Porus donna de grandes espérances ; il affoiblit celui d'Alexandre.

| ALEXANDRE, | L'Ab. Boyer. | 1666. | * | 1666-12. |

le Grand, ou Porus, *Tragédie.* Elle a été imprimée sous ces deux titres : elle est très-foible & fort ennuyeuse.

| ALEXANDRE, (la Mort d') | Anonyme. | 1684. 26 Mai. | * | n. imp. |

Tragédie. N'est connue que par les Registres de la Comédie.

| ALEXANDRE, | Goiseau. | n. r. | * | 1723-12. |

et Darius. *Trag.* Avec une Préface : elle est foible & médiocre.

| ALECTRIOMACHIE | Gab.Bounyn. | 1586. | * | n. imp. |

Poëme Dramatique. Ignoré de tous les Auteurs qui ont écrit sur le Théâtre François.

Noms des Piéces.	Noms des Auteurs.	An. des Repr.	Le Nomb	An. des Editions.
ALGERIEN,	CAHUZAC.	1744. 15 Sept.	11. R.	1744-8°

OU LES MUSES COMEDIENNES. *Comédie.* Il y avoit un Divertissement sur la convalescence du ROI qui eut un grand succès.

| ALINDE, | MENARDIERE | 1642. | * | 1643-4°. |

Tragédie. Le plan mal construit, nulle liaison dans les Scenes, mais allez bien versifiée pour le tems.

| ALISON, | DISCRET. | N. R. | * | 1637-12. |

Comédie. Dédiée ci-devant aux jeunes veuves, ou aux vieilles filles. La seconde édition est de 1641, avec le portrait de celui qui jouoit Alison. La Piéce est dédiée aux Beurieres de Paris.

| ALCMEON | ET. BELLONE. | 1610. | * | 1610-12. |

(LES AMOURS D') ET DE FLORE. *Tragédie.* Avec un Argument & quelques Poësies de l'Auteur.

| ALCMEON, | ALEX. HARDY, | 1618. | * | 1628-8°. |

OU LA VENGEANCE FEMININE. *Tragédie.* Tirée de Plutarque, sans invention & médiocre. Tom. V.

| ALPHE'E, | ALEX. HARDY. | 1605. | * | 1624-8° |

OU LA JUSTICE D'AMOUR. *Tragédie Pastorale.* N'est point mal faite, a des endroits intéressans. Tom. I.

| ALPHONSE | LA POUJADE. | 1687. | * | 1721-8°. |

ET AQUITIME OU LE TRIOMPHE DE LA FOI, *Tragédie.* Beauchamps en fait mention dans ses Recherches. Elle est imprimée à Bourdeaux.

| ALPHONSE, | Anonyme. | N. R. | * | 1740-12 |

DIT L'IMPUISSANT, *Tragédie en un Acte.* N'étoit pas faite pour être représentée : elle est supposée imprimée à *Origenie.*

| ALZAIDE, | LINANT. | 1745. 13 Dec. | 6. | 1746-8° |

Tragédie.

Foiblement construite, mollement versifiée, mais a quelques beaux endroits.

Noms des Piéces.	Noms des Auteurs.	An. des Repr.	Le Nomb	An. des Editions.
A L Z I R E, *Tragédie.*	VOLTAIRE.	1736. 27 Jan.	20.	1736-8°

Piéce toute d'invention , le caractere d'*Alzire* eft admirable. Le Mercure de Mars 1736. pag. 539. dit que la recette des vingt Repréfentations de cette Piéce monta à 53640 livres : elle fut interrompuë à la clôture , & reprife fouvent dans la même année.

A M A L A R I C,	B. V. J.	N. R.	*	1743-8°.

Tragédie. Tirée de l'Hiftoire de *Clovis* , Piéce affez froide.

A M A L A S O N T E,	P. QUINAULT.	1657.	7.	1658-12

Tragédie. Très-foible , eut peu de fuccès. On y reconnoît cependant l'homme de génie & d'efprit.

A M A N,	RIVAUDEAU.	1567.	*	1567-4°

Tragédie. Tirée du 7ᵉ chap. d'*Efther*: fut jouée & imprimée à Poitiers.

A M A N,	P. MATHIEU.	N. R.	*	1589-12.

Tragédie. Allégorique à l'hiftoire de ce tems-là , mauvaife , à quelques Scenes près , imprimée à Lyon.

A M A N,	MONTCHRET.	1627.	*	1627-8°

OU LA VANITE' , *Tragédie.* Contient l'hiftoire entiere d'Affuerus , foible & mal conftruite.

A M A N S DÉGUISE'S. (LES)	DOUE' P. N.	1728. 7 Fev.	4.	1728-8°.

Comédie en 3 Actes en Profe. Cette Piéce a été reprife le 5. Juillet 1738.

A M A N S (LES)	Anonyme.	N. R.	*	1700-12

INFORTUNE'S ET CONTENS , *Comédie en 4 Actes en Vers.* Formée des quatre derniers Actes du Comédien-Poëte de *T. Corneille* & de *Montfleury.*

A M A N S (LES) MAGNIFIQUES,	MOLIERE.	1688. 15 Oct.	9.	1682-12

Comédie Her. en 5 Actes en Profe. N'a jamais eu un grand fuccès : elle fut repréfentée d'abord devant le Roy le 7. Septembre 1670. à S. Germain en Laye fous le titre de Divertiffement Royal , Sa Majefté en avoit donné le fujet à *Moliere.* A la reprife de 1704. *Dancourt* y ajouta un Prologue de fa compofition.

Noms des Piéces.	Noms des Auteurs.	An. des Repr.	Le Nomb	An. des Editions.
A M A N T (L')	DORIMONT.	1661.	*	1661-12

DE SA FEMME, *Comédie*. Affez bien faite. Elle a fervi de canevas à plufieurs autres Piéces qui ont paru depuis.

| A M A N T (L') | L. BOISSY. | 1721. 19 Sept. | 8 | 1735-8°. |

DE SA FEMME, OU LA RIVALE D'ELLE-MESME, *Comédie en un Acte en Profe*. La premiere de l'Auteur qui annonça la réputation qu'il s'eft acquife depuis.

| A M A N T (L') | Anonyme. | N. R. | * | 1666-12 |

DOUILLET, *Comédie en 3 Actes en Vers*. On doute qu'elle ait été repréfentée.

| A M A N T (L') | P. QUINAULT. | 1654. | * | 1664-12 |

INDISCRET, OU LE MAÎTRE E'TOURDI, *Comédie en 5 Actes en Vers*. Divertiffante: cette Piéce a quelque rapport à l'*Etourdi* de Moliere.

| A M A N T (L') | GUERIN. | 1636. | * | 1637-4° |

LIBERAL *Tragi-Comédie en 5 Actes, en Vers*. Romanefque, chargée d'événemens qui s'embaraffent ; on l'attribua auffi à *Charles Beys*.

| A M A N T (L') | DE SCUDERY. | 1638. | * | 1638-4°. |

LIBERAL *Tragi-Comédie*, tirée de Cervantes, renferme de l'intérêt & des fituations agréables.

| A M A N T (L') MYSTERIEUX. | PIRON. | 1734. 30 Août | N. R. | n. imp. |

Comédie en 3 Actes en Vers. Repréfentée avec les courfes de Tempé. Paft. avec divertiffement & Ballet. L'Auteur retira la premiere Piece. *Voyez* COURSES DE TEMPE'.

| A M A N T (L') | HAUTEROCHE. | 1668. | * | 1669-12 |

QUI NE FLATTE PAS. *Comédie en 5 Actes en Vers*. Coup d'effai de l'Auteur, médiocre, mais qui annonçoit des talens.

| A M A N T (L') RIDICULE, | BOISROBERT. | 1655. 4 Fev. | * | 1655-12 |

Comédie. en 5 Actes en Vers. Repréfentée dans le Ballet des Plaifirs où le Roi danfa. Elle eft fort mauvaife.

Noms des Piéces.	Noms des Auteurs.	An. des Repr.	Le Nomb	An. des Editions.
A M A N T E (L') AMANT,	CAMPISTRON.	1684. 12 Août	16.	1721-12

Comédie en 5 Actes en Prose. Reguliere , mais foible. L'édition de 1750 est la plus ample.

| A M A N T E (L') ENNEMIE. | SALLEBRAY. | 1642. | * | 1642-4° |

Comédie. L'Intrigue Romanesque , le Dénouement extravagant.

| A M A N T E (L') EN TUTELLE, | LAVALETTE. | 1735. 17 Août | 5. | n. imp. |

Comédie en 3 Actes en Vers. L'Auteur la retira après la cinquiéme Représentation.

| A M A N T E (L') INVISIBLE. | NANTEUIL. | 1673. | * | 1673-12 |

Comédie en 5 Actes en Vers. Jouée à la Cour d'*Hanover* où l'Auteur étoit alors Comédien de l'Electeur.

| A M A N T E (L') VINDICATIVE. | BALT. BARO. | 1652. | * | 1652-4° |

Poëme Dramatique. On n'est point sûr que cette Piéce ait été jouée.

| AMANTES , (LES) OU LA GRANDE PASTORALE. | N. CHRETIEN. | 1613. | * | 1613-12 |

Tragédie Pastorale. A quelques beaux endroits ; mais du reste médiocre.

| AMARANTE, (L') | GOMBEAULT. | 1625. | * | 1631-8° |

Pastorale en 5 Actes en Vers. Assez intéressante ; mais foiblement écrite.

| A M A R I L L E , OU BERGERIE FUNEBRE. | JEAN HAYS. | 1598. | * | 1598-12 |

Bergerie. Sur la mort d'*André de Brancas* Amiral de France.

| AMARILLIS , | TRISTAN. | 1652. | * | 1653-4° |

Pastorale. Parut d'abord sous le titre de *Celimene* ; *Rotrou* en est le premier Auteur. Après sa mort elle fut corrigée par *Tristan l'Hermite*, & elle réussit beaucoup.

| A M A S I S , Tragédie. | LA GRANGE. | 1701. 13 Dec. | 11. | 1734-12 |

Intéressante. Elle auroit eu un plus grand nombre de Représentations sans le froid excessif qui survint aux dernieres. Reprise avec succès le 29 Janvier 1731 , & eut 16 Réprésentations.

Noms des Piéces.	Noms des Auteurs.	An. des Repr.	Le Nomb	An. des Editions.
AMAZONES. (LES) Tragédie.	Me. DU BOCCAGE.	1749. 24 Juil.	11.	1749-8°

Madame du Boccage a soutenu, dans cette Piéce, la réputation qu'elle s'étoit acquise par son Poëme imité de *Milton*.

| AMAZONES MODERNES. (LES) | LE GRAND. | 1727. 29 Oct. | 7 | 1731-12. |

Comédie en 3 *Actes en Prose. Fuzelier* a eu part à cette Piéce. La Musique du Divertissement est de *Quinault* le Comédien. Fut jouée pendant l'absence.

| AMAZONES REVOLTE'ES (LES) | BOUCICAULT. | N. R. | * | 1730-12 |

Roman moderne en 5 *Actes en Prose.* Espece de Parodie sur la Fable & sur l'Histoire Universelle.

| AMBIGU (L') | MONFLEURY. | 1673. | 29. | 1673-12. |

COMIQUE, *ou* LES AMOURS DE DIDON ET D'ENE'E. *Tragédie en* 3 *Actes*, qui sont entremêlés de trois Intermèdes Comiques. LE NOUVEAU MARIE', DON PASQUIN D'AVALOS, ET LE SEMBLABLE A SOI-MESME. La seconde Farce se reprend quelquefois. Elle fut représentée sur le Théâtre du Marais.

| AMBITIEUX (L') ET L'INDISCRETE. | NERICAULT DESTOUCHES. | 1737. 14 Juin | 13. | 1737-12 |

Comédie en 5 *Actes en Vers.* Elle étoit faite 6 ans avant la premiere Représentation, & avoit été retardée sous prétexte de prétendues allusions. Elle fut donnée sans être annoncée, eut beaucoup de succès.

| AMELIE, | JEAN ROTROU. | 1636. | * | 1638-4° |

Tragédie. Froide, irréguliere & mal construite.

| AMENOPHIS, Tragédie. | Anonyme. | 1750. 11 Nov | I. R. | n. imp. |

Elle fut attribuée à differentes personnes. L'Auteur la retira trop précipitamment, elle auroit pû avoir quelque succès.

| AMESTRIS, Tragédie. | MAUGE'. | 1747. 3 Juillet | 9. | 1748-12 |

Coup d'essai de l'Auteur qui a donné bien de l'espérance.

Noms des Pièces.	Noms des Auteurs.	An. des Repr.	Le Nomb	An. des Editions.
AMI (L') DE TOUT LE MONDE,	Anonyme.	1573. 24 Jan.	1.	n. imp.

Comédie en 1. Acte. Elle fut jouée, après LES MARIS INFIDELES sur le Théâtre du Palais-Royal. *Maupoint* cite un *Philantrope*, ancienne Comédie en Prose par *l'Eglesiere*. C'est peut-être la même.

| AMI (L') DE TOUT LE MONDE, | LE GRAND. | 1724. 19 Fev. | 17. | 1724-12 |

Comédie. Divertissante, restée au Théâtre. *Voyez* PHILANTROPE.

| AMIS (LES DEUX) | U. CHEVREAU. | 1638. | * | 1638-4° |

Tragi-Comédie. A encore pour titre GESIPE & TITE. Froide & foiblement écrite.

| AMINTE, | P. DE BRACK. | 1584. | * | 1584-4° |

Fable Bocagere. Imitation assez médiocre de l'*Arioste*; elle est en Vers, imprimée avec *Olimpe*, imitée de l'*Arioste* : elle fut jouée à Bourdeaux.

| AMINTE, | DE CLEVES | 1584. | * | n. imp. |

Tragédie. Traduite de l'Italien par l'héritiére de France, *Henriette de Cleves*, Duchesse de Nevers, & Princesse de Mantouë.

| AMINTE, | BROSSE. | Incert. | * | 1591- |

Tragédie. Indiquée dans les recherches du Théâtre.

| AMINTE, | G. BELIARD. | 1596. | * | 1596-12 |

Pastorale, ou Fable Bocagere. Traduite de l'Italien de *Torq. Tasso.* Très-médiocre.

| AMINTE (L') | RAYSSIGUYER. | 1631. | * | 1632-8° |

DU TASSE, *Tragédie Pastorale en 5. Actes en Vers.* A quelques endroits passables dans la versification, du reste très-foible.

| AMINTE, | PICHOU. | 1632. | * | 1632-8°. |

Pastorale en Vers. Ne manque pas d'intérêt; mais elle est foible comme une partie de celles de ce tems-là.

| AMINTE (L') | DALIBRAY. | 1632. | * | 1632-8°. |

DU TASSE, *Tragédie Pastorale.* Singuliere par le Dialogue : elle a eu quelque succès. Elle est traduite de l'Italien.

Noms des Piéces.	Noms des Auteurs.	An. des Repr.	Le Nomb	An. des Editions.
A M I N T E,	Anonyme.	1638.	*	1638-4°.

Paftorale. Traduite de l'Italien, accommodée au Théâtre François.

| A M I N T E (L') | Du Torche. | 1666. | * | 1666.12. |

Du Tasse, *Paftorale.* Traduite de l'Italien en Vers François.

| A M I T I E' (L') RIVALE DE L'AMOUR. | Fagand. | 1735. 16 Nov. | 10. | 1736-8°. |

Comédie. La premiere Repréfentation fut fi tumultueufe, qu'on ne put entendre la Piéce : à la feconde Repréfentation, elle reprit & fut applaudie.

| A M N O N | Des Croix. | 1508. | * | 1608.12 |

ET TAMAR, *Tragédie avec des Chœurs.* Mauvaife, avec de l'intérêt. *Voyez* ALBOUIN, *pag.* 5.

| A M O U R (L') | T. Corneille. | 1651. | * | 1653-12 |

A LA MODE *Comédie en 5 Actes en Vers.* A des défauts, mais elle eft affez comique. Elle eft tirée de la Piéce Efpagnole EL AMOR AL USO, DE D. ANTONIO SOLIS.

| A M O U R (L') | J. | N. R. | * | 1687-12. |

BERGER, *Comédie en 5 Actes en Vers.* Elle eft en Vers libres, avec un Prologue *de l'amour & de Momus.*

| A M O U R (L') | Scudery. | 1634. | * | 1635-8°. |

CACHE' PAR L'AMOUR, *Tragi-Comédie Paftorale.* Elle fait partie de la Comédie des Comédiens. Elle eft finguliérement conftruite ; elle a réuffi dans fon tems.

| A M O U R (L') | Rotrou. | 1643. | * | 1643-4°. |

CONSTANT, *ou* CLARICE, *Comédie en 5 Actes en Vers.* Imitation de *Sforfa d'Oddi*, elle a quelque intérêt.

| A M O U R (L') | J. Mouque'. | N. R. | * | 1612-8°. |

DE'PLUME', *ou* LA VICTIME DE L'AMOUR DIVIN, *Paft.* Comique en 5 Actes avec des Chœurs. Satyrique & mauvaife en tous points.

Noms des Piéces.	Noms Auteurs.	An. des Repr.	Le Nomb	An. des Editions.
AMOUR (L') DIABLE	LE GRAND.	1708. 30 Juin.	12.	1731-12.

Comédie en un Acte avec Divertissement. Très-comique & divertissante. Un Amant qui fit l'Esprit dans cette année-là, est la matiere du Vaudeville qui donna lieu à cette Piéce.

| AMOUR (L') | J. GAULCHE'. | N. R. | * | 1601-8°. |

DIVIN; *Tragi-Comédie.* Sur la Rédemption imprimée à Troyes.

| AMOUR (L') ET LES FE'ES, | Anonyme. | 1745. 1 Octob. | 3. R. | n. imp. |

Comédie en un Acte en Vers libres, avec divertissement. Quoique spirituellement écrite, elle a été retirée après la troisiéme Représentation.

| AMOUR (L') | FAYOT. | 1681. | * | 1682-12 |

FANTASQUE *ou* JUGÉ DE SOI-MESME, *Tragi-Comédie.* Une avanture, arrivée à Rouen dans ce tems-là, donna l'idée de cette Piéce. Beauchamps en annonce une sous le même titre, par D. C. 1637.

| AMOUR (L') | SEGRAIS. | N. R. | * | 1701-12 |

GUE'RI PAR LE TEMS, *Tragédie.* Elle se trouve à la suite de *Segraisiana*, suprimée en 1701. Elle devoit être mise en Chants. Il semble que par cette raison on n'auroit pas dû la placer ici; mais on a crû devoir suivre l'exemple de *Beauchamps.*

| AMOUR (L') | Is. DU RYER. | 1631. | * | 1631-12 |

MARIAGÉ, *Pastorale en 5 Actes en Vers.* La versification est coulante, mais la Piéce est foible. Il est douteux qu'elle ait été représentée

| AMOUR (L') | STE MARTHE. | Incert. | * | 1618-8°. |

ME'DECIN, *Comédie.* Elle est indiquée dans les recherches du Théâtre. Très-foible.

| AMOUR (L') ME'DECIN, | MOLIERE. | 1665. 22 Sept. | * | 1666-12 |

Comédie. Ballet en 3 Actes en Prose. Fut faite & apprise en 5 jours. C'est la premiere dans laquelle *Moliere* ait joué les Médecins. Le Prologue est en Musique; c'est une des premieres compositions de *Lully.*

Noms des Piéces.	Noms des Auteurs.	An. des Repr.	Le Nomb	An. des Editions
AMOUR (L')	POISSON.	N. R.	*	1743-12.

MUSICIEN, *Comédie.* Un homme de Robe prétendit que l'Auteur avoit voulu le jouer dans cette Piéce, & il empêcha qu'elle ne fût repréſentée.

| AMOUR POUR AMOUR, | NIVELLE DE LACHAUSSE'E. | 1742. 16 Fev. | 13. | 1742-12 |

Comédie en Vers, en 3 Actes & Prologue, avec un divertiſſement. Eut du ſuccès. L'Auteur la dédia à Mademoiſelle Gauſſin, ſous le nom de *Zémire*, qui eſt ſon principal perſonnage.

| AMOUR (L') PRE'CEPTEUR, | DUVAURE. | 1749. 13 Août | 11. | 1749-12. |

Comédie en 3 Actes en Proſe. Voyez FAUX SÇAVANT. Elle eſt dédiée à Milord Albemarle, Ambaſſadeur de S. M. B. en France.

| AMOUR (L') | Anonyme. | Incert. | * | 1633- |

SANGUINAIRE, *Tragi-Comédie* Beauchamps l'indique, comme elle eſt placée ici, dans ſes recherches.

| AMOUR (L') SECRET, | P. POISSON. | 1740. 5 Oct. | 7 | 1741·12 |

Comédie en un Acte en Vers. Médiocre & peu intéreſſante.

| AMOUR (L') SENTINELLE, | NANTEUIL. | N. R. | * | 1672-12 |

Comédie, ou LE CADENAT FORCE'. Fort libre.

| AMOUR (L') | SCUDERI. | 1638. | * | 1639-4° |

TYRANNIQUE, *Tragédie.* Quoique médiocre, elle eut un grand ſuccès. On doit l'attribuer à la protection déclarée du Cardinal de Richelieu, & à la prévention qu'on avoit alors pour l'Auteur.

| AMOUR (L') | TROTEREL. | Incert. | * | 1616-8° |

TRIOMPHANT, *Comédie en 5 Actes en Proſe.* Où, ſous les noms du *Berger Pirandre* & de la *Belle Oréade*, ſont décrites les avantures de quelques grands Princes. C'eſt la ſuite du titre indiqué ſans format.

| AMOUR (L') VANGE', | LAFOND. | 1712. 14 Oct. | 17. | 1712-12. |

Comédie en 1 Acte en Vers. Jolie, a pû donner des idées pour des Piéces qui l'ont ſuivie. Repriſe le 7 Février 1722 avec ſuccès.

Noms des Piéces.	Noms des Auteurs.	An. des Repr.	Le Nomb	An. des Editions.
A M O U R (L')	ALEX. HARDY.	1618.	*	1628-8°.

VICTORIEUX, ou VANGE', Pastorale en 5. Actes en Vers. Cette Piéce est en Vers de 5 pieds. T. V.

| A M O U R (L') | NERICAULT DESTOUCHES. | 1741. 20 Sept. | 1. | 1742-12 |

USE', ou LE VINDICATIF GE'NE'REUX, Comédie en 5 Actes en Prose. L'Auteur la retira après la premiere Représentation.

| A M O U R S (LES) | Is. DU RYER. | 1610. | * | 161C-8°. |

CONTRAIRES, Pastorale en 3 Actes en Vers. Elle est dans un recueil de l'Auteur, intitulé Le tems perdu & les gayetés d'Isaac du Ryer.

| A M O U R S (LES) | CHEVALIER. | 1664. | * | 1664-12 |

DE CALOTIN, Comédie en 3 Actes en Vers. Représentée sur le Théâtre du Marais.

| A M O U R S (LES) | Anonyme. | 1689. 22 Août | 4. | n. imp. |

DE CAMPAGNE, Comédie. Connuë par les Regîtres de la Comédie Françoise.

| A M O U R S (LES) | ET. BELLONE. | 1621. | * | 1621-12. |

DE D'ALCME'ON ET DE FLORE, Tragédie. Ne manque pas d'intérêt; mais elle est aussi mal conduite que mal versifiée. Jouée à Rouen.

| AMPHITRION, | MOLIERE. | 1668. 13 Jan. | * | 1674-12. |

Comédie en Vers, en 3 Actes & Prologue. Tirée de Plaute, mais bien mieux traitée, Ecrite en Vers libres; c'est un modéle dans ce genre de versification; elle eut un succès prodigieux.

| AMPHITRITE, | MONTLEON | 1630. | * | 1631-8°. |

Poëme Dramatique. Médiocre & singulierement conduit.

| AMUSEMENS (LES) | FUSELIER. | 1725. 17 Oct. | 11. | n. imp. |

DE L'AUTOMNE, Divertissement. Composé de deux Comédies, intitulées LE TEMPLE DE DELPHES & LE TEMPLE DE GNIDE, avec deux Prologues.

Noms des Piéces.	Noms des Auteurs.	An. des Repr.	Le Nomb	An. des Editions.
ANAXANDRE,	L. DU RYER.	1654.	*	1655-8°.

Tragédie. Vuide d'action , & très-foible du reste.

| ANDRIENNE, | BARON. | 1703. 16 Nov | * | 1704-12 |
| *Comédie* | | | | |

En 5 *Actes en Vers.* Intéressante., très-bien faite , seroit un chef-d'œuvre si le style répondoit. Mademoiselle Dancourt y jouoit avec une robe qui plût tant , que la mode en a fait passer le nom jusqu'à nous. Cette Piéce fut attribuée au Pere La Rue.

| ANDROMAQUE, | RACINE. | 1667. 10Nov. | * | 1668-12. |
| *Tragédie.* | | | | |

Eut le plus grand succès , & le mieux mérité. C'est la premiere Piéce du genre que l'Auteur a traité depuis : elle commença à lui donner cette grande réputation qu'il a si bien soutenue dans la suite.

| ANDROMEDE | Anonyme. | 1623. | * | 1625-8°. |

DE'LIVRE'E , *Intermede en 3 Actes en Vers.* Très-foible, sans Art, & sans goût.

| ANDROMEDE, | P. CORNEILLE. | 1650. | 45. | 1651-4° |

Tragédie. A quelques beaux endroits ; eut un grand succès. Imprimée avec des figures.

| ANDROMIRE, | G. SCUDERY. | 1641. | * | 1641-4°. |

Tragédie. Trop d'événemens mal amenés.

| ANDRONIC, | CAMPISTRON. | 1685. 8. Fév. | 25. | 1715-12 |
| *Tragédie.* | | | | |

Tragédie. Foible de versification ; mais un intérêt si touchant, qu'elle est restée au Théâtre. Elle est tirée de l'histoire de Don Carlos , fils de Philippe II. Roi d'Espagne.

| ANGELIQUE, | L. C. | Incert. | * | 1599-12. |

Comédie en Prose. Traduite de l'Italien & de l'Espagnol.

| ANGELIQUE | Anonyme. | Incert. | * | 1619-8°. |

ET DE ME'DOR (LES AMOURS D') *Tragédie.* Tirée de l'Arioste , imprimée à Troyes.

Noms des Piéces.	Noms des Auteurs.	An. des Repr.	Le Nomb	An. des Editions.
ANGELIQUE	DESROCHES.	1648.	*	1648-8°.

ET DE ME'DOR (LES AMOURS D') *Tragédie*. Fut jouée à Poitiers.

| ANGELIQUE | GILBERT. | 1644. | * | 1664-12. |

ET DE MEDOR (LES AMOURS D') *Tragi-Comédie*. Mauvaise. *Medor* n'est qu'un fat, & *Angélique* une précieuse.

| ANGELIQUE ET ME'DOR, | DANCOURT | 1685. 1 Août. | 14. | 1705-12 |

Comédie en un Acte. Espèce de Parodie très-foible : elle eut cependant du succès.

| ANNE | FERRIER. | 1678. | * | 16-9-12 |

DE BRETAGNE, REINE DE FRANCE, *Tragédie*. Médiocre : eut un foible succès.

| ANNIBAL, | DE MONTREUX | 1584. | * | n. imp. |

Tragédie. Indiquée dans les recherches de Beauchamps.

| ANNIBAL, | DE PRADE. | 1649. | * | 1649-4° |

Tragédie. Avec une estampe de Vignon.

| ANNIBAL (LA MORT D') | THOMAS CORNEILLE. | 1669. Novem | 3. | 1670-12. |

Tragédie. Très-médiocre, tomba à la troisiéme Représentation.

| ANNIBAL, | RIUPEROUX. | 1588. 5 Nov. | 6. | n. imp. |

Tragédie.

Presque tous les caractères manqués & fort foibles.

| ANNIBAL, | MARIVAUX. | 1720. 16 Oct. | 3 | 1727-12 |

Tragédie.

Elle a été reprise avec succès le 27 Octobre 1747.

| ANTIGONE, | ANT. BIFA. | 1530. | * | 1572-12. |

Tragédie. Tirée de Sophocle, très-médiocre.

| ANTIGONE | ROB. GARNIER | 1580. | * | 1580-12. |

OU LA PIE'TE', *Tragédie*. Assez bien versifiée pour son tems; mais le plan mal construit.

Noms des Piéces.	Noms des Auteurs.	An. des Repr.	Le Nomb	An. des Editions
ANTIGONE,	ROTROU.	1638.	*	1639-4°.

Tragédie. A des beautés, renferme deux Piéces en une. Elle fut jouée avec succès devant le Roi.

| ANTIGONE, | D'ASSEZAN. | 1686. 14 Mars | 6. | 1687-12. |

Tragédie.

Passable & les caracteres assez bien soutenus.

| ANTILESIME, | PHILANDRE. | N. R. | * | 1604-12 |

(LES NÔCES D') *Comédie nouvelle* , extraite des discours de la contre-lézine par le Pasteur Monopolitain ; c'est la suite du titre. Cette Piéce est traduite de l'Italien.

| ANTIMOINE | Anonyme. | N. R. | * | 1668-12. |

PURIFIE' SUR LA SELETTE , *Comédie.* Allégorique & satyrique.

| ANTIOCHUS, | T. CORNEILLE | 1666. | * | 1666-12. |

Tragédie. Foible , eut un médiocre succès.

| ANTIOCHUS ET CLE'OPATRE, | DESCHAMPS. | 1717. 29 Oct. | 5. | 1718-12. |

Tragédie. Fort médiocre.

| ANTIOCHUS, OU LES MACHABE'ES, | l'Ab. NADAL. | 1721. 16 Dec. | 7. | 1723-12. |

Tragédie. Assez passablement versifiée , mais foible.

| ANTIQUAIRE, (L') | Anonyme. | 1750. | * | 1751-12. |

Comédie en 3 Actes en Vers. Avec un Prologue qui caractérise le sujet de la Piéce : elle est sans femmes. Jouée dans un Collége de l'Université.

| APHOS, | B'ARACUE'. | 1747. 13 Sept. | 7. | 1748-12 |

Comédie

En un Acte en Vers. Agréablement & légérement versifiée , & singuliere pour la Fable. C'est une allégorie spirituelle : elle a été reprise plusieurs fois dans la même année.

| APOCALYPSE (L') | CHOQUET. | N. R. | * | 1541-f°. |

DE S. JEAN ZEBEDE'E , *Tragédie.* Tirée de l'Ecriture avec un sens mystique.

Noms des Piéces.	Noms des Auteurs.	An. des Repr.	le Nomb	An. des Editions.
APOLOGIE (L')	J. C. D. L.	N. R.	*	1;49-4°.

DU THEATRE DU MONDE RENVERSE', *Comédie*, ou *les Comédies abbatues du tems présent :* c'est la suite du titre, les deux premiers Actes en prose.

| APOTICAIRE (L') | VILLIERS. | 1660. | * | 1660-12 |

DEVALISE', *Comédie en un Acte en Vers.* Espece de Vaudeville assez plaisant.

| APPARENCES (LES) | BOISROBERT. | 1655. | * | 1656·12 |

TROMPEUSES, *Comédie en 5 Actes en Vers.* Tirée des INNOCENS COUPABLES de *Brosse*, est très-médiocre. C'est la derniere Piéce de l'Auteur. *Beauchamps* indique encore sans date les Tragedies d'AL-PHREDE & de PERIANDRE.

| APPARENCES (LES) | HAUTEROCHE | 1672. | * | 1673-12. |

TROMPEUSES, *ou* LES MARIS INFIDELES, *Comédie en 3 Actes en Vers.* Imitée du COCU IMAGINAIRE de *Moliere*, passable.

| APOLLON | D'ASSÓUCY. | Incert. | * | 1650- |

ET DAPHNE' (LES AMOURS D') *Tragi-Comédie.* On ignore si elle a été jouée.

| APRE'S-DINER (L') | NONANTES. | N. R. | * | 1722-12 |

DES DAMES DE LA JUIVERIE, *Comédie en 3 Actes en Prose,* avec un avis au Lecteur, composée sur une avanture du tems.

| APRE'S-SOUPER (L') | R. POISSON. | 1665. | * | 1665-12 |

DES AUBERGES, *Comédie en un Acte en Vers.* Sans intrigue; mais Plaisante. Reprise de tems en tems.

| ARETAPHILE, | P. DU RYER. | 1618. | * | n. imp. |

Tragi-Comédie. Premiere Piéce de l'Auteur. L'avertissement en est singulier. Elle est dans plusieurs Bibliothéques manuscrites.

| ARGELIE, | G. SCUDERY. | 1629. | * | 1635-80 |

ou LE PRINCE DE'GUISE', *Poëme Dramatique.* Avec un avis au Lecteur, & des vers pour mettre au bas du portrait de Mademoiselle de Bourbon, à qui la Piéce est dédiée.

Noms des Piéces.	Noms des Auteurs.	An. des Repr.	Le Nomb	An. des Edittons.
ARGELIE,	l'Ab. ABEILLE	1673.		1674-12

REINE DE THESSALIE , *Tragédie.* Coup d'essai de l'Auteur. Le sujet en est obscur , les détails louches & l'ensemble confus. Outre les Piéces que l'Abbé *Abeille* a fait , *Beauchamps* indique encore deux Tragédies sans date, SILANUS & LA MORT DE CATON.

| ARGENIS, | P. DU RYER. | 1630. | * | 1630-8° |

ET POLIARQUE *ou* THEOCRINE , *Tragédie.* premiere Journée. Froide , & mal versifiée même pour le tems.

| ARGENIS, | P. DU RYER. | 1636. | * | 1636-8° |

Tragédie. Derniere Journée , plus intéressante que la premiere , mais chargée de trop d'événemens.

| ARIANE RAVIE , | ALEX. HARDY | 1606. | * | 1624-8° |

Tragi-Comédie. Tirée de la Fable : froide , sans art. Tom. I.

| ARIANE, | VISE'. | 1672. | * | 1672-12 |

(LE MARIAGE D') ET DE BACCHUS, *Comédie Héroïque.* Foible, la versification assez passable , reprise le 4 Septembre 1685 , & n'eut que 5 Représentations.

| ARIANE, *Tragédie.* | T. CORNEILLE | 1672. 4. Mars | * | 1672-12 |

Piéce intéressante. Le Rôle d'Ariane admirable , mais un peu aux dépens des autres. Restée au Théâtre. Elle fut faite en quarante jours.

| ARICIDIE, | LEVERT. | 1646. | * | 1646-4° |

ou LE MARIAGE DE TITE , *Tragédie.* Très-médiocre, le dialogue foible.

| ARIE & PETUS, | GILBERT | 1659. | * | 1659-12 |

ou LES AMOURS DE NERON , *Tragédie.* Les regles y sont si scrupu-leusement observées, qu'elle en est froide & ennuyeuse.

| ARIE & PETUS, *Tragédie.* | Mlle BARBIER. | 1702. 3 Juin. | 16. | 1703-12 |

Coup d'essai qui eut du succès. On ajoûta dans sa nouveauté une pe-tite Piéce , ce qui n'étoit pas alors d'usage.

Noms des Piéces.	Noms des Auteurs.	An. des Repr.	Le Nomb	An. des Editions.
ARIARATHE, *Tragédie.*	St Gilles.	1699. 30 Oct.	4.	n. imp.

N'est connue que par les Registres de la Comédie Françoise.

| ARIMENE, *Pastorale* | Montreux. | 1696. 25 Fev. | * | 1697-12 |

en 5. *Actes en Vers.* Très-mauvaise, sans invention, & sans inté-rêt. Elle est en Vers de dix syllabes.

| ARISTENE, | Troterel. | Incert. | * | 1626-16 |

Pastorale en Vers de dix syllabes. Elle est l'invention de l'Auteur. *Beauchamps* indique cette Piéce sans datte, ainsi que LA DRIADE AMOUREUSE, *Past.* L'AMOUR TRIOMPHANT, *Past.* & LE RAVIS-SEMENT DE FLORISE.

| ARISTOBULE, *Tragédie.* | Anonyme. | 1685. 3 Nov. | 3. | n. imp. |

Inconnue. Tirée des Registres de la Comédie Françoise.

| ARISTOCLE'E, | Alex. Hardy. | 1621. | * | 1626-80 |

ou LE MARIAGE INFORTUNE', *Tragédie.* Tirée de *Plutarque*, très-médiocre, & mal dialoguée. Tom. IV.

| ARISTODEME, | L'Ab. Boyer. | 1647. | * | 1647-4° |

Tragédie. Assez bonne, quoiqu'il y ait bien des Scenes inutiles.

| ARISTOMENE, *Tragédie.* | Marmontel. | 1749. 30 Avril | 17. | 1750-8° |

Eut beaucoup de succès. Elle fut interrompue après la sixiéme Repré-sentation, par l'indisposition de *Rosely* ; reprise le premier Décembre, eut encore 11 Représentations.

| ARMINIUS, | G. Scudery. | 1642. | * | 1643-4° |

ou LES FRERES ENNEMIS, *Tragédie.* Est assez bonne, a quelques beaux endroits.

| ARMINIUS, *Tragédie.* | Campistron. | 1684. 19 Fev. | 14. | 1721-12 |

La plus forte, & une des mieux faites de l'Auteur. Péche par l'inté-rêt, & par les caractères qui ne sont pas assez soutenus ; elle a fourni le sujet d'un Opéra Italien qui a été joué trois mois dans le Palais du *Pratolin* devant le Duc de Toscane.

ARSACE,

Noms des Piéces.	Noms des Auteurs.	An. des Repr.	Le Nomb	An. des Editions.
ARSACE,	DE PRADE	1666.	*	1666-12

Tragédie. Très-médiocre , & fort au-dessous des éloges qui lui ont été prodigués.

| ARSACE', | NIC. LE DIGNE | Incert. | * | 1584- |

Comédie. Elle est mise dans les recherches du Théâtre , sous l'année 1584 , avec la Tragédie d'HERCULE OETEUS aussi du même Auteur.

| ARSACOME, | ALEX. HARDY | N. R. | * | 1605-8°. |

ou L'AMITIE' DES SCYTES , *Tragi Comédie.* Titée du *Toxaris* de *Lucien.* Le sujet mal choisi & très-foiblement rendu. Tom. II.

| ARSINOE', | PASC. ROBIN. | 1572. | * | n. imp. |

Tragédie. Elle fut jouée au Collége d'Anjou à Angers.

| ARTAXARE, | LA SERRE. | 1718. 3 Mai. | 7 | 1734-8°. |

Tragédie.

Par un hazard singulier , elle fut dans les regles à la premiere Représentation, elle ne s'est pas relevée depuis.

| ARTAXERXE, | MAGNON. | 1645. | * | 1645-4° |

Tragédie. Passable , a quelques beautés de détail.

| ARTAXERXE , | l'Ab. BOYER. | 1682. 2 Nov. | 5. | 1683-12. |

Tragédie:

Tirée de la précédente , elle mérite d'être lûe ainsi que la Préface , à cause des traits singuliers qui s'y trouvent.

| ARTAXERXE, | DESCHAMPS. | 1735. 19 Dec. | 1. | n. imp. |

Tragédie.

La Bibliothéque des Théâtres annonce la premiere Représentation de cette Piéce en 1721.

| ART DE REGNER (L') | GILLET. | 1645. | * | 1645-4°. |

ou LE SAGE GOUVERNEMENT , *Tragi-Comédie en 4 Actes,* sur quatre sujets différens. Froide & ennuyeuse. L'Auteur fut deux ans à méditer cette Piéce.

| ARTEMIRE, | VOLTAIRE. | 1720. 15 Fev. | 8. | n. imp. |

Tragédie.

Ne fut pas bien reçue la premiere fois , fut applaudie à la seconde. L'Auteur la retira dans le dessein de la corriger : mais il a mieux aimé en faire MARIANNE dont le sujet est à peu près semblable.

Noms des Piéces.	Noms des Auteurs.	An. des Repr.	Le Nomb	An. des Editions.
A S B A,	Breuys.	N. R.	*	1755-12

Tragédie. Elle fut préfentée aux Comédiens au mois de Juillet 1722; ils ne jugerent pas à propos de la jouer. Elle eft tirée d'une hiftoire tragique . arrivée à Poitiers, où un pere poignarda fon propre fils fans le connoître.

A S D R U B A L,	Monfleury.	1647.	*	1647-4°

(Mort d') *Tragédie.* Dans cette premiere édition qu'on indique ici, fe trouve le portrait de *Zacharie de Montfleury* Auteur de cette Tragédie , & la feule Piéce qu'il ait faite. Il y manque les Vers 61 & 62 de la premiere Scene du 5ᵉ Acte pag. 5. tom. 1. dans l'Impromptu de Condé édition de 1739. manque les Vers 122 & 123 de la 4ᵉ Scene , pag. 289 , & dans l'Ecole des Filles manque le Vers 57 de la 9ᵉ Scene du 5ᵉ Acte pag. 406.

A S N O N.	Varennes.	1680.	*	n. imp.

(Le Baron d') *Comédie.* Il n'en refte aucun veftige. *Beauchamps* indique le nom de cette Piéce.

A S P A R,	Fontenelle.	1680.	3	n. imp.

Tragédie. Elle n'eft point imprimée dans les Oeuvres de l'Auteur.

A S P A S I E,	Desmarets.	1636.	*	1636-8°.

Comédie en 5 Actes en Vers. Coup d'effai de l'Auteur : finguliére, plaifante , mais trop libre en quelques endroits.

ASSEMBLE'E (L') DES COME'DIENS,	Anonyme.	1724. 27 Sept.	12.	n. imp.

Prologue qui a précédé différentes Piéces reprifes pendant l'abfence. Cette Piéce eft tirée des Regiftres de la Comédie.

A S T I A N A X, Tragédie.	Anonyme.	1658. 7 Janv.	*	n. imp.

Médiocre, & ne dut fon fuccès qu'à l'honneur d'être repréfentée devant le Roy.

A S T I A N A X	Anonyme.	1696.	*	1695-4°.

Tragédie. Indiquée dans les recherches de *Beauchamps.* C'eft peut-être la même que la précédente.

Noms des Piéces.	Noms Auteurs.	An. des Repr.	Le Nomb	An. des Editions
ASTRATE	P. Quinault.	1663.	*	1663-12

Roy de Tyr, *Tragédie*. Fut jouée pendant trois mois de suite au double : elle n'a pas réüſſi à la derniere repriſe.

| ASTRE'E | Rayssiguyer. | 1630. | * | 1630-8°. |

(Les Amours d') et de Celadon , *Tragédie*. Intéreſſante, mais foible & ſans art.

| ATHALIE, Tragédie. | Racine. | 1716. 3 Mars. | * | 1691-4° |

Admirable : quoique faite pour *S. Cyr*, elle n'y fut point repréſen-tée : mais elle fut jouée deux fois dans l'Appartement de *Madame de Maintenon* à Verſailles, par les Demoiſelles de *S. Cyr*, dans leurs habits ordinaires.

| ATHAMAS, | Anonyme. | 1623. | * | 1625-8°. |

Foudroye' par Jupiter. *Intermède en 3 Actes en Vers*. Piéce auſſi ridiculement conſtruite que foiblement verſifiée : elle ſe trouve dans un ancien Recueil qui a pour titre le Theatre François.

| ATHENAIS, | Jean Mairet | 1635. | * | 1642-4°. |

Tragi-Comédie. Foible , ſans conduite & le ſujet mal conçu.

| ATHENAIS, Tragédie. | La Grange Chancel. | 1695. 20 Nov | 11. | 1700-12 |

Tragédie. Cette Piéce eſt tirée du Roman intitulé Pharamond, par *la Calprenede* : elle a été repriſe en Juillet 1736. avec ſuccès.

| ATLETTE, | Montreux. | 1585. | * | 1587-8°. |

Paſtourelle en 3 Actes en Vers. Fable bocagere , ſinguliére & ne manquant pas d'intérêt.

| ATRE'E & THIESTE, Tragédie. | Joliot de Crebillon. | 1707. 14 Mars | 18. | 1707-12. |

Piéce d'un grand tragique , fortement écrite , a toujours été repriſe avec ſuccès.

| ATTENDEZ-MOI SOUS L'ORME. | Regnard. | 1694. 19 Mai. | 11. | 1715-12 |

Comédie en un Acte en Proſe & Divertiſſement. Le ſujet ſimple & l'intrigue plaiſante. Reſtée au Theatre.

Noms des Piéces.	Noms des Auteurs.	An. des Repr.	Le Nomb	An. des Editions.
A T T I L I E,	Gouvé.	N. R.	*	1750-8°

Tragédie. Quelques jours après que cette Piéce fut imprimée, le Parterre demanda plufieurs fois à l'annonce qu'elle fût repréfentée.

| A T Y S, | Segrais. | N. R. | * | 1653-4°. |

Paftorale en 4 Chants. Médiocre, elle eft dédiée à Mademoifelle de *Montpenfier*, qui honoroit l'Auteur de fa protection.

| AVANTURES (les) | Chevalier. | 1666. | * | 1666-12 |

DE NUIT. *Comédie en 5 Actes en Vers.* Derniere de l'Auteur, très-médiocre à une Scene près.

| AVANTURES (les) | N. Grandval. | 1722. 9 Octob. | 11. | n. imp. |

DU CAMP DE PORCHE'FONTAINE. *Comédie en un Acte en Profe.* Vaudeville du tems. L'Auteur de la BIBLIOTHEQUE DES THEATRES la donne à *Le Grand* : *Quinault* y a auffi travaillé & plufieurs autres.

| AVANTURIER, (l') | Anonyme. | 1691. | * | n. imp. |

Comédie en 5 Actes. Cette Piéce eft chargée de trop d'intrigues & d'incidens.

| AVANTURIER, (l') Comédie. | Devisé. | 1696. 1 Jan. | 1. R. | n. imp. |

Comédie en 5 Actes en Profe. Elle fut en concurrence avec le GRON-DEUR pour être repréfentée. Les Comédiens ne balancérent point, ils jouérent le GRONDEUR, & remirent L'AVANTURIER à un autre tems.

| AVARE CORNU, (l') | Chappuis. | N. R. | * | 1580-8°. |

Comédie en 5 Actes en Vers de 5 pieds Elle eft imprimée à la fuite du MONDE DES CORNES trad. de l'Italien de *Doni.* C'eft la fuite du Titre.

| AVARE DUPE', (l') | Dorimont. | 1663. | * | 1663-12 |

OU L'HOMME DE PAILLE, *Comédie en 5 Actes en Vers.* Elle eft affez plaifante.

| AVARE, (l') | Moliere. | 1668. 9 Sept. | * | 1575-12 |

Comédie en 5 Actes en Profe Tirée de Plaute : tomba à la pre-miere Repréfentation. On peut attribuer cette chute finguliere à la Profe dont on n'avoit pas l'habitude dans les Piéces de Théâtre : elle fe releva au bout de fept mois avec le plus grand fuccès.

Noms des Piéces.	Noms des Auteurs.	An. des Repr.	Le Nomb	An. des Editions.
A V E U G L E (L')	DE BROSSE.	1649.	*	1650-4°

CLAIRVOYANT. *Comédie en 5 Actes en Vers.* Plaisante. Elle a donné lieu a celle de *Le Grand*, du même Titre.

| A V E U G L E (L') CLAIRVOYANT. | LE GRAND. | 1716. 18 Sept. | 16. | 1716-12 |

Comédie en 1. Acte en Vers. Jolie : *Beaubourg* y joua supérieurement le Rôle de l'Aveugle.

| A V E U G L E (L') | LES 5 AUTEURS | 1638. | * | 1638-4° |

DE SMIRNE. *Tragédie.* Très-médiocre, foiblement conçue ; on a prétendu qu'elle étoit de l'invention du Cardinal de *Richelieu* : attribuée à ce Cardinal sous le nom des *cinq Auteurs*.

| A V O C A T DUPE', (L') | V. CHEVREAU. | 1637. | * | 1638-4°. |

Comédie en cinq Actes en Vers. Pitoyable par tous les endroits.

| A V O C A T (L') PATELIN. | l'Ab. BRUEYS. | 1706. 4 Juin. | 7. | n. imp. |

Comédie en 3 Actes en Prose. Tirée de l'ancienne farce (faite du tems de Louis XII.) ne réussit pas d'abord, mais elle s'est relevée depuis avec beaucoup de succès. Restée au Théâtre.

| A V O C A T (L') | SCIPION. | N. R. | * | 1670-12 |

SAVETIER. *Comédie en 1 Acte.* Piéce imitée de l'AVOCAT SANS ETUDE de *Rosimont*, & presqu'en tout semblable : se joue encore actuellement dans les Provinces.

| A V O C A T (L) | ROSIMONT. | 1676. | * | 1676-12. |

SANS ETUDE. *Comédie en 1 Acte en Vers.* L'Auteur y fit des changemens à la seconde Edition. Elle est encore connue sous le Titre d'AVOCAT SANS PRATIQUE.

| A V O C A T (L') | Anonyme. | 1696. | * | 1696-12. |

SANS SAC, *Comédie en 1 Acte en Prose.* Elle est imprimée à Leyden.

| A X I A N E, | G. SCUDERY. | 1643. | * | 1644-4° |

Tragédie en Prose. Tirée du premier Tome du Roman de l'Illustre *Bassa*. On attribue encore au même Auteur la Tragédie de LUCIDAN, ou le HERAULT D'ARMES, indiquée sans date ainsi que la Tragédie d'ANNIBAL sous *l'année* 1631. *Rech. du Th.*

| A Y E U X (LES) | J. ROUSSEAU. | N. R. | * | 1737-4° |

CHIMERIQUES. *Comédie en 5 Actes en Vers.* Elle est imprimée dans les Oeuvres de l'Auteur.

Noms des Piéces.	Noms des Auteurs.	An. des Repr.	Le Nomb	An. des Editions.
BABILLARD, (LE) Comédie	L. Boissy.	1725. 16 Juin.	16.	1725-12.

en un Acte en Vers. Elle avoit d'abord été faite en cinq Actes, eut beaucoup de succès, est souvent reprise.

| BADAUD, (LE) Comédie | Anonyme. | 1687. 10 Mai | 6. | n. imp. |

en 1 Acte. N'est connue que par les Registres de la Comédie Françoise.

| BADINAGE, (LE) | L. Boissy. | 1733. 23 Nov | 5. | 1734-8°. |

OU LE DERNIER JOUR DE L'ABSENCE. Comédie en 1 Acte en Vers libres. Espéce de Parodie de l'Opéra d'HIPPOLITE & D'ARICIE.

| BAGUE, (LA) | Jean Rotrou | 1628. | * | 1635 8°. |

DE L'OUBLI, Comédie en 5 Actes en Vers. Plaisante, a servi de modéle pour la Comédie, LE ROY DE COCAGNE. C'est la seconde Piéce de l'Auteur.

| BAGUETTE, (LA) Comédie | Dancourt | 1693. 4 Avril. | 4. | n. imp. |

en un Acte & Divertissement. N'est pas connué. Raisin & Grandval furent les Auteurs du Divertissement.

| BAJAZET, Tragédie. | Racine. | 1672. 5 Jan. | * | 1672-12 |

Piéce excellente & digne de son Auteur; on lui reprocha de n'avoir pas suivi les mœurs orientales. Il engagea aux répétitions de cette Tragédie les deux principales Actrices à changer de Rôle.

| BAJAZET I. Tragédie. | Le Chevalier Pacaroni. | 1739. 6 Août | 5. R. | 1739-. |

L'Auteur la retira après la cinquiéme Représentation.

| BAL (LE) | Regnard. | 1696. 14 Juin | 12. | 1696-12. |

OU LE BOURGEOIS DE FALAISE. Comédie en 1 Acte en Vers & Divertissement. Jugée un peu trop sévérement par les Auteurs de l'Histoire du Théâtre François.

Noms des Pièces.	Noms des Auteurs.	An. des Repr.	Le Nomb	An. des Editions.
B A L (LE) D'AUTEUIL.	BOINDIN.	1702. 22 Août	10.	1746-8°.

Comédie en 1 Acte en Profe & Divertiffement. Il vint ordre d'en fufpendre les Repréfentations après la dixiéme , & c'eft depuis ce tems que toutes les Piéces de Théâtre ont été foumifes à un Cenfeur.

Noms des Pièces.	Noms des Auteurs.	An. des Repr.	Le Nomb	An. des Editions.
BAL DE PASSY, (LE)	Anonyme.	1741. 17 Août	1.	n. imp.

OU LES MASQUES , Comédie en 1 Acte avec un Divertiffement Fut jouée avec la BELLE ORGUEILLEUSE & SILVIE, ou la TRAGEDIE BOURGEOISE.

Noms des Pièces.	Noms des Auteurs.	An. des Repr.	Le Nomb	An. des Editions.
B A L A N C E (LA)	N.M.D.M.A.	N. R.	*	1551-4°.

D'ETAT. Tragi-Comédie. Allégorique fur l'emprifonnement & la liberté des Princes , & fur l'éloignement du Cardinal Mazarin.

Noms des Pièces.	Noms des Auteurs.	An. des Repr.	Le Nomb	An. des Editions.
B A L D E ,	JOBERT.	N. R.	*	1651-4°.

Tragédie. L'Amant défefpéré de la mort de fa maîtreffe exprime fa douleur par des Stances.

Noms des Pièces.	Noms des Auteurs.	An. des Repr.	Le Nomb	An. des Editions.
B A L L E T (LE) DES 24 HEURES.	LE GRAND.	1722. 5 Nov.	*	1723-12.

Ambigu Comique en Profe. Il contient trois petites Comédies , L'AUDIENCE , LES PANIERS ; & les RENDEZ-VOUS NOCTURNES. Il fut joué devant le ROI à Chantilly. On vit dans cette fête la réunion des trois Spectacles.

Noms des Pièces.	Noms des Auteurs.	An. des Repr.	Le Nomb	An. des Editions.
B A L L E T (LE) EXTRAVAGANT.	PALAPRAT	1690. 21 Juin	9.	1694-12.

Comedie en un Acte en Profe. Farce plaifante : on appelloit cette Piéce à la Cour, LES SABINES.

Noms des Pièces.	Noms des Auteurs.	An. des Repr.	Le Nomb	An. des Editions.
B A L T A Z A R ,	CHARENTON.	1662.	*	1562-12

ROY DE BABYLONE (LA MORT DE) Tragédie tirée de l'Ecriture Sainte.

Noms des Pièces.	Noms des Auteurs.	An. des Repr.	Le Nomb	An. des Editions.
B A P T I S T E ,	ROL BRISSET.	1584.	*	1589-4°

Tragédie. Traduite du Latin de Buchanan , très-mauvaife.

Noms des Pièces.	Noms des Auteurs.	An. des Repr.	Le Nomb	An. des Editions.
B A P T I S T E ,	P. BRINON.	1613.	*	1613-12

OU LA CALOMNIE , Tragédie. Traduite du Latin de Buchanan , très-médiocre.

Noms des Piéces.	Noms des Auteurs.	An. des Repr.	Le Nomb	An. des Editions.
BARBONS (LES)	CHEVALIER.	1662.	*	1662-12.

AMOUREUX. *Comédie en 3 Actes en Vers.* Fort plate & pitoyablement conftruite. LA BIBLIOTHEQUE DES THEATRES place cette Piéce en 1663.

| BARON (LE) D'ALBICRAC. | T. CORNEILLE. | 1668. Décem. | * | 1668-12 |

. *Comédie en 5 Actes en Vers.* Bien imaginée, plaifante, habilement conduite ; le cinquiéme Acte plus foible que les autres ; elle eut un grand fuccès, en a toujours eu aux Repriſes.

| BARON (LE) | R. POISSON. | 1662. | * | 1662 12 |

DE LA CRASSE. *L'omédie en 1 Acte en Vers.* Vaudeville fait fur une avanture du tems. Cette Piéce eft fort plaifante. Elle réuſlit beaucoup. Elle renferme la petite Comédie du ZIG-ZAG en vers de quatre pieds.

| BARON (LE) DES FONDRIERES , | T. CORNEILLE | 1686. 14 Jan. | 1. | n. imp. |

Comédie en Profe. Cette Piéce n'a jamais été imprimée dans les Oeuvres de l'Auteur.

| BARONS (LES) | CHERIER. | N. R. | * | 1664-12 |

OU LES COPIEUX FLECHOIS. *Comédie en 1 Acte en Profe.* Elle n'a jamais été repréſentée.

| BASSETTE (LA) Comédie | HAUTEROCHE. | 1680. 4 Juin. | 6. | n. imp. |

en 1 Acte. Ignorée, n'eft pas imprimée dans les Oeuvres de cet Auteur.

| BASSETTE (LA) Comédie | Anonyme. | 1680. 31 Mai. | 8. | n. imp. |

en 5 Actes On prétendit qu'un des deux Anonimes étoit un Gentilhomme de Bourges.

| BATEAU (LE) | JOBE'. | N. R. | * | S. D.-12 |

DE BOUILLE *Comédie en 1 Acte en Vers.* Beauchamps ne connoît ni cette Piéce ni l'Auteur. Très-médiocre, imprimée à Rouen.

BASILE

Noms des Piéces.	Noms des Auteurs.	An. des Repr.	Le Nomb	An. des Edit.ons
B A Z I L E ET QUITTERIE,	GAULTIER.	17'3. 13 Jan	9.	1723·8

Tragi-Comédie en 3 Actes en Vers, le Prologue en Prose. Tomba le premier jour, se releva ensuite, & a été reprise depuis.

| B E A T I T U D E, | DE GROUCHY. | N. R. | * | 1632·80 |

OU LES INIMITABLES AMOURS DE THEOYS ET DE CHARITE, *en dix Poëmes de* 5 *Actes chacun.* THEOYS veut dire FILS DE DIEU, & CHARITE, LA GRACE.

| B E A U T E' ET AMOUR. | DU SOUHAIT. | Incert. | * | 1596· |

Pastorale Allégorique en 5 *Actes en Vers.* Froide & très-ennuyeuse.

| B E L I N D E | RAMPALE. | 630. | * | 1630·8°. |

Tragédie en 5 *Actes en Vers.* L'intrigue romanesque & fort embrouillée. *Beauchamps* l'annonce sous le Titre de PASTORALE.

| B E L L E (LA) | J. ROTROU. | 1634. | * | 1639·4. |

ALPHREDE, *Comédie en* 5 *Actes en Vers.* Remplie de galimathias, *Beauchamps* indique sans date une Tragédie intitulée ALPHREDE, dont il dit que l'Abbé de *Boisrobert* est Auteur.

| B E L L E (LA) | Anonyme. | 1 36. | * | 1656·12 |

CABARETIERE, OU LE PROCUREUR A LA MODE. *Comédie en un Acte en Prose.* Elle est imprimée à *Rouen.*

| B E L L E (LA) | ALEX. HARDY. | 16'5. | * | 1628·80 |

EGYPTIENNE. *Tragi-Comédie.* Tirée des Nouvelles de *Cervantes,* assez bien construite. Tom. V.

| B E L L E (LA) | SALLEBRAY. | 1642. | * | 1642·4' |

EGYPTIENNE. *Tragi-Comédie.* Tirée de *Cervantes,* a quelques bons endroits.

| B E L L E (LA) | DELETOILE. | 1643. | * | 1643·4'. |

ESCLAVE. *Tragédie.* Elle est assez passable, & n'est pas mal conduite. On a du même Auteur LE SECRETAIRE ST. INNOCENT, *Comédie* que la mort l'empêcha d'achever, & LE BALLET DES FOUS en 1627. non imprimé.

Noms des Piéces.	Noms des Auteurs.	An. des Repr.	Le Nomb	An. des Editions.
BELLEINVISIBLE(LA	BOISROBERT.	1656.	*	1656-12.

OU LA CONSTANCE E'PROUVE'E, *Comédie en 5 Actes en Vers*. Même sujet que celui de la Piéce AIMER SANS SÇAVOIR QUI : très-foible.

| BELLE-MERE , (LA) | DANCOURT | 1725. 21 Avril | * | 1725-12 |
| *Comédie* | | | | |

en 5 Actes en Vers. C'est à peu près le même sujet que LA FORCE DU SANG & LE SOT TOUJOURS SOT que *Dancourt* a traité sous le Titre de BELLE-MERE.

| BELLE (LA) ORGUEILLEUSE, | DESTOUCHES. | 1741. 17 Août | 6. | 1741-12. |

OU L'ENFANT GASTE'. *Comédie en un Acte en Vers*. Elle fut représentée avec SILVIE , Tragédie Bourgeoise , & le BAL DE PASSY.

| BELLE (LA) | BOISROBERT. | 1654. | * | 1655-12 |

PLAIDEUSE, *Comédie en 5 Actes en Vers*. Médiocre & peu intéressante.

| BELISSAIRE (LE) | J. DE ROHOU. | 1643. | * | 1644-4°. |

Tragédie. Assez bonne pour le tems , mais elle n'est pas dans les régles, elle n'eut pas de succès. Elle est tirée de l'Espagnol & fut jouée à Bologne en Italie.

| BELISSAIRE (LE) | DESFONTAINES | 1641. | * | 1641-4° |

Tragédie. Mal versifiée , & l'intrigue fort embrouillée.

| BELISSAIRE (LE) | CALPRENEDE. | 1659. | * | n. imp. |

Tragédie. Médiocre , fut cependant suivie. Voyez la MUSE HISTORIQUE DE DU LORET , mois de Juillet 1659. elle en dit beaucoup de bien.

| BELISSAIRE(LE) | Anonyme. | 1681. | * | n. imp. |

Tragédie. N'est pas connue. La BIBLIOTHEQUE DES THEATRES indique deux Piéces de ce nom jouées en 1678.

| BELLISSANTE, | DESFONTAINES | 1647. | * | 1648-4°. |

OU LA FIDELITE' RECONNUE , *Tragédie*. Mal construite & froidement versifiée.

| BENJAMIN, | ARTHUS Jés. | N. R. | * | 1749-12 |

Tragédie. Piéce faite pour être jouée dans les Colléges.

Noms des Piéces.	Noms des Auteurs.	An. des Repr.	Le Nomb	An. des Editions.
BERAL	BORE'E.	1626.	*	1627-8°.

VICTORIEUX, *Tragédie.* Foible, froide, sans art & sans intérêt.

| BERENICE, | P. DU RYER. | 1645. | * | 1647-4° |

Tragédie. Elle est en Profe , & n'est pas bonne.

| BERENICE | T. CORNEILLE | 1657. | * | 1659-12. |

Tragédie. Ton de Bergeries. Languiffante & fans intérêt. Elle est tirée des avantures de SESOSTRIS & de TIMARETE qui est dans le CYRUS de Mlle *Scudery.*

| BERENICE, | P. CORNEILLE. | 1670. | * | 1670-12 |

(TITE ET) *Tragédie.* Elle prouve que les Auteurs les plus célébres s'affoibliffent dans leur couchant.

| BERENICE, | RACINE. | 1671. | * | 1671-12 |

Tragédie. Cette Piéce quoique peut-être un peu trop fimple a toujours fait grand plaifir , & furtout lorfqu'elle a été jouée par la célébre Mlle *le Couvreur.*

| BERENICES. (LES) | Anonyme. | N. R. | * | 1670-12. |

OU TITE ET TITUS, *Comédie en 3 Actes.* C'est une critique des deux BERENICES , écrite d'un ftile gai & badin, imprimée à Utrecht. *Beauchamps* la met en 5 Actes & en 1673.

| BERGER (LE) | T. CORNEILLE | 1653. | * | 1654-12 |

EXTRAVAGANT , *Paftorale burlefque en 5 Actes en Vers.* Tirée du Roman de ce Titre par *Charles Sorel.* L'Intrigue commune.

| BERGER FIDELE, (LE) | Anonyme. | N. R. | * | 1648-12 |

Tragi-Comédie Paft rale. En Italien & en Profe Françoife avec une Chanfon boccagere imitée du Taffe. *Beauchamps* en indique une de ce nom , en Profe fous l'année 1624.

| BERGER FIDELE (LE) | MARANDE'. | N. R. | * | 1657-12 |

Paftorale en Profe & en 5 Actes. *Beauchamps* l'indique dans la Table des Matieres , mais fans date.

| BERGER FIDELE (LE) | Anonyme. | 1637. | * | 1637-8°. |

Paftorale en Profe , Dédiée par l'Auteur , à fa maîtreffe.

Noms des Piéces.	Noms des Auteurs.	An. des Repr.	Le Nomb	An. des Editions.
BERGER FIDELE (LE)	DU TORCHE.	16 7.	*	1667-12

Paſtorale. Trad. de l'Italien de *Guarini*.

BERGERS, (LES)	Anonyme.	N. R.	*	s. D.-8°.

PARFAITS. *Paſtorale en 3 Actes en Proſe.* Les Chœurs ſont en Vers. *Beauchamps* ne la connoiſſoit pas.

BERGERIE	MAZIERES.	1566.	*	1566.4°.

SPIRITUELLE *Eglogue.* A quatre perſonnages ; la verité, l'erreur, la Religion, & la Providence divine.

BERGERIE,	GUERSANS.	1583.	*	1583-4°.

Eglogue. Jouée & imprimée à Poitiers.

BERGERIE,	COURTIN.	1584.	*	n. imp.

Eglogue. On ne la connoît que de nom.

BERGERIES, (LES)	MONTCHAULT	N. R.	*	1515-4°

Eglegue. Sur la mort de *Charles IX.* & ſur l'heureuſe arrivée de *Henri III.* eu France.

BERGERIES, (LES	DE BEZ.	1563.	*	1563-8°.

Eglogue. A quatre perſonnages : cette Piéce eſt allégorique. *Chriſtin* repréſente JESUS-CHRIST, & *Chriſtine* l'EGLISE, *Pierre* & *André* LES BONS PASTEURS. Le même Auteur a fait une *Bergerie* à cinq perſonnages, contenant LE MAUVAIS PASTEUR. Elle eſt imprimée dans la même année que celle-cy.

BERGERIES (LES)	DE RACAN.	1618.	*	1625-8°.

ou ARTENICE, *Paſtorale en 5 Actes en Vers & Prologue.* A donné lieu à toutes les Paſtorales qui ont paru dans les ſuites. Elle eſt très-bonne pour le tems.

BERGERIE,	MONTCHRET.	N. R.	*	1627-8°

Poëme Dramatique en 5 Actes & en Vers Sujet des plus embrouillés. Aucun des perſonnages ne ſçait ce qu'il dit.

BETES (LES)	MONTFLEURY	1661.	*	1661-12

Comédie en 1 Acte en Vers. Repréſentée ſur le Théâtre de l'Hôtel de Bourgogne ſingulière, mais très-médiocre en tous points. A donné lieu à un joli Poëme. Elle n'eſt point imprimée dans le recueil des œuvres de l'Auteur.

Noms des Piéces.	Noms des Auteurs.	An. des Repr.	Le Nomb	An des Editions.
BIEN PERDU (LE)	LAMBERT.	1658.	*	1661-12

Comédie en 1 Acte en Vers. Fort rare ; *Beauchamps* ne la connoissoit que de nom, ainsi que LES RAMONEURS du même Auteur.

| BLANCHE | REGNAULT. | 1641. | * | 1642-4° |

DE BOURBON, REINE D'ESPAGNE, *Tragi-Comédie.* Froide, sans intérêt, ennuyeuse.

| BOCAGE (LE) | ESTIVAL. | Incert. | * | 1608- |

D'AMOUR, *Pastorale.* Elle est fort rare, ainsi qu'une autre de ce titre par *Charnais.*

| BONIFACE | Anonyme. | 1633. | * | 1633-12 |

OU LE PEDANT, *Comédie en 5 Actes en Prose.* Traduite de *Bruno Nolano* avec deux Prologues.

| BOURGEOIS (LE) GENTILHOMME, | MOLIERE. | 1670. 29 Nov | * | 1682-12. |

Comédie, Ballet en 5 Actes en Prose. Ne réussit pas d'abord, eut ensuite le plus grand succès. Fut jouée pour la première fois à Chambord au mois d'Octobre. La Musique des Ballets étoit de *Lully*, & il joua lui-même le MUPHTI devant le ROI.

| BOURGEOISE, (LA) | RAYSSIGUYER. | 1633. | * | 1533-8°. |

OU LA PROMENADE DE S. CLOUD, *Tragi-Comédie.* Très-embrouillée & trop chargée de suppositions de noms.

| BOURGEOISE (LA) | J. MILLET. | 1665. | * | 1665-12. |

DE GRENOBLE, *Comédie.* Elle est fort rare.

| BOURGEOISES (LES) A LA MODE, | DANCOURT | 1692. 15 Nov | 26. | 1693-12 |

Comédie en 5 Actes en Prose. Vive, comique, très-bien construite, remise en Octobre 1734 avec succès.

| BOURGEOISES (LES) DE QUALITE'. | HAUTEROCHE | 1690. 26 Juil. | 7. | 1691-12 |

Comédie en 5 Actes en Vers. La derniere de l'Auteur. Médiocre, copiée des PRECIEUSES RIDICULES de *Moliere.*

Noms des Piéces.	Noms des Auteurs.	An. des Repr.	Le Nomb	An. des Editions.
BOURGEOISES (LES) DE QUALITE'.	DANCOURT.	1700. 13 Juil.	18.	1700-12

OU LA FETE DE VILLAGE. *Comédie en 3 Actes en Prose avec un divertissement.* Le ridicule est bien peint & elle est fort divertissante. Cette Piéce fut d'abord donnée sous le titre de LA FESTE DE VILLAGE; mais à sa reprise au mois de Mars 1724 elle fut affichée sous celui de BOURGEOISES DE QUALITE', & depuis ce tems elle l'a toujours conservé.

| BOURGET, (LE) Comédie | Anonyme. | 1697. 16 Mai. | 7. | n. imp. |

en 1 Acte en Prose & divertissement. *Nic. Grandval* fit le divertissement. Cette Piéce n'est pas bonne.

| BOURRU (LE) | Anonyme. | 1706. | * | 1706-12 |

Comédie en 1 Acte en Prose. C'est une rapsodie du GRONDEUR, jouée & imprimée à la Haye.

| BOUTADES, (LES) | P. SCARON. | 1646. | * | 1647-4°. |

DU CAPITAN MATAMORE, *Comédie en Vers.* Il s'y trouve quelques Scénes détachées, & une petite Piéce à la fin en Vers de quatre pieds dont toutes les rimes sont en *ment.*

| BOUTS-RIME'S (LES) OU DU LOT VAINCU. | SAINT GLAS. | 1682. 25 Mai. | 5. | 1682-12. |

Comédie en 1 Acte en Prose. Fut composée contre la fureur des BOUTS-RIME'S qui régnoit alors.

| BRABANCONE (LA) | Anonyme. | 1646. | * | 1646-12 |

GENEREUSE. *Comédie en 1 Acte en Prose.* Représentée à l'Armée après la prise du Château d'Anvers, imprimée à Liége.

| BRADAMANTE, | GARNIER. | 1582. | * | 1582-8° |

Tragi-Comédie. La prémiere Piéce qui ait porté le nom de Tragi-Comédie bonne pour le tems. *Thomas Corneille* en a tiré parti, dit l'HISTOIRE DU THEATRE, Tom III. page 456.

| BRADAMANTE, | Anonyme. | 1622. | * | 1625-8°. |

(LA MORT DE) *Tragi-Comédie.* Très-foible, imitée de la suite de l'*Arioste.* Elle se trouve dans un ancien Recueil intitulé LE THEATRE FRANÇOIS.

Noms des Piéces.	Noms des Auteurs.	An. des Repr.	Le Nomb	An. des Editions.
BRADAMANTE,	Calprenede.	1636.	*	1637-4°.

Tragi-Comédie. Médiocre & mal dialoguée.

| BRADAMANTE RIDICULE, | Anonyme. | 1664. 11 Jan. | 5. | n. imp. |

Comédie. On l'a attribuée au Duc de *St. Aignan.* Elle fut jouée au Palais-Royal.

| BRADAMANTE | Thomas Corneille. | 1665. 18 Nov. | 12. | 1696-8°. |

Tragédie. La derniere Piéce de l'Auteur, & la plus foible de ses Tragédies. *Beauchamps* met cette Piéce dans le nombre de celles de Mademoiselle *Bernard.*

| BRAVE, (LE) ou LE TAILLE-BRAS. | Ant. Baif. | 1567. 28 Jan. | * | 1567-8°. |

Comédie en 5 Actes en Vers, traduite du Miles gloriosus de *Terence.* Assez comique.

| BRITANNICUS. *Tragédie.* | Racine. | 1669. 1; Dec. | 8. | 1670-12. |

C'est un des Chef-d'œuvres du Théâtre; il n'eut pas le succès qu'il méritoit & qu'il a eu depuis. Une partie du cinquiéme Acte a été refaite.

| BRUSQUET I. | Charl. Feau | 1634. | * | 1634-12. |

ET Brusquet II. *Comédie.* Plaisante. Elle fut jouée au Collége de l'Oratoire à Marseille. Le même Auteur a fait plusieurs autres Piéces qu'on ignore.

| BRUTAL (LE) DE SENS FROID. | Anonyme. | 1686. 3 Mai. | 9. | n. imp. |

Comédie en 1. Acte. Connue par les Regiftres de la Comédie Françoise.

| BRUTE (LA Mort de) | Guerin B. | 1637. | * | 1637-8°. |

ET DE Porcie, *ou* la Vengeance de Cesar ; c'est le second titre, *Tragi-Comédie avec Prologue.* Sans invention, le style empoulé, & du galimatias à la place du sentiment

| BRUTE, | Anonyme. | 1647. | * | 1648-4° |

(LA MORT DES ENFANS DE) *Tragédie.* Assez passable pour le tems. Elle eut un grand succès.

Noms des Piéces.	Noms des Auteurs.	An. des Repr.	Le Nomb	An. des Editions.
B R U T U S, *Tragédie.*	C. BERNARD.	1690. 18 Dec.	25.	1691-12.
B R U T U S, *Tragédie.*	VOLTAIRE.	1730. 11 Dec.	15.	1731-8°.
B U C E P H A L E,	ROUSSEAU.	N. R.	*	1749-8°.

Le sujet intéressant, mais foiblement rendu. Elle fut cependant long-tems suivie.

Une des meilleures Piéces de l'Auteur. Elle réussit à la Ville & à la Cour, où elle fut représentée le 30 du même mois de Décembre. Res-tée au Théâtre.

Tragédie burlesque en 1. *Acte en Vers.* A été représentée à Com-piegne en 1748, par une Troupe de Comédiens, pendant le séjour du Roi, où elle a fait grand plaisir.

C

CADENATS,(LES)	BOURSAULT.	1663.	*	1663-12
C A D E T (LE) DE GASCOGNE,	Anonyme.	1690. 21 Août	1.	n. imp.
C A D E T, (LE) DE GASCOGNE,	Anonyme.	1715. 11 Oct.	1.	n. imp.
C A F F E', (LE)	J. ROUSSEAU.	1694.	9.	1694-12
CALISTENE, *Tragédie.*	PIRON.	1730. 18 Fev.	9	1730-8°

ou LE JALOUX ENDORMI, *Comédie en* 1 *Acte.* D'un bas comique, mais légérement écrite.

Comédie en 5 *Actes.* Mademoiselle *Desmares* y joua un Rôle d'enfant, & fit plaisir.

Comédie en 1 *Acte en Prose.* Tirée des Registres de la Comédie Françoise.

Comédie en 1 *Acte en Prose.* Premiere Piéce de l'Auteur, & peu digne de lui.

Piéce singuliere qui donna beaucoup d'espérance de l'Auteur.

CALIXTE,

Noms des Piéces.	Noms des Auteurs.	An. des Repr.	Le Nomb	An. des Editions.
CALISTE,	Anonyme.	1750. 27 Mai.	5	1750-12.

ou LA BELLE PE'NITENTE , *Tragedie.* Tirée du Théâtre Anglois.

CALOTIN,	CHEVALIER.	1664.	*	1664-12

(LES AMOURS DE) *Comédie en 3 Actes en Vers.* Mauvaise intrigue & mal fondée. Il y a dans les Regiſtres de la Comédie une Piéce du même titre , repréſentée le 22 Août 1689 , avec quatre Repréſentations. Il eſt naturel de croire que c'eſt une repriſe de la Piéce de *Chevalier.*

CAMBISE,	P. QUINAULT.	1657.	*	1659-12.

(LE MARIAGE DE) *Tragédie.* Les Héros en ſont trop doucereux. Eut du ſuccès.

CAMMA ,	MONTREUX.	1581.	*	n. imp.

Tragédie. N'eſt pas connue non plus que PARIS & OENONE , *Trag.* ANNIBAL , *Tragédie* & LA DECEVANTE , *Comédie. Voyez* l'Hiſtoire du Théâtre François, *Tom. III. p.* 420. ou *la Croix du Maine.*

CAMMA ,	T. CORNEILLE	1661. 28 Janv	*	1661-12

Tragédie. Bien faite , le nœud ingénieux , & le dénoûment l'un des plus heureux du Théâtre. Elle n'eſt pourtant plus ſur le répertoire.

CAMMANE,	LA CASE.	1640.	*	1641-4°

Tragédie. Le nom de l'Auteur qu'on indique ici n'eſt point dans l'édition de 1741. , mais on croit ne pouvoir pas douter que cette Piéce eſt de *la Caze.* Il mourut pendant les Repréſentations de ſa Tragédie , environ en 1640.

CAMMATE,	JEAN HAYS.	N. R.	*	1598-12

Tragédie en 7 Actes & Chœurs. Tirée d'un opuſcule de *Plutarque* : LES VERTUEUX FAITS DES FEMMES. Cette Piéce eſt ſinguliere ; elle eſt imprimée dans un recueil intitulé les *premieres penſées* de *Jean Hays.*

CAMPAGNARD (LE)	GILLET.	1657.	*	1657-12

Comédie. Formant un caractère qui auroit dû avoir une ſorte de ſuccès. Outre les Piéces connues de cet Auteur , on lui attribue encore une *Tragédie* intitulée CONSTANTIN , qui eſt indiquée ſans date.

CAMP (LE) DE COMPIEGNE ,	DANCOURT	1698. 4 Oct.	19.	1698-12

Comédie en 1 Acte avec Divertiſſement. Voyez CURIEUX DE COMPIEGNE.

CANDACE,	PESTALOZZI.	Incert.	*	1682-12

Tragédie. Elle eſt indiquée dans les recherches du Théâtre.

Noms des Piéces.	Noms des Auteurs.	An. des Repr.	Le Nomb	An. des Editions.
C A P I T A N (LE)	MARESCHAL.	1637.	*	1640-4°

VÉRITABLE MATAMORE, *ou* LE FANFARON, *Comédie en* 5 *Actes en Vers.* Imitée de *Plaute.* Assez plaisante, mais tous les personnages manqués.

| C A P I T A N (LE) | Anonyme. | 1639. | * | 1639-4° |

ou LE MILES GLORIOSUS, *Comédie en* 5 *Actes en Vers.* Tirée de *Plaute*, attribuée à un Comédien.

| CAPRICE (LE) | L. G. D. R. | N. R. | * | 1732-8° |

DE L'AMOUR, *Comédie.* Elle se trouve dans le Roman intitulé, LA VEUVE EN PUISSANCE DE MARI. *Beauchamps* en indique une de ce titre en 1659.

| CAPRICIEUX (LE) | J. ROUSSEAU. | 1700. 17 Dec. | 9. | 1701-12. |

ou LES APPARENCES TROMPEUSES, *Comédie en* 5 *Actes en Vers.* Le principal caractère est manqué.

| CAPTIFS (LES) | JEAN ROTROU | 1738. | * | 1640-4°. |

DE PLAUTE, *ou* LES ESCLAVES. *Comédie en* 5 *Actes en Vers.* Tirée de *Plaute.* Quoique mal imitée, eut beaucoup de succès.

| CAPTIFS (LES) | DE COSTE. | N. R. | * | 1716-12 |

Comédie. De *Plaute*, traduite en Prose Françoise avec le Latin à côté; imprimée à Amsterdam.

| CAPTIFS (LES) | J. ROY. | 1714. | 17. | n. imp. |

Comédie en 3 *Actes en Vers.* Elle eut un grand succès.

| CARACTERES (LES) DE THALIE. | FAGAND. | 1737. 15 Juil. | 18. | 1737-8°. |

Comédie en 3 *Actes.* Eut beaucoup de succès. Cet Ouvrage est composé d'un Prologue, de trois Comédies, avec un Divertissement à la fin. Ces trois Piéces, sont L'INQUIET, *en* 1 *Acte en Vers*; L'ETOURDERIE *en* 1 *Acte en Prose*, & LES ORIGINAUX, *en* 1 *Acte en Prose.* On a repris la premiere & la derniere Piéce séparément.

| C A R I S T E, | BALT. BARO. | 1649. | * | 1651-4° |

ou LES CHARMES DE LA BEAUTE'. *Poëme Dramatique.* Mauvais & ennuyeux.

Noms des Piéces.	Noms des Auteurs.	An. des Repr.	Le Nomb	An. des Editions.
CARLINE (LA)	GAILLARD.	1636.	*	1636-8°

Comédie Past. Singuliere, passable pour le tems.

| CARNAVAL (LE | LE GRAND. | 1699 | * | 1699-12. |

DE LYON, *Comédie. Beauchamps* l'indique sans date, ainsi que LES COMEDIENS DE CAMPAGNE, *Comédie.* Il les met toutes deux sous le nom du *Chevalier de la Ferté* ; mais ce Chevalier n'en étoit que le prête-nom.

| CARNAVAL (LE) | DANCOURT. | 1690. 29 Dec. | 3. | n. imp. |

DE VENISE,

Comédie en 5 Actes. Jouée à Lyon, n'est point dans le Catalogue des œuvres de l'Auteur.

| CAROSSES | CHEVALIER. | 1662. | * | 1663-12 |

A CINQ SOLS (LES INTRIGUES DES) *Comédie en 3 Actes en Vers.* Vaudeville du tems très-médiocre & d'un bas comique.

| CAROSSES (LES) | LACHAPELLE. | 1680. 2 Août | 12. | 1681-12. |

D'ORLEANS.

Comédie en 1 Acte en Prose. Coup d'essai de l'Auteur, qui présente un tableau assez naturel d'un tapage arrivé la nuit dans une Hôtellerie. Derniere reprise le 31 Janvier 1751.

| CARTAGINOISE (LA) | MONTCHRET. | 1596. | * | 1596-12. |

OU LA LIBERTE', *Tragédie.* C'est la SOPHONISBE du même Auteur, corrigée.

| CARTEL (LE) | GAILLARD. | 1634. | * | 1634-8°. |

OU LE DEFI ENTRE GAILLARD ET BRAQUEMARD, *Comédie en 5. Actes en Vers.* Piéce originale. On la trouve dans les œuvres de l'Auteur, qui étoit laquais de l'Archevêque d'Auch.

| CARTEL (LE) | CHEVALIER. | 1660. | * | 1661-12 |

DE QUILLOT, *ou* LE COMBAT RIDICULE. *Comédie en 1 Acte en Vers.* Espece de Farce assez plaisante.

| CARTOUCHE, | LE GRAND. | 1721. 21. Oct. | 13. | 1721-12 |

OU LES VOLEURS,

Comédie en 3 Actes en Prose & Divertissement. L'impatience du Public, pour voir cette Piéce, fut si grande à la premiere Représentation, qu'il n'y eut pas 40. Vers d'ESOPE A LA COUR de récités, & l'on représenta la petite Piéce de CARTOUCHE seule.

Noms des Piéces.	Noms Auteurs.	An. des Repr.	Le Nomb	An. des Editions.
CASAQUE (LA) Farce.	MOLIERE.	1664. 25 Mai	*	n. imp.

C'eſt une de ces petites Piéces que l'Auteur donnoit en Province, & qu'à ſon arrivée à Paris il faiſoit jouer après les grandes. On n'étoit point dans cet uſage aux autres Théâtres.

| CASSANDRE, COMT. DE BARCELONE. | BOISROBERT. | 1653. 31 Dec. | * | 1654-4°. |

Tragi-Comédie. N'eſt pas ſans beautés, eut du ſuccès.

| CASSETTE (LA) Comédie. | Anonyme. | 1683. 19 Juin | 3. | n. imp. |

en 5 Actes. Tirée des Regiſtres de la Comédie Françoiſe

| CASSIUS ET VICTORINUS, | LA GRANGE Chancel. | 1732. 6 Octob. | 8. | 1732-12. |

Tragédie. Elle a quelques beaux endroits. Le ſujet eſt tiré de l'Hiſtoire Eccléſiaſtique de *Grégoire de Tours.* Fut jouée pendant un voyage de Fontainebleau avec quelque ſuccès.

| CATHERINE (STE.) (LE MARTYRE DE) | BOISSIN. | 1617. | * | 1618-8°. |

Tragédie. Tirée de la vie des Saints. Mal dialoguée & froide.

| CATHERINE (STE.) (LE MARTYRE DE) | DE LA SERRE. | 1643. | * | 1643-4°. |

Tragi-Comédie en Proſe. Froide & ennuyeuſe.

| CATHERINE (STE.) | ST GERMAIN. | Incert. | * | 1644.- |

Tragédie. Bonne à être jouée dans des Couvents.

| CATHERINE (STE.) | D'AUBIGNAC. | 1649. | * | 1649-4°. |

Tragédie. Réguliere juſqu'à l'ennui ; imprimée à Paris en 1650-4° à Rouen en 1700-12, & en 1718.

| CATILINA, | Ab. PELLEGRIN | N. R. | * | 1742-8°. |

Tragédie. L'Auteur ne put jamais parvenir à la faire jouer.

| CATILINA, Tragédie, | CREBILLON. | 1748. 20 Dec, | 20. | 1749-12. |

Elle étoit connue longtems avant d'être repréſentée ; elle le fut avec ſuccès. L'Auteur avoit eu d'abord le projet de la faire en ſix Actes.

Noms des Piéces.	Noms des Auteurs.	An. des Rept.	Le Nomb	An. des Editions.
CATON, (MORT DE)	Anonyme.	1648,	*	1648-12

ou L' ILLUSTRE DESESPERE'. *Tragédie.* Beauchamps ne connoissoi: pas cette Piéce.

| CATON D'UTIQUE, *Tragédie.* | DESCHAMPS, | 1715. 25 Jan | 12. | 1715-12. |

Elle est bien au-dessous de la fameuse Piéce d'ADISSON dont elle est tirée.

| CAVALIER (LE) PAR AMOUR, | Anonyme. | 1678. 2 Déc. | 5. | n. imp. |

Comédie en 5 Actes. Connue pas les Registres de la Coméd. Françoise.

| CECILIADE (LA) | NIC. SOREL. | 1606, | * | 1606-8° |

ou LE MARTYRE SANGLANT DE STE. CECILE, *Tragi-Comédie avec des Chœurs.* Bonne dans ce tems pour être jouée dans les Couvents.

| CEINTURE (LA) MAGIQUE, | J. ROUSSEAU. | 1701. Fev. | * | 1701-12. |

Comédie en 1 Acte en Prose. Tirée de *Machiavel.* Elle fut représentée devant le ROI à Versailles, & n'a pas été jouée à Paris.

| CELESTINE (LA) | DE LAVARDIN | 1578. | * | 1578-16 |

ou CALIXTE ET MELIBE'E, *Tragi-Comédie.* Composée en répréhension des Faux Amoureux, traduite de l'Espagnol. C'est ainsi qu'elle est annoncée dans le titre.

| CELESTINE (LA) | Anonyme. | Incert. | * | 1642-8° |

Tragi-Comédie. Traitant de la déception des serviteurs envers leurs maitres, & des M... envers leurs amoureux. C'est le titre.

| CELIANE, | ROTROU. | 1634. | * | 1637-4°. |

Tragi-Comédie. Froide trop libre & contre les regles.

| CELIDÉE | RAYSSYGUIER | 1635. | * | 1635-8°. |

SOUS LE NOM DE CALIRIE, *Tragi-Comédie.* Elle a encore pour titre LA GENEROSITE' D'AMOUR.

| CELIDORE | CORMEIL. | Incert. | * | 1640-8° |

ET CLENIDE, *Pastorale.* Beauchamps indique une Tragi-comédie sous ce titre; mais écrite ainsi : SELIDAURE ou L'AMANTE VICTORIEUSE, In-8°. 1639,

Noms des Piéces.	Noms des Auteurs.	An. des Repr.	Le Nomb	An. des Editions.
C E L I E,	ROTROU.	1645.	*	1646-4º

ou LE VICEROY DE NAPLES, *ou* LA BELLE CELIE, *Comédie.* Trèsfoible, & nullement comique, mais réguliere.

| C E L I M E N E | ROTROU. | 1633. | * | 1637-4º. |

ou AMARILLIS, *Comédie en 5 Actes en Vers.* Médiocre, sans intérêt, froide, mais réguliere. *Voyez* AMARILLIS de *Triſtan.*

| C E L I M E N E | l'Ab. BOYER. | 1670. | * | 1670-12 |

(LA JEUNE) *Tragi-Comédie.* Elle est dédiée à M. de *Colbert.* Je la crois la même que LISIMENE du même Auteur.

| C E L I N D E, | BALT. BARO. | 1629. | * | 1629-8º. |

Poëme Dramatique en 5 Actes, Proſe & Vers. Il renferme une Tragédie en 3 Actes qui a pour titre HOLOPHERNE. Le tout est assez mauvais, romaneſque, & chargé de beaucoup d'incidens.

| C E L I N E, | CHAR. BEYS. | 1636. | * | 1637-4º |

ou LES FRERES RIVAUX. *Tragi-Comédie.* Mauvaiſe & sans invention.

| C E N I E, *Comédie* | Madame DE GRAFIGNY. | 1750. 25 Juin | 14. | 1750-12 |

en 5 Actes en Proſe. Digne de l'Auteur des *Lettres Peruviennes.* Elle a été repriſe le 18 Novembre de la même année, & eut encore 11 Repréſentations.

| C E N I E, | LONCHAMPS. | N. R. | * | 1751-12. |

Comédie en 5 Actes. La même que la précédente, miſe en Vers.

| C E P H A L E | N. CHRETIEN. | 1608. | * | 1608-12 |

(LE RAVISSEMENT DE) *Tragédie avec Prologue & Machines.* Repréſentée à Florence aux Nôces Royales; imprimée à Rouen.

| C E P H A L E ET PROCRIS, | DANCOURT. | 1711. 27 Oct. | 6. | 1711-12 |

Comédie en 3 Actes en Vers. Voulant imiter le genre & le ſtyle d'AMPHITRION, & en étant bien loin.

Noms des Piéces.	Noms des Auteurs.	An. des Repr.	Le Nomb	An. des Editions.
C E R C L E (LE) DES FEMMES,	CHAPUZEAU.	1661. 27 Oct.	*	1661-12

Comédie en 3 Actes en Vers. La même que l'ACADE'MIE DES FEM-MES.

C E R C L E (LE)	Anonyme.	N. R.	*	1713-12.

(LE GRAND ET NOBLE JEU DU) *Comédie.* Traduite de l'Arabe en François, mise en 20 circulations, où le fou fait le sage, & où le sage fait le fou Pour déniaiser la jeunesse, c'est le titre. Imprimée à Coppenhague.

C E S A R, (LA MORT DE)	GREVIN.	1560. 16 Fev.	*	1561-8°.

ou LA LIBERTE' VANGE'E , c'est le second titre ; *Tragédie avec des Chœurs* Composés des Soldats de *Cesar.* L'intérêt est soutenu : elle n'est point mal versifiée pour le tems.

C E S A R, (LA MORT DE)	SCUDERI.	1636.	*	1636-4°.

Tragi-Comédie avec un Prologue. Chargée de trop d'événemens : les Scénes décousues , du reste intéressante. Eut un très-grand succès.

CESAR URSIN, Comédie.	LE SAGE.	1707. 15 Mars	6.	1739-8°.

en 5 Actes en Prose. Tirée de l'Espagnol, médiocre , mais assez bien intriguée.

C E S A R, (LA MORT DE)	CATHERINE BARBIER.	1709. 26 Nov	6.	1710-12

Tragédie. Le caractere de *Cesar* est bien au-dessous de l'idée qu'on s'en forme.

C E S A R, (LA MORT DE)	VOLTAIRE.	1743. 29 Août	7.	1743-12

Tragédie. Cette Piéce est sans personnages de femmes. Les Vers sont forts , & les Caracteres bien soutenus.

CHAMP (LE) DE MARTEL.	CARDIN.	Incert.	*	1557-12

ou LES PROGRE'S DE CHARLES MARTEL , *Tragédie.* Sur la guerre que fit *Charles Marrel* aux Sarrazins, & sur la gloire que les François acquirent dans la bataille qu'il leur livra. N'est pas dans les recherches du Théâtre.

Noms des Piéces.	Noms des Auteurs.	An. des Repr.	Le Nomb	An. des Editions
CHAMPAGNE	BOUCHER.	1662.	*	1663-12

LE COEFFEUR, *Comédie en 1 Acte en Vers.* Foible ; mais plaisante. Les bonnes fortunes d'un Laquais, mort Sécrétaire du Roi, y ont donné lieu.

| CHARIOT (LE) | MILLOTET. | N. R. | * | 1664-8° |

DE TRIOMPHE *Tragédie avec des Chœurs.* C'est un panégyrique de *Ste. Reine d'Alize.*

| CHARLES | DUPLEIX. | Incert. | * | 1645- |

DE BOURGOGNE, *Tragédie.* On ne sçait si elle a été jouée.

| CHARME (LE) | T. CORNEILLE. | 1653. | * | 1655-12 |

DE LA VOIX, *Comédie en 5 Actes en Vers.* Tirée de l'Espagnol : n'eut pas de succès.

| CHARMES (LES) | MONTAUBAN. | 1651. | * | 1654-12 |

DE FELICIE, *Pastorale.* Tirée de DIANE DE MONTE-MAYOR. Elle est foible , & remplie de défauts.

| CHASSE (LA) DU CERF. | LE GRAND. | 1726. 14 Oct. | 9 | 1731-12 |

Comédie en 3 Actes en Prose & Divertissement. Médiocre ; du spectacle , & quelques Scénes plaisantes.

| CHASSE (LA) RIDICULE, | Anonyme. | 1691. 25 Juil. | 4. | n. imp. |

Comédie. Connue par les Registres de la Comédie Françoise.

| CHASSE (LA) | MAINFRAY. | 1625. | * | 1625-8°. |

ROYALE, *Comédie en 4 Actes en Vers. Contenant la subtilité dont usa une Chasseresse vers un Satyre qui la poursuivoit d'amour.* C'est le titre.

| CHASTE (LA) | DE FONTENY. | N. R. | * | 1515-12 |

BERGERE, *Pastourelle.* Elle est imprimée dans le Recueil intitulé LE BOCAGE D'AMOUR.

Noms des Piéces.	Noms des Auteurs.	An. des Repr.	Le Nomb	An. des Editions.
CHASTE (LA)	LA ROQUE.	1609.	*	1609 12

BERGERE, *Pastorale en 5 Actes, en Vers de 4 pieds.* L'Auteur dit dans la Préface qu'il n'a point étudié, que semblable à *Ulisse* qui n'eut pour etude que le monde, il n'a eu pour la sienne que la Cour.

| CHASTES (LES) | Mlle COSNARD | 1650. | * | 1650-4° |

MARTYRS, *Tragédie Chrétienne.* Tirée du livre intitulé AGATOMPHILE.

| CHASTETE' (LA) | LA VALETRIE. | 1602. | * | 1602-12 |

REPENTIE, *Pastorale en 5 Actes en Vers.* N'est pas dans les regles, mais est assez passable.

| CHEMIN (LE) | MARIVAUX. | N. R. | * | 1714-12 |

DE LA FORTUNE, *Comédie en Prose.* Espece de dialogue inséré dans LE CABINET DU PHILOSOPHE.

| CHEVALIER (LE) A LA MODE. | DANCOURT. ET St YON. | 1687. 28 Oct. | 40. | 1689-12 |

Comédie en 5 Actes en Prose. L'intrigue bien soutenue, les caracteres d'après nature, & le dénouement heureux. A la vingt-troisiéme Représentation, *Dancourt* déclara qu'il ne vouloit plus de part d'Auteur.

| CHEVALIER (LE) BAYARD, | AUTREAU. | 1731. 23 Nov | 6. | 749-12 |

Comédie en 5 Actes en vers libres. Longue & froide, mais le style en est agréable. C'est la premiere que cet Auteur composa pour le Théâtre François: il avoit fait une Comédie en 5 Actes en Vers, intitulée LES FAUX AMIS, mais elle n'a pas été jouée.

| CHEVALIER (LE) JOUEUR, | DUFRESNY. | 1697. 27 Fev. | 1. | 1697-12 |

Comédie en 5 Actes en Prose, & Prologue. Même sujet que le JOUEUR, mais fort au-dessous en tous points. Fut très-mal reçue.

| CHILDERIC, Tragédie. | DE MORAND. | 1736. 19 Dec. | 7. | 1737-8°. |

Elle fut interrompue après la sixiéme Représentation, par l'indisposition de *Dufresne*: fut ensuite jouée deux fois à la Cour avec grand succès, ce qui valut à l'Auteur l'honneur de la dédier à la Reine.

G

Noms des Piéces.	Noms des Auteurs.	An. des Repr.	Le Nomb	An. des Editions.
CHILPERIC,	LOUIS LEGER.	N. R.	*	1590-12.

ROI DE FRANCE, *Tragédie.* Fit mettre l'Auteur en prison, par Arrêt du Parlement, le 24 Août 1594, la veille du jour qu'on devoit jouer sa Piéce. *Leger* étoit un des premiers Régens du Collége des *Capettes.*

| CHUTE (LA) | TR. VOZELLE. | 1639. | * | 1639-4°. |

DE PHAETON, *Tragédie.* Fort mauvaise, mais assez d'invention.

| CID, (LE) | P. CORNEILLE. | 1636. | * | 1637-4°. |

Tragédie. Elle ouvrit la nouvelle carriere qui a donné depuis tant d'éclat au Théâtre François : elle est restée au Theâtre, & malgré son ancienneté, on la voit toujours avec la même admiration. Elle se trouve dans les œuvres de *Rousseau,* sous le titre du CID RESTITUE'. Le Rôle de l'Infante est retranché, & on y a substitué quatre Vers de liaison.

| CID (LA SUITE DU) | DESFONTAINES | 1637. | * | 1638-4°. 12 |

Tragi-Comédie. Détestablé en tous points, fut réprésentée par la Troupe Royale.

| CID, | U. CHEVREAU | 1638. | * | 1638-4°. 12. |

(LA VRAIE SUITE ET LE MARIAGE DU) *Tragi-Comédie.* Avec un argument. Mauvaise. *Beauchamps* indique encore une Tragédie anonyme de ce nom, sous l'année 1696.

| CID, | CHILLAC. | N. R. | * | 1639-16 |

(LA MORT DU) OU L'OMBRE DU COMTE DE GORMAS, *Tragédie.* Ridiculement construite, elle a été réimprimée en 1703, sur l'edition qu'on indique ici.

| CINNA, | P. CORNEILLE | 1639. | * | 1643-4°. |

OU LA CLEMENCE D'AUGUSTE, *Tragédie.* Admirable, chef-d'œuvre de l'Art. On a retranché depuis quelque tems le Rôle de l'Impératrice *Livie.* M. de *Montoron,* Président au Parlement de Toulouse, donna mille pistoles à l'Auteur qui lui avoit dédié cette Piéce.

| CIRCE', *Tragédie.* | T. CORNEILLE ET VISE'. | 1675. 17 Mars | 42. | 1675-12. |

avec des machines. Tirée du quatorziéme livre des Métamorphoses d'*Ovide.* Médiocre. Elle eut cependant un grand succès à cause de son spectacle. Reprise en 1705 avec un Prologue de *Dancourt.*

Noms des Piéces.	Noms des Auteurs.	An. des Repr.	Le Nomb	An. des Editions.
CIRUS, (LE JEUNE)	MONTREUX.	1581.	*	n. imp.

Tragédie. Tirée du Grec de *Xenophon*, jouée à Poitiers.

| CIRUS | MAINFRAY. | 1618. | * | 1618-16 |

TRIOMPHANT, *ou* LA FUREUR D'ASTIAGE, *Tragédie.* Jouée & imprimée à Rouen.

| CIRUS, | NONDON. | 1642. | * | 1642-8°. |

Tragédie. Très-rare, indiquée sans format dans les recherches des Théâtres.

| CIRUS, | P. QUINAULT | 1656. | * | 1659-12 |

(LA MORT DE) *Tragédie.* Mollement écrite; les recherches des Théâtres en indiquent une de ce titre sous l'année 1655; ne seroit-ce pas celle de *Quinault* ?

| CIRUS, | ROSIDOR. | 1662. | * | 1662-4°. |

(LA MORT DU GRAND) *ou* LA VENGEANCE DE THOMIRIS, *Tragédie.* L'Auteur étoit Comédien.

| CIRUS, | DANCHET, | 1706. 23 Fev. | 17. | 1706-12. |

Tragédie. Le Rôle d'HARPAGE parut fort bien fait. Il est tiré d'une Piéce du Pere *Larue.* A été reprise plusieurs fois.

| CLARICE, | J. ROTROU. | 1642. | * | 1643-4°. |

ou L'AMOUR CONSTANT, *Comédie en 5 Actes en Vers.* D'un bon comique. Elle est imitée de l'Italien de *Sforza d'Oddi.*

| CLARIGENE, | P. DU RYER. | 1638. | * | 1639-8°. |

Tragi-Comédie, N'est pas mauvaise pour le tems.

| CLARIMONDE. | BALT. BARO. | 1639. | * | 1643-8°. |

Tragédie. Assez passable pour le tems, mais mal versifiée

| CLARIONTE, | CALPRENEDE. | 1637. | * | 1637-4° |

ou LE SACRIFICE SANGLANT, *Tragi-Comédie.* Trop chargée d'événemens.

Noms des Piéces.	Noms des Auteurs.	An. des Repr.	1e Nomb	An. des Editions.
CLEAGENOR	J. DE ROTROU	1630.	*	1634-8°.

ET DORISTE'E , *Tragédie.* Irréguliere , mais paſſable pour le tems.

| CLEARQUE, TYRAN D'HERACLE'E | Mᵉ DE GOMEZ. | 1717. 26 Nov. | 4. | 1717-12. |

Tragédie. Foiblement écrite.

| CLEOMEDON. | P. DU RYER. | 1635. | * | 1638-4°. |

Tragi-Comédie. N'eſt pas bonne , mais le Rôle principal eſt ſingulier.

| CLEOMENE, | GUERIN BOUSC. | 1639. | * | 1640-4° |

Tragédie. Tirée de *Plutarque* , bien conduite , mais mal verſifiée.

| CLEONICE, | P. B. | 1630. | * | 1630-12 |

ou L'AMOUR TEMERAIRE , *Paſtorale en 5 Actes en Vers.* Le ſujet eſt de l'invention de l'Auteur: Elle eſt foiblement , verſifiée , mais elle n'eſt pas ſans intérêt. Il n'eſt pas certain qu'elle ait eté jouée , *Beauchamps* indique une Comédie de ce titre ſans date qu'il donne à *Paſſart.*

| CLEONIDE, | LA BARRE. | Incert. | * | 1634- |

Paſtorale. ndiquée dans les recherches du Théâtre. Il n'en eſt point queſtion dans l'hiſtoire du Théâtre François

| CLEOPATRE | Et. JODELLE. | 1552. | * | 1552-4° |

CAPTIVE , *Tragédie avec un Prologue & des Chœurs.* Adreſſée au Roi *Henri II.* Elle eſt bonne pour le tems : elle eut un grand ſuccès , & valut à l'Auteur cinq cens écus de l'épargne : *La Peruſe* , ami de *Jodelle* , y joua un Rôle.

| CLEOPATRE, | BELIARD, | N. R. | * | 1578-4° |

Cette Piéce eſt intitulée : LES DE'LICIEUX AMOURS DE MARC-ANTOINE ET DE CLEOPATRE. C'eſt un Poëme Dramatique aſſez mauvais. L'Auteur étoit Sécrétaire de la Reine de Navarre.

| CLEOPATRE, | MONTREUX. | 1594. | * | 1595-12 |

Tragédie. Jouée & imprimée à Lyon , dédiée à ſon Prince , Seigneur & Mécéne.

| CLEOPATRE, | BENSERADE. | 1635. | * | 1636-4° |

Tragédie. Très-foible , & les caractères mal ſoutenus.

Noms des Piéces.	Noms des Auteurs.	An. des Repr.	Le Nomb	An. des Editions
CLEOPATRE, Tragédie.	THORILLIERE (LE NOIR DE LA,	1667. 8 Dec.	*	n. imp.

L'Auteur étoit le grandpere du Comédien du Roi de ce nom, vivant en 1752.

Noms des Piéces.	Noms des Auteurs.	An. des Repr.	Le Nomb	An. des Editions
CLEOPATRE, Tragédie.	LA CHAPELLE.	1681. 12 Dec.	21.	1682-12

Elle eut un grand succès, quoiqu'elle soit foiblement écrite. A été reprise.

Noms des Piéces.	Noms des Auteurs.	An. des Repr.	Le Nomb	An. des Editions
CLEOPATRE, (ANTOINE ET)	BOISTEL.	1741. 6 Nov.	6	1743-8°.

Tragédie L'Auteur trouva à propos de retirer sa Piéce après la sixiéme Représentation.

Noms des Piéces.	Noms des Auteurs.	An. des Repr.	Le Nomb	An. des Editions
CLEOPATRE, Tragédie.	MARMONTEL.	1750. 10 Mai.	11.	1750-12

La troisiéme Piéce de l'Auteur. CLEOPATRE s'y tue avec un Aspic automate de l'invention du célébre *Vaucançon*.

Noms des Piéces.	Noms des Auteurs.	An. des Repr.	Le Nomb	An. des Editions
CLIMENE,	LA CROIX.	1628.	*	1629-8°

Tragédie. Singuliere pour les événemens, mais mal versifiée. Elle est imprimée avec d'autres ouvrages de l'Auteur.

Noms des Piéces.	Noms des Auteurs.	An. des Repr.	Le Nomb	An. des Editions
CLIMENE,	LA SERRE.	1643.	*	1643-4°

ou LE TRIOMPHE DE LA VE'RITE', *Tragédie.* Froide & mal écrite.

Noms des Piéces.	Noms des Auteurs.	An. des Repr.	Le Nomb	An. des Editions
CLIMENE,	LA FONTAINE.	N. R.	*	1744-12

Comédie en 1 Acte en Vers. Elle se trouve dans un recueil de l'Auteur.

Noms des Piéces.	Noms des Auteurs.	An. des Repr.	Le Nomb	An. des Editions
CLITANDRE,	P. CORNEILLE.	1632.	*	1632-8°.

ou L'INNOCENCE DELIVRE'E, *Tragi-Comédie.* C'est la premiere Piéce dans la regle des 24 heures; mais elle péche contre l'unité d'action. Elle est trop compliquée d'événemens; on y reconnoît pourtant les étincelles d'un genie qui ne tarda pas longtems à briller: il y avoit dans cette Comédie des endroits un peu trop libres qui ont été supprimés dans les suites.

Noms des Piéces.	Noms des Auteurs.	An. des Repr.	Le Nomb	An. des Editions
CLITEMNESTRE,	P. MATHIEU.	1578.	*	1589-80

ou L'ADULTERE, *Tragédie.* La construction en est singuliere. On ignore en quelle année elle a été faite.

Noms des Piéces.	Noms des Auteurs.	An. des Repr.	Le Nomb	An. des Editions.
CLITOPHON	P. DU RYER.	1622.	*	n. imp.

ET LEUCIPE, *Tragédie*. Seconde Piéce de l'Auteur qu'on n'a que manuscrite.

| CLORESTE, | BALT. BARO. | 1636. 5. Fév. | * | n. imp. |

ou LES COMEDIENS RIVAUX, *Tragédie*. Elle fut jouée devant la Reine & toute la Cour, par les troupes de *Belle-Rose* & de *Mondory*, qui s'efforcerent à l'envi de l'emporter l'un sur l'autre.

| CLORINDE, | POULLET. | 1598. | * | 1598-12 |

ou LE SORT DES AMANS, *Tragi-Comédie en 5 Actes en Prose*. Mauvaise ; le sujet n'en est pas intéressant.

| CLORINDE, | AI. DE VEINS. | N. R. | * | 1599-12 |

Tragédie. Tirée du *Tasse*, renfermant un abrégé de l'histoire de TANCREDE ET DE CLORINDE. Elle est contre toutes les regles.

| CLORINDE, | J. ROTROU. | 1636. | * | 1637-4°. |

Comédie en 5 Actes en Vers. Trop courte & froide.

| CLORISE, | BALT. BARO. | 1631. | * | 1631-8°. |

Pastorale en Prose. Tirée de l'ASTRE'E. Elle eut un grand succès. *Maupoint* prétend que *Borée* est l'Auteur d'une Pastorale de ce titre en 1624, mais il a confondu infailliblement, puisqu'elle ne se trouve, ni dans les œuvres de *Borée* ni ailleurs.

| CLOTILDE, | J. PREVOT. | 1614. | * | 1618-12 |

Tragédie. Très-foible. Elle contient un fait particulier à cette Reine de France.

| CLOTILDE, | L'Ab. BOYER. | 1659. | * | 1659-12 |

Tragédie. Très-médiocre. Elle fut peu suivie.

| CLOVIS | NOUVELLON. | 1638. | * | 1655-12 |

LE GRAND, PREMIER ROI CHRETIEN, *Tragédie*. Mal faite & froide.

| CLOVAUD, (ST) | J. HEUDON. | 1599. | * | 1599-12 |

Tragi-Comédie avec des Chœurs. Renferme l'histoire de la conversion de *Clovis*. Elle n'est ni bonne, ni réguliere.

Noms des Piéces.	Noms des Auteurs.	An. des Repr.	Le Nomb	An. des Editions.
C O C A G N E, (LE ROY DE)	LE GRAND.	1718. 31 Dec.	18.	1719-12

Comédie en 3 Aɫes en Vers , avec un Prologue , & des Divertissemens. Très-comique , fort divertissante , mais dans le bas. Il y a beaucoup de spectacle , ce qui est cause qu'on la joue rarement.

C O C A G N E,	Anonyme.	N. R.	*	1711-12

ECHOUE'E (LA CONQUETE DU PAYS DE) *Comédie.* Imprimée à Valenciencs , où elle a peut-être été jouée. Mauvaise.

C O C H E R, (LE) SUPPOSE'.	HAUTEROCHE.	1584. 9 Avril.	12.	1635-12

Comédie en 1 Aɫe en Prose & divertissement. Plaisante. Elle est tirée de l'Espagnol. On la joué assez souvent.

C O C U (LE) IMAGINAIRE.	MOLIERE.	1660. 28 Mai.	40.	1665-12

Comédie en 1 Aɫe en Vers. Bien écrite ; eut un succès prodigieux quoiqu'en Eté. Elle est imprimée en 3 Actes dans l'édition de 1674-4°.

C O C U E, (LA)	F. DONNEAU.	N. R.	*	1662-12

IMAGINAIRE , *ou* LES AMOURS D'ALCIPE ET CEPHISE. *Comédie en 1 Aɫe en Vers.* On trouve , dans une des vies de *Moliere* , que cette Piéce fut jouée à l'Hôtel de *Bourgogne* sur la fin de l'année 1661. Il ne faut pas confondre ce *Doneau* , l'Auteur de cette Piéce , avec *Danneau Visé* , comme on l'a fait dans la Bibliothéque des Théâtres.

COEFFEUSE, (LA)	DOUVILLE.	1646.	*	1647-4°

A LA MODE , *Comédie en 5 Aɫes en Vers.* Mal conduite & trop intriguée.

COLIN-MAILLARD ,	CHAPUZEAU.	1662.	*	1662-12

Comédie en 1 Aɫe en Vers de quatre pieds. Tirée des Contes Douville. Assez plaisante.

COLIN-MAILLARD , Comédie	DANCOURT.	1701. 28 Oɫ.	23.	1701-12

en 1 Aɫe en Prose , avec un Divertissement. Vivement dialoguée. Elle pensa tomber à la premiere Représentation. Un Vaudeville adressé au Parterre la releva. Restée au Théâtre.

Noms des Piéces.	Noms des Auteurs.	An. des Repr.	Le Nomb	An. des Editions.
COLLOQUE, (LE)	Anonyme.	1610.	*	1610-8º

Poëme Dramatique entre trois suppôts des Seigneurs de la Coquille, avec figures, Emblêmes & Enigmes ; C'est ce que le titre contient. Elle est encore intitulée LE CHAR TRIOMPHANT DE M. LE DAUPHIN.

| COLONIE, (LA) | STE FOIX. | 1749. | t. | 1750-12 |

Comédie en 3 Actes en Prose. Jouée avec LE RIVAL SUPPOSE', *Piéce en 1 Acte en Prose* du même Auteur, qui les retira après la premiere Représentation : jamais le Parterre n'a été plus tumultueux qu'il le fut ce jour-là.

| COMEDIE, (LA) BALLET. | Anonyme. | 1664. 17 Fev. | 11 | n. imp. |

Divertissement. N'est connu que par les Registres de la Comédie Françoise.

| COMEDIE, (LA) | GRANGIER. | N. R. | * | 1596-12. |

DE DANTE, DE L'ENFER ET DU PARADIS ; *traduite en rimes Françoises & commentées ;* c'est le titre.

| COMEDIE, (LA) | Anonyme. | Incert. | * | 1640-12 |

DES CHANSONS, *Comédie en 5 Actes en Vers.* A pû donner une idée des Opéra-comiques.

| COMEDIE, (LA) | BARRY. | 1629. | * | 1629-8º |

DE LA COMEDIE, *Comédie en 5 Actes en Prose.* C'est une Satyre contre *Balzac ; Barry* n'en est que le prête-nom. *du Peschier* en est l'Auteur.

| COMEDIE, (LA) | GOUGENOT. | 1633. | * | 1633-8º |

DES COMEDIENS, *Tragi-Comédie en 5 Actes, deux en Prose, & les trois autres en Vers.* La Scéne est à l'assemblée des Comédiens de l'Hôtel de Bourgogne, qui délibérent pour recevoir deux nouveaux Acteurs.

| COMEDIE, (LA) DES COMEDIENS. | DANCOURT | 1710. 5 Août. | 12. | 1710-12 |

ou L'AMOUR CHARLATAN, *Comédie en 3 Actes en Prose.* Les Acteurs se travestirent en Comédiens Italiens. La Piéce dut sa réussite à cette nouveauté.

COMEDIE,

Noms des Piéces.	Noms des Auteurs.	An. des Repr.	Le Nomb	An. des Editions.
COMEDIE (LA)	P. QUINAULT.	1655.	*	1657-12

SANS COME'DIE, *Comédie en 5 Actes en Vers.* Les quatre genres du Théâtre s'y trouvent réunis ; la Tragédie ; la Tragi-Comédie. la Pastorale & la Comédie.

COMEDIE (LA) SANS TITRE.	BOURSAULT.	1683. 5 Mars	18.	1683-12.

ou LE MERCURE GALANT, *Comédie en 5 Actes en Vers.* Plaisante, d'un allez bon comique. Elle fut annoncée fous le fecond titre & comme de *Raim. Poiffons Vifé*, qui étoit alors Auteur du Mercure, s'en plaignit : on la répréfenta fous le premier titre. Il est dit dans les recherches du Théâtre que cette Piéce fut jouée pour la premiere fois en 1679 & qu'elle eut 80 Repréfentations. Si cela étoit vrai, l'année qu'on indique ici n'en marqueroit que la reprife.

COMEDIE (LA) SANS TITRE.	L. BOISSY.	1741. 3 Mars.	1. R.	n. imp.

Comédie en 5 Actes en Vers. La Repréfentation de cette Piéce est indiquée dans le Mercure de Mars 1741, *pag.* 587, fans aucun titre. Ce qui a fait prendre le parti de lui donner celui fous lequel on la place ici.

COMEDIEN (LE) POETE,	MONTFLEURY T. CORNEILLE	1673. 10 Nov	18.	1674-12.

ET LE GARÇON INSENSIBLE, *Comédie en 5 Actes en Vers.* Singuliere. Le premier Acte renferme une Piéce féparée fans aucun rapport au titre de la Piéce. Les quatre derniers Actes ont toujours été repréfentés fous le titre de la SOEUR RIDICULE. *Voyez* SOEUR RIDICULE.

COMETE, (LA)	VISE'.	1681. 29 Jan.	6.	1681-12

en 1 Acte en Profe. Compofée à l'occafion d'une Comete qui parut cette année-là. On ne donne pas pour certain qu'elle foit de *Vifé.*

COMMODE,	T. CORNEILLE.	1658.	*	1659-12

(LA MORT DE L'EMPEREUR) *Tragédie.* A de beaux endroits, elle fut fort applaudie.

Noms des Piéces.	Noms des Auteurs.	An. des Repr.	Le Nomb	An. des Editions.
COMPLAISANT, (LE) Comédie	Anonyme.	1732. 29 Dec.	14.	1733-8°.

en 5 Actes en Prose. Spirituelle. On ne peut pas mieux écrite. Le caractere bien démêlé. Elle fut interrompue, au plus fort de son succès, par l'indisposition de *Poisson.* Elle fut jouée le 13 Janvier 1733 à la Cour, où elle fit infiniment de plaisir. Elle fut reprise le 2 Mars 1734 avec autant de succès que dans sa nouveauté. *Quinault* qui étoit absent depuis longtems, y joua le Rôle principal, & y fut très-applaudi.

| CONCERT (LE) RIDICULE. | PALAPRAT. | 1689. 14 Sept. | 21. | 1689-12 |

Comédie en 1 Acte en Prose. Bagatelle plaisante, & vivement écrite.

| CONCERT (LE) Comédie. | BRET. | 1747. 14 Sept. | 1. R. | n. imp. |

L'Auteur la retira après la premiere Représentation.

| CONFIDENCES (LES) RECIPROQUES. | Anonyme. | 1747. 3 Août | 1. | n. imp. |

Comédie en 1 Acte avec un Divertissement. Représentée avec LA RIVALE SUIVANTE, & LE PLAISIR.

| CONSENTEMENT (LE FORCE'. | GUYOT DE MERVILLE. | 1738. 13 Août | 14. | 1738-12 |

Comédie en 1 Acte en Prose. Tirée de la PAYSANNE PARVENUE. L'Auteur s'en est deffendu dans une Lettre publiée dans les observations de feu M. l'Abbé *Desfontaines.* Cette Piéce eut du succès.

| CONSTANCE, (LA) | P. LARRIVEY. | 1611. | * | 1611-12 |

Comédie en 5 Actes en Vers. Pas trop de vrai-semblance dans l'intrigue, & le dénouement assez mauvais.

| CONSTANCE, (LA) | J. MILLET. | 1635. | * | 1635. |

DE PHILIN ET MARGOTON, *Pastorale en 5 Actes en Vers.* Une partie en bon François, & l'autre en Provençal. Jouée à Grenoble.

| CONTENS, (LES) | TOURNEBU. | 1580. | * | 1584-8° |

Comédie en 5 Actes en Prose, avec un Prologue. Elle ne manque pas d'intérêt. elle eut de la réussite.

Noms des Piéces.	Noms des Auteurs.	An. des Repr.	Le Nomb	An. des Editions.
COQUETTE, (LA) OU LA FAUSSE PRUDE.	BARON.	1686. 18 Dec.	25.	1687-12

Comédie en 5 Actes en Prose. D'un bon comique, mais le cinquiéme Acte bien foible.

| CORRESUS ET CALLIRHOE', | LA FOSSE. | 1703. 7 Déc. | 4. | 1704-12 |

Tragédie. Foible, mais le sujet en est beau ; c'est la derniere de l'Auteur.

| CORINE, | ALEX. HARDY | 1614. | * | 1626-8° |

OU LE SILENCE, OU LE JUGEMENT D'AMOUR, Pastorale en 5 Actes en Vers. Singuliere, a dû réussir dans sa nouveauté.

| CORIOLAN, | ALEX. HARDY. | 1607. | * | 1626-8°. |

Tragédie avec des Chœurs. Assez passable pour le tems.

| CORIOLAN, | V. CHEVREAU. | 1638. | * | 1638-4°. |

Tragédie. L'une des moins mauvaises de l'Auteur.

| CORIOLAN, | CHAPOTON | 1638. | * | 1638-4° |

LE VERITABLE, *Tragédie.* Mauvaise. Elle fut représentée par la Troupe Royale.

| CORIOLAN, *Tragédie.* | l'Ab. ABEILLE | 1676. 24 Fev. | 17. | 1676-12 |

Foible, mais elle a quelques beaux endroits.

| CORIOLAN, *Tragédie.* | Anonyme. | 1688. 26 Nov | 3. | Incert. |

Tirée des Registres de la Comédie Françoise. Ne seroit-ce pas la reprise de la Piéce précédente ?

| CORIOLAN, *Tragédie.* | CHALIGNY DES PLAINES. | 1722. 28 Fev. | 1. R. | 1748-12. |

Foible de Versification. L'Auteur trouva à propos de la retirer après la premiere Représentation.

| CORIOLAN, | RICHER. | N. R. | * | 1748-8° |

Tragédie. Elle n'a pas été mise au Théâtre.

Noms des Piéces.	Noms Auteurs.	An. des Répr.	Le Nomb	An. des Editions.
CORIOLAN, *Tragédie.*	MAUGER.	1748. 10 Jan	5	1751-8°.

Elle est imprimée avec beaucoup de corrections, & un discours sur la maniere de juger des ouvrages de Théâtre.

CORNELIE,	R. GARNIER.	1574.	*	1574-8°.

Tragédie avec des Chœurs. Elle a quelque intérêt, & est assez bonne pour le tems.

CORNELIE,	ALEX. HARDY.	1609.	*	1625-12

Tragi-Comédie. Tirée des Nouvelles de *Cervantes.* Mauvaise. *Tom. II.*

CORNELIE, MERE DES GRAQUES.	Mlle BARBIER.	1703. 5 Avril.	6	1703-12

Tragédie. Elle a le germe d'un grand intérêt, qui ne produit cependant qu'un ouvrage très-médiocre. On a toujours prétendu que toutes les Piéces comprises dans le Théâtre de Mademoiselle *Barbier* sont de l'Abbé *Pellegrin.*

CORNELIE, VESTALE.	FUSELIER.	1713. 28 Fev.	5.	n. imp.

Tragédie. Tendre & spirituelle; mais point assez tragique. Elle a été attribuée à un autre Auteur.

CORRIVAUX, (LES)	DE LA TAILLE	1562.	*	1573-12

Comédie en 5 Actes en Prose. Très-passable pour le tems.

CORRIVAUX, (LES)	TROTTEREL.	1612.	*	1612-12

Comédie en 5 Actes en Vers, & Prologue. Assez bonne pour le tems. Elle est de l'invention de *P. T. S. D.*

CORSAIRE, (LE PRINCE)	P. SCARON.	N. R.	*	1662-12

Comédie. La derniere que composa cet Auteur.

COSROES,	JEAN ROTROU	1648.	*	1649-4°

Tragédie. Eut assez de succès, quoique peu intéressante.

COSROES, ROI DE PERSE;	DUSSE'.	1704. 29 Nov	7.	1704-12

Tragédie. La même que la précédente, mais corrigée par M. *Dussé de Valentiné,* & rendue meilleure.

Noms des Piéces.	Noms des Auteurs.	An. des Repr.	Le Nomb	An. des Editions.
COTEAUX (Les)	VILLIERS.	1665. 10 Jan	*	1665-12

ou LES MARQUIS FRIANDS , *Comédie en 1 Acte en Vers* Paſſa à la faveur de l'Ordre des *Côteaux* dont parle *Deſpreaux* dans une de ſes Satyres.

| COUPE (LA) ENCHANTE'E, | LA FONTAINE. | 1680. 16 Juil. | 23. | 1710-12 |

Comédie en 1 Acte en Proſe. Tirée de deux Contes de *Bocace*, qui ſont LA COUPE ENCHANTEE , & LES OYES DU FRERE PHILIPE. Cette Piéce eſt imprimée dans les œuvres de *Champmeſlé* , quoiqu'il n'en ſoit que le prête-nom.

| COUPS (LES) | BOISROBERT. | 1656. | * | 1656-16 |

DE L'AMOUR ET DE LA FORTUNE , *ou* L'HEUREUX INFORTUNE', *Comédie.* Tirée de l'Eſpagnol , ſans invention , & très-médiocre.

| COUPS (LES) | HEUDELINE. | Incert. | * | S. D. |

DE L'AMOUR ET DE LA FORTUNE. Cette Piéce n'eſt pas connue.

| COUPS (LES) | P. QUINAULT. | 1636. | * | 1660-12 |

DE L'AMOUR ET DE LA FORTUNE , *Tragi-Comédie.* Un peu trop Romaneſque , mais beaucoup meilleure que la précédente du même titre , qui étoit en concurence alors avec celle-ci. *Scaron* dit , dans l'édition de ſes œuvres en 1656 in-8° , que c'eſt à tort qu'on attribue cette Piéce à *Quinault* , que le ſujet en a été fait par Mademoiſelle *du Château* , que les quatre premiers Actes ont été mis en Vers par *Triſtan* , & que lui *Scaron* a fait le dernier , a la priere des Comédiens , parce que *Triſtan* ſe mouroit.

| COUPS (LES) | D. | 1691 | * | 1691-12 |

DU HAZARD , *Comedie en 1 Acte en Vers.* Singuliere. Elle a été repreſentée par les Comédiens de Monſeigneur , & imprimée à Rouen.

| COUR (LA) | MARESCHAL. | 1640. | * | 1640-4° |

BERGERE , *ou* L'ARCADIE DE Mᵉ. PHIL. SIDNEY. C'eſt le titre. *Tragi-Comédie.* Très-foible.

Noms des Piéces.	Noms des Auteurs.	An. des Repr.	Le Nomb	An. des Editions.
COURSES (LES) DE TEMPE'	PIRON.	1734. 30 Août	10.	1741-12.

Pastorale en 1 Acte en Vers & Divertissement. Elle fut jouée avec L'AMANT MYSTERIEUX que l'Auteur retira après la premiere Représentation. Il ne laissa que les COURSES DE TEMPE', qui avoit été applaudie. La Musique du divertissement est du célébre *Rameau.*

| COURTISAN (LE) | D. G. L. B. T. | 1668. | * | 1668-12 |

PARFAIT, *Tragi-Comédie.* Assez passable, mais foible d'invention. Elle renferme deux Piéces. La seconde commence au troisiéme Acte. On sçait que cette Comédie est de *Gilbert,* quoiqu'elle ne soit pas imprimée dans le Recueil de ses œuvres.

| COURTISANES, | DAVOST. | N. R. | * | Incert. |

(LES DEUX) *Comédie, Traduite de l'Italien du Seigneur Louis Domenichi :* c'est le titre. Elle n'étoit pas imprimée en 1584. Il seroit assez singulier que cette Piéce eût été jouée.

| COUSINES, | Anonyme. | N. R. | * | 1646-8° |

(LES DEUX) *Comédie en 1 Acte en Prose.* Elle n'a jamais paru au Théâtre.

| COUSINES, (LES TROIS) | DANCOURT | 1700. 17. Oct. | 19. | 1725-12 |

Comédie en 3 Actes en Prose, avec 3 Divertissemens. Souvent remise, toujours revue avec le même plaisir. La reprise la plus brillante a été celle de 1724, pendant l'absence; elle eut 26 Représentations.

| CRESPHONTE, | GILBERT | 1659. | * | 1659-4°. |

ou LE RETOUR DES HERACLIDES DANS LE PELOPONESE, *Tragi-Comédie.* Foible & mal conduite.

| CRISANTE, | ROTROU. | 1639. | * | 1640-4' |

Tragédie. Froide & peu d'invention.

| CRISEIDE, | JEAN MAIRET | 1610. | * | 1630-8 |

ET ARIMAND, *Tragédie.* C'est la premiere de l'Auteur. Elle est tirée du troisiéme Tome de l'ASTRE'E. Elle est médiocre, mais elle a quelques endroits intéressans.

Noms des Piéces.	Noms des Auteurs.	An. des Repr.	Le Nomb	An. des Editions.
CRISPE,	TRISTAN.	1645.	*	1646-4°

(LA MORT DE) *ou* LES MALHEURS DOMESTIQUES DU GRAND CONSTANTIN, *Tragedie.* Très-foible, & sans liaison de Scénes.

| CRISPIN BEL ESPRIT, | LA THUILLERIE. | 1681. 11 Juil. | * | 1682-12 |

Comédie en 1 *Acte en Vers.* Attribuée à l'Abbé *Abeille.* Assez plaisante : elle a été quelquefois reprise.

| CRISPIN | MONTFLEURY. | 1677. | * | 1739-12 |

GENTILHOMME, *Comédie en* 5 *Actes en Vers.* Passable, & assez comique. Elle est tirée d'une *Nouvelle espagnole ;* elle n'avoit pas été imprimée avant l'édition des œuvres de *Montfleury* de 1739.

| CRISPIN | HAUTEROCHE | 1674. | * | 1680-12 |

MEDECIN , *Comédie en* 3 *Actes en Prose.* A toujours réussi. Le sujet en est fort comique. Restée au Théâtre.

| CRISPIN MUSICIEN. | HAUTEROCHE | 1674. Juillet. | 40. | 1674-12. |

Comédie en 5 *Actes en Vers.* Fort divertissante , reprise de tems en tems.

| CRISPIN PRECEPTEUR , | THUILLERIE. | 1679. | * | 1679-12 |

Comédie en 1 *Acte en Vers.* Médiocre, d'un bas comique, eut cependant quelques succès.

| CRISPIN | LE SAGE. | 1707. 15 Mars | 8. | 1707-12. |

RIVAL DE SON MAITRE. *Comédie en* 1 *Acte en Prose.* Jolië ; fort comique , est restée au Théâtre.

| CRUEL (LE) | Anonyme. | 1594. | * | 1594-8° |

ASSIEGEMENT DE LA VILLE DE GAIS , *Comédie en Vers* , avec la joyeuse *Farce de Toannon* , d'un *Treu en vers François de* 4 *pieds.* C'est le titre.

| CURIEUX (LE) DE COMPIEGNE , | DANCOURT. | 1698. 4 Oct. | 19. | 1698-12 |

Comédie en 1 *Acte en Prose avec Divertissement.* Plaisante , c'est un Vaudeville du tems. *Voyez* CAMP DE COMPIEGNE : c'est la même,

Noms des Pièces.	Noms des Auteurs.	An. des Repr.	Le Nomb	An. des Editions.
CURIEUX (LE)	DE BROSSE.	1645.	*	1646-4

IMPERTINENT, *ou* LE JALOUX, *Comédie.* Tirée de *Don Quichotte.* Très-médiocre.

Noms des Pièces.	Noms des Auteurs.	An. des Repr.	Le Nomb	An. des Editions.
CURIEUX (LE) IMPERTINENT,	DESTOUCHES.	1710. 17 Dec.	13.	1711-12.

Comédie en 5 Actes en Vers. Tirée de *Don Quichotte* & de la Piéce précédente ; c'est la première de l'Auteur. Elle donna beaucoup d'espérance de ses talens pour le Théâtre, qu'il a si bien justifiés depuis. Elle a été reprise plusieurs fois.

Noms des Pièces.	Noms des Auteurs.	An. des Repr.	Le Nomb	An. des Editions.
CYDIPE,	DE BAUSSAIS.	1633.	*	1633-8°.

Pastorale en 5 Actes, avec des Chœurs & un Prologue. Passable pour le tems.

Noms des Pièces.	Noms des Auteurs.	An. des Repr.	Le Nomb	An. des Editions.
CYDIPE,	GOMBAUT.	Incert.	*	n. imp.

Tragi-Comédie. Indiquée sans date dans les recherches du Théâtre.

Noms des Pièces.	Noms des Auteurs.	An. des Repr.	Le Nomb	An. des Editions.
CYMINDE,	COLLETET.	1641.	*	1642-4°

ou LES DEUX VICTIMES, *Tragi-Comédie.* On ne peut pas plus froide. l'Abbé d'Aubignac avoit fait cette Piéce en Prose, *Colletet* l'a mise en Vers.

D

Noms des Pièces.	Noms des Auteurs.	An. des Repr.	Le Nomb	An. des Editions.
DAME (LA) A LA MODE,	DANCOURT	1689. 3. Janv.	14.	n. imp.

ou LA COQUETTE, *Comédie en 5 Actes.* Tirée des Registres de la Comédie, où elle est portée sous ce titre : *suite de la Coquette.*

Noms des Pièces.	Noms des Auteurs.	An. des Repr.	Le Nomb	An. des Editions.
DAME (LA)	CHAPUZEAU.	1663.	*	1663-12.

D'INTRIGUE, *ou* LE RICHE VILAIN, *Comédie en 3 Actes en Prose.* Foible & mal conduite. C'est la même que l'AVARE DUPÉ *ou* l'HOMME DE PAILLE, attribuée faussement à *Dorimont,* parce qu'elle est imprimée sans nom d'Auteur.

Noms des Pièces.	Noms des Auteurs.	An. des Repr.	Le Nomb	An. des Editions.
DAME (LA) MEDECIN,	MONTFLEURY	1678. 14 Jan.	15.	1739-12.

Comédie en 5 Actes en Vers. Passable, & assez comique.

Noms des Piéces.	Noms des Auteurs.	An. des Repr.	Le Nomb	An. des Editions.
D A M E (LA)	DOUVILLE.	1645.	*	1645-4°

SUIVANTE, *Comédie en 5 Actes en Vers.* Plaisante, elle eut un grand succès.

D A M E S (LES)	DE VISE'.	1695.	15.	1695-12.
VANGE'ES,	T. CORNEILLE 22 Fev			

OU LA DUPE DE SOI-MEME, *Comédie.* Foible par la conduite & pour l'intrigue, mais bien dialoguée. *Beauchamps* indique encore du même Auteur, outre les Piéces qui sont sous son nom, LES DAMES VERTUEUSES, *Comédie.* Et *Maupoint* lui attribue encore, outre LA COMETE, placée dans ce Dictionnaire au C, LE VIELLARD COURU, *Comédie.*

D A M E S	T. CORNEILLE	1676.	*	1676-4°

(LE TRIOMPHE DES) *avec l'explication du Combat de la Barriere, & de toutes les devises; c'est le titre. Comédie en 4 Actes en Prose.* Piéce d'une invention neuve, ornée de machines ; à la place des Scenes, il se trouve dans chaque Acte, un canevas qui donne l'intelligence du sujet, & du jeu des Acteurs. Cette Comédie eut un grand succès

D A M O C L E,	BUFFIER Jés.	N. R.	*	1728-12

OU LE PHILOSOPHE ROI, *Comédie en 3 Actes en Prose.* Cette Piéce d'original étoit en Vers Latins très-purs ; le Pere *Buffier* l'a traduite en Prose Françoise, pour servir d'exemple dans sa Grammaire, où on la trouve avec SCYLLA. T.

D A M O N	—CHAPUZEAU.	1656.	*	1657-12

ET PITHIAS, *ou* LE TRIOMPHE DE L'AMITIE', *Comédie.* Mal conduite, foiblement versifiée, mais assez intéressante.

D A N A E,	LA FONT.	1707.	8.	170 -12.
OU JUPITER CRISPIN,		4 Juil.		

Comédie en 1 Acte en Vers libres, avec un Prologue. Plaisante. Elle n'a pas été reprise depuis longtems.

D A N A I D E S (LES)	GOMBAUT.	1646.	*	1658-12.

Tragédie. Médiocre, le style trop Epique.

D A R I E,	LA TAILLE.	1562.	*	1573-8°.

Tragédie avec des Chœurs. Aussi mal conduite que foiblement versifiée. Les Tragédies d'ATHAMAN, de PROGNE', & de NIOBE' sont du même Auteur, aussi bien qu'une Comédie dont on ignore le nom.

Noms des Piéces.	Noms des Auteurs.	An. des Repr.	Le Nomb	An. des Editions.
D A R I E,	ALEX. HARDY	1626.	*	1626-8°

(LA MORT DE) *ou* LA MORT DE DAIRE, *Tragédie avec des Chœurs.* Elle a été imprimée à Rouen, avec six autres Piéces de l'Auteur, dans le quatriéme tome de ses œuvres.

| D A R I E, | BOISROBERT. | 1641. | * | 1642-4°. |

(LE COURONNEMENT DE) *Tragédie.* Foible, sans art, & bien ennuyeuse.

| D A V I D | DESMAZURES. | N. R. | * | 1565-12 |

COMBATTANT, *Tragédie sainte*, en Vers de plusieurs mesures, avec un *Prologue* & des *Chœurs*, sans distinction d'Actes ni de Scénes, que par des pauses, ainsi que DAVID FUGITIF, & DAVID TRIOMPHANT du même Auteur, imprimée avec JEPHTE' de *Florent Chretien.*

| D A V I D | DE SCAURUS. | 1584. | * | n. imp. |

COMBATTANT GOLIATH, *Tragédie.* Indiquée dans les recherches sur les Théâtres.

| D A V I D, | MONT CHRET. | 1600. | * | 1627-8° |

ou L'ADULTERE, *Tragédie avec des Chœurs.* Imprimée à Rouen avec plusieurs autres dans un recueil des œuvres de l'Auteur. Elle est très-médiocre.

| DEBAUCHE' (LE) Comédie | B A R O N. | 1689. 6 Dec. | 11 | n. imp |

en 5 *Actes.* Elle n'est point imprimée dans les œuvres de l'Auteur.

| D E B O R A, | NANGEL. | Incert. | * | 1606-12 |

ou LA DELIVRANCE, *Tragédie.* Tirée de l'Ecriture Sainte. Il se livre une bataille sur le Théâtre au quatriéme Acte.

| D E B O R A, | D U C H E'. | Incert. | * | 1735-12 |

Tragédie. Elle est imprimée dans le quatriéme Tome du Théâtre François. *Beauchamps* dit qu'elle a été représentée à S. Cyr, & *Maupoint* l'indique avant JONATHAS & ABSALON, Piéces du même Auteur

| DECEVANTE (LA) | MONTREUX. | Incert. | * | n. imp. |

Comédie. Elle n'est pas plus connue que les Tragédies de CAMMA, de PARIS ET OENONE, & de FLEUR DE LYS, Piéces du même Auteur. *La Croix du Maine* en disoit autant des AMOURS DE DIANE ET DE DELIE, & de JOSEPH LE CHASTE, Tragédies; mais elles ont été imprimées depuis. *Voyez* DIANE & JOSEPH *de Montreux.*

Noms des Piéces.	Noms des Auteurs.	An. des Repr.	Le Nomb	An. des Editions.
DEDAIN (LE)	LA GRANGE	1603.	*	1603-12.

AMOUREUX, *Paſtorale.* Dédiée à Mademoiſelle d'*Eſtioles.* Elle eſt traduite en vers, de l'Italien de *Bracciolini.*

| DEDIT (LE) Comédie | Anonyme. | 1694. 18 Fev. | 1. | n. imp. |

en 5 *Actes.* Les Comédiens comptoient ſi peu ſur la réuſſite de cette Piéce, qu'ils la donnerent au ſimple. La part de l'Auteur ne monta qu'à ſoixante & quatorze livres.

| DEDIT (LE) Comédie | DUFREKY. | 1719. 12 Mai. | 8. | 1719-12 |

en 1 *Acte en Vers.* Plaiſante, & ayant le caractere original qu'on trouve dans les Piéces de l'Auteur. Reſtée au Théâtre.

| DEFAITE (LA) | GAB. BOUNYN. | 1579. | * | 1579-4° |

DE LA PIAFFE ET DE LA PIQUORE'E, *& le baniſſement de Mars à l'introduction de paix & de ſainte juſtice.* C'eſt la ſuite du titre. *Tragédie.* Les Auteurs de l'hiſtoire du Théâtre François n'ont pas jugé à propos de parler de cette Piéce.

| DEGUISE', | SCUDERI. | 1635. | * | 1635-8°. |

(LE PRINCE) *Tragi-Comédie avec des Chœurs.* Elle eſt ſans conduite, & la Verſification foible.

| DEGUISE'S (LES) | J. GODARD. | 1594. | * | 1594-8° |

Comédie en 5 Actes en vers de 8 ſyllabes. Médiocre & mal verſifiée. Elle eſt tirée d'*une Comédie très-élégante, en laquelle ſont contenues* LES AMOURS RECREATIVES, &c. imprimée en Vers François en 1545. Elle fut repréſentée après la FRANCIADE, *Tragédie* du même Auteur.

| DEHORS (LES) TROMPEURS. | L. BOISSY. | 1740. 18 Fev. | 19. | 1740-8° |

ou L'HOMME DU JOUR, *Comédie en 5 Actes en Vers.* Cette Piéce fut très-applaudie. Elle eſt ſouvent repriſe, & toujours avec ſuccès.

| DELIE, | DE VISE'. | 1668. | * | 1668-12 |

Paſtorale en 5 Actes en Vers. Eut une foible réuſſite, elle eſt imprimée dans le Théâtre de *Champmeſlé,* quoiqu'elle ſoit de *Viſé.*

Noms des Piéces.	Noms des Auteurs.	An. des Repr.	Le Nomb	An des Editions.
DELUGE (LE)	HUG. DE PIGOU	N. R.	*	1643-8°

UNIVERSEL, *Tragédie.* Mauvaife & pur galimatias.

DEMARATE,	l'Ab. BOYER.	1673.	*	n. imp.

Tragédie. Tirée de PERSE'E & de DEMETRIUS de *Th. Corneille.* Jouée 27 ans auparavant. Elle n'eut qu'une Repréfentation.

DEMETRIUS, (LA MORT DE)	L'Ab. BOYER.	1660. 20 Fev.	*	1661-12

ou LE RETABLISSEMENT D'ALEXANDRE, *Tragédie.* La Poéfie bourfoufflée, & les caractéres manquées.

DEMETRIUS, *Tragédie.*	AUBRY.	1689. 10 Juin	11.	n. imp.

Médiocre, c'eft la premiere qui fut repréfentée fur le nouveau Théâtre, ce qui ne contribua pas peu à fa réuffite.

DEMOCRITE AMOUREUX,	REGNARD.	1700. 12 Jan.	17.	1714-12

Comédie en 5 Actes en Vers. D'un bon comique; la Scene de la reconnoiffance eft furtout fort plaifante. L'unité de lieu n'eft point cependant obfervée dans cette Piéce. Le premier Acte fe paffe dans un défert, & les quatre autres à la Cour

DENIAISE' (LE)	GILLET.	1647.	*	1 48-4°.

Comédie en 5 Actes en Vers. Le comique en eft paffable; eut du fuccès.

DENIS LE TYRAN,	MARMONTEL.	1748. 5. Fév.	16.	1749-12

Tragédie. Premiere Piéce de l'Auteur. Elle donna de grandes efpérances de fes talens. Mademoifelle *Clairon* joua fupérieurement le rôle d'*Aricie.* Cette Tragédie fut reprife le 15 Novembre de la même année, & elle eut encore 6 Repréfentations.

DENOUMENT (LE) IMPREVU	MARIVAUX.	1724. 2 Dec.	6	1727-12.

Comédie en 1 Acte en Profe. C'eft la premiere Comédie que l'Auteur a donnée au Théâtre François.

Noms des Piéces.	Noms des Auteurs.	An. des Repr.	Le Nomb	An. des Editions.
DEPIT (LE) AMOUREUX,	MOLIERE.	658. Decem.	*	1682-12.

Comédie en 5 Actes en Vers. N'eſt pas une des meilleures de l'Auteur : elle a cependant des Scenes plaiſantes, entre autres, celle de la rupture d'*Eraſte* & de *Lucille.* Cette Piéce avoit été jouée d'abord en province.

| DESENCHANTE-MENT (LE) | DE LA B. | N. R. | * | 1750-12 |

INESPERE' *Comédie en 1 Acte en Proſe.* Elle eſt dédiée au Prince *Louis de Wurtemberg.*

| DESESPOIR (LE) | SUBLIGNY. | 1670. | * | n. imp. |

EXTRAVAGANT, *Comédie.* Repréſentée ſur le Théâtre du Palais-Royal avant le 16 Août.

| DESOLATION (LA) | CHEVALIER. | 1660. | * | 1662-12 |

DES FILOUX, *Comédie en 1 Acte en Vers.* Médiocre & d'un bas comique.

| DESOLATION (LA) DES JOUEUSES, | DANCOURT | 1687. 2, Août | 14. | 1688-12 |

Comédie en 1 Acte en Proſe. Compoſée à l'occaſion de la défenſe du *Lanſquenet.* Elle eſt vivemént dialoguée, ainſi que toutes celles de l'Auteur.

| DEUCALION ET PIRRHA, | St FOIX. | 1741. 20 Fev. | 3. | 1741-80 |

Comédie en 1 Acte en Proſe. Il n'y a que deux Acteurs dans cette Piéce. Elle eſt imprimée avec un Prologue.

| DEUIL (LE) | HAUTEROCHE. | 1662. | * | 1680-12. |

Comédie en 1 Acte en Vers. Tirée des Contes d'*Eutrapel.* Plaiſante, réuſſit beaucoup. *Thomas Corneille* y a auſſi travaillé. Elle eſt reſtée au Théâtre où on la joue ſouvent.

| DEVINERESSE (LA) ET DE VISE'. | T. CORNEILLE | 1679. 19 Nov. | 47. | 1680-12 |

OU LES FAUX ENCHANTEMENS, *ou* MADAME JOBIN, *Comédie en 5 Actes en Proſe.* Eut le plus grand ſuccès. On doit en partie l'attribuer au ridicule qui y eſt repris, & qui étoit alors plus à la mode qu'il ne l'eſt aujourd'hui. On reprend cette Piéce de tems en tems, mais on ne la joue pas ſouvent, à cauſe qu'elle exige beaucoup de ſpectacle.

Noms des Piéces.	Noms des Auteurs.	An. des Repr.	Le Nomb	An. des Editions.
DIABLE (LE) BOITEUX,	DANCOURT.	1707. 8 Oct.	35.	1707-12

Comédie en 1 Acte en Profe, avec un Prologue & un Divertiſſement. Tirée du Roman de ce nom par le Sage. Le ſuccès du livre, qui étoit fort à la mode, contribua à celui de la Piéce. A la troiſiéme Repréſentation, l'Auteur fit jouer, avec cette Comédie, le ſecond Chapitre du DIABLE BOITEUX, en 2 Actes. Ces deux Piéces furent enſuite données alternativement, & elles eurent en tout trente-cinq Repréſentations.

| DIALOGUE | B. D B P C D S M. | N. R. | * | 1649-4° |

DE S. GERMAIN-EN-LAYE, en forme de Tragédie. Premiere partie en Vers; on ne connoît pas l'autre.

| DIALOGUE | Anonyme. | 1649. | * | 1649-4°. |

SUR LE RETOUR DE LA PAIX, entre un Soldat, un Payſan, Polichinelle & Pantalon, avec les remercimens au Roi & à la Reine. C'eſt le titre. Le Dialogue eſt en Proſe.

| DIANE (LA FABLE DE) | MONTREUX. | 1593. 30 Oct. | * | 1594-12. |

Paſtorale en 5 Actes en Vers. Elle eſt indiquée ſans date dans les recherches ſur les Théâtres : ſous le titre, DES AMOURS DE DIANE ET DE DELIE. Cette Piéce eſt rare, elle eſt imprimée ſous le nom d'Olénix du Montſacré, Anagrame de l'Auteur.

| DIANE | GILBERT. | 1657. | * | 1657-12 |

ET D'ENDIMION (LES AMOURS DE) Tragédie. Défectueuſe & irréguliere.

| DIDON, | LA GRANGE | 1582. | * | 1582-16 |

Tragédie. Médiocre, jouée & imprimée à Lyon.

| DIDON | ET. JODELLE. | 1552. | * | 1574-4° |

SE SACRIFIANT, Tragédie avec des Chœurs. Fut compoſée en 8 jours. Elle eſt foible; mais elle a dû réuſſir dans ce tems-là, où on n'en connoiſſoit point d'autre dans ce genre. Elle eſt imprimée dans un recueil des œuvres de l'Auteur, intitulé Mélanges Poëtiques, & elle ſe trouve dans le premier tome avec ſes deux premieres Comédies.

Noms des Piéces.	Noms des Auteurs.	An. des Repr.	Le Nomb	An. des Editions.
DIDON	ALEX. HARDY.	1603.	*	1624-8°

SE SACRIFIANT, *Tragédie.* Mauvaise, tirée du quatriéme livre de l'Enéide.

| DIDON, | G. SCUDERY. | 1636. | * | 1637-4°. |

Tragédie. Sans art, & mal versifiée.

| DIDON, | BOISROBERT. | 1642. | * | 1643-4° |

(LA VRAIE) *ou* DIDON LA CHASTE, *Tragédie.* Assez bien conduite, mais mal versifiée.

| DIDON, *Tragédie.* | LE FRANC. | 1734. 21 Juin | 14 | 1734-12. |

C'est la premiere Piéce de l'Auteur. Elle eut beaucoup de succès. Elle est restée au Théatre, où elle est toujours revue avec plaisir.

| DIEROMENE, (LA) | ROL. BRISSET. | 1592. | * | 1695-12 |

Pastorale. Traduite de *Lois Groto.* Mauvaise & ennuyeuse.

| DIEUX, (LES) COMEDIENS. | DANCOURT. | 1717. 17 Dec. | 10. | 1718-12 |

ou LA METEMPSICOSE, *Comédie en 3 Actes en Vers. Voyez* ME-TEMPSICOSE DES AMOURS.

| DINA, | P. NANCEL | 1606. | * | 1606-12 |

ou LE RAVISSEMENT, *Poëme Dramatique.* Médiocre & mal versifiée. Il fut composé en dix-sept jours. Cette Piéce est imprimée avec JOSUE' & DEBORA, *Tragédies* du même Auteur, sous le titre de *Théatre sacré.*

| DINAMIS, | P. DU RYER. | 1650. | * | 1652-8°. |

REINE DE CARIE, *Tragédie.* Irréguliere & médiocre.

| DIOCLETIEN, | DAIGALIERS. | 1596. | * | 1596-12 |

Tragédie. La même que LE MYSTERE S. SEBASTIEN, indiquée dans les *Recherches sur les Théâtres.* Elle est foible d'invention & de Poësie. Elle est imprimée avec les *Horaces* du même Auteur, qui a fait aussi une *Franciade.*

Noms des Piéces.	Noms des Auteurs.	An. des Repr.	Le Nomb	An. des Editions.
DIPNE,	D'AVRE.	N. R.	*	1668·12

INFANTE D'IRLANDE, *avec la cenfure Chretienne du Théâtre moderne*, c'eſt la ſuite du titre, *Tragédie.* Très-médiocre.

| DISGRACE (LA) | CHEVALIER. | 1661. | * | 1662·12. |

DES DOMESTIQUES, *Comédie.* Repréſentée ſur le Théâtre Royal du Marais. Cette Piece a été auſſi imprimée à la Haye en 1683 in-12. avec LA DESOLATION DES FILOUX du même Auteur.

| DISPUTE (LA) Comédie. | MARIVAUX. | 1734. 19 OԱ. R. | I. | 1747·12 |

en 1 *Acte en Proſe.* Quoiqu'elle n'ait pas réuſſi, elle renferme pluſieurs traits remplis d'eſprit.

| DISSIPATEUR (LE) | DESTOUCHES. | N. R. | * | 1736·12 |

Comédie en 5 Actes en Vers. Elle n'a pas été jouée à Paris; mais en Province toujours avec ſuccès.

| DISTRAIT (LE) Comédie. | REGNARD. | 1597. 2 Dec. | 4. | 1698·12 |

en 5 *Actes en Vers.* Elle ne réuſſit point dans ſa nouveauté, trente-quatre ans après elle fut repriſe, & elle eut un grand ſuccès. Reſtée au Theâtre.

| DIVORCE (LE) | DAVESNES. | N. R. | * | 1650·12 |

Comédie en 3 Actes en Vers. Elle eſt intitulée, *le combat d'une ame avec laquelle un époux eſt en divorce.* Le ſens en eſt myſtique & moral; elle ſe trouve à la page 298 de *l'hiſtoire du tems*, imprimée à la Haye en 1650 in-12.

| DIVORCE (LE) | Ab. PELLEGRIN | 1723. 1 Sept. | 5. | 1724·12 |

DE L'AMOUR ET DE LA RAISON, *ou* LE VIEUX MONDE, *Comédie Héroique en 3 Actes en Vers, & un Prologue.* Fort au-deſſous du NOUVEAU MONDE. La Muſique du Divertiſſement eſt de *Quinault* le Comédien, & le Ballet de *Dangeville.*

| DIVORCE (LE) Comédie | ET. AVICE. | 1730. 29 Avril | 3 | n. imp. |

en 3 *Actes en Vers.* On en trouve l'extrait dons le Mercure du mois de May, année 1730.

DOCTEUR

Noms des Pièces.	Noms des Auteurs.	An. des Repr.	Le Nomb	An. des Editions.
DOCTEUR (LE)	LE VERT.	1638.	*	1638 4°.

AMOUREUX, *Comédie en 5 Actes en Vers.* Elle n'est point mauvaise pour le tems. Eut du succès.

| DOCTEUR (LE) | MOLIERE. | 1658. | * | n. imp. |

AMOUREUX, *Comédie en 1 Acte en Prose.* Représentée d'abord en Provence ; jouée au début éclatant de *Moliere* le 24 Octobre 1658. au Louvre devant le Roi. Elle n'a pas été imprimée, non plus que plusieurs autres Farces de *Moliere :* sçavoir, LES TROIS DOCTEURS RIVAUX, LE MAITRE D'ECOLE, LE MEDECIN VOLANT, LA JALOUSIE DE BARBOUILLE', LE DOCTEUR PEDANT, représentée le 13 Avril 1663, LA JALOUSIE DU GROS RENE', le 15, GEORGIBUS DANS LE SAC, le 17, LE FAGOTEUX, le 20 du même mois & de la même année 1663, LE GRAND BENET DE FILS, le   Janvier 1664, GROS RENE' PETIT ENFANT, le 27 Avril, & LA CASAQUE le 25 Mai de la même année. On a été jusqu'ici dans la prévention que la plûpart de toutes ces petites Piéces ne consistoit que dans un canevas où les Acteurs dialoguoient de leur cru selon un plan général à la maniere des Italiens, mais on a des preuves que *Moliere* en avoit écrit les Scenes par les manuscrits du MEDECIN VOLANT & de LA JALOUSIE DE BARBOUILLE', qui existent & qui sont dans quelques Cabinets de Curieux.

| DOCTEUR (LE) | NANTEUIL. | 1672. | * | 1672-12 |

EXTRAVAGANT, *Comédie en 1 Acte en Vers.* C'est une Farce qui est assez plate. L'Auteur étoit Comédien de la Reine.

| DOCTEUR (LE) | BEAUREGARD | 1684. | 4. | n. imp. |
| EXTRAVAGANT, | | 14 Jan. | | |

Comédie. Elle n'est connue que par les Registres de la Comédie Françoise, & par le Mercure galant du mois de Janvier 684, page 328.

| DON BERARD | ROTROU | 1647. | * | 1647-4° |

DE CABRERE, *Tragi-Comédie.* Plaisante, & singulierement intriguée.

| DON BERTRAND | T. CORNEILLE | 1650. | * | 1653-12 |

DE CIGARAL, *Comédie en 5 Actes en Vers.* Divertissante. On ne l'a pas jouée depuis longtems.

| DON CESAR | T. CORNEILLE | 1674. | 15. | 1676-12 |
| D'AVALOS, | | 21 Dec. | | |

Comédie en 5 Actes en Vers. Même sujet que celui des MENECMES.

Noms des Piéces.	Noms des Auteurs.	An. des Repr.	Le Nomb	An. des Editions.
DON FELIX	LE SAGE.	N. R.	*	1700-12

DE MENDOCE, *ou* LE TRAÎTRE PUNI, *Comédie en 5 Actes en Prose.* Tirée de LOPE DE VEGA, intitulée en Espagnol *Guardar y Guardar.* C'est le même sujet que LA TRAHISON PUNIE de *Dancourt.*

DON GARCIE DE NAVARRE,	MOLIERE.	1661. 4 Fev.	3.	1682-12

ou LE PRINCE JALOUX, *Comédie héroïque en 5 Actes en Vers.* Représentée sur le Théâtre du Palais-Royal. *Moliere* jouoit le Rôle de *Don Garcie.* L'Acteur ni la Piéce ne furent point applaudis: *Moliere* n'en appella pas, & ne voulut point que la Piéce fût imprimée de son vivant.

DON QUICHOTTE	GUERIN.	1638.	*	1640-4°

DE LA MANCHE, *Comédie en 5 Actes en Vers.* Assez bonne pour le tems. L'Auteur donna l'année suivante une Comédie du même titre, faisant la seconde partie de la précédente; mais elle fut trouvée moins bonne que la premiere, & ne reussit point.

DON JAPHET	P. SCARON.	1653.	*	1654-4°

D'ARMENIE, *Comédie en 5 Actes en Vers.* La meilleure des Piéces de l'Auteur. A beaucoup réussi dans son tems, & quoique le comique en soit bas, elle est restée au Theâtre. Elle fut représentée au Louvre avec *le Divertissement de la Cavalcade.* Le 11 Janvier 1721 *Joly* en fut l'Ordonnateur.

DON LOPE	J. ROTROU.	1650.	*	1652-4°

DE CARDONNE, *Tragi-Comédie.* Assez bien faite. C'est la derniere Piéce Tragique de l'Auteur.

DON PASQUIN	MONTFLEURY.	1673.	29.	1673-12

D'AVALOS, *Comédie en 1 Acte.* C'est le second Intermède de L'AMBIGU COMIQUE. Il fut repris pour la premiere fois en 1688, & eut cinq Representations. *Voyez* AMBIGU COMIQUE.

DON RAMIRE ET ZAIDE,	LA CHAZETTE.	1728. 24 Janv	1.	n. imp.

Tragédie. Attribuée d'abord faussement à *Boissy.* Elle n'a été jouée qu'une fois, & n'a jamais été imprimée.

DON SANCHE	P. CORNEILLE.	1651.	*	1651-4°

D'ARRAGON, *Comédie Héroïque.* N'eut pas de succès. Peut-être que la façon de penser du Prince de Condé, qui ne fut pas favorable à cette Piéce, n'y contribua pas peu. Elle est cependant restée au Théâtre, & reprise de tems en tems.

Noms des Piéces.	Noms des Auteurs.	An. des Repr.	Le Nomb	An. des Editions.
DORIMENE (LA)	LE COMTE.	1632.	*	1632-8o

Tragi-Comédie. De l'invention de l'Auteur ; ennuyeuse & mal écrite.

| DORINDE (LA) | J. AUVRAY. | 1631. | * | 1631-8 |

Tragi-Comédie. Tirée de l'ASTRE'E , foible & fans intérêt. C'eſt la derniere de l'Auteur.

| DORISE (LA) | ALEX. HARDY | 1613. | * | 1626-8o |

ou SIDERE , *Tragi-Comédie.* Tirée des AMANS VOLAGES de *Roſſet.* Aſſez intéreſſante, mais irréguliere. *Tome III.*

| DOROTHE'E , | LE BRETON. | Incert. | * | 1579 12 |

Tragédie. On en trouve le titre dans une Préface qui eſt à la tête de la Tragédie d'ADONIS de cet Auteur imp. par les ſoins de Fr. d'Amboiſe.

| DOROTHE'E | P. SCARON. | 1646. | * | 1650-4o |

(LES TROIS) *ou* JODELET SOUFFLETE' , *Comédie en* 5 *Actes en Vers. Voyez* JODELET DUELISTE , c'eſt la même.

| DOROTHE'E , | RAMPALE. | 1658. | * | 1658-8o |

ou LA VICTORIEUSE MARTYRE DE L'AMOUR , *Tragédie.* Jouée & imprimée à Lyon.

| DOROTHE'E (STE.) | LE VILLE. | Incert. | * | 1658- |

Tragédie Chrétienne. Les Tragédies intitulées, STE. URSULE , & STE. ELISABETH , ſont du même Auteur.

| DRAGONNE (LA) | DESMARES. | 1695. | * | 1696-12. |

ou MERLIN DRAGON. *Comédie en* 1 *Acte en Proverbes ,* Jouée au Camp du Maréchal de *Bouflers ,* par ſon ordre, pendant le ſiége de Namur. *Voyez* MERLIN DRAGON.

| DRAGONS (LES) | Anonyme. | 1683. | * | n. imp. |

Comédie. On en trouve le titre dans un recueil de Décorations de Théâtre par *Mahelo* & *Laurent, in-fol.* depuis 1673 juſqu'en 1684.

| DUC D'AQUITAINE | TROTEREL. | N. R. | * | 1632-4o. |

(LA VIE ET CONVERSION DE GUILLAUME) *Tragédie. Ecrite en Vers , & diſpoſée par Actes, pour repréſenter ſur le Théâtre.* C'eſt le titre. Elle eſt foible.

Noms des Piéces.	Noms des Auteurs.	An. des Repr.	Le Nomb	An. des Editions.
D U E L (LE)	ROSIMONT.	1668.	*	1668-12

FANTASQUE , *ou* LES VALETS RIVAUX , *Comédie en* 1 *Aĉte en Vers.* Médiocre & d'un comique forcé.

| D U E L I S T E (LE) | Anonyme. | 1636. | * | 1636-4°. |

MALHEUREUX. Aſſez bonne pour le tems.

| D U P E (LA) | ROSIMONT. | 1670. | * | 1671-12 |

AMOUREUSE , *Comédie en* 1 *Aĉte en Vers.* Le fond en eſt comique, & la Piéce eſt conduite paſſablement.

| D U P E (LA) | M. L. G. D. R. | N. R. | * | 1732-8° |

DE SOI-MEME , *Comédie.* Elle eſt imprimée dans le Roman qui a pour titre : LA VEUVE EN PUISSANCE DE MARI. *Beauchamps* en indique une de ce nom par Madame de *Richebourg* , dans la Table Alphabétique de ſes recherches ſur les Théâtres , ſans chiffre de renvoi : elle a bien l'air d'être la même.

| D U P E (LA) | MONTFLEURY | N. R. | * | 1739-12 |

DE SOI-MEME , *Comédie en* 5 *Aĉtes en Vers.* Elle n'a été imprimée que dans la derniere édition des œuvres de l'Auteur , publiée en 1739 *in-*12.

E

| E A U X (LES) | Anonyme. | Incert. | * | 1717-12 |

D'EAUBLET , *Comédie en* 1 *Aĉte en Proſe.* Elle eſt imprimée ſans date à Rouen ; mais la critique de cette Piéce l'ayant été dans cette Ville en 1717 *in-*12 , il paroît naturel d'imaginer que la premiere a été imprimée dans la même année.

| E A U X (LES) DE BOURBON, | DANCOURT. | 1696. 4 Oĉt. | 18. | 1697-12. |

Comédie en 1 *Aĉte en Proſe avec un Divertiſſement.* Aſſez comique, & écrite légérement. Elle a été repriſe ſans ſuccès au mois de Juillet 1731.

| E A U X (LES) | J. CLAVERET. | N. R. | * | 1637-12. |

DE FORGES , *Comédie. Mondory* & les Comédiens ne voulurent pas jouer cette Piéce , parce qu'ils craignirent les applications , & ſelon *Pierre Corneille* , parce qu'elle ne valoit rien.

Noms des Piéces.	Noms des Auteurs.	An. des Repr.	Le Nomb	An. des Editions.
EAUX (LES) DE MILLE FLEURS.	BARBIER.	1707. 9. Fév.	*	1707-12

Comédie en 3 Actes en Prose, avec un Divertissement. Elle fut jouée à Lyon dans la Salle du Gouvernement, par les Acteurs de l'Opera de cette Ville.

| EAUX (LES) DE PIRMONT. | CHAPUZEAU. | 1669. Juin. | * | 1669-12 |

Comédie en 3 Actes en Vers, avec un Prologue. Représentée à Pirmont.

| EBAHIS (LES) Comédie. | JAC. GREVIN. | 1560. 16 Fev. | * | 1561-8° |

en 5 Actes en Vers. Eut un grand succès au Collége de Beauvais, où elle fut jouée.

| ECLIPSE (L') Comedie. | Anonyme. | 1724. 8 Juin. | 3 | n. imp |

en 1 Acte en Prose. Connue par les Regiftres de la Comédie. *Beauchamps* indique une autre Piéce de ce titre par *Dancourt*, non imprimée. Il n'y a pas de doute que ce ne soit la même que celle-ci.

| ECOLE (L') AMOUREUSE, | BRET. | 1747. 11 Sept. | 8. | 1748-12 |

Comédie en 3 Actes en Vers. Eut du succès. C'est une imitation d'un des plus joûs endroits du PASTOR FIDO. Elle a été reprise dans la même année.

| ECOLE (L') DE LA JEUNESSE, | LACHAUSSE'E. | 1749. 29 Fev. | 7 | n. imp. |

Comédie en 5 Actes en Vers. Son premier titre étoit LE RETOUR SUR SOI-MEME.

| ECOLE (L') DE L'HYMEN, | AbPELLEGRIN | 1737. 28 Sept. | 4. | n. imp. |

Comédie en 3 Actes en Vers, avec un Prologue & un Divertissement. La première Repréfentation en fut fort tumultueuse, & la piéce ne se releva pas depuis.

Noms des Piéces.	Noms des Auteurs.	An. des Repr.	Le Nomb	An. des Editions.
ECOLE (L') DES AMANS,	FRANÇ. JOLLY	1718. 1800.	15.	1719-12

Comédie en 3 Actes en Vers. Tirée du conte *du Palais de la vengeance de Madame de Murat.* Elle eut un grand succès : le comique en est noble, & la versification aisée. Remise au Théâtre le 4 Avril 1751.

ECOLE (L') DES AMIS,	LACHAUSSE'E.	1737. 25 Fev.	12.	1737-12

Comédie en 5 Actes en Vers. Elle fut interrompue dans son succès à la dixième Représentation, par l'indisposition d'un Acteur.

ECOLE (L') DES BOURGEOIS,	DALAINVAL.	1728. 20 Sept.	7.	1728-12.

Comédie en 3 Actes en Prose avec Prologue. Le comique un peu bas, quelques bonnes Scènes, un joli Prologue.

ECOLE (L')	DORIMONT.	1661.	*	1661-12

DES COCUS, *ou* LA PRECAUTION INUTILE, *Comédie en 1 Acte.* Assez divertissante.

ECOLE (L') DES FEMMES,	MOLIERE.	1662. 26 Dec.	31.	1663-12.

Comédie en 5 Actes en Vers. Piéce excellente, eut le plus grand succès. Elle est parfaitement bien faite, & les caractéres en sont bien soutenus. Elle est toujours revue avec le même plaisir. Dans l'édition des œuvres de *Moliere* de 1734 *in-4°*, l'Editeur met la premiere Représentation de cette Comédie au 24 Juin 1661.

ECOLE (L') DES FEMMES,	MOLIERE.	1663. 1 Juin.	*	1663-12

(LA CRITIQUE DE) *Comédie en 1 Acte en Prose. Boursault* crut se reconnoître dans le portrait de *Licidas*, & s'en vengea en faisant jouer le portrait du Peintre, où il maltraita beaucoup *Moliere.*

ECOLE (L')	Anonyme.	N. R.	*	1664-12.

DES FEMMES, (LE PANEGYRIQUE DE) *Dialogues comiques, en Prose,* sur les œuvres de *Moliere,* divisés par entrées.

ECOLE (L')	MONTFLEURY	1666.	*	1666-12.

DES FILLES. *Comédie en 5 Actes en Vers.* Foible d'intrigue & de conduite.

Noms des Piéces.	Noms des Auteurs.	An. des Repr.	Le Nomb	An. des Editions.
ECOLE (L')	MONTFLEURY.	1664.	*	1664-12.

DES JALOUX , *ou* LE COCU VOLONTAIRE , *Comédie en 3 Actes en Vers* Dediée *aux Cocus.* C'est une Farce assez divertissante. Dans les reprises elle a toujours été représentée sous le titre de LA FAUSSE TURQUIE.

ECOLE (L') DES MARIS.	MOLIERE.	1661. 4 Juin.	*	1663-12.

Comédie en 3 Actes en Vers. Chef-d'œuvre en tout point. Parfaitement intriguée Elle réussit beaucoup , & affermit la réputation de *Moliere.* Elle fut représentée devant le Roi à Vaux , chez M. *Fouquet,* Surintendant des Finances.

ECOLE (L') DES MERES,	LACHAUSSE'E.	1744. 27 Avril	13	1744-12

Comédie en 5 Actes en Vers. Eut beaucoup de succès. Elle fut reprise le 9 Décembre de la même année , & eut encore 15 Représentations.

ECOLE (L') DES PERES,	BARON.	N. R.	*	1736-12

Comédie. Cette Piéce a été trouvée dans les papiers de l'Auteur , après sa mort. Il est vraisemblable que c'est la même que les ADELPHES , jouée en 1705 , qui n'avoit pas été imprimée alors. *Voyez* ADELPHES.

ECOLE (L') DU MONDE,	Anonyme.	1739. 14 Sept.	I.	1739-8°.

Comédie en 1 Acte en Vers. Elle fut jouée avec le Prologue de L'OMBRE DE MOLIERE , LE MEDECIN DE L'ESPRIT , ET ESOPE AU PARNASSE.

ECOLIERS, (LES)	DE LA RIVEY.	1518.	*	1579-12.

Comédie en 5 Actes en Prose, Bien faite pour le tems.

ECOLIERS , (LES)	FR. PERRIN.	1589.	*	1589-12

Comédie en 5 Actes en Vers de 4 pieds. Le même Auteur a fait JEPHTE', *Tragédie.* Non imprimée.

ECOSSOISE, (L')	MONTCHRET.	1605.	*	1627-8°

ou LE DESASTRE , *Tragédie.* Elle renferme l'Histoire entiere de *Marie Stuard.* Elle est assez intéressante , mais foiblement versifiée.

Noms des Piéces.	Noms Auteurs.	An. des Repr.	le ♀an	An. des Editions.

ECUYER, (L') | **J. Claveret.** | 1629. | * | 1666-12

ou LES FAUX NOBLES MIS AU BILLON, *Comédie en* 5 *Actes en Vers.* Piéce allégorique, faite à l'occasion de la recherche, qui se fit dans ce tems-là, des faux Nobles.

EDOUARD, | **Calprenede.** | 1639. | * | 1640-4°

ROI D'ANGLETERRE, *Tragédie.* A quelques beautés de détail, du reste très-foible.

EDOUARD III, | **Gresset.** | 1740. 22 Janv | 9 | 1740-12
Tragédie.

Coup d'essai dans lequel on trouva bien des beautés de détail. C'est la premiere fois qu'on a hazardé de faire tuer un des personnages en présence des Spectateurs. Cette hardiesse prit fort bien ; l'action fut à la vérité éxécutée par le célèbre *Dufresne*, qui jouoit le Rôle d'*Arondel*.

EFFET (L') | Anonyme. | 1730. 10 Fev. | 1. | n. imp.
DE LA PREVENTION.

Comédie en 1 *Acte en Prose.* Elle est indiquée dans le Mercure de France, année 1730 Février. *pag.* 339.

EGERIE, | Ste Foix. | 1747. 4 Sept. | 1. | n. imp.
Comédie

en 1 *Acte en Prose.* L'Auteur la retira après la premiere Représentation.

EGLOGUE | Fern. Bez. | N. R. | * | 1563-8°

ou BERGERIE. Cette Piéce est à quatre Personnages, & allégorique. *Cristin* représente JESUS-CHRIST, & *Christine* l'EGLISE, Pierre & André figurent les BONS PASTEURS. Le même Auteur a fait une seconde Piéce sous le même titre, à cinq personnages, qui est aussi allégorique, & dans le même goût.

ELECTRE, | Laz. Baif. | 1537. | * | 1537-8°

Tragédie. Contenant la vengeance de l'inhumaine & très-piteuse mort d'Agamemnon, Roi de Mycene la grande, faite par sa femme Clitemnestre, & son adultere Egistus, traduite du Grec de Sophocle, ligne pour ligne, Vers pour Vers, en rimes Françoises. C'est le titre. Le même Auteur a fait aussi HECUBA, *Tragédie.* Imprimée en 1537 in-8°.

Noms des Piéces.	Noms des Auteurs.	An. des Repr.	Le Nomb	An des Editions.
ELECTRE, *Tragédie.*	PRADON.	1677. 17 Dec.	8.	n. imp.

Très-foible. *Beauchamps* ne parle pas de cette Piéce.

ELECTRE, *Tragédie.*	CREBILLON.	1708. 14 Dec.	14.	1709-8°

Elle auroit eu un plus grand nombre de Représentations, sans le grand froid qui obligea de fermer le Théâtre. Elle a été reprise depuis avec un grand succès, & elle est restée au Théâtre, où elle est toujours revue avec le même plaisir.

ELECTRE, *Tragédie.*	LONGEPIERRE.	1719. 22 Fev.	6.	1730-12

Elle eut une grande réputation avant que d'être jouée; mais elle perdit beaucoup à la premiere Représentation, qui fut donnée sur le Théâtre du Palais-Royal.

ELECTRE,	DE WALEF.	N. R.	*	1731-8°

Tragédie. Elle se trouve dans le troisiéme tome des œuvres diverses du Baron de *Walef, pag.* 175, imprimées a la Haye.

ELIPS,	RENE' FLACE'.	1579.	*	1579-12

COMTESSE DE SALBERY, *Tragédie.* Elle a été jouée & imprimée au Mans.

ELISABETH, (Ste)	LE VILLE.	1658.	*	Incert.

Tragédie. On n'est point sûr qu'elle ait été imprimée.

ELMIRE,	ALEX. HARDY.	1615.	*	1628-8°

ou L'HEUREUSE BIGAMIE, *Tragi-Comédie.* Médiocre & foiblement versifiée. *Tom. V.*

ELOMIRE,	BOULANGER.	1653.	*	1670-12

HIPOCONDRE, *ou* LES MEDECINS VANGE'S, *Comédie en* 5 *Actes en Vers.* Ce titre est l'anagrame du nom de *Moliere*, & la Piéce est une Satyre contre ce grand homme. *Boulanger de Chalussay* a fait une Comédie qui a pour titre, L'ABJURATION DU MARQUISAT, dont le privilége est en date du premier Décembre 1669, & qui comprend aussi ELOMIRE; mais on n'est point sûr que L'ABJURATION DU MARQUISAT ait été imprimée.

Noms des Piéces.	Noms des Auteurs.	An. des Repr.	Le Nomb	An. des Editions.
E M B A R A S (L') DE GODARD,	DE VISE'.	1667. Novem	*	1668-12

ou L'ACCOUCHE'E, *Comédie en* 1 *Acte en Vers.* Faite avec précipitation. Médiocre, & d'un bas comique ; eut cependant du succès. Elle fut jouée à Versailles devant le ROI, après la Saint Hubert.

| EMBARRAS (L') DU CHOIX, | BOISSY. | 1741. 11 Dec. | 7. | 1742-8° |

Comédie en 5 *Actes en Vers.* Piéce d'invention. Elle fut interrompue après la cinquiéme Représentation, par l'indisposition d'une Actrice. Elle a été reprise.

| EMBARRAS (LES) | L'Ab. BRUEYS. | N. R. | * | 1751-12 |

DU DERRIERE DU THEATRE, *Comédie en* 5 *Actes en Prose.* Cette Piéce n'a eté imprimée que dans la derniere édition des œuvres de *Brueys. Palaprat* y a travaillé.

| E M B R I O N (L') | LA BROUSSE. | 1612., | * | 1613-12 |

ROMAIN, *Tragédie.* Très-foible, mais a quelques endroits singuliers. Le même *Bernier de la Brousse* a composé une *Bergerie* en Vers & en Prose, publiée à Poitiers en 1619, & une autre *Bergerie* en quatrains François dans la même année.

| E M I L I E, | Anonyme. | 1609. | * | 1609-12 |

Comédie. Traduite de l'Italien de *Loys Groto,* aveugle d'Adria. Elle est imprimée en François, avec l'Italien à côté.

| EMPIRIQUES, (LES) Comédie | L'Ab. BRUEYS. | 1697. 4 Juin. | * | 1698-12 |

Comédie en 3 *Actes en Prose.* Peu d'invention dans le sujet, & très-foible par la conduite. *Palaprat* en est aussi l'Auteur.

| ENDIMION, Tragédie. | Anonyme. | 1681. 21 Juil. | 11. | n. imp. |

Passable pour le tems. Elle fut jouée deux fois devant le ROI. *Beauchamps* indique une Piéce de ce titre dans la table alphabétique de ses recherches, sans chiffre, par *la Morelle.* La Tragédie qu'on place ici, ne seroit-elle pas une reprise de la Pastorale qu'annonce *Beauchamps* ? Il indique encore une autre Piéce d'ENDIMION, par *Françoise Pascal,* & renvoye à la *page* 352 du *Tome II* de ses recherches, mais elle ne s'y trouve point.

Noms des Piéces.	Noms des Auteurs.	An. des Repr.	Le Nomb	An. des Editions.
ENFANS (LES)	DE LA CROIX.	1561.	*	1561.-8°

DANS LA FOURNAISE, *Tragi-Comédie.* Tirée du troisiéme chapi-pitre de *Daniel*, sans distinction d'Actes ni de Scenes.

| ENFANS (LES) DE PARIS. | DANCOURT. | 1704. 3 Octob. | 17.. | 1705-12 |

Comédie en 5 *Actes en Vers libres.* Médiocre ; dut sa réussite au jeu des Acteurs. On l'a reprise depuis sans succès.

| ENFANS (LES) | Anonyme. | Incert. | * | S. D.-8° |

DE TURLUPIN MALHEUREUX DE NATURE. *Tragi-Comédie en* 4 *Actes en Vers de dix syllabes*, où l'on voit les fortunes dudit Turlupin. C'est la suite du titre : elle est imprimée sans date à Rouen.

| ENFANT (L') | Anonyme. | N. R. | * | 1682-12 |

GATE', *ou* LE DEBAUCHE' DE LA HAYE, *détaillant les principales fourberies de notre tems*, c'est le titre : elle est imprimée à DELFT.

| ENFANT (L') GATE', | Anonyme. | 1697. 23 Août | 1 | n. imp. |

Comédie en 1 *Acte.* Connuë par les Registres de la Comédie Françoise : elle fut précédée par OEDIPE.

| ENFANT (L') GATE', | DESTOUCHES. | 1741. 17 Août | 26 | 1741-12 |

OU LA BELLE ORGUEILLEUSE, *Comédie en* 1 *Acte en Vers. Voyez* BELLE ORGUEILLEUSE.

| ENFANT (L') | CL. MACEY. | N. R. | * | 1729-12 |

JESUS, *Tragedie.* Bonne à être jouée dans des Couvents de Religieuses. L'Auteur étoit *Hermite.*

| ENFANT (L') | ANT. TYRON. | 1564. | * | 1564-12 |

PRODIGUE, *Comédie Françoise*, imprimée à Anvers.

Noms des Piéces.	Noms des Auteurs.	An. des Repr.	Le Nomb	An. des Editions.
E N F A N T (L') PRODIGUE.	VOLTAIRE.	1736. 15 Oct.	27.	1738-8°

PRODIGUE, *Comédie en* 5 *Actes en Vers de dix syllabes*. Cette Piéce a été jouée sans être annoncée ni affichée. L'Auteur fut inconnu pendant quelques jours : elle eut un très-grand succès qui s'est toujours soutenu depuis. C'est la premiere Piéce de l'Auteur en Vers de dix syllabes. On n'en avoit point donné depuis longtems de cette mesure. Elle fut interrompuë après la vingt-deuxiéme Représentation par l'indisposition d'une Actrice : reprise le 12 Janvier 1737. Il y a plusieurs autres Piéces intitulées L'ENFANT PRODIGUE, qu'on ne met point ici, parce que ce sont des moralités, & qu'elles sont avant *Jodelle*.

Noms des Piéces.	Noms des Auteurs.	An. des Repr.	Le Nomb	An. des Editions.
E N F E R (L')	SALLEBRAY.	Incert.	*	1639-

DIVERTISSANT, *Comédie*. Indiquée dans la table des matieres des recherches sur les Théâtres, avec un chiffre de renvoi inutile.

Noms des Piéces.	Noms des Auteurs.	An. des Repr.	Le Nomb	An. des Editions.
ENGAGEMENS (LES)	T. CORNEILLE	1647.	*	1651-12

DU HAZARD, *Comédie en Vers*. Elle réussit beaucoup ; c'est la premiere Piéce de l'Auteur.

Noms des Piéces.	Noms des Auteurs.	An. des Repr.	Le Nomb	An. des Editions.
ENLEVEMENS, (LES) Comédie	BARON.	1686. 6 Juil.	8	1686-12

en 1 *Acte en Prose*. Médiocre, & l'intrigue commune.

Noms des Piéces.	Noms des Auteurs.	An. des Repr.	Le Nomb	An. des Editions.
ENLEVEMENT (L')	DE MORAND.	N. R.	*	1751-12

IMPREVU, *Comédie en* 1 *Acte en Prose*. Elle est imprimée dans les œuvres de l'Auteur. *Tom. I.*

Noms des Piéces.	Noms des Auteurs.	An. des Repr.	Le Nomb	An. des Editions.
E N T E T E' (L') Comédie	Anonyme.	1664. 31 Juin	2.	n. imp.

en 1 *Acte*. Tirée des Registres de la Comédie Françoise. Elle fut précédée de la Tragédie d'IPHIGENIE.

Noms des Piéces.	Noms des Auteurs.	An. des Repr.	Le Nomb	An. des Editions.
ENTETEMENT (L') RIDICULE,	Anonyme.	1699. 15. Oct	8.	n.imp.

Comédie en 1 *Acte*. Tirée des Registres de la Comédie Françoise ; elle fut précédée du DEPIT AMOUREUX.

Noms des Piéces.	Noms des Auteurs.	An. des Repr.	Le Nomb	An. des Editions.
ENVIEUX, (L') Comédie	DESTOUCHES.	1727. 3 Mai.	3.	n. imp.

en 1 *Acte en Prose*. Critique du PHILOSOPHE MARIE' de l'Auteur, faite par lui-même.

Noms des Piéces.	Noms des Auteurs.	An. des Repr.	Le Nomb	An. des Editions.
EPHESIENNE, (L')	BRINON.	1614.	*	1614-12.

ou LA MATRONE D'EPHESE. *Tragi-Comédie avec des Chœurs.* Contenant l'hiltoire de la *Matrone d'Epheſe.* Plaiſante pour le tems.

| EPOUX (L') PAR SUPERCHERIE, | L. BOISSY. | 1744. 9 Mars. | 6. | 1744-8° |

Comédie en 2 Actes en Vers. Le ſujet eſt tiré d'une hiſtoire du tems; elle fut bien reçuë, & fort bien jouée.

| EPOUX (LES) REUNIS. | DE MERVILLE | 1738. 31 Oct. | 9. | 1739-12. |

Comédie en 3 Actes en Vers. On accuſa l'Auteur d'avoir tiré ſon ſujet de *la fauſſe Antipathie,* il s'en eſt défendu dans ſa Préface.

| EPREUVE (L') DANGEREUSE. | Anonyme. | 1688. 4 Août. | 2. | n. imp. |

Comédie en 5 Actes. Tirée des Regiſtres de la Comédie Françoiſe.

| EPREUVE (L') | ALAIN. | 1711. | * | 1711-12 |

RECIPROQUE, *Comédie en 1 Acte en Proſe. Legrand* retoucha cett Piéce. On la rejoue aſſez ſouvent.

| EQUIVOQUE (L') | CHARVILLE. | 1729. | * | 1729-12 |

Comédie en 3 Actes en Proſe. Jouée & imprimée à Touloufe.

| ERIGONE, | DESMARETS. | 1639. | * | 1639-16 |

Tragédie en Proſe. Foible, & mal écrite.

| ERIGONE, Tragédie. | LA GRANGE Chancel. | 1731. 17 Déc. | 8. | 1732-12 |

Foible de Verſification; mais a quelques beaux endroits.

| ERIPHILE, Tragédie. | VOLTAIRE | 1732. 7 Mars. | 12. | n. imp. |

L'Ombre que l'Auteur fit paroître dans cette Piéce, ne prit pas auſſi heureuſement que celle qu'il a placée dans ſa *Tragédie* de SEMIRAMIS. Elle fut donnée à la cloture, avec un compliment qui fut fort applaudi, & qu'on attribua à *Voltaire.*

Noms des Piéces.	Noms des Auteurs.	An. des Repr.	Le Nomb	An. des Editions.
E R I X E N E ,	Anonyme.	1661.	*	n. imp.

Tragédie. On ne connoît cette Piéce que par un passage de *Visé*, tiré de la défense de la SOPHONISBE , par lequel on apprend que l'Abbé d'*Aubignac* en a donné le sujet ; qu'il a été trois ans à le méditer ; que cette Tragédie a été jouée au Marais sous le nom d'un jeune homme ; & qu'elle n'a pas réussi. *Beauchamps* l'indique en deux articles , sous deux noms différens. Il attribue la premiere Piéce d'ERIXENE à l'Abbé d'*Aubignac* , & la seconde à Madame de *Villedieu*. Ce qu'il y a de positif , c'est que la derniere n'est point dans les œuvres de cette Dame.

| E R O M E N E , | MARCASSUS. | 1633. | * | 1633-8°. |

Pastorale en 5 Actes en Vers. Dédiée au Marquis du *Pont-de-Courlay*.

| E R O S T R A T E , | J. BOURGEOIS. | 1545. | * | 1545-16. |

(LES AMOURS D') *Fils de Philogone de Catanie , & de Polymneste , Fille de Damon , Bourgeois d'Avignon.* C'est le titre. *Comédie* , traduite de l'Italien , en Vers de quatre pieds.

| E S A U , | DE BEHOURT. | 1598. | * | 1598-12. |

ou LE CHASSEUR, *Tragi-Comédie avec des Chœurs.* Tirée de la Genèse. Mauvaise ; elle fut jouée au Collége des Bons-Enfans , à Rouen.

| E S C A R B A G N A S , (LA COMTESSE D') | MOLIERE. | 1672. 8. Juil. | * | 1682-12 |

Comédie en 1 Acte en Prose. Farce d'un bon comique , peignant naïvement les ridicules de la Province. Cette Piéce fut composée pour un Divertissement que le Roi donna à Madame , à St. Germain-en-Laye. Elle étoit alors en sept Actes , comprise une Pastorale qui la suivoit , & ses Intermèdes. Ces agrémens furent supprimés , lorsqu'on la représenta à Paris.

| E S C L A V E (L' COURONNE', | BOURZAC. | 1638. | * | 1638-4°. |

Tragi-Comédie. Le nom de l'Esclave , qui est le Rôle principal , est *Iphilenie*.

| E S O P E A LA VILLE, | BOURSAULT. | 1690. 18 Jan. | 43. | 1690-12 |

Comédie en 5 Actes en Vers , avec un Prologue. Elle eut un prodigieux succès. On la reprend de tems en tems.

Noms des Piéces.	Noms des Auteurs.	An. des Repr.	Le Nomb	An. des Editions.
E S O P E A LA COUR.	BOURSAULT.	1701. 16 Dec	10.	1702-12

Comédie en 5 Actes en Vers. Cette Piéce fut jouée après la mort de l'Auteur. On a retranché à la Représentation, quelques Scénes qui font imprimées. Elle eut du succès, malgré la singularité du genre, & la monotonie des Scénes, & elle est restée au Théâtre, où on la reprend souvent. Il y a des Scénes fort attendrissantes dans cette Comédie, entre autres, celle de *Rhodope* avec sa mere, & celle du dénouement.

| E S O P E AU PARNASSE. | PESSELIER. | 1739. 14 Sept. | 12. | 1739-12. |

Comédie en 1 Acte en Vers. Jouée avec LE MEDECIN DE L'ESPRIT, & avec L'ECOLE DU MONDE. La premiere eut du succès; la seconde, qui ne réussit pas, fut attribuée à l'Abbé *Desfontaines*.

| E S P E R A N C E (L') | BANCHEREAU. | 1632. | * | 1632-8° |

GLORIEUSE, *ou* AMOUR ET JUSTICE, *Tragi-Comédie*. Foible. L'Auteur n'avoit que vingt ans lorsqu'il la composa.

| E S P R I T (L') DE CONTRADICTION. | DUFRENY. | 1700. 29 Août | 10. | 1707-12 |

Comédie en 1 Acte en Prose. Chef-d'œuvre dans son genre : le style en est vif & naturel, & le caractere bien soutenu. On ne lui rendit pas assez de justice en son tems. On la revoit toujours avec le même plaisir.

| E S P R I T (L') | DOUVILLE. | 1641. | * | 1641-4° |

FOLLET, *Comédie en 5 Actes en Vers*. Tirée d'un canevas Italien, *la Dama demonio*. Assez divertissante, mais le dénouement mauvais; elle est aussi imprimée *in-12*.

| E S P R I T (L') | HAUTEROCHE | 1684. | 6. | 1685-12 |

FOLLET, *Comédie en 5 Actes en Vers*. Tirée de l'Espagnol de *Don Calderon*. Fort intriguée, plaisante par le jeu de Théâtre. Elle est souvent reprise.

| E S P R I T (L') | CLAVERET. | 1629. | * | 1637-8° |

FORT, *ou* L'ARGELIE, *Comédie en 5 Actes en Vers*. Mauvaise, & sans invention.

| E S P R I T S, (LES) | P. LARRIVEY. | 1577. | * | 1597-12 |

Comédie en 5 Actes en Prose. D'un comique plaisant, & bonne pour le tems.

Noms des Piéces.	Noms des Auteurs.	An. des Repr.	Le Nomb	An. des Editions
ESSEX, (LE Cte D')	CALPRENEDE.	16,8.	*	1639-4°

Tragédie. Foible, mais n'est pas sans intérêt.

ESSEX, (LE Cte D')	T. CORNEILLE.	1678.	*	1692-12

Tragédie. Très bien faite, se joue encore avec succès. Le Rôle d'*Elisabeth* est très-intéressant.

ESSEX, (LE Cte D')	L'Ab. BOYER.	1678.	8.	1678-12

Tragédie. L'une des plus passables de l'Auteur, mais copiée mot pour mot en beaucoup d'endroits, de la Piéce du même nom de *la Calprenede.* Elle fut jouée sur le Théâtre de *Guenegaud*, le 25 Février, environ un mois après la précédente de *Th. Corneille.*

ESTHER,	P. MATHIEU.	15,8.	*	1594-12

Tragédie. Mauvaise & sans conduite ; eut cependant un grand succès. Elle étoit intitulée dans les premieres Représentations LA TRAGEDIE DE L'HISTOIRE TRAGIQUE D'ESTER : elle fut imprimée pour la premiere fois en 1584. avec une *Pastorale* du même Auteur & quelques *Poësies*, au bout de plusieurs années *Mathieu* refondit cette Piéce & en composa deux *Tragédies*, l'une sous le nom d'AMAN, & l'autre de VASTHI ; mais il ne les publia qu'en 1580. avec sa CLITEMNESTRE. *Beauchamps* met ces trois Piéces en une sous ce titre : ESTER, ou AMAN, ou VASTHI. *Antoine le Devin* est aussi l'Auteur d'une Tragédie sous le nom d'ESTER qui n'a pas été imprimée. *Ville Toustain* en a fait une du même titre imprimée à Rouen sans date vers l'année 1622.

ESTER,	P. DU RYER.	1643.	*	1644-4°

Tragédie. Foible & ennuyeuse.

ESTER, *Tragédie.*	RACINE.	1721. 8 Mai.	8.	1689-4°

en 5 *Actes en Vers avec des Chœurs.* Elle a d'abord été représentée à S. Cyr en 1688. avec le plus grand succès, & trente-trois ans après on l'a donnée à Paris réduite en trois Actes & sans Chœurs, & elle ne réussit pas autant qu'on l'avoit esperé.

ETE' (L') DES COQUETTES.	DANCOURT	1690 12 Juil.	12.	1701-12

Comédie en un Acte en Prose. Très-agréable & vivement écrite. Restée au Théâtre.

ETHIOPIQUE

Noms des Pièces.	Noms des Auteurs.	An. des Repr.	Le Nomb	An. des Éditions.
ETHIOPIQUE, (L')	C. GENETAY	1609.	*	1609-

OU LES CHASTES AMOURS DE THEAGENE ET DE CHARICLÉE, Trag-Comédie. Mauvaise. Elle contient la conclusion du Roman de ce nom.

| ETOURDI, (L') | MOLIERE. | 1658. Decem. | * | 1663-12 |
| OU LES CONTRETEMS. | | | | |

Comédie en 5 Actes en Vers. Premiere Piéce fortant du genre des Comédies de ce tems, & très-propre à annoncer les talens de l'Auteur. Elle a été repréfentée pour la premiere fois à Lyon en 1653, par la troupe de Moliere, avec le plus grand fuccès. Elle n'en a pas moins eu quand on l'a donnée à Paris fur le Théâtre du Petit-Bourbon. On la reprend quelquefois, & elle eft toujours revue avec beaucoup de plaifir.

| ETOURDERIE, (L') | FAGAND. | 1737. 18 Juil. | 18. | 1737-12 |
| Comédie | | | | |

en 1 Acte en Profe. Joliment intriguée. Elle fut jouée avec L'INQUIET & LES ORIGINAUX. Reftée au Théâtre. Voyez CARACTERES DE THALIE.

| ETRANGER, (L') | LE BRUN. | N. R. | * | 1720-12 |

Comédie en 1 Acte en Vers. Le fujet fe trouve dans le Roman intitulé les Avantures de Calliope.

| ETRANGER, (L') | Anonyme. | 1741. 9 Août. | 2. | n. imp. |
| Comédie. | | | | |

Connuë par les Regiftres de la Comédie Françoife.

| EUDOXE, | G. SCUDERY. | 1639. | * | 1641-4° |

Tragédie. Tirée du Roman de l'Aftrée, foible & mal dialoguée.

| EUGENE | Et. JODELLE. | 1552. | * | 1574-4° |

OU LA RENCONTRE, Comédie en 5 Actes en Vers avec un Prologue. Seconde Piece de l'Auteur, bonne pour le tems. Elle fut repréfentée devant le Roi Henri II. avec de grands applaudiffemens.

| EUGENIE, | BLAISEBOIS. | N. R. | * | 1676-12 |

Tragédie en 3 Actes en Vers. Le même Auteur a fait encore FILLON REDUITE à... MARTHE LE HAYER, ou MADEMOISELLE DE SCAY, & LA CORNEILLE DE MADEMOISELLE DE SCAY, trois Comédies imprimées à Leyden en Hollande, & trop indécentes pour avoir été repréfentées. On a de lui auffi une Tragédie. Voyez REINE (STE

Noms des Piéces.	Noms des Auteurs.	An. des Repr.	Le Nomb	An. des Editions.
E U G E N I E,	LE FEVRE.	Incert.	*	1678-

Tragédie. N'est connuë que par les Catalogues : tout ce qu'on en sçait, c'est que l'Auteur étoit Curé de Ville.

| E U N U Q U E, (L') | ANT. BAIF. | 1531. | * | 1567-8°. |

Comédie en 5 Actes en Vers de 4 pieds. Outre les Piéces imprimées de Baif, il a fait encore, LA MEDE'E D'EURIPIDE, Tragédie: LES TRACHINIES de Sophocle, Tragédie: LE PLUTUS d'Aristophane, Comédie : & L'HEUTONTIMORUMENOS de Terence, Comédie. Toutes ces Piéces sont en manuscrit.

| E U N U Q U E, (L') | LA FONTAINE. | 1654. | * | 1654-4° |

Comédie en 5 Actes en Vers. Tirée de Terence ; foible, & sans intérêt. Elle est encore imprimée en 1744 in-12 dans un recueil des Poësies de l'Auteur.

| E U N U Q U E, (L') | GRANDVAL. | 1749. | * | 1750-8° |

OU LA FIDELLE INFIDELITE', Tragédie burlesque. Espece d'Opera-comique très-plaisant, par Granval le fils, qui depuis la retraite de Dufresne remplit les premiers Rôles tragiques & comiques, avec beaucoup de succès. Cette piéce a été représentée chez une célébre Actrice du Theatre François, à la barriere blanche.

| E U RIMEDON, | DESFONTAINES | 1637. | * | 1637-4°. |

OU L'ILLUSTRE PIRATE, Tragi-Comédie. Mal conduite, & remplie d'inutilités.

| E U R O P E, | J. DESMARETS. | 1673. | * | 1643-4° |

Comédie héroïque en 5 Actes en Vers. Foible. C'est une allégorie sur les affaires du tems. Outre les Piéces publiées par l'Auteur, il avoit commencé ANNIBAL, Tragédie, & LE CHARMEUR CHARME', Comédie, mais la mort du Cardinal de Richelieu étant survenue, il n'acheva point ces deux Piéces.

| E U S T A C H E, (ST.) | DESFONTAINES | 1643. | * | 1643-12 |

Tragédie. Mauvaise, & trop chargée d'événemens.

| E U S T A C H E, (ST.) | BALT. BARO. | 1649. | * | 1649-8° |

MARTYR, Poëme Dramatique. C'est à peu de chose près la même que la précédente, & l'Auteur ne l'a pas rendue meilleure.

Noms des Piéces.	Noms des Auteurs.	An. des Repr.	Le Nomb	An. des Editions.
EXTRAVAGANCE, (LA DOUBLE)	BRET.	1750. 27 Juil.	12.	1750. 8°

Comédie en 3 *Actes en Vers.* Jouée avec succès ; reprise le 15 Mai 1751, a eu encore 5 Représentations.

F

Noms des Piéces.	Noms des Auteurs.	An. des Repr.	Le Nomb	An. des Editions.
FACHEUX, (LES)	MOLIERE.	1661.	*	1663. 12

Comédie en 3 *Actes en Vers.* Elle a été composée pour la fameuse Fête qui fut donnée au Roi à *Vaux*, aujourd'hui *Villars*, par M. *Fouquet*, Surintendant des Finances. Cette Piéce eut un succès prodigieux ; elle fut faite, apprise & représentée en quinze jours.

FACONS (LES) DU TEMS,	SAINTYON.	1686. 13 Dec.	9	1696. 12.

ou LES MŒURS DU TEMS, *Comédie en* 5 *Actes en Vers.* Légérement écrite, & fort agréable. Elle méritoit un plus grand succès ; elle a été reprise le 29 Novembre 1694, sous le titre DES FAÇONS DU TEMS, & elle n'eut qu'une Représentation. Elle est imprimée à la Haye en 1696. *in-*12. sous le titre de MOEURS DU TEMS, & sous le nom de *Palaprat.*

FACULTE' (LA)	LA METRIE.	N. R.	*	1747. 12

VANGE'E, *Comédie en* 3 *Actes en Prose.* Ouvrage satyrique contre les Médecins, au sujet de leur Procès avec les Chirurgiens.

FAMILLE, (LA) A LA MODE,	DANCOURT.	1699. 18 Dec.	6.	1705. 12

ou FINETTE. *Comédie en* 5 *Actes en Vers.* Cette Piéce a été reprise au mois d'Octobre 1704. sous le titre des ENFANS DE PARIS, & le 28 Septembre 1740. sans succès. *Voyez* ENFANS DE PARIS, elle est annoncée dans l'*Histoire du Théâtre François*, comme anonyme & non imprimée.

FAMILLE, (LA) EXTRAVAGANTE.	LE GRAND.	1709. 7 Juin.	11.	1709. 12

Comédie en 1 *Acte en Vers avec Divertissement.* Plaisante ; restée au Théâtre.

Noms des Piéces.	Noms Auteurs.	An. des Repr.	Le Nomb	An. des Editions.
FAMINE, (LA)	LA TAILLE.	1671.	*	1673-8º

ou LES GABAONITES, *Tragédie avec des Chœurs.* Tirée de la Bible. Cette Piéce est aussi froide que mauvaise.

| FANFARES, (LES) | J. P. A. | Incert. | * | 1613-8º |

ET COURVE'ES ABBADESQUES DES ROULES BONTEMS DE LA HAU- TE ET BASSE COQUAIGNE ET DEPENDANCES, *Dialogue en ritmes Françoises & Savoyenes, en* 4 *Actes en Vers de* 4 *pieds.* Le sujet de cette Piéce est une Lettre perduë.

| FANTOME, (LE) | P. QUINAULT. | 1656. | 7. | 1657-12 |

AMOUREUX, *Comédie en* 5 *Actes en Vers.* Tirée de l'Espagnol. Médiocre pour l'interet & pour le style.

| FARCE (LA) | Anonyme. | N. R. | * | 1649-4º |

des Courtisans de Pluton. *ou leur pélérinage en son Royaume*, *ou la Farce de Maz & des Monopoleurs*, *fous le nom fuppofé de la Va- life* ; c'est le titre. N'a pas été repréfentee, & ne pouvoit l'être.

| FARCE (LA) | P. D. S. J. L. | N. R. | * | 1596-12. |

DES QUIOLARDS. Tirée de cet ancien Proverbe, *y ressemble à la Quiole, y fait des gestes, &c.* Pour le divertissement des mélancoliques.

| FARCE, | Anonyme. | Incert. | * | 1595-8º |

(LA JOYEUSE) *à trois personnages*, *fur un Curia qui attrapa la femme d'un Laboureur.* Divertissante. *Voyez* le titre en entier dans les recherches fur les Théâtres. *Tom. I. pag.* 494.

| FARCE, (LA) | Anonyme. | Incert. | * | 1595-8º. |

JOYEUSE ET RECREATIVE DE PONCETTE ET DE L'AMOUREUX TRANSI. *Elle est en Vers de quatre pieds.* Affez plaifante.

| FARCE, (LA) | G. F. D. M. E. F. | Incert. | * | 1596-12 |

Joyeufe & profitable à un chacun, *contenant les rufes, méchancetés, obstination d'aucunes femmes ; par perfonnages ; le Mari*, *le fervi- teur*, *la Femme*, *le Serrurier, en Vers de* 4 *pieds :* c'est le titre. Affez plaifante pour avoir pû réuffir dans fon tems.

| FARCE, (LA) | GUILLAUME. | 1617. | * | 1617- |

PLAISANTE ET RECREATIVE. Le comique en est bas, mais affez bon pour le tems.

Noms des Piéces.	Noms des Auteurs.	An. des Repr.	Le Nomb	An. des Editions.
FARCE (LA)	Anonyme.	1632.	*	1632-8·

PLAISANTE ET RECREATIVE. *Sur un trait qu'a joué un Porteur d'eau le jour de ses nôces dans Paris* : c'est le titre.

Noms des Piéces.	Noms des Auteurs.	An. des Repr.	Le Nomb	An. des Editions.
FARCES (LES)	TABARIN.	1623.	*	1623-12.

TABARINIQUES. Elles sont imprimées sur l'ancienne édition, en deux fois différentes, dans le recueil des œuvres & fantaisies de *Tabarin* divisées en deux parties : contenant ses rencontres, questions & demandes facétieuses avec leurs reponses. Dans l'édition de 1640 *in-12*, on y trouve la Farce des *Bossus*, plusieurs autres Farces, & des questions & Farces non encore vues ni imprimées, avec les *Rencontres & Fantaisies du Baron de Gratelard, &c.* Je ne parle point de toutes ces Farces, non plus que de celles de *Bruscambille*, & d'autres Acteurs de ce tems, parce qu'elles ont été imprimées avant 1552, & que j'ai déclaré que mes recherches ne commençoient que de cette année-là.

Noms des Piéces.	Noms des Auteurs.	An. des Repr.	Le Nomb	An. des Editions.
FATALE, (LA)	GAILLARDON.	1617.	*	1618-8°.

OU LA CONQUETE DU SANGLIER DE CALYDON, *Tragédie.* Tirée du huitiéme livre des Métamorphoses d'*Ovide.* Elle n'est pas sans intérêt, & est assez divertissante.

Noms des Piéces.	Noms des Auteurs.	An. des Repr.	Le Nomb	An. des Editions.
FAT, (LE) PUNI,	Anonyme.	1739. 14 AVI.	19.	1739-8°.

Comédie en 1 Acte en Prose. Tirée du GASCON de *la Fontaine.* Ce sujet, qui étoit difficile à mettre au Théâtre, a été très-bien exécuté. Cette Piéce, qui est de l'Auteur du COMPLAISANT, & aussi bien écrite, a eu un grand succès, & est toujours revue avec le même plaisir.

Noms des Piéces.	Noms des Auteurs.	An. des Repr.	Le Nomb	An. des Editions.
FAT, (LE) Comédie.	Anonyme.	1751. 5 Mars	1.	n. imp.

en 5 *Actes en Vers.* Elle avoit été d'abord annoncée sous le titre du SUFFISANT, & fut présentée sous celui du PETIT-MAITRE DUPE'.

Noms des Piéces.	Noms des Auteurs.	An. des Repr.	Le Nomb	An. des Editions.
FAUCON, (LE)	DAUVILLIERS.	1718.	*	1718-8°

OU LA CONSTANCE, *Comédie en 1 Acte en Vers.* Représentée dans le mois de Janvier, à Munich, devant l'Electeur de Baviére, dont l'Auteur etoit Comédien.

Noms des Piéces.	Noms des Auteurs.	An. des Repr.	Le Nomb	An. des Editions.
FAUCON, (LE)	Ab. PELLEGRIN	1719. 1 Sept.	12	1719 12

Tirée du Roman de *Carmante* & des contes de *la Fontaine.* Elle eut quelques succès. Elle a été jouée & imprimée sous le nom de Mademoiselle *Barbier*, qui n'en étoit cependant que le prête-nom.

Noms des Piéces.	Noms des Auteurs.	An. des Repr.	Le Nomb	An. des Editions.
FAVORI, (LE)	Mᶜ VILLEDIEU	1665.	*	1665-12

Tragi-Comédie. Foible par l'invention & par le ſtyle. Elle fut repréſentée à Verſailles devant le Roi le 14 Janvier, & à Paris, au commencement du mois de Juin 1665.

| FAUSSE (LA) | DESTOUCHES. | N. R. | * | 1736-12 |

AGNES, *Comédie en 3 Actes en Proſe.* Intéreſſante ; elle eſt imprimée dans les œuvres de l'Auteur.

| FAUSSE (LA) ANTIPATHIE. | LACHAUSSE'E. | 1733. 2 Oct. | 19. | 1734-12. |

Comédie en 3 Actes en Vers, avec un Prologue. Première Piéce de l'Auteur. Ouvrit un nouveau genre qu'il a très bien ſoutenu depuis. Elle n'eut d'abord que quatre Repréſentations, parce qu'on allat à Fontainebleau ; mais à ſa repriſe, le 27 Février de l'année ſuivante, avec la critique, elle en eut encore quinze, en tout 19 Repréſentations.

| FAUSSE, (LA) ANTIPATHIE. | LACHAUSSE'E. | 1734. 11 Mars. | 9. | 1734-12 |

(CRITIQUE DE) *Comédie en 1 Acte en Vers libres.* Elle fut jouée avec la Piéce précédente.

| FAUSSE (LA) | P. SCARON. | N. R. | * | 1662-4° |

APPARENCE, *Comédie en 5 Actes en Vers.* Médiocre ; elle ne fut imprimée qu'après la mort de l'Auteur.

| FAUSSE (LA) COMTESSE, | DALAINVAL. | 1726. 27 Juil. | 5. | n. imp. |

Comédie en 1 Acte en Proſe. Foible, & d'un comique commun. Elle n'eut pas de ſuccès.

| FAUSSE (LA) INCONSTANCE. | Ab. PELLEGRIN | 1732. 15 Sept. | 6. | n. imp. |

Comédie en 3 Actes en Vers. Avoit été déja repréſentée le 29 Novembre 1720, ſous le titre de PERE INTERESSE', ou des VRAIS AMIS, *Comédie en 5 Actes en Vers.* Ne réuſſit pas mieux ſous le ſecond titre que ſous les premiers.

| FAUSSES (LES) | DOUVILLE. | 1642. | * | 1643-4°. |

VE'RITE'S, *ou croire ce qu'on ne voit pas, & ne pas croire ce qu'on voit : c'eſt le ſecond titre. Comédie en 1 Acte en Vers.* Tirée de l'Eſpagnol. Foible, mais aſſez plaiſante.

Noms des Piéces.	Noms des Auteurs.	An. des Repr.	Le Nomb	An. des Editions.
F A U X (LES)	AUTREAU.	N. R.	*	1749-12.

AMIS DE MASQUE'S, *Comédie en 5 Actes en Vers.* N'a été imprimée qu'après la mort de l'Auteur, dans le recueil de ses œuvres.

| F A U X (LE) GASCON. | RAISIN L. | 1688. 28 Mai. | 8. | n. imp. |

Comédie en 1 Acte. Connuë par les Regiſtres de la Comédie. Elle fut jouée après le CID.

| F A U X (LE) HONNETE HOMME. | DUFRENY. | 1703. 24 Fev. | 5 | 1703-12 |

Comédie en 3 Actes en Proſe. Pleine d'eſprit, mais mal faite. Une fameuſe aventure, arrivée dans ce tems au ſujet d'un *Fidei-Commiſs*, donna lieu à cette Piéce.

| F A U X (LE) | Anonyme. | N. R. | * | 1750-8° |

INDIFFERENT, *OU* L'ART DE PLAIRE. *Comédie.* Elle n'a pas été miſe au Théâtre.

| F A U X (LE) INSTINCT. | DUFRENY. | 1707. 2 Août. | 15. | 1707-12 |

Comédie en 3 Actes en Proſe. Plaiſante, l'idée ſinguliere & neuve, les caracteres originaux. L'Editeur des œuvres de *Dufreſny* s'eſt trompé en plaçant la date de la premiere Repréſentation le 2 Mars. Si l'on n'é-oit pas nanti de l'autorité des Regiſtres de la Comédie, pour les dates, n ſeroit tombé ſouvent dans ces mépriſes.

| F A U X (LES) | R. POISSON. | 1668. | * | 1669-12 |

MOSCOVITES, *Comédie en 1 Acte en Vers.* N'a dû ſon ſuccès qu'aux circonſtances du tems & au jeu des Acteurs; elle eſt foible & d'un bas comique. Elle fut repréſentée au commencement d'Octobre.

| F A U X (LE) | DUVAUR. | 1728. | 4 | 1749-12 |

SÇAVANT, *Comédie en 5 Actes en Proſe.* Repréſentée le 21 Juin; repriſe le 13 Août 1749, ſous le titre de l'AMOUR PRECEPTEUR, & réduite en 3 Actes. *Voyez* AMOUR PRECEPTEUR.

Noms des Piéces.	Noms des Auteurs.	An. des Repr.	Le Nomb	An. des Editions.
FAUX (LE) SINCERE.	DUFRENY.	1731. 16 Juin	15.	1731-12

Comédie en 5 Actes en Vers. Pleine d'esprit, & faite d'après le plan du FAUX HONNETE-HOMME du même Auteur. Fut donnée pendant un voyage de Fontainebleau. *Montmenil* y remplit très-bien le premier Rôle. Elle eut beaucoup de succès, cependant elle n'a pas été reprise.

| FEDERIC, | l'Ab. BOYER. | 1659. | * | 1660-12 |

Tragédie. Médiocre, eut cependant quelques succès. La date du mois de la Représentation est du 14 Novembre.

| FEINT (LE) | P. QUINAULT. | 1658. | * | 1658-12 |

ALCIBIADE, *Tragi-Comédie.* Trop romanesque, & mollement écrite.

| FEINT (LE) | T. CORNEILLE | 1648. | * | 1651-12 |

ASTROLOGUE, *Comédie en 5 Actes en Prose.* Tirée de l'Espagnol de *Calderon, el Astrologo fingido.* Eut un grand succès.

| FEINT (LE) | PASSERAT | N. R. | * | 1695-12 |

CAMPAGNARD, *Comédie en 1 Acte en Vers.* Imprimée à Bruxelles, ainsi que L'HEUREUX ACCIDENT, ou LA MAISON DE CAMPAGNE, *Comédie en 3 Actes en Vers, avec un Divertissement.* Ces trois Piéces n'ont pas été représentées.

| FELICIE, | MONTAUBAN. | 1654. | * | 1654 12 |

(LES CHARMES DE) *Pastorale en 5 Actes en Vers.* Tirée de LA DIANE DE MONTE MAYOR; passable pour le tems.

| FELISMENE, | ALEX. HARDY | 1613. | * | 1628-8° |

Tragi-Comédie. Ce sujet est tiré de la Diane de Monte Mayor sur le Théâtre François, ne doit rien au plus excellens, (dit l'Auteur dans son argument) *Voyez* le Tom. IV. de l'histoire du Théâtre François, pag. 185. La Piéce est cependant assez médiocre.

| FEMME (LA) D'INTRIGUE. | DANCOURT | 692. 30 Janv | 12. | 1710-12 |

Comédie en 5 Actes en Prose. Médiocre, trop chargée d'incidens & d'Acteurs.

Noms des Piéces.	Noms des Auteurs.	An. des Repr.	Le Nomb	An. des Editions.
FEMME, (LA)	B. J.	N. R.	*	1730-12.

DOCTEUR, *ou* LA THE'OLOGIE TOMBE'E EN QUENOUILLE, *Comédie en 5 Actes en Prose,* Imprimée en Flandres, allégorique & critique. *Beauchamps* dit qu'il s'en fit plus de 25 éditions dans le Royaume, pendant le cours de l'année 1731, au commencement de laquelle il parut une critique de cette Piéce, sous le titre de Londres, mais imprimée à Lyon.

Noms des Piéces.	Noms des Auteurs.	An. des Repr.	Le Nomb	An. des Editions.
FEMME (LA) FILLE ET VEUVE.	LE GRAND.	1707. 26 Mai	10.	1707-12

Comédie en 1 Acte en Vers. Elle est divertissante, mais l'intrigue peu vraisemblable.

Noms des Piéces.	Noms des Auteurs.	An. des Repr.	Le Nomb	An. des Editions.
FEMME (LA)	DESCAZEAUX.	N. R.	*	1734-8°

JALOUSE, *Comédie en 5 Actes en Vers.* Dédiée à Madame la Duchesse de Lorraine, Régente. Elle fut jouée & imprimée à Nancy. Il ne faut pas la confondre avec une Comédie en 3 Actes & en Vers du même titre, par *Fuly,* représentée le 11 Décembre 1726 sur le Théâtre Italien, & imprimée à Paris en 1727 *in-8°.*

Noms des Piéces.	Noms des Auteurs.	An. des Repr.	Le Nomb	An. des Editions.
FEMME (LA)	DORIMONT.	1661.	*	1661-12

INDUSTRIEUSE, *Comédie en 1 Acte en Vers.* Mauvaise, & d'un bas comique.

Noms des Piéces.	Noms des Auteurs.	An. des Repr.	Le Nomb	An. des Editions.
FEMME (LA)	MONTFLEURY	1669.	*	1670-12.

JUGE ET PARTIE, *Comédie en 5 Actes en Vers.* Vive & plaisante, eut un très-grand succès. Elle fut jouée le 2 du mois de Mars. Est restée au Théâtre.

Noms des Piéces.	Noms des Auteurs.	An. des Repr.	Le Nomb	An. des Editions.
FEMME (LA)	S. EVREMOND.	N. R.	*	1700-16

POUSSE'E A BOUT, *Comédie en 5 Actes en Prose.* Traduite de la Piéce Angloise THE PROVOCK'D, WIFE, imprimée sur l'édition de Londres. Plaisante & bien écrite.

Noms des Piéces.	Noms des Auteurs.	An. des Repr.	Le Nomb	An. des Editions.
FEMME (LA)	Anonyme.	N. R.	*	1686.

TETUE, *ou* LE MEDECIN HOLLANDOIS, *Comédie en 1 Acte en Vers.* Jouée & imprimée en Hollande.

Noms des Piéces.	Noms des Auteurs.	An. des Repr.	Le Nomb	An. des Editions.
FEMMES (LES)	R. POISSON.	1670.	*	1671-12

COQUETES, *ou* LES PIPEURS, *Comédie en 5 Actes en Vers.* Mal construite, & d'un bas comique. A été réimprimée *in-12* sous le second titre.

Noms des Piéces.	Noms des Auteurs.	An. des Repr.	Le Nomb	An. des Editions.
F E M M E S (LES)	Anonyme.	1558.	*	1558-12

SALEES, *Farce en 1 Acte en Vers*, à cinq personnages. Plaisante, mais d'un bas comique. Jouée par les Enfans-sans-souci. Elle a été imprimée en caracteres Gothiques, à Rouen, sous ce titre. *Discours facétieux des hommes qui font saler leurs femmes, à cause qu'elles sont trop douces.*

F E M M E S (LES)	MOLIERE.	1672.	*	1676-12

SÇAVANTES, *Comédie en 5 Actes en Vers.* A été représentée le 1. Mars. Elle fut reçué d'abord assez froidement, mais les connoisseurs lui ayant rendu la justice qu'elle méritoit, elle eut une grande réussite, Ce qui a donné lieu à la Scéne de *Trissotin* & de *Vadius*, est une avanture véritable. On sçait que *Trissotin* est l'Abbé *Cotin*, & qu'on l'avoit d'abord appellé *Tricotin*. Cette Piéce est toujours revuë avec le même plaisir quoique ce ne soit plus le ridicule du tems.

F E R N A N D CORTEZ.	PIRON.	1744. 8 Jan.	7.	n. imp.

Tragédie. Titée de l'histoire de ce fameux Espagnol, intitulée, *la Conquête du Mexique.* Il y avoit une très-belle harangue de *Cortez.*

F E S T I N (LE)	VIELIERS.	1659.	*	1665-12

DE PIERRE, OU LE FILS CRIMINEL, *Comédie en 5 Actes en Vers.* Traduite de l'Italien, la premiere en François de ce titre. Elle réussit beaucoup. Dans l'édition des œuvres de *Moliere* en 1738 in-4°, l'Editeur avance que cette Piéce est de *Moliere*, & qu'elle a été mise en Vers par *Villiers*, qui la fit jouer en 1660; le fait est faux. *Voyez* l'avis au Lecteur de *Villiers*, qui est à la tête de cette Comédie, & son Épitre Dédicatoire à *Corneille.*

F E S T I N (LE)	DORIMONT.	1661.	*	1665-12

DE PIERRE, *Tragi-Comédie.* Presque la même que la précédente. Elle a été représentée pour la premiere fois à Lyon en 1658.

F E S T I N (LE)	MOLIERE.	1665.	*	1682-12

DE PIERRE, ou D. JUAN, *Comédie en 5 Actes en Prose.* Représentée le 15 Février. Elle est tirée de l'Espagnol de *Tirso Molina.*

Noms des Piéces.	Noms des Auteurs.	An. des Repr.	Le Nomb	An. des Editions.
FESTIN (LE)	ROSIMONT.	1669.	*	1670-12

DE PIERRE, *ou* L'ATHE'E FOUDROYE', *Tragi-Comédie.* Paſſable, mais fort au-deſſous de celle de *Moliere.* Elle fut repréſentée au Marais ; ainſi les trois Théâtres eurent chacun un FESTIN DE PIERRE de trois Auteurs differens, dans l'avis au Lecteur de *Roſimont*, on trouve encore la preuve de la faute que l'on a faite dans l'édition des œuvres de *Moliere* de 1738 *in-4°*, & que nous avons repriſe à la fin de l'article du FESTIN DE PIERRE de *Villiers*,

| FESTIN (LE) | T. CORNEILLE | 1677. | 6. | 1683-12 |

DE PIERRE, *Comédie en* 5 *Actes en Vers.* Repréſentée le 12 Février. C'eſt celle de *Moliere* que *Thomas Corneille* a miſe en Vers, & où il a fait quelques changemens. Dans les Scénes du 3e, & du 5e. Acte il y a mis des femmes, & dans le cours de la Piéce il a adouci des expreſſions un peu trop fortes Cette Piéce eſt reſtée au Théâtre.

| FETE (LA) | L. BOISSY. | 1742, | 10. | 1743-12 |

D'AUTEUIL, *Comédie en* 3 *Actes en Vers*, *avec un Divertiſſement mêlé de Chants & de Danſes*, Elle fut repréſentée le 23 Août.

| FETE (LA) | LACHAUSSE'E. | 1746. | 4, | 1746-8° |

INTERROMPUE, *ou* LE RIVAL DE LUI-MÊME, *Comédie en* 1 *Acte*, *avec divertiſſement.* Jouée le 10 Avril.

| FETE (LA) | DANCOURT | 1700. | 18. | 1700-12 |

DE VILLAGE, *ou* LES BOURGEOISES DE QUALITE', *Comédie.* Elle n'eſt plus connuë que ſous le ſecond titre. *Voyez* BOURGEOISES DE QUALITE'.

| FETE (LA) | L'Ab. BOYER. | 1669. | * | 1669-12 |

DE VENUS, *Comédie Paſtorale héroïque en* 5 *Actes en Vers & Prologue.* Repréſentée le 15 Février ; dut ſon ſuccès à Mademoiſelle de *Champmeſlé*.

| FETES (LES) | DANCOURT, | 1714. | 33. | 1714-12. |

DU COURS, *Comédie en* 1 *Acte en Proſe*, *avec un Prologue & un Divertiſſement.* Repréſentée le 5 Septembre. Vive & plaiſante. On étoit dans l'uſage d'aller la nuit au Cours ; cette mode contribua au grand ſuccès de cette Piéce. Le Divertiſſement eſt de *Gilliers*.

Noms des Piéces.	Noms des Auteurs.	An. des Repr.	Le Nomb	An. des Editions.
F E U (LE)	Anonyme.	1724.	*	1744-8°

D'ARTIFICE, ou LE NOUVEAU PARIS, *Comédie en 3 Actes en Prose*. Repréſentée à Calais en Février, & à Dunkerque en Mars, par la Troupe ambulante des Comédiens François de ces deux Villes. Elle eſt imprimée à Witheal. *Voyez* FOLIE ECOSSOISE.

| F I A M E T T E (LA) | Anonyme. | 1609. | * | 1609-12 |

AMOUREUSE, *Paſtorale*. Traduite de *Bocace* en François, avec l'Italien à côté,

| F I D E L E, (LA) | P. LARRIVEY. | 1611. | * | 1611-12 |

Comédie en 5 Actes en Proſe, avec un Prologue. L'intrigue Froide & mal dévelopée,

| F I D E L E (LA) | FRENICLE. | 1628. | * | 1633-8°, |

BERGERE, *Comédie en 5 Actes en Vers avec des Chœurs & un Prologue.* Elle ſe trouve dans les entretiens des ILLUSTRES BERGERS, *Livre ſecond*, p. 285.

| F I D E L E (LE) | VALLE'E, | 1659. | * | 1659-8° |

ESCLAVE, *Comédie en 5 Actes en Vers.* Ne manque pas d'intérêt,

| F I D E L E (LA) | GOUGENOT. | 1633. | * | 1633-8°. |

TROMPERIE, *Tragi-Comédie.* Tirée du ſujet d'AGESILAN de *Rotrou*, mal conſtruite & ennuyeuſe,

| F I D E L I T E' (LA) | DUVIVIER | 1577. | * | 1577-8° |

NUPTIALE, *Comédie en 5 Actes en Proſe.* Jouée à *Anvers*. Le même Auteur a fait *Abraham & Agar*, *Comédie*, qui n'eſt pas imprimée.

| FILANDRE, (LE) | J. ROTROU. | 1635. | * | 1637-4° |

Comédie en 5 Actes en Vers. Froide & ennuyeuſe.

| F I L L E (LA) | BARBIER. | 1707. | * | 1707-12 |

A LA MODE, *Comédie en 3 Actes en Proſe.* Jouée à Lyon par les Comédiens du Duc de *Villeroy*,

| F I L L E (LA) | MONTFLEURY. | 1672. | * | 1672-12 |

CAPITAINE, *Comédie en 5 Actes en Vers.* Divertiſſante & fort comique. Elle eut un grand ſuccès. Reſtée au Théâtre,

Noms des Piéces.	Noms des Auteurs.	An. des Repr.	Le Nomb	An. des Editions.
FILLE (LA)	Anonyme.	1697.	4.	n. imp.

MEDECIN, *Comédie en 1 Acte en Prose.* Elle fut précédée de la Tragédie d'ANDRONIC.

Noms des Piéces.	Noms des Auteurs.	An. des Repr.	Le Nomb	An. des Editions.
FILLE (LA) SUPPOSE'E,	Anonyme.	1713. 11 Mai.	5.	n. imp,

ou L'HEROINE DE ROMAN, *Comédie en 5 Actes en Vers.* On l'attribua au Duc de *la Force.*

Noms des Piéces.	Noms des Auteurs.	An. des Repr.	Le Nomb	An. des Editions.
FILLE, (LA)	l'Ab. ABEILLE	1712.	7.	n. imp.

VALET, *Comédie en 3 Actes en Vers.* Mademoiselle de *Nesle,* sœur aînée de *Quinault,* joua avec applaudissement le Rôle de LA FILLE VALET.

Noms des Piéces.	Noms des Auteurs.	An. des Repr.	Le Nomb	An. des Editions.
FILS (LE)	GUERIN B.	1641.	*	1642-4°

DESAVOUE', ou LE JUGEMENT DE THEODORIC, ROI D'ITALIE, *Poëme Dramatique.* Sujet peu propre au Théâtre.

Noms des Piéces.	Noms des Auteurs.	An. des Repr.	Le Nomb	An. des Editions.
FILS (LE)	MOUFLE.	1647.	*	1647-4°

EXILE', ou LE MARTYRE DE ST. CLAIR, *Tragi-Comédie.* Tirée de la vie des Saints.

Noms des Piéces.	Noms des Auteurs.	An. des Repr.	Le Nomb	An. des Editions.
FILS (LES) INGRATS.	PIRON.	1728. 21 Oct.	23.	1729-8°

Comédie en 5 Actes en Vers. Piéce originale & gaie, qui eut beaucoup de succès. Elle a été reprise depuis, & elle a réussi.

Noms des Piéces.	Noms des Auteurs.	An. des Repr.	Le Nomb	An. des Editions.
FILS (LE)	LE BIGRE.	Incert.	*	1650.

MALHEUREUX. *Beauchamps* l'indique sous l'année où elle est ici placée. Il n'en est point parlé dans l'Histoire du Théâtre François, à l'article de *le Bigre.*

Noms des Piéces.	Noms des Auteurs.	An. des Repr.	Le Nomb	An. des Editions.
FILS (LE)	SCUDERY.	1635.	*	1636-8°

SUPPOSE', *Comédie en 5 Actes en Vers.* Le sujet forme un Roman étendu; la durée de l'action est au moins de deux mois. Le tout en est foible.

Noms des Piéces.	Noms des Auteurs.	An. des Repr.	Le Nomb	An. des Editions.
FILS (LE)	l'Ab. BOYER.	1672.	*	1672-12

SUPPOSE', *Tragédie.* L'Auteur l'avoit fait représenter vingt-quatre ans auparavant, sous le titre de TIRIDATE. Elle est mauvaise, & n'a point d'intérêt.

Noms des Piéces.	Noms des Auteurs.	An. des Repr.	Le Nomb	An. des Editions.
FLATEUR, (LE)	J. Rousseau.	1696.	10.	1697-12

Comédie en 5 Actes en Profe. Jouée le 24 Novembre. Le caractere en est affez bien foutenu, mais le cinquiéme Acte eft foible. Elle a été reprife avec quelque fuccès. *Rousseau* l'a mife depuis en Vers & l'a affoiblie.

| FLORENTIN, (LE) | La Fontaine. | 1685. | 13. | 1699-12 |

Comédie en 5 *Actes en Vers*, Repréfentée le 23 Juillet. Cette Piéce eft très-agréable, & reftée au Théâtre. Elle confifte prefque toute entiere dans une Scene fort jolie, entre *Hortence & le Jaloux*. Mademoifelle *Raifin* joua le Rôle d'original; Mademoifelle *Lecouvreur* y a eu depuis le plus grand fuccès : la perfection de fon jeu redonna à cette petite Comédie tout le piquant de la nouveauté. Suivant la prentiere édition, elle étoit en trois Actes, & fort différente de ce qu'elle eft aujourd'hui.

| FLORIMONDE, (LA) | J. Rotrou. | 1649. | * | 1655-4° |

Comédie. Froide & ennuyeufe, c'eft la derniere Comédie de l'Auteur. Elle ne fut imprimée qu'après fa mort.

| FLORISE, | Corneil. | 1632. | * | 1632-8° |

(LE RAVISSEMENT DE) *Tragi-Comédie*. Sans vraifemblance, mais a des endroits fort comiques. *Beauchamps* l'indique encore avec ces deux titres, L'HEUREUX EVENEMENT DES ORACLES, ou CELIDORE ET CELINDE.

| FOIRE (LA) | Colonia, Jéf. | N. R. | * | 1697-12 |

D'AUSBOURG, *Comédie*. Imprimée avec les Tragédies fuivantes du même Auteur, JOVIEN, JUBA, ANNIBAL & GERMANICUS. Toutes repréfentées dans des Colléges.

| FOIRE (LA) | Dancourt | 1695. | 33. | 1695-12 |

DE BESONS, *Comédie en 1 Acte en Profe, avec un Divertiffement*. Repréfentée le 13 Août. C'eft un Vaudeville du tems qui fut très-aplaudi. A la reprife, au mois de Septembre 1736, on y mit un Divertiffement nouveau qui réuffit beaucoup. Reftée au Théâtre.

| FOIRE (LA) | Dancourt. | 1695. | 10. | 1696-12 |

ST. GERMAIN, *Comédie en 1 Acte en Profe*. Jouée le 19 Janvier, Farce affez plaifante ; elle eut moins de fuccès que celle des Italiens du même titre, faite par *Regnard & Dufreny*, quoique celle-ci foit meilleure.

Noms des Piéces.	Noms des Auteurs.	An. des Repr.	Le Nomb	An. des Editions.
F O I R E (LA)	LE GRAND.	1709	15.	1709-12

ST. LAURENT. *Comédie en 1 Acte en Vers*, avec un Divertissement. Jouée le 2 Septembre *& non le 10 Septembre 1708, comme le marque l'Editeur des œuvres de Legrand.* Cette Piéce est une Farce plaisante, surtout pour le tems où elle fut faite. On y parodioit *le Rat*, qui montroit des curiosités à la Foire : il s'en vengea à sa maniere : cette vengeance tomba sur les plus célébres Actrices de ce tems-là ; il en parla à l'occasion de ses tableaux changeans, dont il se disoit l'inventeur.

| F O L I E (LA) | TRISTAN. L. | 1644. | * | 1645-4° |

DU SAGE , *Tragédie.* Trop romanesque , & pas assez théâtrale.

| F O L I E (LA) | L. BOISSY. | 1745. | 10. | 1745-8° |

DU JOUR , *Comédie en 1 Acte en Vers avec un Divertissement.* Représentée le 5 Juillet. Jolie , eut du succès.

| F O L I E (LA) | Anonyme. | 1724. | * | 1545-8°. |

ECOSSOISE , *Comédie en 3 Actes en Prose.* Elle est encore connue sons ces titres, L'ENLEVEMENT IMAGINAIRE PAR L'AMOUR EXTRAVAGUANT. *Voyez* FEU D'ARTIFICE ; c'est la même.

| F O L L E (LA) | Anonyme. | 1690. | 9. | 1690-12 |

ENCHERE , *Comédie en 1 Acte en Prose.* Représentée le 30 Mai. Le dialogue en est vif , mais l'intrigue peu vraisemblable. Elle est imprimée sous le nom de *Dancourt*, quoiqu'on soit fondé à douter qu'il en soit l'Auteur , & à croire qu'il ne l'a que retouchée.

| F O L L E (LA) | BOISROBERT. | 1651. | 20. | 1553 4°. |

GAGEURE , OU LES DIVERTISSEMENTS DE LA COMTESSE DE PEMBROCK , *Comédie en 5 Actes en Vers.* Foible & peu comique.

| F O L L E (LA) | SUBLIGNY. | 1668. | * | 1668-12 |

QUERELLE , OU LA CRITIQUE D'ANDROMAQUE , *Comédie en 3 Actes en Prose.* Représentée le 18 Mai. Elle eut un grand succès , qu'elle dut selon les apparences à la nouveauté du genre , & à la célébrité de l'ouvrage qu'elle critiquoit. Elle fut faussement attribuée à *Moliere*, *Racine* le crut , & se brouilla avec ce célébre Auteur.

| FOLLENVILLE , | CARCAVI. | 1720. | 4. | n. imp. |

(LA COMTESSE DE) *Comédie en 1 Acte en Prose.* Jouée le 11 Octobre. LE PARNASSE BOUFFON , *Comédie en 1 Acte en Prose.* Non représentée , est du même Auteur.

Noms des Piéces.	Noms des Auteurs.	An. des Repr.	Le Nomb	An. des Editions.
FONDS (LES)	DANCOURT.	1686.	*	1686-12

PERDUS, *Comédie en 1 Acte en Prose.* Jouée au mois de Juin, elle l'avoit d'abord été en 1685, sous le titre du NOTAIRE OBLIGEANT. *Voyez* NOTAIRE OBLIGEANT.

| FONTANGE, (LA) | Anonyme. | N. R. | * | 1694-12 |

ou LES FACONNERIES, *Comédie.* Imprimée en Hollande. *Beauchamps* paile d'une autre Comédie anonyme, intitulée LA FONTANGE BERNE'E, qu'il place sous la même année. Ne seroit-ce pas la même ?

| FONTANGES (LES) | BARON. | 1689. | 16. | n. imp. |

MALTRAITE'ES, *ou* LES VAPEURS, *Comédie.* Représentée le 11 Mai; connuë par les Registres de la Comédie Françoise. Quoique cette piéce paroisse avoir eu du succès, elle n'est point imprimée dans les œuvres de l'Auteur.

| FORCE (LA) | Anonyme. | 1678. | * | 1678- |

DE LA MAGIE, *Comédie.* On est assez mal instruit de l'histoire de cette Piéce.

| FORCE (LA) | DESTOUCHES. | 1750. | 13. | 1750-12 |

DU NATUREL, *Comédie en 5 Actes en Vers.* Jouée le 11 Février. Ne fut pas trop bien reçuë la premiere fois, mais à la seconde Repré. sentation, le jeu des Acteurs, & surtout des deux principales Actrices, força le public à revenir sur cet ouvrage, & il eut du succès.

| FORCE (LA) | ALEX. HARDY. | 1612. | * | 1626-8° |

DU SANG, *Tragi-Comédie.* Tirée d'une *Nouvelle* de *Cervantes* du même titre. Irréguliére, mais passable pour le tems.

| FORCE (LA) | L'Ab. BRUEYS. | 1725. | 4. | 1725-12 |

DU SANG, *ou* LE SOT TOUJOURS SOT, *Comédie en 3 Actes en Prose.* Mise au Théâtre le 21 Avril par *Dancourt,* qui l'avoit retouchée. Un ami de *Brueys,* prétendant que cette Piéce appartenoit à ses héritiers, fit des remontrances avant qu'on la représentât, pour qu'on leur accordât la part d'Auteur. Les Supérieurs en décidérent; il fut réglé que la Piéce seroit jouée le même jour aux François & aux Italiens, & que la Veuve de *Palaprat,* & les héritiers de *Brueys* auroient part aux Représentations du second Théâtre. La Comédie ne réussit ni à l'un ni à l'autre : elle fut jouée une fois de plus aux Italiens. On ne finira point cet article sans apprendre que cette Piéce avoit été déja représentée au mois de Juillet 1693, & qu'elle eut dans ce tems-là un grand succès. *Voyez* SOT TOUJOURS SOT, *ou* LE MARQUIS PAYSAN.

Noms des Piéces.	Noms des Auteurs.	An. des Repr.	Le Nomb	An. des Editions.
FOU (LE)	R. POISSON	1664.	*	1664 12

RAISONNABLE, *Comédie en* 1 *Acte en Vers.* Comique, mais d'un ftyle bas. Elle eft indiquée dans le catalogue chronologique des Comédies de *Poiffon* LE FOU DE QUALITE', c'eft une méprife. *Maupoint*, qui ne s'eft pas donné la peine d'examiner la bévue, a fait deux Piéces de ces deux titres dans fa Bibliothéque des Théâtres, *pag.* 145.

| FOURBE (LE) | Anonyme. | 1693. | 1 | n. imp. |

PARACHEVE', *Comédie en* 3 *Actes en Profa.* Repréfentée le 14 Février avec LE MEDECIN MALGRE' LUI.

| FOURBERIES (LES) | MOLIERE. | 1671. | * | 1671-12 |

DE SCAPIN, *Comédie en* 3 *Actes en Profe.* Repréfentée le 21 Mai. Divertiffante, mais un peu Farce ; elle eut un grand fuccès. Deux Scénes plaifantes ont été tirées de la Comédie du PE'DANT JOUE' de *Cirano de Bergerac.* L'ufage ancien des Mafques s'eft encore conferve dans cette Piéce.

| FOUS, | CHARL. BEYS. | 1652. | * | 1653-4° |

(LES ILLUSTRES) *Comédie en* 5 *Actes en Vers.* Médiocre, eut peu de fuccès.

| FOUS (LES) | R. POISSON. | 1680. | 11. | 1681-12 |

DIVERTISSANS, *Comédie en* 3 *Actes en Vers avec Divertiffement.* Jouée le 14 Mai. Plaifante, mais baffement écrite.

| FRAGMENS, (LES) | MOLIERE. | 1666. | * | 1734-4°. |

D'UNE PASTORALE COMIQUE, repréfentée à Saint-Germain en Laye devant le ROI le 2 du mois de Décembre, à la fuite de MELICERTE, troifiéme entrée du BALLET DES MUSES. Cette Piéce eft une efpéce d'impromptu entremêlé de Scénes récitées, de Scénes en Chants, & de Danfes. Les paroles qui fe chantent font imprimées dans les œuvres de *Moliere* en 1734 *in-*4°, & en 1739 *in-*12.

| FRANC (LE) | VALENTIN. | 1706. | * | 1706 12 |

BOURGEOIS, *Comédie en* 5 *Actes en Vers.* Jouée à Munick devant le Duc de Baviére.

| FRANCIADE, (LA) | J. GODARD. | 1594. | * | 1594-8° |

Tragédie avec des Chœurs, des Paufes, des Danfes, & arrieres Danfes. C'eft ainfi que font annoncés les divertiffemens. Cette Piéce fe trouve dans les œuvres de l'Auteur, dédiées au Roi *Henri IV. Tom. II.*

O

Noms des Piéces.	Noms des Auteurs.	An. des Repr.	Le Nomb	An. des Editions.
FRANCIARQUE	A. B.	N. R.	*	1606-12.

ET CALIXENE (LES AMOUREUX BRANDONS DE) *Histoire morale non encore vuë, ni récitée, en 5 Actes en Prose, &c. dédiée à tous & à nul;* c'est le titre. Piéce très-libre & très-longue.

FRANCION,	GILLET.	1642.	*	1642-4°.

Comédie en 5 Actes en Vers. Mal écrite, & moins comique que le mauvais Roman dont elle est tirée.

FRANÇOIS (LE)	L. BOISSY.	1723.	17.	1727-8°

A LONDRES, *Comédie en 1 Acte en Prose.* Représentée le 3 Juillet; eut beaucoup de succès. Restée au Théâtre, où elle est toujours revuë avec le même plaisir.

FRANÇOIS (LE)	Anonyme.	N. R.	*	1744-12

A L'ELECTION, *Comédie en 1 Acte.* Piéce satyrique & allégorique, & mal faite. A été imprimée à Genéve.

FRANÇOIS II.	Anonyme.	N. R.	*	1747-8°

Piéce dans un genre unique, dont l'essai a été fort heureux, mais qui n'étoit point faite pour être représentée.

FRANÇOIS SPERA,	J. D. C. G.	N. R.	*	1608-8°.

(LA TRAGEDIE DE) *avec des Chœurs. Spera,* Jurisconsulte, abjure les erreurs du Calvinisme, il s'en repent, en meurt de desespoir; c'est le sujet de la Piéce, faite par un Protestant.

FREGONDE	ALEX. HARDY	1621.	*	1626-8°

OU LE CHASTE AMOUR, *Tragi-Comédie.* Froide & mal dialoguée. *Tom. IV.*

FRERES (LES)	J. RACINE.	1664.	15.	1664-12.

ENNEMIS, *OU LA* THEBAIDE, *Tragédie.* Représentée le 20 Juin. La premiere Piéce de ce célébre Auteur, dont *Moliere* donna le plan.

FRONTIN,	Anonyme.	1703.	4	n. imp.

GOUVERNEUR DU CHATEAU DE VERTIGILILINGUEN, *Comédie en 1 Acte.* Représentée le 11 Octobre, après AGAMEMNON. Elle fut donnée sans être annoncée.

Noms des Piéces.	Noms des Auteurs.	An. des Repr.	Le Nomb	An. des Editions.

G

GABAONITES, (LES) | LA TAILLE. | 1571. | * | 1573-8°.

ou LA FAMINE, *Tragédie.* Voyez FAMINE.

GABINIE, | l'Ab. BRUEYS. | 1699. | 10. | 1699-12

Tragédie. Tirée d'une *Tragédie Latine*, intitulée SUSANA. Eut du succès. Voyez l'histoire du Théâtre François Tom. XIV. pag. 123.

GALANT (LE) | LE GRAND. | 1722. | 22. | 1722-12

COUREUR, ou L'OUVRAGE D'UN MOMENT, *Comédie en 1 Acte en Prose*, avec un *Divertissement* de Quinault le Comédien. Donnée le 11 Aout. Plaisante ; eut une grande réussite.

GALANT (LE) | T. CORNEILLE. | 1660. | * | 1660-12

DOUBLE', *Comédie en 5 Actes en Vers*, Bien intriguée, mais trop de longueurs.

GALANT (LE) | DANCOURT. | 1704. | 17. | 1705-12

JARDINIER, *Comédie en 1 Acte en Prose*, avec un *Divertissement*, Représentée le 28 Octobre. Elle est d'un bon comique ; le dialogue en est vif : c'est une des jolies petites Piéces qui soit au Théâtre. Elle est une de celles où l'on croit que *Saintyon* a part.

GALANS (LES) | CHEVALIER. | 1661. | * | 1662-12

RIDICULES, ou LES AMOURS DE QUILLOT ET DE RAGOTIN, *Comédie en 1 Acte en Vers.* Foible, & d'un bas comique.

GALANTES (LES) | DESFONTAINES | 1642. | * | 1642-12.

VERTUEUSES, *Tragi-Comédie. Sur une histoire véritable, arrivée pendant le Siége de Turin.* Mauvaise & ennuyeuse. Cette Piéce est assez rare.

GALATE'E (LA) | DE FONTENY. | N. R. | * | 1587-12.

DIVINEMENT DELIVRE'E, *Pastorale en 5 Actes.* Piéce allégorique ; elle est imprimée avec les *ressentimens du même Auteur pour sa Celeste. Fonteny* étoit Confrere de la Pallion.

Noms des Piéces.	Noms des Auteurs.	An. des Repr.	Le Nomb	An. des Editions.
GALLERIE (LA)	P. CORNEILLE.	1634.	*	1637-4°.

DU PALAIS , *ou* L'AMIE RIVALE, *Comédie en 5 Actes en Vers.* irréguliére & foible pour ce siécle-ci, mais très-bonne pour le tems où elle a paru.

Noms des Piéces.	Noms des Auteurs.	An. des Repr.	Le Nomb	An. des Editions.
GALIMATIAS (LE)	DE BEAULIEU	1638.	*	1639-4°.

Tragi-Comédie en 5 Actes en Vers. Entrelacée de pensées opposées, sans objet, *sans milieu , sans fin* , & qui remplit son titre , si l'Auteur a voulu donner du galimatias.

Noms des Piéces.	Noms des Auteurs.	An. des Repr.	Le Nomb	An. des Editions.
GARDIEN (LE)	P. SCARON.	1655.	*	1688-4°

DE SOI-MEME. *Comédie en 5 Actes en Vers.* Mal faite , point comique & ennuyeuse. *Voyez* GEOLIER DE SOI-MEME.

Noms des Piéces.	Noms des Auteurs.	An. des Repr.	Le Nomb	An. des Editions.
GASCONS ,	BOINDIN.	1701.	8.	1702-12

(LES TROIS) *Comédie en 1 Acte en Prose* , représentée le 4. Juin. Le fond en est le même que celui des TROIS ORONIES de *Boisrobert* , mais ici bien plus resserré. Elle est passable & a été reprise plusieurs fois. Bien des gens croyent qu'*Houdard de la Motte* y a travaillé. *Beauchamps* fait plus, il la lui donne dans ses recherches , en met la premiere Représentation en 1702, & dit que *Boindin* n'en est que le *prête-nom.*

Noms des Piéces.	Noms des Auteurs.	An. des Repr.	Le Nomb	An. des Editions.
GASPARD	CHANTELOUY	1574.	*	1574-8°.

DE COLIGNY. *Tragédie en 5 Actes avec des Chœurs , sans distinction de Scenes: contenant ce qui advint à Paris le 24 Août 1572 , avec le nom des Personnages qui jouérent la Tragédie :* c'est le titre. Cette-Piéce a été réimprimée depuis sur l'ancienne édition.

Noms des Piéces.	Noms des Auteurs.	An. des Repr.	Le Nomb	An. des Editions.
GASPARD	DARNAUD.	N. R.	*	1740-8°

DE COLIGNY , *Tragédie en 3 Actes en Vers.* N'a pas été représentée & ne pouvoit l'être : elle est imprimée à *Amsterdam*. Le *Mauvais Riche* , Comédie du même Auteur en 5 Actes & en Vers, qui a été jouée en 1749. à l'Hôtel de Tonnerre à Paris , & à *Postdam* devant le Roi de Prusse en 1750. n'a pas été imprimée dans ses Oeuvres publiées en 1751. *in-12.*

Noms des Piéces.	Noms des Auteurs.	An. des Repr.	Le Nomb	An. des Editions.
GASTON	CL. BILLARD.	1607.	*	1610-8°.

DE FOIX , *Tragédie avec des Chœurs.* Le sujet de cette Piéce qui est fort ennuyeuse est la bataille de Ravenne , & la mort de *Gaston de Foix* , Duc de Nemours.

Noms des Piéces.	Noms des Auteurs.	An. des Repr.	Le Nomb	An. des Editions.
GAZETTE (LA)	DANCOURT	1692.	11.	1692-12

DE HOLLANDE, *Comédie en 1 Acte en Prose.* Très-médiocre, le fond de cette Piéce à-peu-près le même que celui du MERCURE GALANT, elle a été reprise, & se joue encore de loin en loin. La Scene de *Chonchon* qui est la XVIIIe renferme une avanture de ce tems-là. *Voyez l'Hist. du Théât. Franç. Tom. XIII. pag. 269.*

GENEREUX (LES)	BOISROBERT.	1654.	*	1655-12

ENNEMIS, *Comédie en 5 Actes en Prose.* Passable pour le tems : elle fut jouée alternativement à l'Hôtel de Bourgogne avec les ILLUSTRES ENNEMIS de *Thomas Corneille.* L'Auteur en vola le sujet à *Scaron.*

GENEREUX (LES)	P. SCARON.	1654.	*	1654-4º

ENNEMIS, *ou* L'ECOLIER DE SALAMANQUE, *Tragi-Comédie.* Jouée sur le Théâtre du Marais. Cette Piéce est la même que la précédente, à l'exception du nom des Acteurs & de l'Episode du *Comte Octavian. Bois-robert* à qui *Scaron* l'avoit luë, en saisit le sujet, le traita, & pour comble de mauvais procédés, fit jouer sa Comédie avant celle-ci, & en dit beaucoup de mal lorsqu'elle parut ; *Scaron* s'en vengea par une Epigramme dans laquelle il donne des marques du plus grand mépris pour l'Abbé de *Boisrobert.* Cette Piéce est la premiere où le Rôle de *Crispin* ait été introduit.

GENEREUSE (LA)	MARECHAL.	N. R.	*	1631-8º

ALLEMANDE, *Tragédie divisée en deux journées de cinq Actes chacune, où sous noms empruntés, & parmi d'agréables & diverses feintes est représentée l'Histoire de feu M. & Me de Circy,* c'est le titre.

GENEREUSE (LA)	P. QUINAULT	1654.	*	1657-12

INGRATITUDE, *Tragi-Comédie Pastorale.* Trop romanesque, mais passable pour le tems.

GENEST, (St)	DESFONTAINES	1645.	*	1645-4º

(LE MARTYRE DE) *ou* L'ILLUSTRE COMEDIEN. Assez bien conduite, quelques beautés de détail, & passable pour le tems.

GENEVIEVE (Ste)	CERIZIERS.	1669.	*	1669-12.

DE BRABANT, *ou* L'INNOCENCE RECONNUE, *Tragédie en cinq Actes en Vers avec des Chœurs.* L'Auteur étoit Aumônier & Conseiller du Roy.

Noms des Piéces.	Noms des Auteurs.	An. des Repr.	Le Nomb	An. des Editions.
GENEVIEVE,	DAURE.	1670.	*	1670-12

ou L'INNOCENCE REÇONNUE , *Tragédie.* Jouée & imprimée à Montargis.

| GENEVRE, | CL. BILLARD. | 1609. | * | 1610-8°. |

Tragédie. Tirée de ROLAND LE FURIEUX , de l'ARIOSTE. Mauvaiſe.

| GENICOURT, | Anonyme. | 1701. | 3 | 1701-12 |

(LE VICOMTE DE) *ou* LE PETIT-MAITRE DE CAMPAGNE , *Comédie en 1 Aƈte en Proſe.* Jouée le 26 Juillet. *Voyez* MAITRE DE CAMPAGNE.

| GENOIS, (LE) | Anonyme. | 1695. | 1. | n, imp. |

Comédie en 1 Aƈte. Donnée le 6 Juin , après la Tragédie d'IPHIGE-NIE , connuë par les Regiſtres de la Comédie Françoiſe.

| GENSERIC, | D. HOUILLIERES | 1680. | * | 1680-12. |

ROI DES VANDALES , *Tragédie.* Repréſentée dans le mois de Jan-vier. Foible & mal faite , eut peu de réuſſite. Il parut dans ce tems-là un Sonnet , par un Anonyme , qui caraƈteriſe aſſez bien les Perſonnages de la Piéce.

| GENTILHOMME (LE) | MONTFLEURY. | 1670. | * | 1670-12 |

DE BEAUCE , *Comédie en 5 Aƈtes en Vers.* Jouée au commence-ment du mois d'Août ; elle parut à Verſailles devant le ROI le 6 Sep-tembre ſuivant, Elle eſt médiocre & d'un bas comique.

| GENTILHOMME (LE) | DE VISE'. | 1670. | * | 1670-12 |

GUESPIN , *Comédie en 1 Aƈte en Vers.* Médiocre. Les Loges la ſou-tinrent contre le Parterre à qui elle ne plaiſoit pas.

| GENTILHOMME (LE) | Anonyme. | 1678. | 9 | n, imp. |

MEUNIER , *Comédie en 1 Aƈte.* Jouée le 9 Mai après BERENICE. Connue par les Regiſtres du Théâtre de *Guenégaud.*

| GEOLIER (LE) | T. CORNEILLE | 1655. | * | 1557-12 |

DE SOI-MEME , *Comédie en 5 Aƈtes en Vers.* Préciſément le même ſujet que celui du GARDIEN DE SOI MEME , par *Scaron* , mais employé ici avec bien plus d'Art. Elle eut du ſuccès , & eſt reſtée au Théâtre ſous le nom de JODELET PRINCE. *Voyez* GARDIEN DE SOI-MEME.

Noms des Piéces.	Noms Auteurs.	An. des Repr.	Le Nomb	Au. des Editions.
GEORGES DANDIN,	MOLIERE.	1668.	*	1669.12

ou LE MARI CONFONDU , *Comédie en 3 Actes en Profe.* Repréfen-tée d'abord à Verfailles devant le Roi , le 15 Juillet 1668 , avec des intermèdes dont la Mufique eft de *Lully* , & a Paris , fur le Théâtre du Palais-Royal fans Intermèdes , le 9 Novembre de la même année. Cet-te Piéce eut beaucoup de fuccès , & en a encore tous les jours.

| GERMANICUS, | BOURSAULT. | 1670. | * | 1670.12 |

ou LA PRINCESSE DE CLEVES , *Tragédie.* Les Auteurs de *l'Hiftoire du Théâtre François* marquent la premiere Repréfentation de cette Piéce en 1679 ; cependant le Regiftre de *Guenegaud* annonce une repri-fe de cette Tragédie le 13 Octobre 1673 , avec 7 Repréfentations. Preu-ve qu'elle avoit été jouée avant cette année. Elle fut préfentée aux Co-médiens fous le titre de LA PRINCESSE DE CLEVES , & refufée. *Bour-fault* y fit des corrections , & la donna fous le nom de GERMANICUS. Quoique médiocre , elle eut un grand fuccès: *Pierre Corneille* y con-tribua par l'éloge outré qu'il en fit , dont *Racine* fut fi offenfé qu'il fe brouilla avec ce grand homme.

| GERMANICUS, | PRADON. | 1694. | 6. | n. imp. |

Tragédie. Repréfentée le 22 Décembre. Très-froide & fort mal fai-te : feroit fans doute ignorée fans les Regiftres & l'Epigramme que fit *Racine* , qui après avoir plaint *Germanicus* d'avoir été perfécuté par *Ti-bere* & empoifonné par le traître *Pifon* , acheve ainfi :

> Il ne lui manquoit plus , pour derniere mifere ,
> Que d'être chanté par *Pradon.*

Il n'eft point fait mention de cette Piéce dans les recherches fur les Théâtres.

| GERVAIS, (ST) | CHEFFAULT. | N. R. | * | 1670.12 |

(LE MARTYRE DE) *Poëme Dramatique.* L'Auteur étoit Prêtre de S. Gervais. Cette Piéce a pû être repréfentée dans quelques Couvens. Elle eft foible & mal écrite.

| GESIPE, | ALEX. HARDY. | 1622. | * | 1626.8 |

ou LES DEUX AMIS , *Tragi-Comédie.* Paffable pour le tems. *Tom. V.*

Noms des Piéces.	Noms des Auteurs.	An. des Repr.	Le Nomb	An. des Editions.
GETA,	PECHANTRE'.	1687.	22.	1687-12.

ou L'ILLUSTRE VESTALE , *Tragédie.* Donnée le 29 Janvier ; eut beaucoup de fuccès. Le fond en eft très-intéreffant ; le 4e. & le 5e. Acte furent trouvés fort beaux dans ce tems-là : elle eft quelquefois reprife. Mademoifelle *Lecouvreur* y jouoit fupérieurement le Rôle de *Juftine*. Mademoifelle *de Seine* , depuis Mademoifelle *Dufrefne* , y a auffi très-bien réuffi à fon début. Il fe trouve deux anecdotes dans l'hiftoire du Théâtre François , par lefquelles il fembleroit que *Dumbelot* , coufin de *Palaprat* a fait les 4 premiers Actes de cette Piéce , & que *Baron* a fait le cinquiéme. *Voyez* l'hiftoire du Théâtre François. *Tom. XIII. p. 36.*

| GIGANTOMACHIE(la | ALEX. HARDY | 1612. | * | 1626-8°. |

ou LE COMBAT DES DIEUX AVEC LES GEANTS , *Poëme Dramatique.* Imité de *Claudian.* Paffable pour le tems.

| GILLETTE, | P. TROTEREL. | 1619. | * | 1620-8°. |

Comédie en 5 Actes en Vers de 8 fyllabes. Plaifante pour le tems , & d'un ftile affez naïf. On apprend dans une Lettre de l'Auteur , en date du 12 Août 1619 , qu'il n'a mis que huit jours à faire cette Piéce , & que le fujet eft l'avanture comique d'un Gentilhomme de campagne avec fa fervante.

| GILOTIN, | S. GILES. | 1706. | * | 1709-12 |

PRECEPTEUR DES MUSES. *Comédie en 1 Acte en Vers.* Repréfentée à la *Grange Bateliere* devant Madame la Ducheffe *du Maine* , & devant M. le Prince de *Conti* , le 6 Mars 1706. Cette Piéce fe trouve dans la MUSE MOUSQUETAIRE du même Auteur , avec une *Paftorale Héroïque* , intitulée LA FIEVRE DE PALMERIN , qui eft imprimée dans la même année.

| GLORIEUX, (LE) | DESTOUCHES. | 1732. | 30. | 1732-12 |

Comédie en 5 Actes en Vers. Donnée le 18 Janvier. Eut le plus grand fuccès, & eft toujours revuë avec le même plaifir. Le Rôle principal eft un de ceux que le célébre *Dufrefne* a le mieux rendu , & qui lui a fait le plus d'honneur.

| GORDIANS(LES) | ANT. FAVRE. | 1596. | * | 1596-8°. |

ET MAXIMINS , ou L'AMBITION , *Comédie.* L'Auteur de cette ancienne Piéce étoit le Pere du célébre *Claude Favre de Vaugelas* , fi connu dans la République des Lettres par fes excellentes remarques fur la Langue Françoife.

Noms des Piéces.	Noms des Auteurs.	An. des Repr.	Le Nomb	An. des Editions.
GOUVERNANTE (LA)	LACHAUSSE'E.	1747	17.	1747-12

Comédie en 5 Actes en Vers. Représentée le 18 Janvier. Eut beaucoup de succés ; est restée au Théâtre. Le sujet est tiré d'une avanture véritable, arrivée à M. de *la Faluere*, alors Conseiller au Parlement de Bretagne, & depuis premier Président de ce Parlement.

GRACES, (LES)	STE FOIX.	1744.	12	1745-12

Comédie en 1 Acte en Prose. Jouée le 13 Juillet. Cette Piéce est dans un nouveau genre, & forme un tableau charmant, digne de l'*Albane*.

GREGOIRE,	DUCERCEAU	1721.	*	1733-12.

ou LES INCOMMODITE'S DE LA GRANDEUR, *ou* LE FAUX DUC DE BOURGOGNE, *Comédie Héroïque en 5 Actes en Vers.* Représentée d'abord au Collége de *Louis le Grand* le 8 Mai, & le mois suivant devant le ROi dans la Gallerie des Ambassadeurs du Château des Thuilleries, par les petits Pensionnaires du même Collége. Cette Piéce est imprimée à la suite de la conjuration de *Rienzy*, avec l'ENFANT PRODIGUE du même Auteur. Ses autres œuvres de Théâtre sont, l'ECOLE DES PERES, ESOPE AU COLLEGE, LE POINT D'HONNEUR, LE RICHE IMAGINAIRE, EULOGE, LE PHILOSOPHE A LA MODE, toutes Comédies qui ont été représentées au Collége, & qui n'ont pas été imprimées.

GRISELDE, (LA)	Mᵉ SAINTONGE	1714.	*	1714-12.

ou LA PRINCESSE DE SALUCES, *Comédie en 5 Actes en Vers.* Jouée & imprimée à Dijon. Ainsi que l'INTRIGUE DES CONCERTS, *Comédie en 1 Acte en Vers & Divertissement.*

GRISETTES, (LES)	CHAMPMESLE'	1671.	*	1671-12.

Comédie en 3 Actes en Vers. La premiere de l'Auteur dans un genre nouveau pour le comique, qui a fourni l'idée du CHEVALIER A LA MODE. L'Auteur réduisit cette Piéce en un Acte, quelque tems après, pour la rendre plus vive, & elle a été imprimée en 1673 sous le titre DES GRISETTES, *ou* DE CRISPIN CHEVALIER.

GRONDEUR, (LE)	l'Ab. BRUEYS	1691.	10.	1711-12

Comédie en 3 Actes en Prose avec le Prologue des Sifflets, par Palaprat. Donnée le 3 Février : Caractere bien soutenu, d'un excellent comique. Elle avoit été d'abord faite en 5 Actes, les Comédiens exigerent qu'elle fût réduite en trois. Ce seroit une des meilleurs Piéces depuis *Moliere*, si le dernier Acte répondoit au reste. *Palaprat* en est aussi l'Auteur. Elle fut sifflée à la premiere Représentation par le Théâtre, & applaudie par le Parterre. Elle a eu depuis le plus grand succés, & est toujours revuë avec le même plaisir.

Noms des Piéces.	Noms des Auteurs.	An. des Repr.	Le Nomb	An. des Editions.
GRONDEUSE , (LA)	FAGAND.	1734.	5.	n. imp.

Comédie en 1 Acte en Prose. Représentée le 11 Février. Elle n'a pas été reprise.

| GUERRE (LA) | LA CROIX. | N. R. | * | 1664-12 |

COMIQUE, *ou* LA DEFENSE DE L'ECOLE DES FEMMES. Le second titre annonce l'objet de cette *Piéce.*

| GUINGUETTE (LA) | Anonyme. | 1716. | 4. | n. imp. |

DE LA FINANCE , *Comédie en 1 Acte avec un Divertissement, dont la Musique est de Mouret.* Re réseutée le 19 Mai.

| GUISE, | Anonyme. | 1588. | * | 1588-4°. |

(LA DOUBLE TRAGEDIE DU DUC ET DU CARDINAL DE) *Poëme Dramatique.* Joué a Blois le 23 & le 24 Décembre 1588.

| GUISIADE , (LA) | P. MATHIEU. | N. R. | * | 1589-8° |

Tragédie avec des Chœurs. Elle a été réimprimée depuis peu sur l'ancienne édition.

| GUSTAPHE, | BENSERADE. | 1637. | * | 1637-4°. |

ou L'HEUREUSE AMBITION, *Comédie.* Mal construite, & foiblement renduë.

| GUSTAVE | PIRON. | 1733. | 2C. | 1733-8°. |

Tragédie. Donnée le 6 Février. Piéce dans un goût nouveau, & chargée d'incidens; elle eut un très-grand succès, est restée au Théâtre & souvent reprise.

H

| HABIS, | Me GOMEZ. | 1714. | 26. | 1714-12 |

Tragédie. Tirée d'une *Nouvelle* de Mlle. *de Guillain*, intitulée HABIS. Piéce intéressante , mais foiblement écrite ; elle eut un grand succès dans sa nouveauté ; elle n'en a pas eu autant à la reprise du 14 Mai 1732.

| HECTOR, | MT. CHRETIEN. | 1603. | * | 1604-8* |

Tragédie. A quelques beaux endroits pour le tems. Le Rôle principal assez bien rendu ; elle est imprimée à la tête de la premiere édition des œuvres de l'Auteur. *Sconin* a fait une Tragédie de ce titre , indiquée sans format dans les recherches sur les Théâtres.

Noms des Piéces.	Noms des Auteurs.	An. des Repr.	Le Nomb	An. des Editions.
HELENE	Anonyme.	1683.	*	1683-12.

D'AMSTERDAM (LE RAVISSEMENT DE L') *Comédie*. Affez comique , jouée & imprimée en Hollande avec *figures*.

| HENRI | CL. BILLARD. | 1610. | * | 1610-8°. |

LE GRAND , *Tragédie avec des Chœurs*. Singuliere , jouée devant *Marie de Medicis*. M. le *Dauphin* y dit , *qu'il en fçait plus que les Rois trépaffés*. *Voyez* le fecond Acte de cette Piéce.

| HENRIETTE | FONTENELLE. | N. R. | * | 1751-12. |

Comédie en 5 Actes en Profe. Imprimée avec les autres Piéces de l'Auteur. Sçavoir , IDALIE , MACATE , LE TYRAN , ABDOLONIME , LE TESTAMENT & LYSIANASE , *toutes Comédies en 5 Actes & en Profe* , & toutes dignes de fon célébre Auteur.

| HERACLIDES , (LES) | DE BRIZ. | 1695. | 6. | n. imp. |

Tragédie. Donnée le 29 Décembre. Mauvaife , feroit ignorée fans l'Epigramme de *Gacon*. *Voyez* LE POETE SANS FARD. Edition de 1701 , *page 25*.

| HERACLIDES (LES) | DANCHET. | 1719. | 8. | 1751-12 |

ou HILUS , *Tragédie*. Repréfentée le 29 Décembre. Médiocre , n'a été imprimée qu'après la mort de l'Auteur dans un recueil de fes œuvres en 4 Volumes.

| HERACLIUS , | P. CORNEILLE. | 1647. | * | 1647-4° |

EMPEREUR D'ORIENT , *Tragédie*. Piéce admirable , pleine de génie , & digne de fon célébre Auteur. Elle a eu un fuccès prodigieux à fa premiere reprife en 1724. On a agité dans ce tems la queftion , fçavoir s'il l'avoit tirée de *Don Pedro de Calderon* , ou fi elle étoit de fon invention. Après bien des écrits , pour éclaircir le fait , la chofe eft reftée indécife. Une preuve en faveur de *Corneille* fuffit pour la réfoudre ; ce grand homme n'a jamais altéré la vérité tant qu'il a vêcu. Il dit , dans l'examen de fa Tragédie d'HERACLIUS , *que c'eft un heureux original dont il s'eft fait de belles copies fi-tôt qu'il a paru*. Ce peu de mots décide que fi *Corneille* avoit tiré le fujet de *Calderon* , il l'auroit avoué avec fon ingénuité ordinaire.

| HERCULE , | ROL. BRISSET. | 1589. | * | 1550-4° |

FURIEUX , *Tragédie*. Mauvaife. Elle eft imprimée dans un recueil qui a pour titre , *Premier Livre des œuvres Poëtiques de* R. B. G. T.

Noms des Piéces.	Noms des Auteurs.	An. des Repr.	Le Nomb	An. des Éditions.
H E R C U L E	J. PREVOT.	1614.	*	1614-12

Tragédie. Foible d'invention & mal verfifiée ; fe trouve dans un recueil des œuvres de l'Auteur, imprimé à Poitiers.

| H E R C U L E | MAINFRAY. | 1616. | * | 1616-8° |

(LES FORCES INCOMPARABLES DU GRAND) *ou* LES AMOURS DU GRAND HERCULE , *où l'on voit artiftement dépeint , fon trépas, fa générofité malgré l'envie de Junon fa marâtre.* C'eft le titre.

| H E R C U L E | J. ROTROU. | 1636. | * | 1636-4° |

MOURANT , *ou* LA DEJANIRE , *Tragédie.* Belle pour le tems.

| H E R C U L E | L'HERITIER. | 1638. | * | 1639-4°. |

FURIEUX *Tragédie,* Tirée d'*Euripide.* Mauvaife & froide.

| H E R C U L E | LINAGE , Jéf. | N. R. | * | 1651-12. |

FURIEUX , *Tragédie de Seneque.* Traduite en Profe ainfi que les fuivantes : LA THEBAIDE , LA MEDE'E , L'OEDIPE , L'HIPPOLITE , L'HERCULE MOURANT , LE THYESTE , LA TROADE , L'AGAMEMNON & L'OCTAVIE , toutes Tragédies imprimées dans un recueil des traductions de l'Auteur , divifé en dix parties , renfermées en cinq Tomes reliés.

| H E R C U L E | l'Ab. ABEILLE | 1681. | 14, | 1682 -12 |

Tragédie. Imitée des autres Piéces de ce nom qui l'ont précédée. Elle fut donnée au Théâtre fous le nom de *la Thuillerie.*

| HERITIER(L') | P. SCARON. | 1649, | * | 1650-4° |

RIDICULE *ou* LA DAME INTERESSE'E , *Comédie en 5 Actes en Vers.* Mal conftruite , eft cependant reftée au Théâtre jufqu'en 1706. Elle plût tant au feu ROI qu'il la fit jouer trois fois de fuite , fans interruption dans le même jour.

| HERMENEGILDE(ST) | Anonyme. | N. R. | * | S. D.-8° |

Tragédie, Imprimée à Rouen avec les STS. INNOCENS & le MARTYRE DE S. SEBASTIEN dans un Recueil qui a pour titre *Jefus Maria.*

| HERMENEGILDE(ST) | DESISLES LE BAS. | 1700. | * | 1700-12. |

ROYAL MARTYR , *Tragédie.* Jouée & imprimée à Caen.

Noms des Piéces.	Noms des Auteurs.	An. des Repr.	Le Nomb	An. des Editions.
HERMENIGILDE,	CALPRENEDE.	1643.	*	1643-4°.

Tragédie. Affez intéreffante.

| HERMOGENE, | DESFONTAINES | 1638. | * | 1639-4° |

(LE PRINCE) *Tragi-Comédie.* Conduite fingulierement & mal rendue.

| HERODE, | l'Ab. NADAL. | 1709. | 9. | 1709-12. |

Tragédie, donnée le 5 Février. Médiocre, on voulut y trouver des allufions.

| HEROINE, (L') | Anonyme. | 1686. | 4. | n. imp. |

Comédie en 5 Actes, repréfentée le 10 Septembre. Tirée des Regiftres de la Comédie Françoife.

| HEROS (LE) | DE LORIENDE. | 1669. | * | 1669-12. |

TRE'S-CHRETIEN, *Tragédie.* Quoique foible elle a quelques beaux endroits.

| HESTER, (LA BELLE) | TOUSTAIN | Incert. | * | s.D.-8°. |

Tragédie Françoife, tirée de la Sainte Bible, en 5 Actes; imprimée fans date à Rouen.

| HEURE (L') | CHAMPMESLE' | 1672. | * | 1673-12. |

DU BERGER, *Paftorale en 5 Actes en Vers.* Affez bien imaginée.

| HEURE (L') | DE PONTAU. | 1737. | 7. | 1758-12. |

DU BERGER, *Comédie en 1 Acte en Vers.* Jouée le 12 Novembre avec le RIVAL SECRETAIRE & L'ACCOMMODEMENT IMPREVU, Comédies. Mademoifelle *Dangeville* qui repréfentoit l'HEURE DU BERGER, fit un grand plaifir.

| HEUREUSE (L') | J. ROTROU. | 1636. | * | 1636-4° |

CONSTANCE, *Tragi-Comédie.* Irréguliere, mais paffable pour le tems.

| HEUREUSES (LES) | DUPERRON. | 1633. | * | 1633-8° |

AVANTURES, *Tragi-Comédie en 5 Actes en Vers.* Affez bonne pour le tems.

Noms des Piéces.	Noms des Auteurs.	An. des Repr.	Le Nomb	An. des Editions.
HEUREUSES (LES)	LA BROUSSE.	Incert.	*	1618-12

INFORTUNES , *Tragédie.* N'eſt pas ſans mérite , mais le ſtyle n'en eſt point agréable. *Voyez* EMBRION ROMAIN.

| HEUREUX (L') | Anonyme. | 1740. | 2. | n. imp. |

ECHANGE , *Comédie en 5 Actes en Vers* , donnée le 22 Octobre A quelque beautés de détail , mais eſt ſans invention : on en trouve l'extrait dans le Mercure de Novembre de la même année , pag. 2520.

| HEUREUX (L') | MANSUET. | 1675. | * | M. S. |

DEGUISEMENT , *ou* PHILEMON & APOLLONE Martyre , dédiée à *Jacques II.* Roi d'Angleterre. L'Auteur étoit Capucin.

| HEUREUX (L') | C. A. | 1513. | * | Incert. |

DESESPERE' , *Tragédie.* Indiquée dans les Recherches ſur les Théâtres , ainſi que L'HEUREUX INFORTUNE' , Comédie. Anonyme & ſans date.

| HEUREUX (L') | JEAN ROTROU | 1637. | * | 1637-4°. |

NAUFFRAGE , *Tragi-Comédie.* Irréguliere pour le ſujet , mais aſſez paſſable.

| HEUREUX (L') | BARBIER. | 1710. | * | 1710-12 |

NAUFFRAGE , *Comédie en 3 Actes en Vers.* Repréſentée à Lyon le 18 Août par la Troupe du *Duc de Villeroy.*

| HIPOCONDRIAQUE | J. DE ROTROU | 1628. | * | 1631-8°. |

(L') *ou* LE MORT AMOUREUX , *Tragi-Comédie.* Irréguliere & froide. C'eſt la premiere Piéce de l'Auteur , qui n'avoit que vingt ans quand il la compoſa. Outre les Piéces connuës de *Rotrou* , différens Catalogues lui en attribuent encore pluſieurs , entr'autres celles qui ſuivent. LISIMENE , *la* THEBAIDE , *Don Alvare de Lune* , FLORANTE *ou* LES DEDAINS AMOUREUX , L'ILLUSTRE AMAZONE , & AMARILLIS. De tous ces Poëmes qui n'ont été ni joués ni imprimés , on ne connoît que le dernier. *Voyez* AMARILLIS.

| HIPPOLYTE , | ROB. GARNIER | 1568. | * | 1573-8°. |

Tragédie avec des Chœurs. Aſſez bien faite pour le tems : elle a pû fournir des idées à ceux qui ſont venus depuis.

Noms des Piéces.	Noms des Auteurs.	An. des Repr.	Le Nomb	An. des Editions.
HIPPOLYTE,	PINELLIERE.	1635.	*	1635-8º.

Tragi-Comédie, imitée de Seneque, avec un Prologue en Vers libres. Médiocre & fans invention. L'Auteur affure dans fon avis au Lecteur qu'il n'a été que quinze jours à la faire.

| HIPPOLYTE, | GILBERT. | 1646. | * | 1646-4º |

ou LE GARçON INSENSIBLE , Tragédie. Le fujet mal faifi & mal rendu.

| HIPPOLYTE, | BIDARD. | 1675. | * | 1675-12 |

Tragédie. Mauvaife, repréfentée à Lile par les Comédiens de M. le Duc.

| HOLLANDE, | MONTAUBAN. | 1653. | * | 1654-12 |

(LE COMTE DE) Tragédie. Allégorique fur les affaires de ce tems-là.

| HOLLANDE (LA) | R. POISSON. | 1672. | * | 1673-12 |

MALADE , ou LA COMTESSE DE HOLLANDE. Comédie en 1 Acte en Vers. Repréfentée fur le Théâtre de l'Hôtel de Bourgogne , allégorique à la guerre que le ROI faifoit alors à la Hollande. Paffable pour le tems.

| HOLOPHERNE , | D'AMBOISE. | 1580. | * | 1580-80 |

Tragédie. Stérile, tirée de l'Hift. de JUDITH , bonne pour le fiécle. Dom Denis de Sainte Marthe a fait en 1666 une Tragédie de ce nom. Beauchamps. Tom II. pag. 372.

| HOLOPHERNE , | C. PARTENAY. | 1574. | * | n. imp. |

Tragédie. Repréfentée à la Rochelle. Cette Princeffe de Soubize s'eft encore amufée à faire plufieurs Tragédies & Comédies qui n'ont pas été imprimées.

| HOMME (L') | BARON. | 1686. | 23. | 1686-12 |

A BONNES FORTUNES , Comédie en 5 Actes en Profe. Donnée le 30 Janvier. Très-agréable, reftée au Théâtre, & toujours revuë avec plaifir quoiqu'écrite avec un peu de négligence. Bien des gens ont prétendu que Baron n'en étoit que le prête-nom , mais n'en ont apporté aucune preuve.

| HOMME (L') | GILB. COUSIN. | 1561. | * | 1561-8º. |

(EXTRAIT DE) Tragédie Latine de Coüfin , traduite en Profe Françoife par le même Auteur. Jouée & imprimée à Lyon.

Noms des Piéces.	Noms des Auteurs.	An. des Repr.	Le Nomb	An. des Editions.
H O M M E (L')	Anonyme.	1686.	7.	n. imp.

DE GUERRE , *Comédie en 5 Actes.* Connuë par les Regiſtres de la Comédie Françoiſe.

| H O M M E (L') | LACHAUSSE'E. | 1751. | * | n. imp. |

DE FORTUNE , *Comédie en 5 Actes en Vers.* Faite pour l'amuſement du ROI, repréſentée deux fois à *Belle-vuë* au mois de Janvier , par les Dames & Seigneurs de la Cour.

| H O M M E (L') | DE BARAN. | 1554. | * | 1554-12 |

JUSTIFIE' PAR LA FOY , *Tragi-Comédie en 5 Actes en Vers. A douze Perſonnages , avec un Prologue & une Concluſion.* C'eſt le titre.

| H O M M E , | Anonyme. | 1694. | 2. | n. imp. |

(LE JEUNE) *Comédie en 1 Acte.* Connuë par les Regiſtres de la Comédie Françoiſe.

| H O M M E (L') | FR. RAISIN | 1687. | 19. | n. imp. |

DE LA FOIRE (LE PETIT) *Comédie.* Repréſentée le 20 Mai. C'étoit ſans doute un Vaudeville du tems.

| H O M M E (L') | DESTOUCHES. | N. R. | * | 1747-8° |

SINGULIER , *Comédie en 5 Actes en Vers.* Elle avoit été reçuë par les Comédiens, qui devoient la donner peu de tems après ; mais l'indiſpoſition d'une Actrice en ayant retardé la Repréſentation , l'Auteur changea d'avis , & la retira.

| H O M M E S | MARIVAUX. | 1727. | 4. | 1727-12 |

(LES PETITS) *ou* L'ISLE DE LA RAISON , *Comédie en 3 Actes en Proſe avec Prologue.* Donnée le 11 Septembre. Le Roman de *Guliver ,* qui étoit alors à la mode , a donné l'idée de cette Piéce. Rien n'eſt plus modeſte que ce qu'en dit l'Auteur dans ſa Préface.

| H O P I T A L (L') | CH. BEYS. | 1635. | * | 1636-4° |

DES FOUS , *Comédie en 5 Actes en Vers.* Paſſable pour le tems.

| H O R A C E S , (LES) | DAIGALIERS. | 1596. | * | 1596-12. |

Tragédie. Singuliere pour l'invention, paſſablement renduë. Dans l'édition des œuvres de *Pierre Corneille* 1738. *in-4°.* L'Editeur avance que cette Piéce a été imprimée en 1576 ; cependant *Beauchamps* & *Parfait* ſont d'accord ſur la date de l'impreſſion en 1596.

Noms des Piéces.	Noms des Auteurs.	An. des Repr.	Le Nomb	An. des Editions.
HORACES, (LES)	P. CORNEILLE	1639.	*	1641-4°.

Tragédie. L'un des Chefs-d'œuvres de l'Art. Le cinquiéme Acte moins beau que les autres. Cette belle Piéce a toujours été imprimée sous le titre d'HORACE, & non sous celui des HORACES que les Comédiens employent ordinairement dans leurs annonces & affiches.

HYPERMNESTRE,	RIUPEROUS.	1704.	11.	1704-12.

ou LYNCE'E, *Tragédie.* Donnée le 1 Avril. Il s'y trouve une Scene qui fit un grand effet, & qui fut fort applaudie; c'est la troisiéme du troisiéme Acte. Cette Piéce fut interrompuë après la quatriéme Repréfentation, par l'indifpofition de Mademoifelle *Duclos*; au bout de quelques jours on la remit au Théâtre, & elle n'en eut que fept, en tout onze Repréfentations. A fa derniere reprife le 18 Novembre 1726, elle n'eut point de réuffite. L'Auteur a tiré parti des *Danaïdes* de *Gombaut*, & du *Lyncée* de l'Abbé *Abeille*, même fujet que celui de fa Tragédie *Voyez* le fecond Volume du Mercure de Novembre, année 1726, *page* 2746, & 2758.

HYPSICRATE'E,	J. BEHOURT.	1597.	*	1604-12.

ou LA MAGNANIMITE', *Tragédie.* Tirée de *Plutarque*, vie de *Lucullus.* Bonne pour le Collége de Rouen où elle fut repréfentée.

J

JACQUES II.	Anonyme.	Inccrt.	*	1694-

(LE RETOUR DE) *Comédie.* Indiquée dans les recherches fur les Théâtres.

JALOUSE (LA)	BOISROBERT.	1649.	*	1650-4°

D'ELLE-MESME, *Comédie en 5 Actes en Vers.* Tirée d'un Poëme Efpagnol. Irréguliere, mais divertiflante, eut de la réuffite.

JALOUX, (LE)	BARON.	1687.	14.	1736-12

Comédie en 5 Actes en Vers. Repréfentée le 17 Décembre. Nonobftant fon fuccès, elle n'eft pas bonne. Elle n'a été jouée qu'une feule fois à fa reprife le 18 Février 1710, malgré les corrections qu'on y'a faites.

JALOUX,	Anonyme.	Incert.	*	1648-4°

(LE SAGE) *Tragi-Comédie en Profe.* Elle ne fe trouve pas dans l'hiftoire du Théâtre François.

Noms des Piéces.	Noms des Auteurs.	An. des Repr.	Le Nomb	An. des Editions.
JALOUX (LE)	CAMPISTRON.	1709.	10.	1709-12

DESABUSE'; *Comédie en 5 Actes en Vers.* Donnée le 13 Décembre. Bon comique, bien conduite, restée au Théâtre.

JALOUX (LE)	DUFRENY.	1708.	1.	1720-12

HONTEUX DE L'ETRE, *Comédie en 5 Actes en Prose.* Jouée le 6 Mars, pleine d'esprit, méritoit d'être mieux reçuë.

JALOUX (LE)	BRECOURT.	1666.	*	1666-12.

INVISIBLE, *Comédie en 3 Actes en Vers.* Donnée au mois d'Août, tirée de l'Espagnol *El zeleso inganado*, très-singuliere, dut son succès au jeu des Acteurs.

JALOUX (LE)	Anonyme.	1695.	7.	n. imp.

MASQUE', *Comédie en 3 Actes.* Représentée le 16 Avril. Connuë par les Registres de la Comédie Françoise.

JALOUX (LE)	CHARL. BEYS.	1635.	*	1635-4°.

SANS SUJET, *Tragi-Comédie.* Sans invention, & très-foible.

JALOUX (LE)	DUBOIS.	1714.	*	1714-16.

TROMPE', *Comédie en 1 Acte.* Représentée sur le Théâtre de l'Opera de Marseille.

JALOUX, (LES)	P. LARRIVEY.	1578.	*	1597-12

Comédie en 1 Acte en Prose, avec un Prologue. Tirée de l'ANDRIENNE & de L'EUNUQUE de *Terence.* Le sujet bien imaginé & bien rendu pour le tems.

JANIN,	J. MILLET.	1636.	*	1636-8°

ou LA HAUDA, *Tragi-Comédie Past. en 5 Actes en Vers.* Une partie en François l'autre en Provençal. Elle a été jouée à Grenoble.

IBRAHIM,	SCUDERY.	1642.	*	1643-4°

ou L'ILLUSTRE BASSA, *Tragi-Comédie.* Quoique Médiocre, eut beaucoup de succès. C'est la conclusion du Roman de ce nom.

IDOMENE'E,	CREBILLON.	1705.	13.	1706-12

Tragédie. Donnée le 29 Décembre. C'est la premiere Piéce de l'Auteur qui annonça les talens qui l'ont rendu si célébre depuis.

Noms des Piéces.	Noms des Auteurs.	An. des Repr.	le Nomb	An. des Editions.
JEAN, (St)	Mᶜ Bisson.	1703.	*	1703-8º

(LA DECOLATION, ou LE MARTYRE DE) *Tragédie*. Elle est imprimée à Rouen. *Beauchamps* indique encore une Piéce sous ce titre, par *Pedault*, dans sa table alphabétique.

| JEANNE | Calprenede. | 1637. | * | 1638-12 |

D'ANGLETERRE, *Tragédie*. Médiocre, mais quelques caracteres assez bien soutenus. L'Auteur dit, dans sa Préface du COMTE D'ESSEX, que sa Tragédie de JEANNE *fut jouée & imprimée pendant son absence, & qu'il y a autant de fautes que de mots dans cette édition*; c'est sans doute la premiere en 1637 dont il veut parler.

| JEANNE | La Place. | 1748. | 1 | n. imp |

D'ANGLETERRE, *Tragédie*. Tirée du *Théâtre Anglois*. L'Auteur la retira après la premiere Représentation.

| JEANNE D'ARC, | Anonyme. | N. R. | * | 1611-12 |

PUCELLE D'ORLEANS, *Tragi-Comédie*. N'est pas sans mérite, ni mal versifiée pour le tems. Elle est intitulée *Tragédie de Jeanne d'Arques, dite la Pucelle d'Orléans, native d'Epernay près Vaucouleurs en Lorraine*. Il y a lieu de penser, par la lecture de cette Piéce, qu'elle a été jouée bien longtems auparavant la date de son impression. On trouvera à la lettre P. les autres Tragédies de PUCELLE D'ORLEANS.

| JEANNE, | Magnon. | 1656. | * | 1656-4º. |

REINE DE NAPLES, *Tragédie*. Mauvaise, & sans intérêt.

| JEPHTE', | Fl. Chretien | 1567. | * | 1567-4º |

ou LE VOEU, *Tragédie*. Traduite du Latin de *Bucchanam*. Mauvaise.

| JEPHTE'. | Brinon. | 1614. | * | 1614-12 |

Tragédie. Traduite du Latin de *Bucchanam*.

| JEPHTE', | Venel. | 1676. | * | 1676-8º |

ou LA MORT DE SEÏLA, *Tragédie*. Assez passable pour le tems.

| JEPHTE', | L'Ab. Boyer. | 1691. | * | 1692-4º. |

Tragédie en 3 Actes en Vers, avec des Chœurs. Composée pour les Demoiselles de S. Cyr. Elle eut un grand succès.

Noms des Piéces.	Noms des Auteurs.	An. des Repr.	Le Nomb	An. des Editions.
J E S U S	Cl. Mace'e.	N. R.	*	1729-12

EN BETLEEM (LA NAISSANCE DE) *Piéce Pastorale avec l'adoration des Bergers & la descente de l'Archange S. Michel aux Lymbes, dédiée aux ames dévotes à l'Enfant-Jesus.* C'est le titre. Bonne pour être jouée dans des Couvents. L'Auteur étoit Hermite.

| J E U N E (LE) | Anonyme. | 1694. | 2. | n. imp. |

HOMME, *Comédie en 1 Acte.* Représentée le 14 Novembre. Elle fut donnée vraisemblablement aux Comédiens, leurs Regiſtres ne marquant point qu'on ait tiré de part d'Auteur pour les deux Repréſentations de cette Piéce, ce qui eſt cependant d'uſage.

| J E U N E (LE) | Destouches. | N. R. | * | 1751-12 |

HOMME A L'EPREUVE, *Comédie en 5 Actes en Prose.* Quoiqu'il y ait bien de l'intérêt dans cette Piéce, l'Auteur n'a pas jugé a propos de la mettre au Théâtre.

| JE VOUS PRENS | Champmesle' | 1693. | 14. | 1699 12 |

SANS VERT, *Comédie en 1 Acte en Vers avec un Divertiſſement.* Jouée le premier de Mai. Aſſez plaiſante. A ſa repriſe on mit un Divertiſſement nouveau, compoſé par *Nicolas Grandval.* Quoique cette Piéce ſoit dans les œuvres de *Champmeſlé,* elle paſſe pour être de *La Fontaine.*

| I L L I A D E, (L') | St Didier. | N. R. | * | 1716 12 |

Tragi-Comédie en 3 Actes. Imprimée à Roterdam, à la fin du *Voyage du Parnaſſe.*

| I L L U S I O N (L') | P. Corneille | 1636. | * | 1636-4° |

COMIQUE, *Comédie en 5 Actes en Vers.* L'irrégularité & la bizarrerie de cette Piéce, n'a pas empêché qu'elle n'ait réuſſi : le caractere du *Matamore* eſt plaiſament rendu.

| I L L U S I O N (L') | N e' e l. | Incert. | * | 1678- |

GROTESQUE, *ou* LE FEINT NECROMANCIEN, *Comédie.* Très-rare & peu connuë.

| I L L U S T R E (L') | J. Mairet | 1637. | * | 1637-4° |

CORSAIRE, *Tragi-Comédie.* Foible de verſification, mais le ſujet en eſt ingénieux.

Noms des Piéces.	Noms des Auteurs.	An. des Repr.	Le Nomb	An. des Editions.
ILLUSTRES (LES)	T. CORNEILLE	1654.	*	1658-12

ENNEMIS, *Comédie en 5 Actes en Vers*. Tirée d'une intrigue Espagnole. Plaisante, mais construite foiblement. Elle fut jouée alternativement à l'Hôtel de *Bourgogne*, AVEC LES GENEREUX ENNEMIS, *Comédie* de *Boisrobert*.

| IMPATIENT, (L') | L. BOISSY. | 1724. | 5. | 1734-8° |

Comédie en 5 Actes en Vers. Donnée le 26 Janvier. Il y avoit un Prologue fort joli, & le tout fit concevoir de l'espérance.

| IMPERTINENT (L') | L. BOISSY. | 1729. | 5. | 1734-8°. |

MAIGRE' LUI, *ou* LES AMANS MAL ASSORTIS, *Comédie en 5 Actes en Vers*. Représentée le 14 Mai. L'Auteur la retira après la premiere Représentation pour y faire des corrections & en changer le dénouement. Elle fut reprise le 30 du même mois.

| IMPERTINENT, (L') | DESMAHIS | 1750. | 15. | 1750-8° |

Comédie en 1 Acte en Vers. Jouée le 31 Août. Coup d'essai qui plût par des détails très-agréables & des Vers fort heureux. Elle fut donnée à la premiere Représentation sous le nom du BILLET PERDU.

| IMPORTANT, (L') | L'Ab. BRUEYS. | 1693. | 9. | 1694-12 |

Comédie en 5 Actes en Prose. Donnée le 13 Décembre, sous le titre de L'IMPORTANT DE COUR. Cette Piéce est assez bonne, mais le caractere principal est défectueux ; c'est plûtôt un *Chevalier d'industrie* qu'un *important*. Cette Comédie est rejouée quelquefois.

| IMPORTUNS, (LES) | MALESIEU. | N. R. | * | 1706-12 |

Comédie. A été jouée à Sceaux, pendant le Carnaval de 1706, sur le Théâtre de M^e la Duchesse *du Maine*, ainsi que la TARENTULE & L'HEAUTONTIMORUMENOS, *Comédies*, dont la derniere est imitée de *Térence*. Ces Piéces se trouvent avec d'autres Poësies du même Auteur, dans un recueil intitulé, *Les Divertissemens de Sceaux*.

| IMPROMPTU (L') | R. POISSON. | 1733. | 9 | 1735-12. |

DE CAMPAGNE, *Comédie en 1 Acte en Vers*. Représentée le 21 Décembre. Divertissante, restée au Théâtre.

Noms des Piéces.	Noms des Auteurs.	An. des Repr.	Le Nomb	An. des Editions.
IMPROMPTU (L')	MONTFLEURY.	1663.	*	1664-12

DE CONDE', *Comédie en 1 Acte en Vers.* Composée par *Antoine Montfleury*, pour vanger son Pere & les Comédiens ses camarades, que *Moliere* avoit tournés en ridicule dans son *impromptu de Versailles.*

IMPROMPTU (L')	DANCOURT	1692.	*	1693-12

DE GARNISON, *Comédie en 1 Acte en Prose.* Jouée le 26 Juillet. Plaisante, mais d'un bas comique. Elle fut envoyée de Namur aux Comédiens, qui ne la trouvant pas en état d'être mise au Théâtre, chargerent *Dancourt* de la retoucher.

IMPROMPTU (L')	LE GRAND.	1725.	26.	1726-12

DE LA FOLIE, *Ambigu comique*, contenant un Prologue & deux Comédies en 1 Acte chacune : sçavoir, LES NOUVEAUX DEBARQUE'S & LA FRANÇOISE ITALIENNE. Ces petites Pieces étoient entremelées de trois Intermédes de Danses & de Chants, dont le premier figuroit une revuë du Régiment de la *Calote* par la folie. Les airs sont de *Quinault*, & le Ballet de *Dangeville*. Elles furent représentées le 5 Novembre. La fille de *Legrand* en *Arlequin* & *Armand* en *Pantalon*, qui parodierent fort plaisamment ces deux Acteurs Italiens, firent le grand succès de cette Comédie.

IMPROMPTU (L')	DANCOURT	1705.	1.	1705-12

DE LIVRY, *Comédie en 1 Acte en Vers.* Vaudeville assez plaisant.

IMPROMPTU (L')	Anonyme.	1696.	*	1696-12

DE NAMUR, *Comédie en 1 Acte en Prose.* Allégorique à la prise de Namur. Elle fut représentée dans le camp des ennemis.

IMPROMPTU (L')	DANCOURT.	1713.	26.	1713-12

DE SURESNE, *Comédie en 1 Acte en Prose avec un Divertissement dont la Musique est de Gilliers.* Représentée d'abord à Suresne, avec un Prologue, pour une Fête que donna l'Electeur de Baviére, & à Paris le 24 Mai. Elle est divertissante & etoit bonne pour le moment.

IMPROMPTU (L')	MOLIERE.	1663.	18.	1682-12

DE VERSAILLES. *Comédie en 1 Acte en Prose.* Représentée d'abord à Versailles le 14 Octobre 1663, & à Paris le 4 Novembre de la même année. Cette pétite Piéce est fort plaisante ; il s'y trouve une Scéne contre *Boursault*, où *Moliere* le nomme & le traite sans ménagement, pour se vanger de la Comédie du PEINTRE que cet Auteur avoit fait contre lui ; mais le mépris ne tombe que sur les talens, & non sur la personne.

Noms des Piéces.	Noms Auteurs.	An. des Repr.	Le Nomb	An. des Editions.
IMPUISSANCE, (L')	VERONNEAU.	1634.	*	1634-8

Tragédie Pastorale en 5 Actes en Vers. Médiocre & fort libre.

| INCESTE (L') | LA CAZE | 1639. | * | 1639-4°. |

SUPPOSE', *Tragédie.* Mauvaise & ennuyeuse. *Beauchamps* en indique une de ce titre qu'il attribue à *Hardy. Voyez* LUCRECE.

| INCONNU, (L') | T. CORNEILLE | 1675. | 28. | 1677-12 |

Comédie en 5 Actes en Vers avec Prologue & Divertissement, mêlée de Danses & de Musique. Donnée le 17 Novembre. Cette Piéce qui est aussi de *Visé*, est ingénieuse, & parfaitement imaginée pour une Fête. Elle a toujours eu beaucoup de succès aux différentes reprises. A celle de 1703 le 21 Août, elle eut 16 Représentations : on y avoit ajouté un nouveau Prologue, qui n'a pas été rejoué depuis, & de nouveaux Divertissemens dont *Gilliers* fit la Musique, & *Dancourt* les paroles.

| INCONNUE, (L') | BOISROBERT. | 1655. | * | 1655-12 |

Comédie en 5 Actes en Vers. Comique, mais froide.

| INCONSTANCE (L') | MARECHAL. | 1630. | * | 1635-8°. |

D'HYLAS, *Pastorale en 5 Actes en Vers.* Tirée de L'ASTRE'E. Passablement écrite pour le tems. Eut du succès.

| INCONSTANCE (L') | DE LA CROIX. | 1530. | * | 1630-8°. |

PUNIE, *ou* LA MELANIE, *Tragi-Comédie.* Assez bonne pour le tems.

| INCONSTANCE (L') | DORIMONT. | 1661. | * | 1661-12 |

PUNIE. *Comédie en 1 Acte en Vers.* Foible & sans intérêt.

| INCONSTANCE, | Anonyme. | 1732. | 1. | n. imp. |

(LA FAUSSE) *Comédie en 3 Actes en Vers.* Donnée le 15 Septembre. Fut reçue froidement : on l'attribua à l'Abbé *Pellegrin.*

| INCONSTANT (L') | Anonyme. | Incert. | * | 1661-12 |

VAINCU, *ou* PUNI, *Pastorale en Chansons.*

| INDEGONDE, | MONTAUBAN. | 1653. | * | 1654-12. |

Tragédie. Cette Piéce qui est assez bonne, est à proprement parler celle D'HERMENIGILDE de *la Calprenede*, jouée onze ans auparavant, que *Montauban* a mise en Vers, & dont il a retranché les longueurs & ôté un Rôle inutile.

Noms des Piéces.	Noms des Auteurs.	An. des Repr.	Le Nomb	An. des Editions.
INDIENNE (L')	DUROCHER.	1631.	6.	1631-8°

AMOUREUSE, *ou* L'HEUREUX NAUFRAGE, *Comédie en 5 Actes en Vers.* Tirée de l'ARIOSTE. Elle est médiocre.

| INDISCRET, (L') | VOLTAIRE | 1725. | 6 | 1725-8° |

Comédie en 1 Acte en Vers. Première Comédie de l'Auteur. La première Scéne est un Chef-d'œuvre pour le stile.

| INEGAL, (L') | CROQUET | N. R. | * | 1736-12. |

Comédie. Elle est imprimée dans le Roman des Saturnales Françoises.

| INE'S DE CASTRO, | DE LA MOTTE | 1723. | 32. | 1723-8°. |

Tragédie. Très-intéressante, est fort bien conduite, donnée le 6. Avril : elle est un peu foible de versification. Après avoir été jouée deux fois, elle fut interrompuë par la maladie de *Baron*, on la reprit le 15 Mai & elle eut 32 Représentations. On ne la donnoit que deux fois la semaine, le Mercredi & le Samedi : elle eut dans le cours de l'année 42 Représentations. Cette Piéce est restée au Théâtre, où elle est toujours revüe avec le même plaisir.

| INFANTE (L') | BRECOURT | 1667. | * | n. imp. |

SALICOQUE, *ou* LE HEROS DE ROMAN, *Comédie en un Acte.* Repréfentée fur le Théâtre de l'Hôtel de *Bourgogne*, après la Tragédie de LEANDRE ET ERO de *Gilbert*, vers le 15 Août.

| INFIDELE (L') | PICHOU. | 1630. | * | 1631-8°. |

CONFIDENTE, *Tragi-Comédie.* Tirée de l'Espagnol, intéressante ; mais trop chargée d'événemens : elle eut un très-grand succès : l'Auteur fut assassiné peu de tems après l'avoir fait jouer. Voyez *Pichou* dans les *Auteurs* ou l'Épître dédicatoire qui est à la tete de cette *Tragédie.*

| INFIDELES (LES) | CALIANTE | 1603. | * | Incert. |

FIDELES, *Tragi-Comédie, Pastorale ou Fable bocagere.* Indiquée dans les recherches fur les Théâtres fous l'année 1603. & ces lettres F. Q. D. B. ou le Pasteur Caliante.

| INGRAT, (L') | DESTOUCHES. | 1712. | 15. | 1712-12 |

Comédie en 5 Actes en Vers, donnée le 28 Janvier. Cette Piéce est bien écrite, mais le caractere en parut bien noir ; elle eut du succès, fut interrompuë par la mort de Me la Dauphine après la 7e Repréfentation, on la reprit le 29 Octobre, & elle eut encore huit Repréfentations. A été encore reprise, mais avec moins de réussite.

Noms des Piéces.	Noms des Auteurs.	An. des Repr.	Le Nomb	An. des Editions.
INJUSTICE (L')	DU TEIL.	1641.	*	1641-4°

PUNIE, *Tragédie*. Elle renferme l'histoire de *Virginie* enlevée par le Decemvir *Appius.* Cette Piéce est foible par l'invention & par le stile. *Campistron* a traité le même sujet. *Voyez* VIRGINIE.

| INNOCENCE (L') | J. AUVRAY. | 1628. | * | 1628-4° |

DECOUVERTE, *Tragi-Comédie en 5 Actes en Vers*, *sans distinction de Scénes*. Cette Piéce est très-singuliere par le sujet, mais elle est fort mal versifiée, & le comique en est bas & boufon.

| INNOCENS (LES) | DE BROSSE. | 1645. | 5 | 1645-4° |

COUPABLES, *Comédie en 5 Actes en Vers*. Le sujet est tiré de l'Espagnol. *De Brosse* est le premier qui l'ait mise au Théâtre : l'Abbé *de Boisrobert* l'a employée pour faire sa Comédie des APPARENCES TROMPEUSES, & *Le Sage* s'en est servi pour sa Piéce de CESAR URSIN, jouée en 1707.

| INNOCENT (L') | V. CHEVREAU. | 1640. | * | 1640-4° |

EXILE', *Tragédie*. Très-mauvaise, à quelques endroits près. Elle est imprimée sous le nom de *Provais*.

| INNOCENT (L') | GRENAILLE. | 1639. | * | 1639-4° |

MALHEUREUX, *ou* LA MORT DE CRISPE, *Tragédie*. Très-médiocre. Elle est tirée du Latin de *Stephonius*.

| INNOCENTE (L') | J. ROTROU. | 1635. | * | 1637-4° |

INFIDELITE', *Tragi-Comédie*. N'est pas sans intérêt, mais elle est irréguliere & trop compliquée.

| INO | LA GRANGE C. | 1733. | 17. | 1733-12 |

ET MELICERTE, *Tragédie*. Tirée de la quatriéme Fable d'*Hygin* sur l'*Ino* d'*Euripide*, représentée le 10 Mars, eut du succès, Elle fut interrompuë par la maladie de Mademoiselle de *Nesle*. Le Rôle d'*Ino* est intéressant. Sa premiere reprise est en Décembre 1729, & la seconde le 20 Décembre 1742 pour laquelle les Comédiens firent la dépense d'une fort belle décoration représentant la façade d'un Palais. *Vigneau;* vivant en 1557 est l'Auteur d'une Tragédie d'INO.

| INQUIET, (L') | FAGAND. | 1737. | 18. | 1737-12 |

Comédie en 1 Acte en Vers. Jouée avec L'ETOURDERIE & LES ORIGINAUX le 18 Juillet. *Voyez* CARACTERE DE THALIE.

Noms des Piéces.	Noms des Auteurs.	An. des Repr.	Le Nomb	An. des Editions.
INSTABILITE' (L')	BLANBOUSAULT	N. R.	*	Incert.

DES CHOSES HUMAINES. Fort peu connuë, ainsi qu'une Comédie ti-rée de *Lucien*, intitulée LA GOUTE, qui est du même Auteur.

| INTRIGUE (L') | DE L'ETOILE. | 1647. | * | 1647-4° |

DES FILOUX, *Comédie en 5 Actes en Vers*. Plaisante & propre à donner l'idée d'une Piéce très-comique.

| INTRIGUES (LES) | GILBERT. | N. R. | * | 1668-12 |

AMOUREUSES, *Comédie en 5 Actes en Vers*. Même sujet que les Pié-ces AIMER SANS SÇAVOIR QUI de *Douville*, & de LA BELLE INVI-SIBLE de *Boisrobert*, mais bien mieux conduite & mieux rendue. C'est la derniere de l'Auteur.

| INTRIGUES (LES) | DE VISE'. | 1670. | * | 1670-12 |

DE LA LOTERIE, *Comédie en 3 Actes en Vers*. Le sujet aussi mal ima-giné que mal rendu.

| INTRIGUES (LES) | DU PERCHE. | 1640. | * | 1640-12. |

DE LA VIEILLE TOUR DE ROUEN, fort rare, ainsi que l'AMBAS-SADEUR d'AFRIQUE, *Comédie* du même Auteur. Elles sont dans le Ca-binet de M. de B.

| INVISIBLE, | HAUTEROCHE | 1684. | 6. | 1685-12. |

(LA DAME) ou L'ESPRIT FOLLET, *Comédie en 5 Actes en Vers*. Cette Piéce fut représentée sous le seul titre de L'INVISIBLE, le 22 Fé-vrier. *Voyez* ESPRIT FOLLET. *Maupoint* prétend que *Thomas Corneil-le* en est le véritable Auteur, & que *Hauteroche* n'en est que le prête-nom. La preuve du contraire c'est qu'elle n'a jamais été imprimée dans le Théâtre de *Thomas Corneille*.

| JOCONDE, | FAGAND. | 1740. | 14. | 1742-12. |

Comédie en 1 Acte en Prose. Donnée le 5 Décembre; tirée du Conte de *la Fontaine* de ce nom. Mademoiselle *Dangeville* joua le Rôle de *Suzon* avec les plus grands applaudissemens.

| JODELET, | DOUVILLE. | 1646. | * | 1646-4° |

ASTROLOGUE, *Comédie en 5 Actes en Vers*. Plaisante & bonne pour le tems.

Noms des Piéces.	Noms des Auteurs.	An. des Repr.	Le Nomb	An des Editions.
J O D E L E T ,	P. SCARON.	1646.	*	1648-8°

DUELISTE, *ou* SOUFFFE', *ou* LES TROIS DOROTHE'ES. *Comédie* Divertillante, mais trop intriguée Son ancien titre étoit LES TROIS DOROTHE'ES. *Scaron* la fit imprimer en 1651, fous le nom où elle est portée ici.

| J O D E L E T , | BRECOURT. | 1660. | * | 1660-12 |

(LA FEINTE MORT DE) *Comédie en 1 Acte en Vers.* Médiocre, & d'un comique forcé.

| J O D E L E T , | P. SCARON. | 1645. | * | 1645-4" |

MAÎTRE ET VALET. Tirée de l'Espagnol de *Don Juan Alvaredo.* On la rejoue encore quelquefois.

| J O D E L E T , | T. CORNEILLE. | 1655. | * | 1655-12 |

PRINCE, *Comédie en 5 Actes en Vers. Voyez* GEOLIER DE SOI-MESME.

| J O D E'S , | DE LA GAMBE. | N. R. | * | n. imp. |

Comédie. Recitée publiquement devant le Roi Charles IX. & Henri III, par l'Auteur qui étoit valet-de-chambre du ROI , & qui a encore foit LE CAPITAINE BOUBOUFLE, *Comédie.* ROMEO ET JULIETTE, *Tragédie*, EDOUARD, *Tragédie*, ALAIGRE , *Comédie*, & plusieurs autres Piéces tragiques & comiques qui n'ont pas été imprimées.

| J O N A T H A S , | FR. DUCHE'. | 1714. | 5. | 1700-12 |

Tragédie en 3 Actes en Vers libres , avec des Chœurs. Repréfentée d'abord devant le ROI à Versailles , & à S. Cyr en 1700, & à Paris , les Chœurs suprimés , le 26 Février 1714 , où elle ne fut jouée qu'à la faveur de la célébrité de la Tragédie d'ABSALON du même Auteur, donnée d'abord à Versailles en 1702, & dans laquelle, comme dans celle-ci, Me, la Duchesse de *Bourgogne* & M. le Duc d'*Orléans* jouerent plusieurs fois.

| J O N A T H A S , | P. BRUMOY. | N. R. | * | 1741-8° |

Tragédie. Elle se trouve dans le quatriéme Tomo des œuvres de l'Auteur , avec sa Tragédie d'ISAAC. Ses autres Piéces de Théâtre sont , LE COURONNEMENT DU JEUNE DAVID, *Pastorale en 5 Actes*, dont le dernier n'a qu'une Scéne ; LA BOETE DE PANDORE, *ou* LA CURIOSITE' PUNIE, *Comédie en 3 Actes en Vers*, & PLUTUS, *Comédie en 3 Actes en Vers.* On ne parle pas ici de toutes les Piéces que ce sçavant Jésuite a traduites , on peut les chercher dans son Théâtre des Grecs , imprimé en 3 volumes *in-4°.* en 1730. & ensuite en 6 vol. *in-12.*

Noms des Piéces.	Noms des Auteurs.	An. des Repr.	Le Nomb	An. des Editions.
J O S A P H A T ,	M A G N O N	1646.	*	1646-4°

FILS D'ABENNER , ROI DES INDES , *Tragédie allégorique* , qui renferme l'histoire du Duc d'*Epernon* , à qui elle est dédiée. *Beauchamps* prétend qu'elle ressemble à POLIEUCTE : je ne suis pas de cet avis , elle m'a paru assez foible.

| J O S E P H , | ANT. TIRON. | 1564. | * | 1564-12. |

Comédie en 5 Actes en Prose. Traduite du Latin de *Macropédius.* Elle fut jouée à Anvers.

| J O S E P H , | MONTREUX. | Incert. | * | 1601-12. |

LE CHASTE , *Comédie en 5 Actes en Vers.* Publiée sous le nom d'*Olenix du Mont Sacré* , l'Anagrame de l'Auteur.

| J O S E P H , | l'Ab. GENEST. | 1710. | 13 | 1711-8 |

Tragédie. Représentée d'abord cinq fois à Clagny en 1706 , & dans laquelle M^e la Duchesse *du Maine* fit le Rôle d'*Azanet* , & *Baron* , qui étoit encore alors retiré , joua celui de *Joseph.* Cette Piéce ne fut donnée à Paris que le 19 Décembre 1710. Elle fut trouvée froide : on n'applaudit que la reconnoissance de *Joseph* & de ses freres.

| J O S I A S , | M. PHILONE. | 1556. | * | 1556-8°. |

Tragédie. Traduite de l'Italien en Vers. Il y a encore une Piéce de ce nom sous ce titre , JOSIAS , *Tragédie de Messer Philone , vrai miroir des choses avenuës de notre tems ;* celle-ci est imprimée en 1583 *in-12* , sans nom de Ville. On attribue encore à *L. Desmazures* une Tragédie intitulée JOSIAS , édition de Genève en 1556. Ce parfait raport d'années fait conjecturer que ces trois Tragédies n'en font qu'une, & que *Philone* n'est que le prête-nom de *Desmazures*

| J O S U E' , | NANCEL. | 1606. | * | 1606-12 |

OU LE SAC DE JERICO , *Tragédie.* Tirée du livre de *Josué ;* la seconde de l'Auteur , passable pour le tems.

| J O U E U R , (LE) | REGNARD. | 1696. | * | 1705-12 |

Comédie en 5 Actes en Vers. Donnée le 19 Décembre. Piéce de caractere , une des meilleures qui ait paru depuis *Moliere ;* eut beaucoup de succès , & est restée au Théâtre , où on la joue souvent. *Dufreny* prétendit que *Regnard* lui en avoit volé le sujet , & donna l'année suivante LE CHEVALIER JOUEUR , qui n'eut qu'une Représentation. *Voyez* CHEVALIER JOUEUR.

Noms des Piéces.	Noms des Auteurs.	An. des Repr.	Le Nomb	An. des Editions.
JOUEURS, (LES)	Anonyme.	1683.	8	n. imp.

Comédie en 5 Actes. Connuë par les Regiſtres de la Comédie Franç.

| JOUEUSE (LA) | DE LA FORGE. | 1664. | * | 1664-12 |

DUPE'E, *Comédie en 1 Acte en Vers.* L'intrigue commune & mal renduë.

| JOUEUSE, (LA) | DUFRENY. | 1709. | 5. | 1709-12 |

Comédie en 5 Actes en Proſe, avec un *Divertiſſemens de Gilliers.* Repréſentée le 22 Octobre Pleine d'eſprit, mais ſans conduite. L'Auteur l'avoit miſe en Vers, mais elle a été brûlée après ſa mort par ſes héritiers, avec trois autres Comédies : ſçavoir, LES VAPEURS *en 1 Acte,* LE SUPERSTITIEUX, *en 5 Actes* & L'EPREUVE *en 3 Actes.*

| JOURNE'ES | M. DE NORRY | Incert. | * | n. imp. |

D'HELIE (LES TROIS) *Comédie.* On n'a aucun renſeignement ſur cette Piéce, ſinon que l'Auteur l'a compoſée dans ſa jeuneſſe, avec AMNON & THAMAR, *Tragéd.* en 2 journées, & pluſieurs autres Tragédies ; que ces Piéces n'étoient point encore imprimées en 1584, & qu'elles ont été jouées publiquement ſur des échafauts, par les *Enfans ſans ſouci.*

| JOYEUSE, (LA) | MONTREUX. | 1581. | * | n. imp. |

Comédie. Repréſentée à Poitiers après la Tragédie du JEUNE CYRUS du même Auteur. Il étoit aſſez ordinaire dans ce ſiécle-là de donner une Comédie en 5 Actes après une Tragédie.

| IPHIGENIE | J. ROTROU. | 1640. | * | 1641-4° |

EN AULIDE, *Tragédie.* Tirée d'*Euripide.* Belle, mais foible de Verſification.

| IPHIGENIE, | RACINE. | 1674. | * | 1675-12. |

Tragédie. Repréſentée au mois de Février. Eut à la Cour & à la Ville le plus grand ſuccès & le mieux mérité. C'eſt une des Tragédies qu'on jóue le plus ſouvent & qu'on revoit avec le plus de plaiſir.

| IPHIGENIE, | LECLERC. | 1675. | * | 1676-12 |

Tragédie. Très-foible ; imitée de celle de *Rotrou* du même nom, mais bien moins pathétique, & encore moins digne de la concurrence que l'Auteur oſe affecter dans ſa Préface avec celle de *Racine, Coras* y a auſſi travaillé. Il y a pluſieurs autres Tragédies d'IPHIGENIE, celle de *Sibilet* eſt en 15.0 in8°, les autres de *la Cleriere,* de *Gaumin,* de *Brumoy,* &c. ou ſont douteuſes & peu connuës, ou ſont portées à des articles de Piéces imprimées.

Noms des Piéces.	Noms des Auteurs.	An. des Repr.	Le Nomb	An. des Editions.
I P H I S,	BENSERADE.	1636.	*	1637-4°.

ET JANTE, *Comédie en 5 Actes en Vers.* Seconde Piéce de l'Auteur, paſſable pour le tems, mais mal conduite. Elle eſt tirée du neuviéme livre des *Métamorphoſes.*

| I R I S, | DE BOURON. | 1620. | * | 1620-12 |

Paſtorale en 5 Actes en Vers. Mauvaiſe. Il n'eſt pas ſûr qu'elle ait été repréſentée.

| I R R E S O L U, (L') | DESTOUCHES. | 1713. | 6. | 1713-12 |

Comédie en 5 Actes en Vers. Donnée le 5 Janvier. Elle méritoit plus de ſuccés; elle eſt très-bien écrite & a bien des beautés de détail. L'Auteur, avant que de la faire imprimer, a corrigé les trois premiers Actes, & refondu preſque entierement les deux derniers.

| I S A B E L L E, | M. DE LAVAL. | 1576. | * | 1576-4° |

Tragi-Comédie, Imitée de l'*Arioſte* ; très-médiocre.

| I S A B E L L E, | MONTREUX. | 1594. | * | 1595-12 |

Tragédie. Mauvaiſe & mal verſifiée.

| I S I D O R E, | A. SE. MARTHE. | Incert. | * | 1645. |

OU LA PUDICITE' VENGE'E, *Tragédie.* Très-rare. On ignore ſi elle a été jouée.

| I S L E (L') | MARIVAUX. | 1727. | 4. | 1727-12. |

DE LA RAISON, *Comédie en 3 Actes en Proſe,* avec un Prologue. Donnée le 11 Septembre. *Voyez* HOMMES (LES PETITS).

| I S L E (L') | STE FOIX. | 1743. | 3. | 1750-8° |

SAUVAGE, *Comédie en 3 Actes en Proſe.* Repréſentée le 8 Juillet. Elle fut interrompue par l'indiſpoſition de *Grandval.*

| I S R A E L | JEAN VALLIN | 1637. | * | 1637-8° |

AFFLIGE'E, *Tragi-Comédie.* Jouée à Neufchâtel en Suiſſe. Cette Piéce eſt allégorique à la Religion prétenduë reformée.

| I T A L I E (L') | LA MOTTE. | 1731. | 16. | 1730-8°. |

GALANTE, *Comédie en 3 Actes* avec un *Divertiſſement.* Jouée le 11 Mai. Renferme trois petites Comédies, tirées de trois contes de *la Fontaine* : LE TALISMAN, MINUTOLO & LE MAGNIFIQUE *en 2 Actes.* La premiere eut un ſuccés médiocre, la ſeconde ne réuſſit point, & la troiſiéme plut infiniment, & eſt reſtée au Théâtre

Noms des Piéces.	Noms des Auteurs.	An. des Repr.	Le Nomb	An. des Editions.
JUDITH,	GIR. BOUVOT	1649.	*	1649-4°.

ou L'AMOUR DE LA PATRIE, *Tragédie. Dédiée à Catherine bien-aimée du Parnasse.* C'est la suite du titre.

| JUDITH, | L'AB. BOYER. | 1695. | 17. | 1695-12 |

Tragédie. Donnée le 4 Mars. Médiocre ; elle eut le plus grand succès. A la reprise elle fut si malreçue que Mademoiselle *Champmeslé*, qui y avoit été tant applaudie, en marqua sa surprise au Parterre ; une voix lui répondit : *Les sifflets étoient à Versailles aux Sermons de l'Abbé Boileau.*

| JUGEMENT (LE) | SALLEBRAY. | 1639. | * | 1639-4° |

JUGEMENT DE PARIS ET LE RAVISSEMENT D'HELENE, *Tragédie.* Irréguliere, eut cependant une grande réussite à cause des machines.

| JUGEMENT (LE) | MARESCHAL. | 1644. | * | 1645-4°. |

EQUITABLE DE CHARLES HARDY, DERNIER DUC DE BOURGOGNE, *Tragédie.* Assez bonne pour les détails, mais le sujet peu propre au Théâtre.

| JUGEMENT (LE) | STE COLOMBE | 1651. | * | 1651-8° |

DE NOTRE-SEIGNEUR EN FAVEUR DE LA MADELAINE, CONTRE MARTHE SA SŒUR. Foible. Elle est dédiée à *Charlote de Gramont, Abesse de S. Ozony.*

| JUGEMENT (LE) | BERTAUD. | N. R. | * | 1654-12 |

DE JOB ET D'URANIE, *Comédie en 1 Acte en Vers.* Composée sur les deux Sonnets de *Voiture* & de *Benserade.* Elle est imprimée dans le recueil de *Sercy, pag.* 450.

| JUGURTHA, | PECHANTRE'. | 1692. | 10. | n. imp. |

Tragédie. Donnée le 17 Décembre. Connuë par les Registres de la Comédie Françoise.

| JUGURTHA, | LAGRANGELEC. | 1694. | 5 | 1694-12 |

Tragédie. Représentée le 8 Janvier sous le titre d'ADHERBAL, parce que *Péchantré* en avoit donné une deux ans auparavant sous le nom de JUGURTHA. L'Auteur apprend dans sa Préface qu'il étoit Page de Madame la Princesse de *Conty*, quand il fit sa Tragédie, qu'il n'avoit alors que quinze ans, & que le fameux *Racine* lui donna les premieres leçons du Théâtre. *Voyez* ADHERBAL.

Noms des Piéces.	Noms des Auteurs.	An. des Repr.	Le Nomb	An. des Editions.
JULIE,	STE FOIX.	1746.	9.	1750-12

ou L'HEUREUSE EPREUVE, *Comédie en 1 Acte en Prose.* Jouée le 20 Octobre, pendant l'absence, avec succès. L'intrigue en est jolie. Cette Piéce a été reprise au mois de Décembre 1751. Restée au Théâtre.

| JUMEAUX (LES) | Mᶜ S. BALMON | 1650. | * | 1650-4° |

MARTYRS, *ou* MARC ET MARCELIN, *Tragédie Chretiene.* Faite en 15 jours, & imprimée à l'insçu de l'Auteur. *Voyez l'avis au Lecteur.*

| JUPITER | l'Ab. BOYER. | 1666. | * | 1666-12 |

ET DE SEMELE' (LES AMOURS DE) *Tragédie avec des machines.* Représentée sur le Théâtre du Marais au commencement de Janvier, précedee d'un Prologue. Le sujet en est assez bien exposé. Le reste en est médiocre.

| IVROGNES, (LES) | Anonyme. | N. R. | * | 1687-8° |

Comédie. Imprimée à Cologne, c'est-à-dire à Amsterdam.

| JUSTICE (LA) | BORE'E. | N. R. | * | 1627-8° |

D'AMOUR, *Pastorale en Vers.* Derniere Piéce de l'Auteur ; mauvaise & froide. Elle est imprimée à Lyon, avec ses autres Piéces, dans le recueil des œuvres de *Borée.*

L

| LACENES, (LES) | MT. CHRETIEN | 1599. | * | 1627-8° |

ou LA CONSTANCE, *Tragédie avec des Chœurs.* Tirée de *Plutarque.* Le caractere de *Cleomene* est assez passable ; l'ombre de *Thericion* apparoît à ce Prince pour lui annoncer sa mort.

| LAODAMIE, | Mlle BERNARD | 1689. | 20. | 1689-12 |

Tragédie. Donnée le 11 Février. Foible, & faisant preuve que le nombre de Représentations ne fait pas toujours le mérite d'une Piéce.

| LAODICE', | T. CORNEILLE | 1668. | * | 1668-12 |

REINE DE CAPADOCE, *Tragédie.* Médiocre, tirée du 37ᶜ. Livre de *Justin.* Elle n'eut qu'un succès passager, & n'a pas été reprise.

| LAQUAIS, (LE) | LARRIVEY. | 1578. | * | 1597-12 |

Comédie en 5 Actes en Prose. Premiere Piéce de l'Auteur, divertissante & bien faite pour le tems.

Noms des Piéces.	Noms Auteurs.	An. des Repr.	Le Nomb	An. des Editions.
LAQUAIS (LE)	Anonyme.	1681.	3	n. imp.

FILLE. *Comédie*. Repréfentée le 30 Avril aprés NICOMEDE ; n'eſt connuë que par les Regiſtres de la Comédie Françoiſe.

| LAURE | JEAN ROTROU | 1637. | * | 1639-4° |

PERSECUTE'E, *Tragi-Comédie*. Foible par le ſtile, mais réguliere & très-bien faite pour le teins.

| LEANDRE | DE LA SELVE. | 1633. | * | 1633-12. |

ET D'HERON (LES AMOURS INFORTUNE'ES) *Tragi-Comédie*. Tirée du Poëme épique de *Muſée* ; ſinguliere par l'invention. Elle a été fort louée par les Poëtes du tems. Elle eſt en Vers Aléxandrins, à l'exception des Scénes de *Léandre* & d'*Heron*, qui ſont en Vers de huit ſyllabes.

| LEANDRE | GAB. GILBERT | 1667. | * | n. imp. |

ET ERO *Tragédie*. Elle fut jouée vers le 15 Août avec l'INFANTE SALICOQUE. *Voyez* la Lettre de *Robinet* du 20 Août 1667.

| LEGATAIRE (LE) | REGNARD. | 1708. | 20. | 1708-12 |

UNIVERSEL, *Comédie en 5 Actes en Vers*. Jouée le 9 Janvier. Trèsdivertiſſante, mais un peu Farce. Un fait véritable donna l'idée de cette Piéce. Elle eut beaucoup de ſuccès ; elle eſt reſtée au Théâtre où on la joue fort ſouvent.

| LEGATAIRE (LE) | REGNARD. | 1708. | 3. | 1708-12 |

UNIVERSEL (LA CRITIQUE DU) *Comédie en 1 Acte en Proſe*. Donnée le 19 Février. Plaiſanterie qui ne fut pas applaudie.

| LEGS, (LE) | MARIVAUX. | 1736. | 7. | 1736-12 |

Comédie en 1 Acte en Proſe. Malgré le petit nombre de Repréſentations qu'eut cette Piéce, on la reprend ſouvent, & on la revoit avec plaiſir, ainſi que pluſieurs autres Comédies du même Auteur qui ont eu le même ſort dans leur nouveauté.

| LES FE'ES | DANCOURT. | 1699. | 7. | 1699-12 |

Comédie en 3 Actes en Proſe, avec 3 Intermèdes. Compoſée par ordre exprés de *Monſeigneur*, donnée pour la premiere fois à Fontainebleau, le 24 Septembre 1699, pour la ſeconde, au même endroit le 8 Octobre ſuivant, & à Paris le 29 du même mois. Cette Piéce eſt paſſable, mais foible d'invention. Elle auroit dû être placée à F. ainſi que les trois piéces ſuivantes ; c'eſt une bévuë.

Noms des Piéces.	Noms des Auteurs.	An. des Repr.	Le Nomb	An. des Editions.
LES FOLIES	REGNARD.	1704.	14.	1704-12

AMOUREUSES, *Comédie en 3 Actes en Vers, avec un Prologue en Vers libres.* Donnée le 15 Janvier. Très-amusante, & remplie de jeux de Théâtre. C'est une des petites Piéces qu'on joue le plus souvent, & qui réussit davantage. Le personnage d'*Agathe* étoit le Rôle favori & le triomphe de Mademoiselle de *Nesle*. Cette Piéce fut suivie d'un Divertissement, intitulé LE MARIAGE ET LA FOLIE, qu'on ne joue plus non plus que le Prologue.

| LES FOLIES | PICHOU. | 1629. | * | 1634-8° |

DE CARDENIO, *Tragi-Comédie.* Coup d'essai de l'Auteur. Cette Piéce est tirée du Roman de *Don Quichotte*, elle n'est point mauvaise pour le tems.

| LES FOLIES | DE COIPEL. | 1720. | 4. | 1721-4° |

DE CARDENIO, *Comédie en 3 Actes, avec 3 Intermèdes* dont la Musique est de *Lalande*, si célébre par ses Motets; & la Danse de *Balon*, Compositeur des Ballets. Donnée au Louvre, sur le grand Théâtre des Thuilleries, le 30 Décembre. Le Roi dansa seul plusieurs Entrées, & les Seigneurs y figurerent; les Acteurs de l'Académie Royale de Musique s'étoient unis avec les Comédiens. Les Intermèdes furent d'abord imprimés en 1720, & la Comédie entiere en 1721.

| LICIDOR, | MARECHAL. | 1638. | * | 1640-4° |

ou LA COUR BERGERE, *Tragédie.* Tirée du Roman de l'*Arcadie de Sidney.* Piéce singuliere, mais foible.

| LICORIS, | G. BASIRE. | 1631. | * | 1631-8° |

ou L'HEUREUSE BERGERE, *Tragi-Comédie à neuf personnages, en Vers de dix syllabes.* Foible. Le même Auteur a fait en 1627 une Pastorale intitulée ARLETTE.

| LIDIE, (LA) | DU MAS. | 1609. | * | 1609-80 |

Pastorale. A pû faire plaisir dans le tems. Elle est fort rare.

| LIGDAMON | G. SCUDERY. | 1629. | * | 1631-8° |

ET LIDIAS, *ou* LA RESSEMBLANCE, *Tragi-Comédie.* Coup d'essai de l'Auteur. Cette Piéce est tirée de l'ASTRE'E, est mal conduite, mais passablement versifiée.

Noms des Piéces.	Noms des Auteurs.	An. des Repr.	Le Nomb	An. des Editions.
LISANDRE	P. DU RYER.	1632.	*	1632-8o

CALISTE, *Tragi-Comédie*. Tirée du Roman de d'*Audiguier*, en quelque façon premiere Piéce de l'Auteur, où l'on trouve le germe de ſes talens.

| LISIMACHUS, | DE CAUX | 1737. | 4. | 1737-8°. |

Tragédie. Repréſentée le 13 Décembre. Les ſituations mal amenées, & la Verſification foible.

| LISIMENE, | DE COSTE. | 1632. | * | Incert. |

Comédie Paſt. en 5 Actes en Vers. Voilà tout ce qu'on ſçait de cette Piéce.

| LISIMENE, | L'Ab. BOYER. | 1672. | * | 1672-12 |

ou LA JEUNE BERGERE, *Paſtorale*. Foible & mal dialoguée.

| LOT, (LE GROS) | Anonyme. | 1700. | 13. | n. imp. |

DE MARSEILLE, *Comédie en 1 Acte*. Repréſentée avec ſuccès le 23 Septembre ; repriſe quelque tems après, & eut encore neuf Repréſentations. Malgré cette réuſſite, l'Auteur, modeſte, a conſervé l'Anonyme, & n'a pas fait imprimer ſa Piéce.

| LOT (LE) | DUFRENY. | 1715. | 13. | 1716-12 |

SUPPOSE', *ou* LA COQUETTE DE VILLAGE, *Comédie en 3 Actes en Vers*. Repréſentée le 27 Mai. Très-divertiſſante, & fort ſpirituelle. Il y a une Scéne à la fin du ſecond Acte qui a toujours fait un grand plaiſir. Cette Piéce eſt reſtée au Théâtre, & jouée ſouvent.

| LOTTERIE, (LA) | DANCOURT | 1697. | 31. | 1697-12 |

Comédie en 1 Acte en Proſe. Jouée le 10 Juillet. Plaiſante. C'eſt un Vaudeville fait à l'occaſion d'un fripon qui, ſous prétexte d'une Loterie, dupa les deux tiers de Paris.

| LOURDAUT, | Anonyme. | 1678. | 3 | n. imp. |

FEINT, (LE) *Comédie*. Repréſentée le 13 Mai ſur le Théâtre de *Guenegaud* après PULCHERIE. Regiſtres de *Guenegaud*, année 1678.

Noms des Piéces.	Noms des Auteurs.	An. des Repr.	Le Nomb	An. des Editions.
LOURDAUT, (LE)	DE BRIE.	1697.	3.	n. imp.

Comédie en 1 Acte. Donnée le 8 Mai. On trouve dans les Regiſtres de la Comédie, que l'Auteur avoit lu aux Comédiens une petite Piéce de ſa compoſition, nommée LA MASCARADE ; elle fut reçuë d'une voix unanime, & ne fut pas jouée. Comme celle qui eſt portée ici fut repréſentée au mois de Mai ſuivant, il y a lieu de penſer que c'eſt la MASCARADE, donnée ſous le titre de LOURDAUT.

| LUBIN, | R. POISSON | 1652. | * | 1661-12 |

ou LE SOT VENGE', *Comédie en 1 Acte en Vers de 8 Syllabes.* Premiere Piéce de l'Auteur. C'eſt une Farce très-foible, qui n'a jamais été remiſe au Théâtre.

| LUCAS | FAGAND. | 1734. | 2. | n. imp. |

ET PERETTE, *ou* LE RIVAL UTILE, *Comédie en 1 Acte en Vers avec un Divertiſſement.* Jouée pendant l'abſence, le 17 Novembre.

| LUCELLE, (LA) | L. LE JARS. | 1576. | * | 1576-8° |

Comédie en 5 Actes en Proſe. Bonne pour le tems. La diſpoſition des Actes & des Scénes à la maniere des Auteurs Grecs. *Duhamel*, pluſieurs années après, l'a miſe en Vers, & la donna en 1604.

| LUCIANE, (LA) | BENEZIN. | 1634. | * | 1634-8° |

ou LA CREDULITE' BLAMABLE, *Tragi-Comédie Paſt.* Aſſez bien écrite pour le tems, & paſſable ; elle eſt fort rare. Le même Auteur a fait une AMINTE, mais on n'en connoît que le titre, qui ſe trouve dans une Elégie de *R. Bonneau*, imprimée avec LUCIANE.

| LUCRECE, (LA) | NIC. FILLEUL | 1566. | * | 1566-4° |

Tragi-Comédie avec des Chœurs, ſans diſtinction de Scénes. Repréſentée au Château de Rouen le 29 Septembre. Mauvaiſe. Elle eſt imprimée avec les OMBRES, *Comédie* du même Auteur, jouée le même jour ſous ce titre, *Théâtre de Gaillon.*

| LUCRECE, (LA) | ALEX. HARDY. | 1616. | * | 1628-8° |

ou L'ADULTERE PUNI, *Tragédie.* Outre le nombre infini de Piéces de *Hardy*, dont nous avons connoiſſance, on trouve encore les titres de celles qui ſuivent, qu'on lui attribue, & qui ſont dans un recueil manuſcrit, petit *in-folio*, contenant un nombre de Décorations ſervant aux Repréſentations des Comédies, commencé par *Laurent Mahelo*, & continué par *Michel Laurent* depuis 1603 juſqu'en 1684. Les titres des Piéces de *Hardy*, dont on vient de parler, ſont LA FOLIE DE TURLUPIN, PANDOSTE *premiere journée*, PANDOSTE *ſeconde journée*, OSMIN, LA CINTHIE *en Vers*, LEUCOSIE, LA FOLIE DE CLIDAMANT, LA FOLIE D'ISABELLE, PARTHENIE *premiere journée*, PARTHENIE *ſeconde journée*, L'INCESTE SUPPOSE', LE FRERE INDISCRET.

Noms des Piéces.	Noms des Auteurs.	An. des Repr.	Le Nomb	An. des Editions.
LUCRECE (LA)	P. DU RYER.	1637.	*	1638-8°.

Tragédie. Sextus, un poignard à la main, veut exiger que Lucrece réponde à ses vœux : elle s'enfuit dans la coulisse, on entend des cris, & Lucrece reparoît sur la Scene en désordre. Voila une des situations de cette Piéce, qui peut donner une idée de la maniere dont les Auteurs de ce tems traitoient de semblables sujets.

| LUCRECE (LA) | U. CHEVREAU | 1637. | * | 1637-4° |

ROMAINE, *Tragédie*. Toute aussi librement écrite que la précédente, mais bien plus mal conduite. On ne doit pas omettre un trait surprenant de la part de l'Auteur, qui avoit composé une Histoire du monde ; c'est que dans les personnages de sa Tragédie, l'on y trouve TARQUIN, *Empereur de Rome*.

| LUXEMBOURG | Anonyme. | N. R. | * | 1695-12 |

AU LIT DE LA MORT (LE MARECHAL DE) *Tragi-Comédie en 5 Actes en Prose*. Allégorique, & méprisable Satyre des ennemis de la France, sous le prétexte de faire l'éloge de ce grand homme. Cette Piéce est imprimée à Cologne, ainsi que L'APPARITION DU DUC DE LUXEMBOURG, qui est aussi *en 5 Actes en Prose*, même année & même allégorie.

| LUXURIEUX, (LE) | LE GRAND. | N. R. | * | 1731-12 |

Comédie en 1 Acte en Vers. Non représentée & ne pouvant l'être.

| LYNCE'E, | l'Ab. ABEILLE | 1678. | * | 1681-8°. |

Comédie. Mauvaise, à l'exception de la quatriéme Scéne du cinquiéme Acte qui est passable. Cette Piéce eut peu de succès, elle a été imprimée en Hollande avec tant de fautes, qu'il est naturel de présumer que ce n'est pas du gré de l'Auteur.

| LYSIS; | P. QUINAULT. | 1660. | * | n. imp. |

ET D'HESPERIE (LES AMOURS DE) *Pastorale* allégorique à la paix des Pyrenées, & au mariage de *Louis XIV*. avec *Marie Therese*, Infante d'Espagne. Le Cardinal *Mazarin* en donna le sujet, & M. de *Lyonne* y travailla avec l'Auteur. Elle fut représentée au Louvre le 9 Novembre avec succès. L'original de cette Piéce, qui étoit apostillé de la main de M. de *Lyonne* & dans la Bibliothéque de M. *Colbert*, ne s'est point trouvé quand le ROI a acheté les Manuscrits de ce Ministre.

Noms des Piéces.	Noms des Auteurs.	An. des Repr.	Le Nomb	An. des Editions.

M

MACHABE'E, (LA) | J. DE VIREY. | 1600. | * | 1599-12

ou Tragédie de la divine & heureufe victoire des Machabées fur le Roi Antiochus. C'eft le titre. Cette Piéce a été d'abord publiée en 1595 fous le nom de MACHABE'E. L'Auteur l'avoit formée d'une traduction en Vers qu'il avoit faite du livre des *Machabées.* Il la refondit quelque tems après, & la fit repréfenter fous ce fecond titre. Elle eft irréguliere, mauvaife, & fans diftinction d'Actes ou de Scénes. Elle a été auffi imprimée à Rouen en 1611 *in*-12.

MACHABE'ES, (LES) | DE LA MOTTE | 1721. | 15. | 1722-8°

Tragédie. Donnée le 6 Mars. La premiere Piéce de l'Auteur où l'on trouva bien des beautés. Elle eut neuf Repréfentations avant Pâques, & fix après. Mademoifelle *Defmares*, qui y jouoit *Antigone*, s'étant retirée à la cloture, Mademoifelle *Lecouvreur* la remplaça à la rentrée. *Baron* fit le Rôle du *jeune Machabée*, quoiqu'il eut alors foixante & dix ans. Cette Tragédie a été reprife fans fuccès le 13 Novembre 1745.

MACONS, | Anonyme. | N. R. | * | 1737-12

(LES FREYS) *Comédie en 1 Acte en Profe.* Affez plaifante ; elle a été attribuée à *Clement*, Auteur d'une Tragédie de MEROPE qui n'a pas été jouée.

MADAME ARTHUS, | DANCOURT | 1708. | 5. | 1708-12

Comédie en 5 Actes en Vers. Repréfentée le 8 Mai, tirée en partie des façons du tems & du TARTUFFE. C'eft une mauvaife copie de l'une & de l'autre de ces Comédies, qui ne réuffit pas.

MLLE DE ST TRON, | Anonyme. | 1696. | * | 1696-12

Comédie. Satyrique. Jouée & imprimée à la Haye en Hollande ; cette Piéce n'eft pas bonne, mais elle eft affez comique.

MADONTE, (LA) | P. COTTIGNON. | 1623. | * | 1623-8°.

Tragédie. Tirée de l'ASTRE'E, imprimée dans le recueil qui a pour titre, *la Mufe' champêtre.* Cette Piéce a quelques endroits paffables pour le tems.

MADONTE, (LA) | J. AUVRAY. | 1630. | * | 1631-8°.

Tragi-Comédie. Tirée auffi du Roman de l'ASTRE'E. Médiocre & libre.

Noms des Piéces.	Noms des Auteurs.	An. des Repr.	Le Nomb	An. des Editions.
MAGICIENNE (LA)	P. S. MARTHE.	1618.	*	1618-8°.

ÉTRANGERE, *Tragédie en 4 Actes en Vers*, en laquelle on voit les tyranniques comportemens, origine, entreprifes, deffeins, fortiléges, Arrêt, mort & fupplice, tant du Marquis d'Ancre que de Léonor Galligay fa femme, avec l'avantureufe rencontre de leurs funeftes ombres par un bon François, neveu de Rotomagus. C'eft le titre. Cette Piéce eft rare, comme toutes celles de ce nom : elle eft imprimée fur l'ancienne édition de Rouen.

| MAGIE, (LA) | LAMBERT. | 1660. | * | 1661-12 |

SANS MAGIE, *Comédie en 5 Acte en Vers*. Repréfentée fur le Théâtre de *l'Hôtel de Bourgogne*. Affez comique & bonne pour le tems. Outre LES SŒURS JALOUSES, du même Auteur, il a fait encore LE BIEN PERDU & LES RAMONEURS, *deux Comédies en 1 Acte en Vers*.

| MAGIE (LA) | AUTREAU | 1735. | 15. | 1749-12. |

DE L'AMOUR, *Comédie en 1 Acte en Vers libres avec un Divertiffement*. Donnée le 9 Mai. Cette Piéce fut mal reçuë à la premiere Repréfentation, mais l'Auteur ayant changé le dénouement, & racourci la Piéce, elle reprit & eut du fuccès. Il étoit dans un âge fort avancé quand il la compofa.

| MAGNIFIQUE, (LE) | DE LA MOTTE | 1631. | 16. | 1750-12 |

Comédie en 2 Actes en Profe. Repréfentée le 11 Mai. Tirée de *Bocace* & de *la Fontaine*. Piéce charmante & unique dans fon genre. C'eft la premiere Comédie qui ait été donnée en 2 Actes. Elle eft reftée au Théâtre, où elle eft fouvent reprife, & où elle a toujours eu du fuccès. *Voyez* ITALIE GALANTE.

| MAGUS, | LA MOTTE. | 1656. | * | 1656-8° |

(LE GRAND) *Tragi-Comédie*. Singuliere, jouée & imprimée à *Orange*. Il eft inutile de remarquer que l'Auteur de cette Piéce ne doit pas être confondu avec *Houdart de la Motte*, la date fuffit pour empêcher cette bévuë.

| MAHOMET II. | CHATEAUBRUN. | 1714. | 11. | 1715-12 |

Tragédie. Jouée le 15 Novembre. A quelques beaux endroits, mais le cinquiéme Acte empêcha le fuccès de cette Piéce.

| MAHOMET II. | LA NOUE. | 1739. | 16. | 1739-8°. |

Tragédie. Repréfentée le 23 Février. Eut du fuccès. On auroit défiré que l'Auteur eût ofé mettre en action la cataftrophe qui eft en récit. Cette Piéce eut neuf Repréfentations avant Pâques, & fept après.

Noms des Piéces.	Noms des Auteurs.	An. des Repr.	Le Nomb	An. des Editions.

MAHOMET, | VOLTAIRE. | 1742. | 3. | 1742-12

ou LE FANATISME. *Tragédie.* Mise au Théâtre le 9 Août : elle fut suspenduë après la troisieme Représentation, reprise avec succès le 30 Septembre 1751. eut 8 Représentations : interrompuë par le voyage de Fontainebleau, & reprise au retour.

MAISON (LA) | DANCOURT | 1688. | 20. | 1708-12

DE CAMPAGNE, *Comédie en 1 Acte en Prose.* Donnée le 27 Août. assez divertissante & bien dialoguée.

MAITRE (LE PETIT) | Anonyme. | 1701. | 3. | 1701-12

DE CAMPAGNE, *ou* LE VICOMTE DE GENICOURT, *Comédie en 1 Acte en Prose.* Représentée le 26 Juillet. Mal faite, mais a quelques endroits plaisans. Elle est annoncée dans les recherches sur les Théâtres comme Anonyme, & jouée en 1694. & dans l'histoire du Théâtre François, comme non-imprimée.

MAITRE (LE PETIT) | MARIVAUX. | 1734. | 2. | 1739-12

CORRIGE', *Comédie en 3 Actes en Prose.* Représentée le 9 Novembre. *Beauchamps* en met la premiere Représentation en 1724.

MAITRES D'ETE', | Anonyme. | 1696. | * | 1696-12

(LES PETITS) *Comédie en 1 Acte en Prose.* Mal faite, jouée & imprimée à *Orléans.*

MALADE (LE) | MOLIERE. | 1673. | 42. | 1674-12

IMAGINAIRE. *Comédie - Bal en 3 Actes en Prose avec un Prologue en Vers Lyriques.* Représentée le 10 Février. C'est une de ces Farces de *Moliere* dans laquelle on trouve des Scénes dignes de la haute Comédie. *Despreaux* donna l'idée du Latin marotique de cette Piéce ; & *Charpentier* fit la Musique. Elle fut interrompuë le 17 Février, après la quatriéme Représentation, par la mort de son célèbre Auteur. On la reprit le 4 Mai suivant, & elle en eut encore trente-huit. Le Rôle du *Malade imaginaire* que jouoit *Moliere,* fut remplacé par *Rosimont.*

MALADE (LE) | Anonyme. | Incert. | * | 1674-12

IMAGINAIRE, *Comédie en 3 Actes en Prose, mêlée de Danses & de Musique, avec la maniere dont les Acteurs doivent être habillés.* Imprimée à *Amsterdam. Beauchamps* dit que cette Piéce est différente de celle de *Moliere* du même titre : toutes les apparences annoncent cependant que c'est la même, le nombre des Actes, la Musique & la date de l'impression.

Noms des Piéces.	Noms des Auteurs.	An. des Repr.	Le Nomb	An. des Editions.
MALADE (LA)	DUFRENY.	1699.	1.	1731-12

SANS MALADIE, *Comédie en 5 Actes en Prose.* Donnée le 27 Novembre. Quoique pleine d'esprit, elle ne fut pas achevée, il n'y en eut que deux Actes de joués : les Comédiens furent obligés, pour remplir le Spectacle, de représenter L'APRES-SOUPER DES AUBERGES. *Dufresny*, qui ne voulut pas tout-à-fait perdre le fruit de son travail, tira les meilleures Scénes de cette Piéce, & les fit servir pour sa Comédie des VAPEURS.

| MANDRAGORE, (LA) | J. ROUSSEAU. | N. R. | * | 1631-12 |

Comédie en 5 Actes en Prose. Tirée de l'Italien de *Machiavel*. Foible, mais assez bien écrite. On la trouve dans le supplément des œuvres de l'Auteur, imprimé à Londres.

| MANLIE, | NOGUERES. | 1660. | * | 1660-12 |

(LA MORT DE) *Tragédie.* Jouée & imprimée à Bourdeaux.

| MANLIUS, | LEVAYER. | 1645. | * | Incert. |

Tragédie. Indiquée dans les recherches sur les Théâtres.

| MANLIUS | FAVRE. | Incert. | * | 1662-8° |

TORQUATUS, *Tragédie.* Tirée de l'histoire Romaine. On trouve dans cette Piéce quelques Scénes entremêlées de *Stances.*

| MANLIUS | Mᶜ VILLEDIEU | 1662. | * | 1662-12 |

TORQUATUS, *Tragédie.* Foible, & d'une Versification prosaïque. L'Abbé d'*Aubignac* en avoit donné le sujet à Mᶜ. de *Villedieu.*

| MANLIUS | DE LA FOSSE. | 1698. | 17. | 1698-12 |

CAPITOLINUS, *Tragédie.* Donnée le 18 Janvier. Tirée de la CONJURATION DE VENISE de *Saint-Real.* Elle est bien faite, & mâlement versifiée. On la rejoue de tems en tems. Elle a été reprise avec succès en 1751.

| MARC-ANTOINE, | ROB. GARNIER | 1578. | * | 1578-4° |

Tragédie avec des Chœurs. La Chapelle en a tiré parti pour sa Tragédie de CLEOPATRE.

| MARC-ANTOINE, | J. MAIRET. | 1630. | * | 1637-4°. |

ou LA CLEOPATRE, *Tragédie.* Bien conduite, où l'on trouve de la dignité dans le dialogue.

T

Noms des Piéces.	Noms des Auteurs.	An. des Repr.	Le Nomb	An. des Editions.
MARCHAND (LE)	JAC. CRESSIN	N. R.	*	1584-16

CONVERTI, *Comédie en 5 Actes en Vers.* C'est un mauvais libelle contre la Religion Romaine, adressé aux prétendus Fideles de Flandres.

MARECHAL (LE)	Anonyme.	1696.	7.	n. imp.

MEDECIN, *ou* LES HOUSSARDS, *ou* LE MEDECIN DE MANTE, *Comédie en 1 Acte en Prose.* Représentée le 12 Mai, Tirée des Regiltres de la Comédie Françoise, où elle est aussi portée sous le titre des HOUSSARDS.

MARECHAL D'ANCRE,	Anonyme.	1617.	*	Incert.

(LA MORT DU) Indiquée dans les recherches sur les Théâtres.

MARGUERITE	GILBERT.	1640.	*	1641-4°

DE FRANCE, *Tragédie.* Foible, & mal conduite.

MARI, (LE BON)	P. DORTIQUE	1678.	*	Incert.

Comédie. Il en est parlé dans le Mercure de 1678, *Tom. III. p. 84.*

M A R I (LE)	DALAINVAL.	1731.	5.	1731-12.

CURIEUX, *Comédie en 1 Acte en Prose & Divertissement.* Représentée le 25 Août. Foible, & l'intrigue commune.

M A R I (LE)	Anonyme.	1739.	1.	n. imp.

EGARE', *Comédie.* Jouée avec LA MEPRISE & LA SUIVANTE le 14 Novembre.

M A R I (LE)	Anonyme.	N. R.	*	1633-8°

MATOIS, *ou* LE COURTISAN ATTRAPE', *Comédie.* Traduite de l'Espagnol; n'est pas dans les recherches sur les Théâtres.

M A R I (LE)	DANCOURT.	1658.	23.	1698-12

RETROUVE'. *Comédie en 1 Acte en Prose, avec un Divertissement.* Représentée le 29 Octobre, fort plaisante, eut beaucoup de succès. C'est un Vaudeville à l'occasion du Procès du Sr. de *la Pivardiere*, rapporté dans le troisiéme Volume des Causes célébres; elle est souvent jouée. La derniere reprise au mois de Mars 1747, avec un nouveau Ballet de *Drouin*, qui a fait grand plaisir.

Noms des Piéces.	Noms des Auteurs.	An. des Repr.	Le Nomb	An. des Editions.
M A R I (LE)	MONTFLEURY	1663.	*	1663-12

SANS FEMME, *Comédie en 5 Actes en Vers*. Réuſſit beaucoup , quoique le comique en ſoit forcé; l'intrigue romaneſque & peu vraiſemblable. Elle eſt rejouée de tems en tems.

| M A R I A G E (LE) | Is. DU RYER. | 1621. | * | 1621-12. |

D'AMOUR, *Paſtoralle en 5 Actes en Vers* , avec *un Prologue*. Cette édition eſt fort rare , celle de 1631 l'eſt moins. *Voyez* AMOUR MARIAGE.

| M A R I A G E (LE) | MONTFLEURY | 1660. | * | 1660-12 |

DE RIEN, *Comédie en 1 Acte en Vers de 8 ſyllabes*. Donnée ſous le nom de *Jacob*, C'eſt la premiere Piéce de l'Auteur. Elle fut repriſe en 1580 ſous ſon vrai nom.

| M A R I A G E (LE) | DUFRENY. | 1721. | 19. | 1721-12. |

FAIT ET ROMPU , *Comédie en 3 Actes en Vers*. Donnée le 14 Février , jolie , originale , ingénieuſement écrite , & pleine d'eſprit. Il y a ſurtout un Rôle d'un *Gaſcon* froid , qui eſt tout neuf & inimitable. Le Procès du *Faux Caille* a pû fournir l'idée de cette Piéce , qui étoit d'abord en 5 Actes , & qui fut refuſée ; ce qui porta l'Auteur à la réduire à trois. Elle eſt reſtée au Théâtre , où elle fait toujours le même plaiſir.

| M A R I A G E (LE) | MOLIERE. | 1664. | 12. | 1668-12 |

FORCE', *Comédie en 1 Acte en Proſe*. Repréſentée d'abord devant le Roi au Louvre , avec des divertiſſemens , le 29 & le 31 Janvier ; & à Paris ſur le Théâtre du Palais-Royal , avec des changemens & ſans divertiſſemens , le 15 Février , & non le 15 Novembre , comme le diſent preſque tous les éditeurs de *Moliere*. Cette Piéce a été repriſe pour la premiere fois le 8 Juillet 1672 , avec LA COMTESSE D'ESCARBAGNAS , & elle eut huit Repréſentations. Une avanture arrivée entre un Seigneur François , & les freres d'une Demoiſelle Angloiſe , a donné lieu à cette Comédie. Un Anonyme l'a miſe en Vers & fait imprimer en 1676 *in.12*.

| M A R I A G E (LE) | SAINVILLE. | N. R. | * | S. D. |

MAL ASSORTI, *Comédie en 3 Actes*. Indiquée par *Maupoint*, non repréſentée & ſans date ; & par *Beauchamps* , dans l'article des Manuſcrits avec les Piéces ſuivantes qu'on attribue au même Auteur : ſçavoir , DIOCLETIEN , *Tragédie* ; PARTHENICE , *Comédie* ; LA RETRAITE DES AMANS , *Tragi-Comédie* ; & LE FILS DESINTERESSE' , *Comédie*.

Noms des Piéces.	Noms des Auteurs.	An. des Repr.	Le Nomb	An. des Editions.
MARIAGE (LE)	POISSON.	1735.	12	1735-12.

PAR LETTRES DE CHANGE, *Comédie.* Représentée le 15 Juillet. Assez plaisante. Il y avoit un Ballet qui plut, & qui fut trouvé original. La Musique est de *Grandval* le pere.

| MARIAGE (LE) | Anonyme. | 1713. | * | 1713-12 |

PRECIPITE', *Comédie en 3 Actes en Prose.* Jouée le 20 Mars à Utrecht. Piéce satyrique contre M.' *Desnoyers*, assez comique. Elle se trouve à la fin du cinquiéme tome de ses Mémoires, imprimés en Hollande.

| MARIAGE (LE) | MARCEL. | 1671. | * | 1672-12 |

SANS MARIAGE, *Comédie en 5 Actes en Vers.* Sujet singulier, qui pouvoit fournir des Scénes intéressantes & comiques.

| MARIAGE, | DESTOUCHES. | 1716. | 7 | 1716-12 |

(LE TRIPLE) *Comédie en 1 Acte en Prose, avec un Divertissement,* dont la Musique est de *Gilliers.* Jouée le 7 Juillet. Plaisante, & vivement dialoguée. Elle fut faite sur une avanture arrivée à Paris, entre M. de *St Aul...* sa fille & son fils. Elle a toujours été reprise avec une pleine réussite, & est restée au Théâtre.

| MARIAMNE, (LA) | ALEX. HARDY. | 1610. | * | 1625-8° |

Tragédie. Passable pour le tems. Elle a servi de guide à *Tristan* & à bien d'autres Auteurs Dramatiques.

| MARIAMNE, (LA) | TRISTAN LH. | 1636. | * | 1637-4°. |

Tragédie. Premiere Piéce de l'Auteur, bonne pour le tems. Eut un grand succès: fit tomber LA MEDE'E de P. *Corneille*; osa l'hyver suivant entrer dans une espece de concurrence avec le CID, & coûta la vie à *Mondori*, qui jouoit le Rôle d'HERODE, par la force avec laquelle il rendit les fureurs. Cette Piéce, qui a conservé pendant plus de cent ans la réputation qu'elle s'étoit acquise pendant sa nouveauté, s'est maintenue presque autant de tems au Théâtre. Elle a été corrigée par *Rousseau* dans l'édition de 1731 *in-12.* Outre les Piéces connues de *Tristan*, on lui attribue SELIM, *Tragédie* en 1645.

| MARIAMNE, | CALPRENEDE. | 1639. | * | 1639-4° |

ou LA MORT DES ENFANS D'HERODES *ou* LA SUITE DE MARIAMNE, *Tragédie.* Eut quelque succès & beaucoup de critiques.

Noms des Piéces.	Noms des Auteurs.	An. des Repr.	Le Nomb	An. des Editions.
MARIANNE,	l'Ab. NADAL.	1725.	4.	1725-12

Tragédie. Froide & mal faite. Dans la Préface que l'Auteur a mise à la tête de sa Tragédie, il déclame, il lance des traits satyriques contre des personnes qui s'étoient concertées, dit-il, pour faire tomber sa Piéce. Il reste peu d'exemplaires où cette Préface soit en entier, ce qu'il y avoit d'Offensant a été retranché à la seconde édition.

MARIANNE,	VOLTAIRE	1725.	23.	1730-8°

(HERODE ET) *Tragédie.* Cette Piéce fut d'abord donnée le 6 Mars 1724, sous le seul titre de MARIANNE. L'Auteur la retira après la premiere Représentation, parce que le tumulte fut si grand qu'elle fut à peine entenduë. Il en apprend la cause dans sa Préface : au moment que l'Actrice portoit la coupe à ses lévres, un mauvais plaisant s'écria du Parterre : *la Reine boit.* L'année suivante, le 10 Avril, on la reprit avec de si heureuses corrections, qu'elle eut un grand succès, & dix-sept Représentations. A la seconde reprise, le 18 Août de la même année 1725, elle fut encore jouée six fois.

MARIE STUARD,	REGNAUD.	1639.	*	1639-4°.

Tragédie. Foible, a cependant quelques beaux endroits.

MARIE STUARD,	BOURSAULT.	1683.	7	1684-12

Tragédie. Représentée le 7 Décembre. On ne peut pas plus médiocre, dédiée au Duc de *St. Aignan*, qui fit un présent de cent Louis à l'Auteur.

MARIE STUARD,	Anonyme.	1734.	7.	1735-8°

REINE D'ECOSSE, *Tragédie.* Représentée le 3 Mai. Elle n'est pas sans beautés; elle fut jouée devant le Roi à Fontainebleau le 4 Novembre de la même année.

MARIE' (LE)	FAGAND.	1739.	6.	1739-12.

SANS LE SÇAVOIR, *Comédie en 1 Acte en Prose.* Représentée le 8 Janvier. Elle avoit d'abord été jouée à Fontainebleau le 22 Octobre 1738.

MARIS (LES)	HAUTEROCHE	1673.	4	1673-12.

INFIDELES, *ou* LES APPARENCES TROMPEUSES, *Comédie.* Donnée le 24 Janvier. Le fond de l'intrigue se trouve dans le GENTILHOMME GUESPIN de *Visé.* Campistron a tiré parti du même sujet pour en composer sa Comédie du JALOUX DESABUSE'. *Voyez* APPARENCES TROMPEUSES.

Noms des Piéces.	Noms des Auteurs.	Années Repr.	Le Nomb	Années Editions.
MARIUS,	L'Ab. Boyer.	1669.	*	1670-12

(LE JEUNE) *Tragédie.* L'expofition du fujet paffable, le refte mauvais.

| MARIUS, | De Caux. | 1715. | 7 | 1716-12 |

Tragédie. Repréfentée le 15. Novembre. Piéce d'invention & de beaucoup d'efprit. Le cinquiéme Acte en empêcha la réuffite : on crut que l'Auteur n'en étoit que le prête-nom.

| MARIUS, | Molard. | N. R. | * | 1716-12 |

ET Scylla , *Tragédie.* Elle n'a pas été mife au Théâtre.

| MARQUIS(LE) | Dufreny | 1703. | 5 | 1703-12. |

Bailli, *Comédie en un Acte en Profe.* Jouée le 24 Février avec le FAUX HONNETE HOMME du même Auteur.

| MARQUIS(LE) | Anonyme. | 1698. | 1. | n. imp. |

DE L'INDUSTRIE , *Comédie en 5 Actes.* Donnée le 25 Janvier. Le Public ne voulut pas la laiffer aller jufqu'au bout : les Comédiens pour achever la Repréfentation furent obligés de jouer CRISPIN MEDECIN.

| MARQUIS (LE) | P. Scaron. | 1656. | * | 1656-4° |

RIDICULE, *ou* LA COMTESSE FAITE A LA HATE. *Comédie en 5 Actes en Vers.* Foible , mais écrite affez comiquement : elle eut du fuccès.

| MARQUIS | Villiers. | 1664. | * | 1664-12 |

(LA VENGEANCE DES) *ou* REPONSE A L'IMPROMPTU DE VERSAIL-LES , *Comédie en 1 Acte en Profe.* Piéce fatyrique contre *Moliere* , qui ne fit pas honneur à fon Auteur.

| MARQUISE(LA) | Anonyme. | 1699. | 15. | n. imp. |

IMAGINAIRE , *Comédie en 1 Acte.* Repréfentée le 23 Septembre. Aprés autant de fuccès, il y a bien de la modeftie à l'Auteur de ne s'être pas nommé , & de n'avoir pas fait imprimer fa Piéce , qui n'eft connuë que par les Regiftres de la Comédie.

| MARSIDIE, | Mᵉ Gomez. | 1716. | * | 1724 12 |

Tragédie. Je n'ai point trouvé cette piéce portée fur les Regiftres de la Comédie. *Beauchamps* annonce cependant qu'elle a été jouée en 1716. N'auroit - il pas confondu ? SEMIRAMIS du même Auteur l'a été dans cette année-là. Elle eft imprimée dans les œuvres de Mᵉ de *Gomez.*

Noms des Piéces.	Noms des Auteurs.	An. des Repr.	Le Nomb	An. des Editions.
M A R T Y R S,	Mlle Cosnard	1650.	*	1650-4°.

(LES CHASTES) *Tragédie Chrétienne.* Tirée du livre intitulé AGA-TOMPHILE.

| MASCARADE (LA) | Et. Jodelle. | 1558. | * | 1558-4° |

MOMERIE, *ou* MUETTE. Sorte de Pantomime, exécutée à l'Hôtel-de-Ville de Paris en préfence du Roi, le 17 Février.

| MASCARADE (LA) | Pesselier. | N. R. | * | 1737-8° |

DU PARNASSE, *Comédie en 1 Acte en Profe, avec un Prologue & un Divertiffement.* Ingénieufe & bien écrite.

| M A S Q U E', | D U F R E N Y. | 1709. | 3. | n. imp. |

(L'AMANT) *Comédie en 1 Acte en Profe avec un Divertiffement* dont la Mufique eft de *Gilliers.* Repréfentée le 8 Août. Il n'eft point parlé de cette Piéce par l'éditeur des œuvres de *Dufreny.*

| M A T R O N E (LA) | La Motte. | 1702. | 9. | 1701-12 |

D'FPHESE, *Comédie en 1 Acte en Profe.* Repréfentée le 23 Septembre. Tirée de *la Fontaine*; fpirituelle & réguliére, mais froide. *La Motte* garda l'Anonyme jufqu'en 1730 qu'il s'en déclara l'Auteur, en la faifant imprimer dans le recueil de fes œuvres.

| M A U R I C E | Nic. Romain | 1606. | * | 1606-12 |

EMPEREUR D'ORIENT, *Tragédie avec des Chœurs.* Tirée de NICE-PHORE, du 18e livre de fon hiftoire Eccléfiaftique. Rare & peu connuë.

| MAUSOLE'E, (LE) | Mareschal. | 1639. | * | 1646-4° |

ou ARTEMISE, *Tragi-Comédie.* On apprend par l'avis au Lecteur, qui eft à la tête de cette Piece, qu'elle étoit compofée en 1636, & qu'elle a été repréfentée par la Troupe Royale. Elle eft paffable pour le tems. Elle commence on ne peut pas plus tragiquement, & elle finit par un mariage.

| M A U X (LES) | Anonyme. | 1669. | * | n. imp. |

SANS REMEDE, *Comédie.* Jouée le 11 Janvier. N'eft connuë que par une Lettre en Vers de *Robinet* du 12 Janvier 1669.

| M A X I M I A N, | T. Corneille | 1662. | * | 1662-12 |

Tragédie. Donnée dans le mois de Février. Paffable & les caracteres bien foutenus.

Noms des Piéces.	Noms des Auteurs.	An. des Repr.	Le Nomb	An. des Editions.
MAXIMIEN,	LACHAUSSE'E.	1738.	22.	1738.12.

Tragédie. Repréſentée le 28 Février Cette Piéce eut beaucoup de ſuccès ; l'auteur ne ſe découvrit qu'après quelques Repréſentations; avant la
cloture elle en eut onze ; à la rentrée elle fut repriſe avec LE FAT PUNI,
Piéce nouvelle, & elle en eut encore neuf : en tout vingt-deux Repréſentations.

| MECHANT, (LE) | GRESSET. | 1747. | 24. | 1747-12 |

Comédie en 5 Actes en Vers. Donnée le 15 Avril. Eut du ſuccès. On
admira ſurtout la façon ſupérieure dont elle eſt écrite. Depuis la premiere
Repréſentation juſqu'au 18 Mai elle fut jouée treize fois. Elle fut repriſe le 13 Novembre de la même année, & elle eut encore onze Repréſentations.

| MECONTENS, (LES) | LA BRUERE. | 1734. | 9. | 1735-12 |

Comédie en 1 Acte en Vers. Repréſentée le premier Décembre. Le
Prologue & le Divertiſſement dont la Muſique eſt de *Mouret*, réuſſirent
beaucoup. On trouva le Vaudeville de la fin fort joli, & le refrein très-
heureux. Cette Piéce étoit d'abord en trois Actes, l'Auteur la réduiſit
en un aux Repréſentations ſuivantes, & ce changement fut applaudi.

| MEDECIN (LE) | DE MERVILLÉ | 1739. | 1 | n. imp. |

DE L'ESPRIT, *Comédie en 1 Acte en Proſe.* Miſe au Théâtre le 14
Septembre. Elle fut jouée avec L'OMBRE DE MOLIERE, L'ECOLE DU
MONDE, & ESOPE AU PARNASSE. On a toujours été dans la préven-
tion que l'Abbé *Desfontaines* étoit l'Auteur de cette petite Piéce.

| MEDECIN (LE) | DORIMONT. | 1692. | * | 1692-11 |

DEROBE', *Comédie en 3 Actes en Vers.* Aſſez plaiſante ; rare.

| MEDECIN (LE) | DANCOURT. | 1698. | * | n. imp. |

DE CHAUDRAY, *Comédie en 1 Acte.* Vaudeville à l'occaſion d'un Médecin du Village de *Chaudray*, qui avoit la vogue. Cette Piéce n'eſt indiquée que par l'Auteur de la Bibliothéque des Théâtres.

| MEDECIN (LE) | Anonyme. | 1704. | 5 | n. imp. |

DE VILLAGE, *Comédie en 1 Acte.* Repréſentée le 24 Septembre.
Maupoint indique dans ſa Bibliothéque des Théâtres une Comédie de
ce nom, en 1 Acte en Proſe, par M... dont les airs ſont de
Gilliers ; & jouée, dit-il, à la fin d'Août 1704. Il n'eſt as douteux
que ce ne ſoit la même que celle-ci. On doit être auſſi perſuadé que LE
MEDECIN DE VILLAGE que *Beauchamps* place dans ſes recherches ſous
l'année 1704, ſans aucun renſeignement, eſt la même Piéce que celle
qu'on porte ici, qu'il ne connoiſſoit que de nom.

Noms des Piéces.	Noms des Auteurs.	An. des Repr.	Le Nomb	An. des Editions.
MEDECIN (LE)	Anonyme.	1685.	4	n. imp.

HOLLANDOIS. *Comédie*. Tirée des Reziſtres de la Comédie. Il n'en eſt point parlé dans l'hiſtoire du Théâtre François, ni ailleurs.

| MEDECIN (LE) | MOLIERE. | 1666. | * | 1682-12. |

MALGRE' LÜI, *Comédie en 3 Actes en Proſe*. Jouée le 6 Août. Compoſée DU FAGOTEUX & de quelques autres Farces de l'Auteur. Elle eſt irréguliere par rapport au lieu de la Scéne. Tout le monde ſçait qu'elle fut donnée à la quatriéme Repréſentation du MISANTROPE, pour ſoutenir ce chef-d'œuvre.

| MEDECIN (LE) | L. BOISSY. | 1745. | 9 | 1745-8°. |

PAR OCCASION, *Comédie en 5 Actes en Vers*. Miſe au Théâtre le 22 Mars. Le ſujet en eſt intéreſſant & bien rendu. *Voyez* le Mercure de Mars 1745. *p. 164.*

| MEDECIN (LE) | BOURSAULT. | 1661. | * | 1665-12. |

VOLANT, *Comédie en 1 Acte en Vers*. Tirée d'un canevas Italien *en 3 Actes*, intitulé *Arlequino Medico volante*. L'Auteur la compoſa dans ſa premiere jeuneſſe. *Beauchamps* ne parle point de cette Piece.

| MEDE'E, (LA) | J. LA PERUSE | 1573. | * | 1573-16. |

Tragédie. Imprimée d'abord avec les Poëſies de l'Auteur à Poitiers *in-4°*. ſans date, par les ſoins de *la Borderie*; réimprimée à Paris ſur cette premiere édition dans l'année qui eſt marquée ici. *Scevole de Ste. Marthe*, étant écolier en Droit à Poitiers, avoit achevé cette Piéce que *la Peruſe* avoit laiſſé imparfaite.

| MEDE'E, (LA) | P. CORNEILLE | 1635. | * | 1639-4° |

Tragédie. Il s'y trouve des beautés dignes de ſon célébre Auteur. C'eſt ſa premiere Tragédie réguliere, après laquelle il s'eleva toujours.

| MEDE'E, (LA) | LONGEPIERRE | 1694. | 13. | 1694-12. |

Tragédie. Aſſez bien faite, miſe au Théâtre le 13 Février. Le Rôle principal eſt intéreſſant. Elle fut d'abord froidement reçuë, mais elle ſe releva. On la reprit le 25 Septembre 1728, & elle eut treize Repréſentations. Mademoiſelle *Balicourt* y joua le Rôle de *Medée*, & y fut très-applaudie. Cette Piéce eſt reſtée au Théâtre; on la donne ſouvent, & elle eſt toujours revuë avec plaiſir.

Noms des Piéces.	Noms des Auteurs.	An. des Repr.	Le Nomb	An. des Editions.
MEDISANT, (LE)	DESTOUCHES.	1715.	14.	1715-12

Comédie en 5 Actes en Vers. Jouée le 20 Février. Eut du succès ; on la rejoue souvent. A la reprise de cette Piéce, le 18 Janvier 1730, *Marie-Anne D'angeville* débuta avec beaucoup d'applaudissemens, & annonça dès lors les talens supérieurs qu'elle a fait voir depuis, & que l'on admire tous les jours.

| MEDISANT, (LE) | CROQUET. | N. R. | * | 1736-12. |

Comédie en 3 Actes en Prose. Imprimée dans les *Saturnales Françoises* avec LES EFFETS DE LA PREVENTION, *Comédie en 1 Acte en Prose* ; LE TRIOMPHE DE L'AMITIE', *Comédie en 3 Actes en Prose* ; & L'INEGAL, *Comédie en 1 Acte en Prose.*

| MEDUS, | DESCHAMPS. | 1739. | 8. | 1740-12. |

Tragédie. Elle fut donnée le 12 Janvier, sans être annoncée, ce qui fut cause qu'on l'attribua à différentes personnes. Cette Piéce est passable, mais le cinquième Acte fut trouvé défectueux. A la seconde Représentation on ajouta la petite Comédie du SOMNAMBULE, qui soutint la Tragédie quelques jours de plus. L'Auteur avoit commencé en 1722 la Tragédie de LICURGUE, qu'il n'avoit achevée qu'en 1731 ; on ignore les raisons qui l'ont empêché de la donner au Theâtre.

| MEGARE, | DE MORAND. | 1748. | 1 | 1751-12 |

Tragédie. Fut jouée dans l'absence, quoique reçuë pour le retour de Fontainebleau. Le tumulte fut si grand au Parterre qu'elle fut a peine écoutée : l'Auteur, pour y faire des changemens, en suspendit les Représentations, dont la seconde fut affichée pendant plus de dix jours ; mais les voyages continuels des Acteurs à la Cour, les ayant empêchés d'apprendre ces corrections, elle fut renvoyée à un autre temps.

| MEGERE, (LA) | R. POISSON. | 1668. | * | 1669-12 |

AMOUREUSE, *Comédie en 1 Acte en Vers.* Jouée au mois de Juin. C'est une Farce dans le bas comique, elle est imprimée à la suite du POETE BASQUE du même Auteur.

| MELANIDE, | LACHAUSSE'E. | 1741. | 16. | 1741-12 |

Comédie en 5 Actes en Vers. Tirée d'un Roman intitulé *Mademoiselle de Bontems.* Eut beaucoup de succès, & fut jouée supérieurement. Elle est restée au Theâtre.

| MELEAGRE, (LA) | P. DE BOUSSY | 1582. | * | 1582-12. |

Tragédie. Médiocre & mal écrite. Fut représentée à *Caën.*

Noms des Piéces.	Noms des Auteurs.	An. des Repr.	Le Nomb	An. des Editions.
MELEAGRE, (LA)	ALEX. HARDY	1604.	*	1624-8°

Tragédie. Paſſable. *Meleagre* tue ſes deux oncles ſur le Théâtre.

| MELEAGRE, (LA) | BENSERADE. | 1640. | * | 1641-4° |

Tragédie. Elle a quelques beautés de détails, & les caractetes en ſont aſſez bien ſoutenus.

| MELEAGRE, | BOURSAULT. | N. R. | * | 1694-12 |

Tragédie dans le goût Lyrique. Elle devoit être repréſentée à Marly, & *Lully* s'étoit engagé d'en faire la Muſique ; mais le ſecret qu'on avoit exigé, pour ſurprendre le Roi, ayant tranſpiré, le projet n'eut pas lieu.

| MELEAGRE, (LA) | LA GRANGE C. | 1699. | 10. | 1699-12 |

Tragédie. Repréſentée le 28 Janvier. Le Rôle de *Dejanire* paſſable, mais la verſification de la Piéce négligée.

| MELICERTE, | MOLIERE. | 1666. | * | 1682-12 |

Paſtorale Héroïque en 2 Actes en Vers. Placée dans la quatriéme entrée du Ballet des *Muſes*, qui fut exécuté devant le Roi à Saint - Germain en Laye, le 2 Décembre. Ce qu'on a de cette Piéce fait bien regretter que ce grand homme ne l'ait pas achevée. *Guerin* le fils oſa l'entreprendre ; il tranſpoſa en Vers Lyriques & irréguliers les deux Actes de *Moliere*, en ajoûta un troiſiéme, y joignit des Intermèdes, & mit cette Paſtorale au Théâtre le 10 Janvier 1699. La comparaiſon n'eſt pas en faveur de *Guerin*.

| MELISSE, (LA) | Anonyme. | Incert. | * | S. D.-12 |

Tragi-Comédie. Avec un argument, & précédée d'un Prologue ſur le *Rien*, par *Deslauriers*. Très-médiocre. Cette Piéce eſt fort rare.

| MELITE, (LA) | P. CORNEILLE | 1626. | * | 1629-4° |

ou LES FAUSSES LETTRES, *Comédie en 5 Actes en Vers* Première Piéce du grand *Corneille*, qui eut un ſi grand ſuccés qu'elle donna lieu à l'établiſſement d'une ſeconde Troupe de Comédiens a Paris.

| MELIZE, (LA) | DU ROCHER. | 1633. | * | 1634-8° |

Paſtorale comique en 5 Actes en Vers, avec des Chœurs & un Prologue du Rien, qui ſe trouve dans les œuvres de Bruſcambille Deslauriers. A en juger par ce dernier renſeignement, il paroît naturel de croire que cette Piéce eſt la même que celle de MELISSE, portée avant MELITE, qui eſt indiquée, dans les recherches ſur les Théâtres, Anonyme & ſans date. Toute la différence qui s'y trouve, c'eſt que la première eſt écrite avec deux ss, qu'elle eſt dénommée *Tragi-Comédie*, & qu'elle eſt ſans date. Je ne doute pas que celle-ci, la ſeconde, n'ait été imprimée ſur la première édition de LA MELISSE, que j'ai placée avant MELITE.

Noms des Piéces.	Noms des Auteurs.	An. des Repr.	Le Nomb	An. des Editions.
MENECHMES, (LES)	JEAN ROTROU	1632.	*	1636-4º.

Comédie en 5 Actes en Vers. Imitée de celle de *Plaute.* Bonne pour le tems, mais le dénouement trop précipité.

MENECHMES, (LES)	REGNARD.	1705.	16.	1707-12.

Comédie en 5 Actes en Vers & Prologue. Représentée le 4 Décembre. Tirée pareillement de *Plaute.* Comique, restée au Théâtre où on la joue fort souvent. Le Prologue a été supprimé.

MENTEUR, (LE)	P. CORNEILLE.	1642.	*	1644-4º

Comédie en 5 Actes en Vers. Tirée de l'Espagnol de *Don Lope de Vega.* Cette Piéce eut un grand succès, & donna le ton de la bonne Comédie.

MENTEUR,	P. CORNEILLE	1645.	*	1646-4º

(LA SUITE DU) *Comédie en 5 Actes en Vers.* Très-inférieure à la précédente; on y trouve cependant une tirade très-belle sur la sympathie. Cette Piéce eut peu de succès alors; mais à sa reprise, par les Comédiens du Marais, elle en eut beaucoup. Elle a été longtems jouée dans les Provinces, & toujours avec la même réussite.

MENTEURS, (LES)	BOURSAULT.	1664.	*	1665-12.

QUI NE MENTENT POINT, ou LES NICANDRES. *Comédie en 5 Actes en Vers.* Elle fut réduite dans les suites en trois Actes, & elle a été jouée & imprimée avec cette réduction; mais cette seconde édition est si rare, que l'Editeur des Oeuvres de *Boursault* publiées en 1746. *in-12.* n'ayant pû la trouver, a été obligé de faire réimprimer la Piéce sur la premiere en cinq Actes: cette Comédie est à-peu-près le même sujet que *les Menechmes,* mais il s'en faut beaucoup que *Boursault* l'ait aussi bien rendu que *Regnard* l'a fait depuis.

MEPRISE, (LA)	Anonyme.	1739.	1.	n. imp.

Comédie en un Acte en Prose & Prologue. Jouée le 14 Novembre avec le MARI EGARE' & LA SUIVANTE DESINTERESSE'E.

MERCIER (LE)	Anonyme.	1632.	*	1632-8º

INVENTIF. *Comédie Pastorale en 5 Actes en Vers.* Jouée & imprimée à Troyes.

Noms des Piéces.	Noms des Auteurs.	An. des Repr.	Le Nomb	An. des Editions.
MERE (LA)	DE VISE'.	1665.	*	1666-12

COQUETTE, *ou* LES AMANS BROUILLE'S, *Comédie en 3 Actes en Vers* Donnée le 24 Octobre, eut d'abord beaucoup de succès, mais tomba bientôt dans l'oubli. Si l'on s'en rapporte à *du Loret*, elle a été plus suivie à la 18e Représentation qu'à la premiere, & s'est soutenuë plus longtems sur le Théâtre du Palais Royal, que celle de *Quinault* du même nom sur celui de l'Hôtel de Bourgogne.

| MERE (LA) | P. QUINAULT. | 1665. | * | 1665 12. |

COQUETTE, *Comédie en 5 Actes en Vers*. Est regardée comme une des meilleures Piéces d'intrigue qui soit au Théâtre : elle eut un plus grand succès à la reprise que dans sa nouveauté : on la donne souvent & elle est toujours revuë avec le même plaisir.

| MERE (LA) | Anonyme. | 1684. | 5. | n. imp. |

RIDICULE, *Comédie en un Acte*. Représentée le 8 Mai après la Tragédie de *Bellerophon*.

| MERLIN, | ROSIDOR. | 1691. | * | 1691-12 |

(LES AMOURS DE) *Comédie*. Mal versifiée & très-médiocre, jouée & imprimée à Rouen. L'Auteur étoit Comédien de Province.

| MERLIN | DANCOURT | 1690. | 11. | n. imp. |

DESERTEUR, *Comédie en un Acte*, Représentée le 28 Août après la Tragédie de *Polieucte*.

| MERLIN | DESMARRES. | 1686. | 23. | 1696-12 |

DRAGON *ou* LA DRAGONE, *Comédie en un Acte en Proverbes*. Représentée le 26 Avril. Foible par l'invention, mais d'un comique assez plaisant. Si cette Piéce est la même que LA DRAGONNE, *ou* MERLIN DRAGON, comme l'indique *Beauchamps*, on auroit dû dire à l'article (DRAGONNE) où il en est parlé, que l'année de la Représentation, qui est marquée pour cette Comédie, ne doit en être considérée que comme la reprise à l'armée; mais si la Piéce qui fait la matiere de ce présent article, n'est pas la même; l'année de l'édition, qui est indiquée ici, ne doit tomber que sur LA DRAGONNE *ou* MERLIN DRAGON, qui a été encore imprimée en 1737 in-8°. On doit ajoûter à cet article que *Desmarres* est le premier qui ait employé le nom de *Merlin*, & que ce personnage devint bientôt fort à la mode.

Noms des Piéces.	Noms des Auteurs.	An. des Repr.	Le Nomb	An. des Editions.
M E R L I N	RAISIN L.	1690.	13.	n. imp.

GASCON, *Comédie en 1 Acte.* Donnée le 7 Octobre. Reprise le 29 Avril de l'année suivante, & fut jouée huit fois. Cette Piéce, qui paroît avoir réussi, n'a cependant pas été imprimée.

M E R L I N,	LA THUILLERIE.	1687.	8.	n. imp.

PEINTRE, *Comédie en 1 Acte.* Mise au Théâtre le 20 Juillet aprés ANDROMAQUE. Médiocre, mais assez passablement intriguée.

M E R O P E,	VOLTAIRE.	1743.	15.	1644-8

Tragédie. Jouée le 20 Février. Cette Piéce fut reçuë avec transport ; on fit à l'Auteur un honneur inoui jusqu'alors. On demanda à le voir à la fin de la Représentation ; il fut obligé de se montrer, & sa présence redoubla encore les acclamations. Elle fut reprise le 3 Février 1744, & eut 14 Représentations. On la revoit toujours avec le même plaisir. Mademoiselle *Dumesnil* joue supérieurement le Rôle de MEROPE.

M E R O P E,	CLEMENT.	N. R.	*	1749-12

Tragédie. Imprimée à Paris avec une Préface.

M E R O U E' E,	CL. BILLARD.	1607.	*	1610-8°.

Tragédie avec des Chœurs. Passable pour le tems.

METAMORPHOSE (la)	LE GRAND.	1712.	11.	1712-12

AMOUREUSE, *Comédie en 3 Actes en Prose.* Jouée le 6 Juillet. Divertissante, mais dans le bas comique. On la reprend de tems en tems.

METEMPSICOSE, (LA)	DANCOURT.	1717.	10.	1718-12

DES AMOURS, *ou* LES DIEUX COMEDIENS, *Comédie en 3 Actes en Vers libres,* avec *3 Divertissemens en Vers libres,* dont la Musique est de *Mouret,* & précédée d'un Prologue qui est aussi en Vers libres. Mise au Théâtre le 17 Décembre. Piéce dans un goût nouveau, & assez ingénieuse.

METROMANIE, (LA)	PIRON.	1738.	23.	1741-12

Comédie en 5 Actes en Vers. Mise au Théâtre le 10 Janvier. Elle est ingénieuse, charmante, & d'un bon comique toujours tiré du fond du sujet. Les Poësies de *Desforges Maillard,* imprimées dans le Mercure, sous le nom de Mlle. *Malcrais de la vigne,* ont fourni, ou pour mieux dire, donné l'Idée de cette jolie Piéce. Elle fut parfaitement jouée ; *Sarazin* fit un plaisir infini dans le rôle du *Capitokl.* Est restée au Théâtre où on la revoit toujours avec le même plaisir.

Noms des Piéces.	Noms des Auteurs.	An. des Repr.	Le Nomb	An. des Editions.
M I L A S ,	BASSECOURT.	N. R.	*	1594-12.

Tragi-Comédie Paſt. en 5 Actes avec des Chœurs. Compoſée à Douay, pour concourir au prix de Poëſie qu'on donnoit tous les ans dans cette Ville-là, le 15 du mois d'Août, jour de la *Vierge.* Ce prix conſiſtoit en une Couronne & un Chapeau d'argent.

| M I R A M E , | DESMARETS. | 1639. | * | 1639-f°. |

Tragédie. Médiocre. L'opinion générale eſt que le Cardinal de *Richelieu* y avoit travaillé. *Fontenelle* avance, dans la vie de *P. Corneille,* que la Repréſentation de cette Piéce coûta à ce fameux Miniſtre deux ou trois cens mille écus. C'eſt par cette Tragédie qu'on fit l'ouverture du Théâtre du Palais-Cardinal. Elle ne réuſſit pas; la faute en fut rejettée ſur les Acteurs par *Demareſt.* On en donna une ſeconde Repréſentation, mais l'on mit au Parterre une ſi nombreuſe cabale qu'elle eut une pleine réuſſite; ce que le Cardinal attribua à la bonté de la Tragédie.

| M I R O I R (LE) | H E I N S. | 1596. | * | 1596. |

DES VEUVES, *Comédie.* Indiquée dans les recherches ſur les Théâtres.

| M I R O I R (LE) | ANT. LANCEL | N. R. | * | 1604-4° |

DE L'UNION BELGIQUE, *Tragi-Comédie.* Allégorique ſur l'état des Provinces-Unies.

| M I R T I L , | ABRADAN | 1602. | * | 1602- |

Bergerie d'Iſabelle Andriné. Indiquée par les catalogues.

| MISANTROPE, (LE) | M O L I E R E. | 1666. | 4. | 1667-12 |

Comédie en 5 Actes en Vers. Jouée le 4 Juin. Chef-d'œuvre dont les nuances étoient trop fines pour des Spectateurs accoutumés à des couleurs plus fortes. Cette Piéce eut un foible ſuccès à la premiere Repréſentation, & elle en eut encore moins dans les ſuivantes. Après la quatriéme, *Moliere* la retira, & la fit reprendre un mois après avec LE MEDECIN MALGRE' LUI. Elle fut alors écoutée; on rougit d'avoir héſité; elle fut trouvée inimitable. La Farce qui avoit opéré cette heureuſe révolution fut retirée. LE MISANTROPE fut joué pendant plus de trois mois, & dans les ſuites on ne ſe laſſa point de revoir un ouvrage ſi parfait.

| MITHRIDATE, | LACALPRENEDE. | 1635. | * | 1637-4° |

(LA MORT DE) Coup d'eſſai de l'Auteur, qui étoit Cadet aux Gardes quand il la compoſa. Paſſable pour le tems.

Noms des Piéces.	Noms Auteurs.	An. des Repr.	Le Nomb	An. des Editions.
MITHRIDATE,	RACINE.	1673.	*	1673-12.

Tragédie. Le caractere de *Mithridate* est soutenu avec autant de force que de dignité ; celui de *Monime* n'est pas moins beau. Cette Piéce est un des Chef-d'œuvres de son illustre Auteur , & c'est une de celles qui a eu le plus de succès.

MOEURS (LES)	SAINTYON.	1686.	9.	1696-12

DU TEMS , *Comédie en 5 Actes en Vers. Voyez* FAÇONS DU TEMS, c'est la même.

MOINES, (LES)	Anonyme.	N. R.	*	1716-12

Comédie en 3 petits Actes en Vers , avec un Chœur de Moines en Vers libres. La Scéne est dans les Cavernes de *Monaco.* Cette Piéce n'est pas bonne ; mais elle est singuliere.

MOLIERE,	BRECOURT	1674.	1	1674-12.

(L'OMBRE DE) *Comédie en 1 Acte en Prose & Prologue.* Plusieurs Ombres , que *Moliere* a tournées en ridicule sur le Théâtre , viennent en demander justice à *Pluton* : le Dieu des enfers propose un accommodement ; les Médecins le refusent. Voilà le sujet de la Comédie qui n'a pas réussi.

MOLIERE,	CHAMPMESLE'	1684.	*	1682-12

(LES FRAGMENS DE) *ou* L'OMBRE DE MOLIERE. *Rapsodie en 2 Actes en Prose.* Donnée le 6 Mai. Cette piéce eut une sorte de succès qu'on peut attribuer à la célébrité du nom de *Moliere.*

MOLIERE	BORDELON.	N. R.	*	1694-12.

COMEDIEN AUX CHAMPS ELISE'ES. Nouvelle historique , allégorique, dans laquelle se trouve LA LOTERIE DE SCAPIN , *Comédie en 3 Actes en Prose.* On a encore du même Auteur LA BAGUETTE , *Comédie* , imprimée dans une Nouvelle intitulée *Arlequin Comédien aux Champs Elisées ;* MISOGINE, *ou* LA COMEDIE SANS FEMME, imprimée avec *Poisson Comédien aux Champs Elisées ;* des *Scénes du Clam & du Coram,des grands & des petits ;* des *Scénes Françoises,* & MONSIEUR DE MORT EN TROUSSE , *Comédie en 1 Acte en Prose.* On attribue encore à cet Auteur , Prêtre & Docteur de l'Université, plusieurs Piéces pour le Théâtre François & Italien , qui ont paru sous le nom du Comédien *la Thuillerie.*

Noms des Piéces.	Noms des Auteurs.	An. des Repr.	Le Nomb	An. des Editions.
M O M U S	Fuzelier.	1719.	30.	1719-8°.

FABULISTE, *ou* LES NOCES DE VULCAIN, *Comédie en* 1 *Acte en Profe*, fuivie d'un Divertiffement dont la Mufique eft de *Quinault*; Mife au Théâtre le 26 Septembre; eut un prodigieux fuccès. C'eft une critique fine & délicate des Fables de *la Motte*. L'Auteur garda l'Anonyme jufqu'à la vingtiéme Repréfentation, malgré les applaudiffemens qu'on donnoit à fa Piéce. La raifon qu'il en donne dans fa Préface eft bien fenfée; il feroit à defirer qu'un exemple auffi fage fût plus fouvent imité.

M O M U S	Anonyme.	N. R.	*	1759-12

PHILOSOPHE, *Comédie en* 1 *Acte en Vers.* N'a pas été repréfentée.

M O N A R Q U E, (LE)	F. Habert.	1558.	*	1558-8°

Comédie en Vers de 5 *pieds, avec un Prologue, fans diftinction d'Actes ni de Scénes.* C'eft une moralité plûtôt qu'une Comédie.

M O N D E, (LE)	Vil. Toustain	Incert.		s. d.-8°

Tragédie de la naiffance ou création du monde, où fe voit de belles defcriptions des animaux, oifeaux, poiffons, &c. C'eft le titre. Elle a été imprimée à Rouen.

M O N D E (LE)	Chappuys.	Incert.	*	s. d.-

DES CORNUS, *Comédie en Vers, où par des difcours plaifans & agréables, eft amplement traité de l'origine des Cornes;* c'eft le titre. Outre L'AVARE CORNU, *Comédie,* que j'ai portée à fa lettre, *Chappuys* eft encore l'Auteur d'une Comédie intitulée LE MONDE CORNU, différente de celle qui fait le fujet de cet article.

MONTEZUME,	Ferrier.	1702.	5.	n. imp.

Tragédie. Repréfentée le 14 Février. Froide & médiocre en tout point. C'eft la derniere Piéce de l'Auteur.

MONTGOMERY,	Gerland.	1573.	*	n. imp.

Tragédie, où font contenus, par brieves narrations, tous les troubles de France, depuis la mort d'Henri II. jufqu'en 1566. Voilà le titre. C'eft de *Duverdier* qu'on a tiré le titre de cette Piéce.

MONTMOUTH,	Warnevick.	N. R.	*	1716-12

(LE DUC DE) *Tragédie.* Elle eft imprimée à Leyde en Hollande à la fuite d'un recueil des Piéces de *la Fontaine.*

Noms des Piéces.	Noms des Auteurs.	An. des Repr.	Le Nomb	An. des Editions.
MORFONDU, (LE)	P. LARRIVEY.	1578.	*	1597-12.

Comédie en 5 Actes en Prose. Comique, & bonne pour le tems. On n'a pû indiquer ici que la seconde édition.

| MORT (LA) | DANCOURT. | 1705. | 6. | n. imp. |

D'ALCIDE, *Tragédie.* Donnée le 17 Octobre. Ne pourroit-on pas conjecturer que *Dancourt* n'a été que le prête-nom de cette Piéce, le tragique n'étant point son genre, & n'en étant point parlé dans aucune édition de ses œuvres.

| MORT (LE) | BOURSAULT. | 1662. | * | 1662-12 |

VIVANT, *Comédie en 1 Acte en Vers.* Ennuieuse, quoiqu'assez bien écrite. L'Auteur étoit fort jeune quand il la composa.

| MORTS (LES) | DOUVILLE. | 1645. | * | 1646-4° |

VIVANS, *Tragi-Comédie.* Passable, mais trop d'incidens, & mal versifiée.

| MOTS (LES) | BOURSAULT. | 1694. | 16. | 1694-12 |

A LA MODE, *Comédie en 1 Acte en Vers.* Représentée le 19 Août. Une brochure, portant le même titre, fournit à l'Auteur l'idée de cette Piéce. Elle plût par la critique sur le ridicule des manieres affectées de parler.

| MOULIN (LE) | DANCOURT. | 1696. | 28. | 1696-12 |

DE JAVELLE, *Comédie en 1 Acte en Prose & Divertissement*, dont la Musique est de *Gilliers.* Mise au Théâtre le 7 Juillet. Très-plaisante, & écrite avec autant de gayeté que de légéreté.

| MUSTAPHA, | MAIRET. | 1630. | * | 1635-4°. |

(LA MORT DE) OU LE GRAND ET DERNIER SOLIMAN. Imitée du *Comte Guidobaldi.* Ennuieuse & mal écrite.

| MUSTAPHA, | BELIN. | 1705. | 16. | 1705-12 |

ET ZEANGIR, *Tragédie.* Tirée du Roman intitulé *l'Illustre Bassa* de Mademoiselle de *Scudery.* Cette Piéce est foible ; elle dut sa réussite à l'opinion répanduë que M.^e la Duchesse de *Bouillon* y avoit travaillé. A la reprise du 8 Mai de la même année elle ne fut jouée que deux fois.

Noms des Piéces.	Noms des Auteurs.	An. des Repr.	Le Nomb	An. des Editions.
MUET, (LE)	P. LE LOYER.	1575.	*	1576-8°

INSENSÉ, *Comédie en 1 Acte en Vers de 4 pieds.* Assez plaisante, bonne pour le tems.

| MUET, (LE) | L'Ab. BRUEYS | 1691. | II. | 1691-12. |

Comédie en 5 Actes en Prose. Mise au Théâtre le 22 Juin. Cette Piéce est tirée de *Terence*, & *Palaprat* y a aussi travaillé. Elle est bien faite, écrite légérement, & est restée au Théâtre, où elle est toujours reprise avec succès.

| MUET, (LE) | ALIOT. | 1751. | I. | n. imp. |

PAR AMOUR, *Comédie en 1 Acte en Vers.* Sur la naissance de M. le Duc de *Bourgogne*, jouée pendant le voyage de Fontainebleau.

N

| N'AILLE AU BOIS, | Me DURAND. | N. R. | * | 1699-12 |

QUI A PEUR DES FEUILLES, *Comédie en 1 Acte en Prose.* Piéce en Proverbe, qui se trouve dans les deux premiers tomes du *Voyage de Campagne*, par Me la Comtesse de *Murat*, avec les Piéces suivantes, toutes en 1 Acte : TEL MAÎTRE TEL VALET ; A BON CHAT BON RAT ; ON NE RECONNOIT PAS LE VIN AU CERCLE ; QUI COURT DEUX LIÈVRES N'EN PREND POINT ; POUR UN PLAISIR MILLE DOULEURS ; IL N'EST POINT DE BELLES PRISONS NI DE LAIDES AMOURS ; LES JOURS SE SUIVENT ET NE SE RESSEMBLENT PAS ; A LAVER LA TESTE D'UN ASNE ON Y PERD SA LESSIVE ; BONNE RENOMMÉE VAUT MIEUX QUE CEINTURE DORÉE ; OISIVETÉ EST MERE DE TOUT VICE.

| NANINE, | VOLTAIRE | 1749. | 12. | 1749-12 |

Comédie en 3 Actes en Vers. Donnée le 16 Juin. Touchante & comique, eut du succès. Le sujet est tiré du Roman de *Pamela* ; il n'y a que L'ENFANT PRODIGUE & cette Piéce qui aient été faites en Vers de dix syllabes depuis *Corneille.*

| NATALIE, | Mr. GAUDIER | Incert. | * | 1654- |

ou LA GENEROSITÉ CHRETIENNE, *Tragédie.* Indiquée par les catalogues.

Noms des Piéces.	Noms des Auteurs.	An. des Repr.	Le Nomb	An. des Editions.
NAUFRAGE, (LE)	LA FONT.	1710.	13.	1710-12

ou LA POMPE FUNEBRE DE CRISPIN, *Comédie en 1 Acte en Vers*, *avec un Divertissement dont la Musique est de Gilliers.* Mise au Théâtre le 14 Juin. Tirée des *Mille & une nuit.* Assez plaisante. Elle attira beaucoup de monde aux premieres Représentations; restée au Théâtre.

| NEAPOLITAINES(les) | F. DAMBOISE. | 1584. | * | 1584-12. |

Comédie Françoise fort facétieuse, sur le sujet d'une histoire d'un Espagnol & d'un Parisien, sous le nom de Thierry Timofille, Gentilhomme Picard; c'est le titre. *La Croix du Maine* dit que le même Auteur a fait encore trois *Tragédies* & quatre *Comédies* qu'il ne nomme pas.

| NEGLIGENT,(LE) | DUFRENY. | 1692. | 9. | 1728-12. |

Comédie en 3 Actes en Prose & Prologue. Donnée le 27 Février. Le dialogue en est agréable. Elle a été reprise.

| NEGROMENT, (LE) | J. LA TAILLE. | 1573. | * | 1573-8° |

Comédie en 5 Actes en Prose & Prologue. Tirée de l'*Arioste.* Elle n'est pas mauvaise pour le tems.

| NEON, | MORAN Jéf. | 1705. | * | 1705-12 |

Tragédie Chretienne. Jouée & imprimée à Lyon. Médiocre & l'édition remplie de fautes.

| NEPHELOCOCUGIE(la) | P. LE LOYER. | 1676. | * | 1676-8° |

ou LA NUE'E DES COCUS, *Comédie imitée d'Aristophane, sans distinction d'Actes ni de Scénes, où se trouvent, pour y suppléer, Strophes, Antistrophes, Odes, Epodes, Systèmes entrecoupés, Epirrheme, Antipirrheme, Alléostrophes, Pausé, Parabaze;* c'est le titre.

| NERON, | SAINT PAUL. | 1574. | * | n. imp. |

Tragédie. Jouée au Collége *Dupless.* On assure que le même Auteur, qui étoit Docteur en Théologie, & Recteur de l'Université, a encore fait une Comédie & une Pastorale, dont le sujet est de son invention; on n'en sçait pas les titres.

| NERON, | PECHANTRE'. | 1703. | 9. | 1703-12. |

(LA MORT DE) *Tragédie.* Mise au Théâtre le 21 Février. Le dernier ouvrage de l'Auteur. Nonobstant les défauts de cette Piéce, elle a quelques bonnes Scénes: on l'a attribuée faussement à *Belin. Beauchamps* donne encore à *Péchantré*, outre les Poëmes Dramatiques qu'on sçait être de lui, JOSEPH VENDU PAR SES FRERES, & LE SACRIFICE D'ABRAHAM, deux *Tragédies* représentées au Collége.

Noms des Piéces.	Noms des Auteurs.	An. des Repr.	Le Nomb	An. des Editions
N I A I S (LE)	RAISIN L.	1686.	6.	n. imp.

DE SOLOGNE, *Comédie en* 1 *Acte.* Jouée le 3 Juin après HE-RACLIUS.

| N I C O L A S, | NIC. SORET. | 1624. | * | 1624. 8" |

A L'ARCHEVECHE' DE MYRE, *ou* SYNODE EPISCOPAL (L'ELEC-TION DIVINE DE S.) *Tragédie en* 3 *Actes en Vers avec un Prologue &* 3 *Intermèdes.* Repréſentée dans l'Egliſe St. Antoine de Reims, par des Ecoliers, le 9 Mai. Cette Piéce eſt imprimée avec un Sommaire de la vie de *S. Nicolas.*

| N I C O M E D E, | P. CORNEILLE | 1652. | * | 1652-4° |

Tragédie. Le rôle principal eſt neuf & hardi. On la reprend de tems en tems. *Joly*, dans ſon avertiſſement des Poëmes Dramatiques de *P. Corneille*, dit que la liberté qui fut accordée aux Princes dans le tems qu'on jouoit NICOMEDE, en augmenta le ſuccès ainſi que quelques Vers qui donnerent matiere à des applications. Cette remarque paroîtra bien ſinguliere quand on ſe rappellera que l'époque de la liberté des Princes eſt en 1641, & que cette Piéce n'a été jouée qu'onze ans après.

| N I E C E S, | L. BOISSY. | 1737. | 10. | 1737-8° |

(LES DEUX) *ou* LA CONFIDENTE D'ELLE-MEME, *Comédie en* 5 *Ac-tes en Vers.* Donnée le 24 Janvier ſans être annoncée; uſage qui s'é-toit introduit à L'ENFANT PRODIGUE, qu'on a ſuivi quelquefois de-puis, & qui eſt à préſent entierement aboli, du moins au Théâtre François.

| N I O B E', | FRENICLE | 1629. | * | 1632-8°. |

ou LA FIN TRAGIQUE DE NIOBE' ET DES AMOURS DE SON FILS TENTALE, ET D'ERIPHILE, *Tragédie en* 5 *Actes en Vers avec des Chœurs.* Imprimée dans le recueil des œuvres Poëtiques de l'Auteur.

| N I T H E T I S, | Mᵉ VILLEDIEU | 1663. | * | 1664-12 |

Tragédie. Jouée le 27 Avril. Médiocre, & d'une Verſification Pro-ſaïque, malgré ce qu'en dit la Muſe hiſtorique de *Duloret.*

| N I T H E T I S, | DANCHET. | 1723. | 13. | 1724-8° |

Tragédie. Repréſentée le 11 Février. Aſſez intéreſſante, mais foible-ment écrite. Elle fut repriſe le 7 Janvier 1724, avec des corrections, & elle eut encore 12 Repréſentations.

Noms des Piéces.	Noms des Auteurs.	An. des Repr.	Le Nomb	An. des Editions.
NITOCRIS,	P. DU RYER.	1649.	*	1650-8°

REINE DE BABYLONE, *Tragédie*. Sans action, roule uniquement sur l'incertitude où se trouve la Reine de suivre les mouvemens de son amour. Il y a une situation intéressante dans la sixiéme Scéne du second Acte.

NITOCRIS,	Anonyme.	1683.	5	n. imp.

Tragédie. Donnée le 10 Mars. Connuë par les Registres de la Comédie Françoise.

NOBLES (LES)	HAUTEROCHE	1678.	*	1678-12

DE PROVINCE, *Comédie en 5 Actes en Vers*. Jouée dans le mois de Janvier. A quelques bonnes Scénes, mais du reste est médiocre. Elle n'eut aucun succès.

NOCE, (LA)	Anonyme.	1595.	*	1595-12

PASTORALE, *Piéce en Vers*. Imprimée avec des estampes. passable pour le tems.

NOCE (LA)	BRECOURT.	1666.	*	1666-12

DE VILLAGE, *Comédie en 1 Acte en Vers*. Médiocre & foiblement écrite, ne dut son succès qu'au jeu des Acteurs. Elle est imprimée avec huit belles estampes, gravées par *le Potre*.

NOCE (LA)	DUFRENY.	1699.	8.	1699-12

INTERROMPUE, *Comédie en 1 Acte en Prose*. Mise au Théâtre le 19 Août. Médiocre, quoiqu'assez comique ; renferme deux intrigues.

NOCES (LES)	P. PHILANDRE	1604.	*	1604-12

D'ANTILESINE, *Comédie*. Extraite des discours de la Contre-lezine, par le Pasteur Monopolitain, traduite de l'Italien par le Pasteur Philandre ; c'est le titre.

NOCES (LES)	L. C. D.	1638.	*	1638-8°

DE VAUGIRARD, *ou* LES NAIVETE'S CHAMPETRES, *Pastorale comique en 5 Actes en Vers*. Remplie de mots à double sens, & fort foiblement écrite.

NOISY,	DAIGUEBERT.	1730.	7	n. imp.

(LE PRINCE DE) *Comédie Héroïque en 3 Actes en Prose*. Donnée le 4 Novembre. Mademoiselle *Dangeville* parut charmante dans le Rôle du petit *Poinçon*.

Noms des Piéces.	Noms des Auteurs.	An. des Repr.	Le Nomb	An des Editions.
NOTAIRE (LE)	DANCOURT	1685.	13.	1696-12.

OBLIGEANT, *Comédie en 3 Actes en Prose.* Représentée le 8 Juin, avec un Prologue & trois Intermèdes. Remife au Théâtre l'année fuivante fous le titre de FONDS PERDUS. Elle a d'abord été imprimée en Hollande, dans un recueil de plufieurs Piéces, fous le nom de *Palaprat.* *Voyez* FONDS PERDUS.

| NOUVEAU (LE) | MONTFLEURY. | 1673. | 29. | 1673-12 |

MARIE', *Comédie en 1 Acte en Vers.* C'eft le premier Intermède de L'AMBIGU COMIQUE. Cette petite Piéce eft médiocre & fans action. *Voyez* AMBIGU COMIQUE.

| NOUVEAU (LE) | Ab. PELLEGRIN | 1722. | 14 | 1723-12. |

MONDE *Comédie en 3 Actes en Vers, avec Prologue & Divertiffement dont la Mufique eft de Quinault.* Mife au Théâtre le 11 Septembre. Piéce écrite en Vers libres, faits avec beaucoup de facilité & d'agrémens : le fujet en eft allégorique. On a ignoré pendant longtems le nom de l'Auteur : l'Abbé *Pellegrin* s'eft attribué cet ouvrage, & il n'y a pas d'apparence qu'il en ait impofé, il plut beaucoup. Cette Comédie fut reprife au mois de Juin 1746 avec fuccès. Il y avoit dans fa nouveauté une Scéne de Poëte qui a été fupprimée.

| NOUVEAUTE', (LA) | LE GRAND. | 1727. | 17. | 1727-12. |

Comédie en 1 Acte en Profe & Divertiffement. Donnée le 13 Janvier. Jolie, & d'un comique agréable. Elle penfa tomber à la premiere Repréfentation. La Scéne d'Opera fans parole, qui plût beaucoup, & qui parut neuve, la releva. Cette Piéce eft reftée au Théâtre, où on la revoit toujours avec plaifir.

| NOUVELLE, (LA) | M. PAPILLON. | N. R. | * | 1599-12. |

TRAGI-COMIQUE, *Comédie en 1 Acte en Vers.* imprimée avec les œuvres Poëtiques de l'Auteur. Médiocre. *Papillon*, dans un Sonnet de fa façon, fe plaint de fes malheurs, & des différentes occupations de fa vie.

| NOUVELLISTES, (LES) | HAUTEROCHE | 1678. | * | n. imp. |

Comédie en 3 Actes. N'eft connuë que par ce qu'en dit *Vifé* dans fon Mercure galant, Janvier 1678 *p.* 275. Elle a été repréfentée fur le Théâtre de l'Hôtel de Bourgogne, fur la fin du mois de Février.

Noms des Piéces.	Noms des Auteurs.	An. des Repr.	Le Nomb	An. des Editions.
NOUVELLISTES, (LES)	Anonyme.	1686.	6.	n. imp.

Comédie. Tirée des Regiftres de la Comédie Françoife. La conformité du titre avec la précédente , & le *non imprimée* à l'une & à l'autre m'avoit d'abord fait croire que celle-ci n'étoit qu'une reprife.de la Comédie des NOUVELLISTES de *Hauteroche* , mais on affure dans l'hiftoire du Théâtre François que ce font deux Piéces différentes ; je conferve du doute , parce qu'on ne m'offre point d'autorité pour revenir entierement de ma conjecture.

NUIT (UNE)	Anonyme.	N. R.	*	1640.12

DE PARIS, *Comédie en 1 Acte en Profe avec Prologue.* Piéce trop négligée : le fujet pouvoit fournir.

O

OBSTACLE (L')	DESTOUCHES.	1717.	6.	1718.12

IMPREVU , *ou* L'OBSTACLE SANS OBSTACLE , *Comédie en 5 Actes en Profe.* Repréfentée le 18 Octobre. Reprife avec des corrections le 18 Juillet 1735 , & fut jouée cinq fois.

OCCASIONS (LES)	J. ROTROU.	1631.	*	1636-4°.

PERDUES , *Tragi-Comédie.* Irréguliére & paffable.

OCTAVIE ,	ROL. BRISSET.	1589.	*	1590-4°

Tragédie avec des Chœurs. Mauvaife traduction de *Seneque* ; mal conftruite & foible de Verfification.

ODIEUX (L')	TH. LECOQ.	1580.	*	1580-4°

& fanglant meurtre, commis par le maudit Caïn à l'encontre de fon frere Abel. Extr. du 4e Chapitre de la Genèfe. *Tragédie morale à douze perfonnages : fçavoir ; Adam , Eve , Caïn , Abel , Calmana fœur & femme d'Abel , Debora fœur & femme d'Abel , l'Ange , le Diable , remords de confcience , le fang d'Abel , le péché , la mort.* C'eft le titre. Cette Piéce eft fans diftinction d'Actes ni de Scénes. *Voyez* ABEL.

OEDIPE ,	J. PREVOT.	1614.	*	1614-12.

Tragédie avec des Chœurs. Affez bien faite pour le tems.

OEDIPE ,	STE MARTHE.	1614.	*	Incert.

Tragédie. N'eft connuë que par les catalogues.

Noms des Pièces.	Noms des Auteurs.	An. des Repr.	Le Nomb	An. des Editions.
OEDIPE,	P. CORNEILLE	1659.	*	1659-12

Tragédie. Le mauvais succès de PERTHARITE ayant dégoûté *Corneille* du Théatre ; M. *Fouquet* l'engagea sept ans après de rentrer dans la carrière, & lui donna le sujet d'OEDIPE. Cette Tragédie eut beaucoup de succès.

Noms des Pièces.	Noms des Auteurs.	An. des Repr.	Le Nomb	An. des Editions.
OEDIPE,	Mᶜ DACIER.	N. R.	*	1692-12

Tragédie. Traduite de *Sophocle* avec des remarques. Mᶜ *Dacier* a traduit aussi l'ELECTRE du même Auteur, L'AMPHITRION, LE RUDENS ou L'HEUREUX NAUFRAGE, & L'EPIDICUS de *Plaute* ; les six Comedies de *Terence* ; & LE PLUTUS & LES NUE'ES d'*Aristophane*.

Noms des Pièces.	Noms des Auteurs.	An. des Repr.	Le Nomb	An. des Editions.
OEDIPE,	VOLTAIRE.	1718.	30.	1718 8°

Tragédie. Mise au Théatre le 18 Novembre. Le coup d'essai le plus admirable dont on ait jamais eu connoissance ; il fut aisé de prévoir ce que deviendroit l'Auteur, & il a bien justifié depuis l'opinion qu'on en avoit conçuë ; il n'avoit que 18 ans quand il la composa. Le Rôle d'Oedipe commença la réputation de *Dufresne*, qui étoit du même âge. Depuis cette Tragédie, on n'a repris L'OEDIPE de *Corneille* que pour le début de *Sarazin*.

Noms des Pièces.	Noms des Auteurs.	An. des Repr.	Le Nomb	An. des Editions.
OEDIPE,	FOLLARD Jéс.	N. R.	*	1722-8

Tragédie. Imprimée avec une Epître au Duc de *Villeroy* en Vers marotiques. Le même Auteur a fait encore une Tragédie intitulée THEMISTOCLE, & plusieurs bonnes Piéces, jouées par les Pensionnaires de Lyon, entre autres, un AGRIPPA, *Tragédie* très-bien faite, *non-imp.*

Noms des Pièces.	Noms des Auteurs.	An. des Repr.	Le Nomb	An. des Editions.
OEDIPE,	DE LA MOTTE	1726.	6	1730-8°.

Tragédie. Représentée le 18 Mars. Cette Piéce avoit été d'abord composée en Prose ; l'Auteur la mit en Vers pour la donner au Theatre. Elle est raisonnable, mais froide ; l'Episode est ingénieux, & plus naturelle que celle des autres OEDIPE.

Noms des Pièces.	Noms des Auteurs.	An. des Repr.	Le Nomb	An. des Editions.
OEDIPE,	J. BOIVIN.	N. R.	*	1729-12

Tragédie de Sophocle, traduite en François, les Chœurs en Vers, & le reste en Prose. Le même Auteur a traduit LES OISEAUX, *Comédie d'Aristophane.*

Noms des Pièces.	Noms des Auteurs.	An. des Repr.	Le Nomb	An. des Editions.
OEDIPE,	BRUMOY Jéс.	N. R.	*	1730-4

Tragédie. Traduite de *Sophocle* en Prose, imprimée dans le Theatre des Grecs de l'Auteur en trois tomes *in-4°* & *in-12*, où l'on trouve toutes les Piéces de *Seneque*, de *Sophocle*, d'*Eschile*, d'*Euripide*, & d'*Aristophane*, traduites en entier ou par extrait.

Noms des Piéces.	Noms des Auteurs.	An. des Repr.	Le Nomb	An. des Editions.
OEDIPE,	Latournelle	N. R.	*	1731-12.

ET TOUTE SA FAMILLE, *Tragédie.* Le même Auteur en a fait encore trois autres du même nom : sçavoir, OEDIPE *ou* LES TROIS FILS DE JOCASTE, OEDIPE ET POLIBE, OEDIPE, *ou* L'OMBRE DE LAYUS. Aucune n'a été représentée, elles sont imprimées toutes les quatre ensemble.

| OLIMPIE, | Desfontaines | 1644. | * | 1644-4° |

(L'ILLUSTRE) *ou* ST. ALEXIS, *Tragédie.* Bonne pour être jouée dans les Colléges. Elle est aussi imprimée en 1645. *in*-12.

| OMBRES, (LES) | Nic. Filleul | 1556. | * | 1556-4° |

Pastorale en 5 Actes en Vers avec des Chœurs, sans distinction de Scénes. C'est un galimatias qui n'a aucun rapport au fond de la Piéce. Elle fut jouée devant le Roi *Charles IX.* Elle est aussi imprimée dans les Théâtres de *Gaillon* 1566. *in*-4°.

| OMPHALE, | Grandchamp | 1630. | * | 1636- |

(LES AVANTURES AMOUREUSES D') *son combat, sa perte, son retour & son mariage* ; c'est le titre, *Tragi-Comédie.* Passable pour le tems. Il s'y trouve une situation assez singuliere.

| OMPHALE, | Palaprat. | 1694. | 4. | n. imp. |

HERCULE ET, *Tragédie.* Représentée le 7 Mai. L'Auteur prétend, dans sa Préface du GRONDEUR, que des contretems, arrivés pendant le cours des premieres Représentations de sa Piéce, eurent part à sa chûte.

| OPERA (L') | Dancourt | 1692. | 26. | 1693-12 |

DE VILLAGE, *Comédie en 1 Acte en Prose, avec un Divertissement* dont la Musique est de *Raisin* l'aîné & de *Grandval* le pere. Représentée le 2 Juin. Passable, mais l'intrigue commune. C'est une Satyre que l'Auteur fit contre *Pecourt*, qui avoit le privilége de l'Opera, & qui fit renouveller la défense aux Comédiens d'avoir à leurs gages des Chanteurs & des Danseurs.

| OPERATEUR, (L') | Anonyme. | 1685. | 7. | n. imp. |

Comédie en 1 Acte. Jouée le 24 Octobre après CINNA.

| OPERATEUR, (L') | Dancourt. | 1702. | 17. | 1702-12 |

BARRY, *Comédie en 1 Acte en Prose, avec un Divertissement dont la Musique est de Gilliers.* Donnée le 11 Octobre. Farce plaisante sur l'Opérateur de ce nom, qui faisoit grand bruit dans ce tems-là.

Noms des Piéces.	Noms des Auteurs.	An. des Repr.	Le Nomb	An. des Editions.
OPINIATRE , (L')	l'Ab. Brueys.	1722.	8.	1725-12

Comédie en 3 Actes en Vers. Le tumulte fut si grand à la premiere Représentation que la Piéce fut à peine écoutée. Elle étoit d'abord en 5 Actes & fut réduite à trois pour être représentée. On trouve dans le Mercure de Juillet 1722, l'historique de cette Comédie.

O R ,	Anonyme.	N. R.	*	1713-12

(TOUT CE QUI RELUIT N'EST PAS) *Comédie en 3 Actes en Prose.* A la place des Scénes, est un cannevas à la tête de chaque Acte.

O R A C L E (L')	Anonyme.	1722.	4.	n. imp.

DE DELPHES, *Comédie en 3 Actes en Vers.* Donnée le 17 Décembre. Bien écrite , pleine d'esprit ; elle fut défenduë aprés la quatriéme Représentation.

O R A C L E , (L')	Ste Foix.	1740.	22.	1740-8°

Comédie en 1 Acte en Prose. Mise au Théâtre le 22 Mars. Piéce dans un goût nouveau , qui eut un grand succès qui est restée au Théâtre , & qui y est toujours revuë avec le même plaisir. Elle eut 7 Représentations avant Pâques ; fut reprise le 2 Mai , & le 16 du même mois on y ajoûta un Divertissement. A cette reprise elle eut quinze Représentations. Mademoiselle *Gaussin* y joua avec une naiveté & une finesse dont on n'avoit point eu jusqu'alors d'exemple.

O R A N T E ,	Scudery	1636.	*	1636-8°.

Tragi-Comédie. Mal construite & bizarement renduë.

ORBEC ORONTE ,	E. du Monin.	1584.	*	1585-12

Tragédie. Remplie d'affectation ; elle se trouve dans le sixiéme tome des œuvres de l'Auteur , intitulé *le Phenix de Monin.*

O R E S T E ,	Le Clerc.	1681.	3.	n. imp.

Tragédie. Représentée le 10 Octobre. L'Abbé *Boyer* y eut aussi part : le Mercure de Septembre , année 1682 , *pag.* 369 , rend un compte assez détaillé de cette Piéce. Outre LA VIRGINIE de *Leclerc* , & IPHIGENIE à laquelle il a travaillé , on lui attribue encore LE JUGEMENT DE PARIS , *Tragédie* ; mais ce n'est qu'une conjecture qui est même assez mal fondée.

O R E S T E ,	La Grange C.	1697.	10.	1698-12

ET PILADE , *Tragédie.* Elle fut interrompuë par la mort de Mademoiselle de *Champmeslé* , qui y jouoit le Rôle d'*Iphigenie.* Elle a été reprise le 16 Mai 1722 , elle eut 8 Représentations ; elle a été remise au Théâtre depuis ce tems-là.

Noms des Piéces.	Noms des Auteurs.	An. des Repr.	Le Nomb	An. des Editions.
ORESTE,	VOLTAIRE.	1750.	9	1750-12

Tragédie. Mise au Théâtre le 12 Janvier. Imitée de celle de *Sophocle.* On trouva à la premiere Repréfentation cetteimitation pouſſée trop loin dans le cinquiéme Acte. L'Auteur en refit un nouveau en deux jours, redonna la Piéce, qui fut jouée avec applaudiſſement ; mais il la retira après la neuviéme Repréfentation, pour remplir la parole qu'il avoit donnée à *Deſtouches* de laiſſer jouer la ſienne, intitulée LA FORCE DU NATUREL.

| ORGUEIL, | T. CORNEILLE | 1670. | * | 1670-12 |

(LA COMTESSE D') *Comédie en 5 Actes en Vers.* Plaiſante, mais le ſtyle en eſt commun.

| ORIGINAUX, (LES) | FAGAND. | 1737. | 18. | 1737-12. |

Comédie en 1 Acte en Proſe. Jouée le 18 Juillet avec L'INQUIET & L'ETOURDERIE; reſtée au Théâtre. *Voyez* CARACTERES DE THALIE.

| ORIZELLE, (L') | CHABROL. | 1633. | * | 1633-12 |

Tragi-Comédie Paſt. Piéce romaneſque & fort intriguée.

| OROMAZES, | LOUIS CADET. | 1651. | * | 1651-12 |

PRINCE DE PERSE, froide & ennuieuſe.

| ORONDATE, | GUERIN B. | 1644. | * | 1645-4° |

ou LES AMANS DISCRETS, mal faite & ennuieuſe.

| ORONDATE, | MAGNON. | 1648. | * | 1648-4° |

ET DE STATYRA (LE MARIAGE D') *ou* CONCLUSION DE CASSANDRE, *Tragi-Comédie.* Mauvais plan, mal rendu, & la Poëſie foible.

| ORONOKO, | DU BOCCAGE. | N. R. | * | 1751-8 |

Comédie. Traduite de l'Anglois : elle eſt imprimée avec L'ORPHELINE, Piéce auſſi traduite de l'Anglois, dans un recueil intitulé *Mélanges de difféentes Piéces de Vers & de Proſe*, Ouvrage qui a fait honneur à ſon Auteur.

| ORONTE, (LES TROIS) | BOISROBERT. | 1652. | * | 1653-4 |

ou LES TROIS SEMBLABLES : *Comédie en 5 Actes en Vers.* Mal intriguée, & foible par les détails. Tirée du Conte des trois *Racan*, imprimé dans le traité des bons mots de *Caillieres*, p. 282. Cette Piéce, ou le Conte, a pu donner lieu à la petite Comédie des TROIS GASCONS.

Noms des Piéces.	Noms Auteurs.	An. des Repr.	Le Nomb	An. des Editions.
OROPASTE,	L'Ab. Boyer.	1662.	*	1663-12

ou LE FAUX TONAXARE, *Tragédie.* Médiocre & mal verſifiée.

| ORPHE'E, | DE LESPINE. | 1623. | * | 1623-8° |

(LE MARIAGE D') *ſa deſcente aux enfers & ſa mort par les Bac-cantes*, *Tragédie.* Mauvaiſe.

| ORPHE'E, | CHAPOTON. | 1640. | * | 1640-4° |

ET D'EURIDICE, (LE MARIAGE D') *ou* LA GRANDE JOURNE'E DES MACHINES, *Tragédie.* Médiocre, qui ne dut ſon ſuccés qu'à ſon ſpec-tacle. Repriſe en 1648 ſous le titre de la GRANDE JOURNE'E DES MA-CHINES *ou la Deſcente d'Orphée aux enfers, & ſa mort par les Bac-chantes.* Et en 1662 par la Troupe du Marais.

| ORPHE'E, | LA GRANGE C. | N. R. | * | 1736-12 |

Tragédie avec un Prologue & des Chœurs.

| ORPHISE, | DESFONTAINES | 1637. | * | 1638-4° |

ou LA BEAUTE' PERSECUTE'E, *Tragédie.* Mal faite & ſans invention.

| OSMAN, | TRISTAN LH. | 1656. | * | 1656-12 |

Tragédie. Quinault, élève de *Triſtan,* ſe chargea par reconnoiſſan-ce, après la mort de ſon bienfaiteur, du ſoin de faire jouer cette Piéce. Elle eut peu de ſuccès.

| OSSONE, | J. MAIRET | 1627. | * | 1636-4° |

(LES GALANTERIES DU DUC D') *Comédie en 5 Actes en Vers.* Piéce ſinguliere, qui renferme pluſieurs Scénes intéreſſantes, mais trop li-bres pour le Théâtre.

| OSTORIUS, | l'Ab. DE PURE | 1659. | * | 1659-12 |

Tragédie. Très-foible, & digne de la cenſure de *Deſpreaux.* L'Abbé de *Pure* a fait encore une Comédie, intitulée LES PRECIEUSES.

| OTHON, | P. CORNEILLE | 1664. | * | 1665-12 |

Tragédie. Repréſentée d'abord à Fontainebleau au mois de Juillet, & à Paris le 6 Novembre. Le Maréchal de *Gramont,* grand-pere du der-nier Maréchal de ce nom, diſoit à l'occaſion de cette Piéce : *Corneille eſt le Breviaire des Rois.* Ce grand homme a peint dans cette Tragédie la corruption de la Cour des Empereurs, du même pinceau dont il avoit peint les vertus de la République.

Noms des Piéces.	Noms des Auteurs.	An. des Repr.	Le Nomb	An. des Editions.
O T H O N,	B E L I N.	1699.	3.	n. imp.

(LA MORT D') *Tragédie.* Donnée le 5 Janvier. Connuë par les Regiſtres de la Comédie Françoiſe.

| O V I D E, | G. GILBERT. | 1663. | * | 1663-12 |

(LES AMOURS D') *Paſtorale Héroique.* Paſſable, quoique ſans action. Elle eut un grand ſuccès à cauſe des machînes.

| O Z A R P H I S, | l'Ab. NADAL. | N. R. | * | 1738. |

ou MOYSE, *Tragédie.* Reçuë par les Comédiens, & les Rôles diſtribués pour être jouée en 1727. La Repréſentation de cette Piéce a été arrêtée par des raiſons qui ne ſont pas venuës à la connoiſſance du public.

P

| P A Y S A N (LE) | DORVILLE | Incert. | * | S. D.-12 |

PARVENU, *ou* LES COUPS DE L'AMOUR, *Comédie.* Tirée du *Payſan parvenu* & de *la Payſanne parvenuë*, imprimée à Bourdeaux.

| P A L E M O N, | FRENICLE. | 1632. | * | 1632-8º. |

Fable Bocagére, & Paſtorale en 5 Actes en Vers. Paſſable pour le tems.

| P A L E N E, | BOISROBERT. | 1640. | * | 1640-4º |

SACRIFIE'E, *Tragi-Comédie.* Froide & mal faite ; n'eut aucun ſuccès.

| P A L I N I C E, | RAYSSIGUYER. | 1634. | * | 1634-8º |

ou CIREINICE ET FLORIZE, *Tragi-Comédie.* Tirée de l'*Aſtrée.* Médiocre, mais aſſez intéreſſante.

| P A N C R A G E, | CHATEAUNEUF | 1663. | * | 1663-12 |

(LA FEINTE MORT DE) *Comédie en 1 Acte en Proſe.* Repréſentée par les Comédiens de M. le Prince.

| P A N D O R E, | STE FOIX. | 1721. | 10. | 1750-12 |

Comédie en 1 Acte en Proſe, avec un Divertiſſement dont la Muſique eſt de Quinault l'aîné ; Repréſentée le 13 Juin. C'eſt la premiere Piéce de l'Auteur, qui étoit alors fort jeune, & qui donna de juſtes eſpérances de ſes talens. Elle fut interrompuë après la ſeconde Repréſentation, par l'indiſpoſition de Mademoiſelle *Quinault* l'aînée : continuée le 18 Juillet ſuivant, & fut encore jouée huit fois.

Noms des Piéces.	Noms des Auteurs.	An. des Repr.	Le Nomb	An. des Editions
PANDORE,	POISSON.	1729.	3.	1729-12

(LA BOETE DE) *Comédie en 1 Acte en Vers avec un Prologue.* Donnée le 20 Mars. Foible ; la Scéne du transport au cerveau est fort singuliere.

| PANDOSTE, | P. LA SERRE. | 1631. | * | 1631-8° |

Tragédie en 2 Journées. Médiocre & fort ennuyeuse.

| PANEGIRIQUE (LE) | Anonyme. | N. R. | * | 1664-12 |

DE L'ECOLE DES FEMMES, *Dialogues comiques en Prose sur l'Ecole des Femmes.*

| PANIERS, (LES) | LE GRAND. | 1723. | 7 | 1723-12. |

Comédie en 1 Acte. Jouée d'abord à Chantilly le 5 Novembre 1722, & à Paris le 25 Février de l'année suivante. L'excès de grandeur où furent portés, dans ce tems-là, les paniers qui étoient à la mode, donna lieu à cette Piéce. *Voyez* BALLET DES VINGT-QUATRE HEURES.

| PANTHE'E, | J. GUERSAINS. | 1570. | * | 1571-4° |

Tragédie. Tirée du Grec de *Xenophon.* Donnée sous le nom de Mademoiselle *Desroches*, maîtresse de l'Auteur. Froide & mauvaise. Jouée & imprimée à Poitiers.

| PANTHE'E, | ALEX. HARDY | 1604. | * | 1624-8° |

Tragédie. N'est point mauvaise pour le tems.

| PANTHE'E, | CL. BILLARD. | 1608. | * | 1610-8° |

Tragédie avec des Chœurs. Mauvais plan & mal rendu.

| PANTHE'E, | DOROUVIERE. | 1608. | * | 1608-12 |

ou L'AMOUR CONJUGAL, *Tragédie.* Foible & remplie de faux brilians.

| PANTHE'E, | TRISTAN LH. | 1638. | * | 1639-4°. |

Tragédie. Eut un foible succès, quoiqu'elle ne soit pas sans mérite, & qu'il s'y trouve quelques beaux Vers.

| PANTHE'E, | DURVAL | 1638. | * | 1639-4° |

Tragédie Tirée de *Xenophon.* Mal construite & fort ennuieuse. Outre les Piéces qu'on connoît du même Auteur, il a fait encore une Comédie intitulée LA PRISE DE MARSILLY, tirée de l'*Astrée.*

Noms des Piéces.	Noms des Auteurs.	An. des Repr.	Le Nomb	An. des Editions.
P A N U R G E ,	MONTAUBAN.	1674.	11.	n. imp.

Comédie. Connuë par les Regiſtres de *Guenegaud.* A la repriſe du 21 Octobre 1683 elle n'eut que deux Repréſentations. *Beauchamps* indiqué à l'article de *Montauban*, une Comédie intitulée LES AVANTURES DE PANURGES, il paroît que c'eſt la même.

| P A P E (LE) | Anonyme. | N. R. | * | 1561-8° |

MALADE , *Comédie.* Libelle compoſé par les premiers Proteſtans , imprimé à Genève. Cette Piéce a été réimprimée en 1584 *in-16* , ſous le titre de la Comédie du PAPE MALADE , *tirant à ſa fin ... traduite du vulgaire Arabique en bon Roman , & inteiligible , par Traſibule ;* c'eſt la ſuite du titre.

| P A P I R E , | MARECHAL. | 1645. | * | 1648-4° |

ou LE DICTATEUR ROMAIN , *Tragédie.* Foible & ſans intérêt. Eut cependant quelque ſuccès.

| P A R A S I T E , (LE) | TRISTAN LH. | 1654. | * | 1654-4° |

Comédie en 5 Actes eu Vers. Divertiſſante. Elle a été conſervés longtems au Théâtre.

| P A R E S S E U X, (LE) | DE LAUNAY. | 1733. | 4 | 1733-8°, |

Comédie en 3 Actes en Vers. Repréſentée le 28 Avril. Le caractere mal choiſi , ce qui rend la Piéce froide & inſipide.

| P A R I S , | JAC. DU BOYS | 1559. | * | 1559-8° |

(COMEDIE ET REJOUISSANCES DE) *Poëme Dramatique , compoſé à l'occaſion des mariages du Roi d'Eſpagne & du Prince de Piémont , avec Elizabeth & Marguerite de France , à la fin duquel ces Princeſſes chanterent des Epitalames du même Auteur ;* c'eſt le titre.

| P A R I S I E N , (LE) | CHAMPMESLE' | 1682. | 13. | 1683-12 |

Comédie en 5 Actes en Vers. Donnée le 7 Février. Plaiſante & aſſez bien intriguée.

| P A R I S I E N N E , (LA) | DANCOURT. | 1691. | 9. | 1691-12 |

Comédie en 1 Acte en Proſe. Miſe au Théâtre le 15 Juin. Le ſujet peu décent , mais le dialogue vif & comique. Reſtée au Théâtre.

| P A R T H E N I E , | BALT. BARO. | 1641. | * | 1642-4° |

Tragédie. Le ſujet de l'invention de l'Auteur. Médiocre , a pourtant quelques bonnes Scénes.

Noms des Piéces.	Noms des Auteurs.	An. des Repr.	Le Nomb	An. des Editions.
PASIPHAE',	THEOPHILE.	1627.	*	1628-12

Tragédie. Eut beaucoup de succès dans son tems.

| PASITHE'E, | P. TROTEREL. | 1624. | * | 1624-16 |

Tragédie. La fable en est mal imaginée, & la conduite mauvaise.

| PASSIONS (LES) | BANCHEREAU. | 1632. | * | 1732-8° |

EGARE'ES, OU LE ROMAN DU TEMS, Piéce embrouillée & froide.

| PASSIONS, | GAB. GILBERT | 1642. | † | 1642-4°. |

(LE TRIOMPHE DES CINQ) Tragédie. Très-médiocre. Les cinq passions font : l'orgueil, l'ambition, l'amour, la jalousie & la haine.

| PASTEUR, | J. FONTENY. | 1587. | * | 1615-12. |

LE BEAU, Pastourelle. Passable pour le tems ; imprimée dans le recueil intitulé LES EBATS POETIQUES, OU LE BOCAGE D'AMOUR.

| PASTEUR, (LE) | GIRAUD. | 1623. | * | Incert. |

FIDELE, Comédie. Indiquée dans les catalogues.

| PASTORALE, (LA) | BOUNIN. | 1561. | * | 1561-4°. |

A QUATRE PERSONNAGES. Passable pour le tems.

| PASTORALE, (LA) | CL. GARNIER. | Incert. | * | 1604-8° |

Eglogue sur la naissance de M. le Dauphin & de Madame. Cette Piéce est médiocre. Le même Auteur a fait encore une Pastorale sur la naissance du Duc de Guise en 1515.

| PASTORALE, (LA) | MENARD. | 1613. | * | 1613-12 |

Tragédie. Passable pour le tems. Elle se trouve dans un recueil des Poësies de l'Auteur, dédiées au Maréchal d'Ancre.

| PASTORALE, (LA) | CH. HERSAINT | 1635. | * | 1635-8°. |

SAINTE, ou paraphrase du Cantique des Cantiques, suivant le son de la Lettre, en 5 Actes en Prose. Le principal personnage est Salomon, sous le nom de Pacifique. Le même Auteur, qui étoit Prédicateur & Chancellier de la Cathédrale de Metz, a encore publié, avec la Piéce précédente, une seconde Pastorale sainte, ou paraphrase allégorique du Cantique des Cantiques en 5 Actes en Prose. Le premier personnage est le Verbe Eternel & le second l'Eglise. Ces deux Pastorales sont rares.

Noms des Piéces.	Noms des Auteurs.	An. des Repr.	Le Nomb	An. des Editions.
PASTORALE, (LA)	S. ANDRÉ'.	1644.	*	Incert.

SUR LA NAISSANCE DE JESUS-CHRIST. Indiquée par les anciens catalogues.

PASTORALE, (LA)	l'Ab. COTIN.	N. R.	*	1662-12

SACRE'E, *Paftorale en 5 Aftes en Vers, ou Paraphrafe du Cantique des Cantiques à la lettre.*

PASTORALE, (LA)	MOLIERE.	1666.	*	n. imp.

COMIQUE ; *fragment du Ballet des Mufes de Benferade.* Repréfentée au mois de Décembre 1666 à S. Germain en Laye, à la fuite de MELICERTE. C'étoit une efpece d'impromptu, mêlé de Scénes récitées, & de Scénes mifes en Mufique avec des Divertiffemens. On n'en connoît que les paroles chantantes, qui font imprimées dans l'édition *in*-12 1739 des œuvres de *Moliere.*

PASTOR FIDO,	Ab. PELLEGRIN	1726.	9.	1726-8°

Paftorale Héroïque en 3 Aftes en Vers libres. Mife au Théâtre le 7 Septembre. Affez bien écrite, mais un peu froide ; elle eft imitée du GUARINI. On admira la maniere dont la fameufe penfée de l'Auteur Italien eft renduë dans un feul Vers :

Dieux ! changez la nature, ou révoquez la loi.

PAUL, (ST)	J. VILLEMOT.	1655.	*	1655-12

(LA CONVERSION DE) *ou* LA GRACE TRIOMPHANTE, *Tragi-Comédie.* Foible & mal dialoguée.

PAUSANIAS,	P. QUINAULT.	1668.	2.	1697-12

Tragédie. Froide & trop doucereufe. Il n'eft pas vrai que cette Piéce foit la derniere de l'Auteur, comme l'annonce *Bocheron* dans l'édition des œuvres de *Quinault* 1715 *in*-12 ; ni que le grand fuccès de cette Tragédie, comme il le dit, ait venge l'Auteur de la chûte de BELLOROPHON : c'eft tout le contraire, PAUSANIAS n'eut pas de réuffite, & BELLOROPHON, qui fut joué en 1670, fut applaudi. La preuve qu'on en peut donner, c'eft que celle-ci eft reftée au Théâtre plus de trente ans.

PAUVRETE',	J. LA TAILLE.	N. R.	*	1578-8°

(LE COMBAT DE FORTUNE ET DE) *Comédie. Maupoint* parle de cette Piéce, & la donne à *Jean de la Taille de Bondaroy,* auquel il attribue encore, ainfi qu'à *Jacques la Taille,* LA MORT DE PARIS ET D'OENONE.

Noms des Piéces.	Noms des Auteurs.	An. des Repr.	Le Nomb	An des Editions.
PEAU DE BOEUF (LA)	Anonyme.	N. R.	*	171c-12

OÙ LE REMEDE UNIVERSEL POUR FAIRE UNE BONNE FEMME D'UNE MAUVAISE, *Comédie en François & en Allemand, dédiée aux maris intéressés; & divisée en deux parties, dont la premiere représente la femme dans toute sa méchanceté, & maîtresse de la maison; & la seconde, le mari par un juste retour, pleinement vengé, est maître absolu de sa femme;* c'est le titre.

| PECHEURS (LES) | MARCASSUS. | 1648. | * | 1648-4° |

ILLUSTRES, *Tragi-Comédie avec un argument & d'autres Poësies.* Rien de plus médiocre.

| PEDAGOGUE (LE) | CHEVALIER. | 1665. | * | 1665-12 |

AMOUREUX, *Comédie en 5 Actes en Vers.* Plaisante dans quelques endroits.

| P E D A N T (LE) | CIRANO BER. | 1654. | * | 1654-4° |

JOUÉ, *Comédie en 5 Actes en Prose & en Vers.* Fort singuliere, eut un grand succès. *Moliere* en a tiré le fond de deux Scénes qui se trouvent dans les FOURBERIES DE SCAPIN.

| P E L E R I N E (LA) | J. ROTROU. | 1634. | * | 1637-4° |

AMOUREUSE, *ou* L'ANGELIQUE, *Tragédie.* Froide & ennuieuse.

| PELOPE'E, | AbPELLEGRIN | 1733. | 16. | 1733-8°. |

Tragédie. Eut du succès, est regardée comme la meilleure Piéce de l'Auteur.

| P E N E L O P E, | l'Ab. GENEST. | 1684. | 6. | 1703-12 |

Tragédie. Intéressante; la reconnoissance d'*Ulisse* & de *Penelope* bien amenée. Cette Piéce eut cependant fort peu de succès dans sa nouveauté, mais dans les reprises on lui a rendu la justice qu'elle méritoit. Restée au Théâtre.

| P E R E (LE) | MARIVAUX. | N. R. | * | 1712-12 |

PRUDENT ET EQUITABLE, *ou* CRISPIN L'HEUREUX FOURBE, *Comédie en 1 Acte.* Composée à l'occasion d'une espece de défi qui fut fait à l'Auteur étant à Limoges: c'est son coup d'essai.

Noms des Piéces.	Noms des Auteurs.	An. des Repr.	Le Nomb	An. des Editions.
P E R E (LE)	Ab Pellegrin	1720.	1.	n. imp.

INTERESSE', *ou* LES VRAIS AMIS, *Comédie en 5 Actes en Vers.* Repréſentée le 29 Novembre ſous le nom du Chevalier *Pellegrin*, frere de l'Auteur. *Voyez* FAUSSE INCONSTANCE; c'eſt la même à quelques changemens près.

P E R F I D I E (LA)	Anonyme.	1617.	*	1617-12

D'AMAN, MIGNON ET FAVORI D'ASSUERUS, *Tragédie en 3 Actes en Vers.* Allégorique à l'hiſtoire & à la mort du Maréchal d'*Ancre*. Il s'y trouve des endroits aſſez paſſables; la Scéne du *Boureau* & d'*Aman* eſt ſinguliere.

P E R S E' E	T. Corneille	1660.	*	1666-12.

ET DEMETRIUS, *Tragédie.* Toute médiocre qu'elle eſt, on y trouve quelques beaux endroits.

PERSEENE, (LA)	Gaillardon.	1618.	*	1618-8°.

ou LA DELIVRANCE D'ANDROMEDE , *Tragédie.* Foible. Tirée du 4ᵉ & du 5ᵉ Livre des Métamorphoſes d'*Ovide*.

P E R S E L I D E ,	Anonyme.	1646.	*	1646-4°

ou LA CONSTANCE D'AMOUR. Mauvaiſe & ennuieuſe.

P E R S I D E ,	Desfontaines	1644.	*	1644-4°

ou LA SUISE D'IBRAHIM BASSA , *Tragédie.* Paſſable pour le tems: *Mainfray* avoit traité le même ſujet ſous le titre de LA RHODIENE.

P E R T H A R I T E ,	P. Corneille	1653.	*	1654-12

Tragédie. Malgré ſes défauts, cette Piéce renferme des endroits dignes de l'Auteur , entre autres, l'expoſition du ſujet qui eſt très-belle. Tout le monde ſçait que le peu de réuſlite de cet ouvrage dégoûta pendant longtems le grand *Corneille* du Théâtre.

PERUVIENNE, (LA)	L. Boissy.	1748.	1.	n. imp.

Comédie en 5 Actes en Vers. Repréſentée le 5 Juin. Faite à l'occaſion des Lettres PERUVIENNES de Madame de *Graſſigny*, mais l'intrigue différente de ce Roman.

P E S T E (LA)	Du Monin.	N. R.	*	1584-4°

DE LA PESTE, *ou* LE JUGEMENT DIVIN , *Tragédie en 5 Actes en Vers,* avec des *Chœurs en Vers de pluſieurs meſures, & un Prologue en Proſe.* Allégorique au jugement dernier : mauvaiſe.

Noms des Piéces.	Noms des Auteurs.	An. des Repr.	Le Nomb	An. des Editions.
PHAETON,	J. BELLAUD.	1574.	*	1574-8°

Bergerie tragique. Foible. Elle eſt allégorique aux guerres de ce tems-là.

| PHAETON, | Anonyme. | 1622. | * | 1624-8° |

(LE TREBUCHEMENT DE) *Tragédie.* Tirée du premier Livre des Métam. Singuliere & foiblement écrite ; ſe trouve dans l'ancien recueil intitulé le Théâtre François.

| PHAETON, | TRISTAN L'H. | 1639. | * | 1639-4° |

(LA CHUTE DE) *Tragédie.* N'eſt pas ſans mérite pour le tems ; *Quinault* en a tiré parti pour ſon Opéra.

| PHAETON, | BOURSAULT. | 1691. | 9. | 1693-12 |

Comédie en 5 Actes en Vers libres. Miſe au Théâtre le 28 Décembre. L'Auteur l'avoit travaillée avec ſoin, & s'en promettoit, ainſi que les Comédiens, une réuſſite égale à celle d'ESOPE ; mais le Public n'en jugea pas auſſi favorablement.

| PHALANTE, | Anonyme. | 1610. | * | 1610- |

Tragédie. N'eſt connuë que par un Prologue que *Bruſcambille Deſlauriers* prononça avant la premiere Repréſentation de cette Piéce.

| PHALANTE, | CALPRENEDE. | 1641. | * | 1642-4° |

Tragédie. Les ſituations en ſont ſingulieres & peu vraiſemblables.

| PHANTOME, (LE) | NICOLE. | 1656. | * | 1656-12 |

Tragi-Comédie. Singuliere & plaiſante pour le tems.

| PHARAMOND, | LA POUJADE. | 1671. | * | 1672-8° |

ou LE TRIOMPHE DES HEROS. Tirée du Roman de ce nom par *la Calprenede*, oncle de l'Auteur. Cette Piéce eſt rare ; elle a été imprimée à Bourdeaux.

| PHARAMOND, | DE CAHUZAC. | 1736. | 11. | 1736-12. |

Tragédie. Repréſentée le 14 Août. On applaudit à ce coup d'eſſai de l'Auteur. Quoique le nom de la Piéce ſoit extrêmement connu, le ſujet eſt entierement d'invention.

Noms des Piéces.	Noms des Auteurs.	An. des Repr.	Le Nomb	An. des Editions.
P H A R A O N,	Chantelouve	1576.	*	1576-8°

Tragédie en 5 Actes avec des Chœurs. Singuliere pour l'invention. Elle est imprimée à *Libourne* en Guyenne.

P H A R A O N,	Dancourt.	N. R.	*	1718-12

(LA DEROUTE DU) *Comédie en 1 Acte en Prose avec Divertissement.* C'est la derniere Piéce de l'Auteur ; elle avoit été reçuë par ses camarades, & cependant ne fut point jouée. C'est la même que LA DESOLATION DES JOUEUSES de *Dancourt*, qui a été retouchée.

P H E D R E	R A C I N E.	1677.	*	1677-12

ET HYPPOLITE, *Tragédie.* Mise au Théâtre le premier Janvier. Admirable ; le Rôle de *Phedre* est un chef-d'œuvre. Une cabale, formée par des personnes de distinction, pensa faire tomber cette excellente Piéce à la septiéme Représentation. C'est la derniere Tragédie que *Racine* ait faite pour le Théâtre François.

P H E D R E	P R A D O N.	1677.	16.	1677-12

ET HYPPOLITE, *Tragédie.* Jouée le 3 Janvier. Quoique médiocre, elle fut très-applaudie par la cabale opposée à *Racine.* A la reprise, le 4 Mai de la même année, elle ne fut jouée que trois fois.

PHILANDRE ,(LE)	CH. NAVIERES	1584.	*	Incert.

Tragi-Comédie. Elle n'étoit pas encore imprimée en 1584.

P H I L A N D R E	GIL. GIBOIN.	1619.	*	1619-8°.

ET DE MARISE'E (LES AMOURS DE) *Tragi-Comédie en 5 Actes en Vers.* A quelque intérêt, mais très-mal versifiée.

PHILANDRE ,(LE)	JEAN ROTROU	1635.	*	1637-4°

Comédie en 5 Actes en Vers. Froide & ennuieuse.

P H I L A N I R E ,(LA)	CL. ROUILLET	N. R.	*	1563-12

FEMME D'HYPPOLITE, *Tragédie en Vers libres avec des Chœurs.* N'est point mauvaise pour le tems. Le sujet est tiré d'une Histoire qui arriva alors. L'Auteur avoit d'abord composé cette Piéce en Latin. LA PHILANIRE, indiquée dans les recherches du Théâtre sons l'année 1577, est la même que celle-ci.

Noms des Piéces.	Noms des Auteurs.	An. des Repr.	Le Nomb	An. des Editions.
PHILANTROPE, (LE)	LE GRAND.	1724.	17.	1724-12

ou L'AMI DE TOUT LE MONDE, *Comédie en 1 Acte en Prose.* Elle étoit d'abord en 3 Actes, elle a été réduite en un avec l'addition d'un Divertissement. C'est une Piéce de Scénes détachées, dont quelques-unes font plaisantes. Restée au Théâtre.

| PHILINE, (LA) | LA MORELLE. | 1630. | * | 1630-8° |

ou L'AMOUR CONTRAIRE, *Tragédie.* Foible, l'intrigue commune & mal versifiée : eut cependant quelque réussite.

| PHILIS, (LA) | CHEVALIER. | 1609. | * | 1609-12 |

Pastorale avec un Prologue duquel la mort est le personnage. Singuliere, mais foible.

| PHILIS (LA) | DU CROS. | 1629. | * | 1630-8° |

DE SCIRE, *Pastorale en 5 Actes en Vers.* Traduite de *Bonarelli.* Très-foible. L'Auteur dit dans l'avertissement de la seconde édition de cette Piéce en 1647 *in-12*, qu'elle est fort différente de la premiere, ayant supprimé les longueurs, & ajoûté de nouvelles beautés à sa Tragédie.

| PHILIS (LA) | PICHOU. | 1630. | * | 1638-8°. |

DE SCIRE, *Comédie Pastorale en 5 Actes en Vers.* Passable pour le tems. C'est le dernier ouvrage de l'Auteur.

| PHILIS (LA) | A. B. D. S. | 1667. | * | 1667- |

DE SCIRE, *Pastorale.* Traduite en François, fort rare.

| PHILIS (LA) | DE TORCHE. | N. R. | * | 1669-12 |

DE SCIRE, *Pastorale du Comte Bonarelli.* Traduite en Vers libres. Passable pour le tems.

| PHILISTE'E, (LA) | TROTEREL. | N. R. | * | 1627-16 |

Pastorale en 5 Actes en Vers. Assez bonne pour le tems.

| PHILOCLE'E | GAB. GILBERT | 1642. | * | 1642-12 |

ET THELEPHONTE, *Tragédie.* A quelques beaux endroits, le sujet bien choisi.

Noms des Piéces.	Noms des Auteurs.	An. des Repr.	Le Nomb	An des Editions.
PHILOSOPHE (LE)	DESTOUCHES.	1727.	36.	1727-8°

MARIE', *Comédie en 5 Actes en Vers.* Donné le 15 Février. Eut le plus grand fuccès. c'eft la Piéce de l'Auteur qu'on joue le plus fouvent. Elle eut vingt Repréfentations avant Pâques, fix après, & dix dans le cours de l'année, en tout trente-fix Representations.

| PHILOSOPHES (LES) | DESTOUCHES. | 1729. | 1 | 1730-12. |

AMOUREUX, *Comédie en 5 Actes en Vers.* Repréfentée le 26 Novembre. L'Auteur la retira après la premiere Repréfentation.

| PHILOSOPHES, (LES) | Anonyme. | N. R. | * | 1742-8" |

Comédie en 3 Actes en Profe. Jouée en Société, imprimée à la Haye.

| PHILOXENE, | A. DU VERDIER. | 1567. | * | 1567-8° |

Tragédie Jouée & imprimée à Lyon,

| PHOCION, | CAMPISTRON. | 1688. | 11. | 1690-12 |

Tragédie. Mife au Théâtre le 16 Novembre. Tirée des vies de *Plutarque*, froide, trifte, & vuide d'action, mais réguliere. Elle fut reprife en 1691 fans fuccès.

| PHRAARTE, | ALEX. HARDY | 1623. | * | 1626-8° |

OU LE TRIOMPHE DES VRAIS AMANS, *Tragédie avec des Chœurs.* Très-foiblement écrite. *Tome IV.*

| PHRAARTE, | CAMPISTRON. | 1686. | 3. | n. imp. |

Tragédie. Jouée le 26 Décembre. Tirée de l'hiftoire des Parthes, livre XV des Antiquités Judaïques. Penfa faire des affaires à l'Auteur; elle fut défendue par ordre de la Cour, après la troifiéme Repréfentation.

| PIERRE (LA) | T. CORNEILLE | 1681. | 2. | 1681-4° |

PHILOSOPHALE, *Comédie en 5 Actes en Profe, mêlée de Spectacles & de Danfes.* Mife au Théâtre le 13 Février. A la place des Scénes, il fe trouve dans chaque Acte un cannevas qui donne l'intelligence du fujet & du jeu des Acteurs. *Gueulette* a fait une collection d'anciennes Piéces dans laquelle il fe trouve une Comédie de ce titre, par un Anonyme, fous la même année 1681.

| PIRAME | THEOPHILE. | 1617. | * | 1621-12 |

ET THISBE', *Tragédie.* La meilleure pour la conduite qui eût paru jufqu'à ce tems. Elle eut un grande fuccès, & fut reprife en 1656. L'edition des œuvres de *Theophile* la plus correcte eft celle de 1656 *in-12.*

Noms des Piéces.	Noms des Auteurs.	An. des Repr.	Le Nomb	An. des Editions.
PIRAME	PRADON.	1674.	*	1674-12

ET THISBE' *Tragédie.* Il s'y trouve quelques Scénes touchantes ; les ennemis de *Racine* la firent valoir, & c'est à cet esprit de cabale que l'on doit attribuer la réuslite de cette Piéce. Elle fut remise sans succès en 1709,

| PIRANDRE | BOISROBERT. | 1633. | * | 1633-4° |

ET LISIMENE, *ou* LA BELLE LISIMENE, *ou* L'HEUREUSE TROMPERIE, *Tragédie.* Pleine de pointes & de jeux de mots, avec une versification empoalée.

| PIRRHE, | JEAN HEUDON | 1598. | * | 1598-12 |

Tragédie avec des Chœurs. Très-singuliere, & bonne pour le tems.

| PIRRHUS, | P. VOLANT. | 1584. | * | Incert. |

Tragédie. Tout ce qu'on sçait de cette Piéce, c'est que l'Auteur étoit Avocat au Parlement de Rennes.

| PIRRHUS, | T.CORNEILLE | 1661. | * | 1665-12 |

ROI D'EPIRE, *Tragédie.* Médiocre. *Crebillon* a traité le même sujet, mais bien supérieurement.

| PIRRHUS, | CREBILLON. | 1726. | 16. | 1726-8° |

ROI D'EPIRE, *Tragédie.* Même sujet que la précédente, mais bien mieux traité ; elle fut fort applaudie, & est restée au Théâtre.

| PLACE (LA) | CLAVERET | 1635. | * | Incert. |

ROYALE, *ou* L'AMOUREUX EXTRAVAGUANT, *Comédie.* Bonne pour le tems ; elle fut représentée à *Forges*, devant le Roi, avec réussite.

| PLACE (LA) | P. CORNEILLE | 1635. | * | 1635-4° |

ROYALE, *Comédie en 5 Actes en Vers.* Fit un très-grand plaisir, & eut alors un très-grand succès. L'unité d'action n'y est pas observée.

| PLAIDEURS, (LES) | RACINE. | 1668. | * | 1668-12 |

Comédie en 3 Actes en Vers. Plaisante & singulierement écrite : tomba à la seconde Représentation, mais elle se releva dans les suivantes, & eut le plus grand succès. C'est la seule Comédie de l'Auteur ; on prétend que *Despreaux* & l'Avocat *Maurillain* y ont eu part ; elle est restée au Théâtre où on la revoit toujours avec plaisir.

Noms des Piéces.	Noms des Auteurs.	An. des Repr.	Le Nomb	An. des Editions
PLAINTES (LES)	JACQ. DENIS.	1679.	*	1679-12.

DU PALAIS, *ou* LA CHICANE DES PLAIDEURS, *Comédie en 3 Actes en Vers.* Jouée en Société.

| PLAISIR, (LE) | MARCHADIER | 1747. | 6 | 1749-8°. |

Comédie en 1 Acte en Vers. Piéce de Scénes détachées. Jouée avec les CONFIDENCES RECIPROQUES & LA RIVALE SUIVANTE ; assez joliment écrite. L'Auteur, dont on esperoit beaucoup par ce coup d'essai, mourut peu de tems après.

| PLUTUS, | LE GRAND. | 1720. | 16. | 1720-12 |

Comédie en 3 Actes en Vers. Donnée le premier de Février. Piéce à Scénes épisodiques, d'un comique foible, qui eut pourtant du succès à cause des circonstances. On retrancha, après la premiere Représentation, le Divertissement dont les Couplets rouloient sur le système qui faisoit alors tant de bruit.

| POETE (LE) | R. POISSON | 1668. | 1 | 1669-12 |

BASQUE, *Comédie en 1 Acte en Vers.* Médiocre & bassement écrite : dut son succès au jeu des Acteurs. *Voyez* MEGERE AMOUREUSE.

| POETES, (LES) | Anonyme. | 1666. | * | n. imp. |

Comédie en 1 Acte en Vers. Représentée devant le Roi à Saint Germain en Laye le 2 Décembre, par les Comédiens de l'Hôtel de Bourgogne, dans la sixiéme Entrée du BALLET DES MUSES. Elle fut suivie d'une Mascarade Espagnole, qui faisoit partie de cette petite Piéce.

| POINT (LE) | LE SAGE. | 1702. | 2 | 1739-8° |

D'HONNEUR, *Comédie en 5 Actes en Prose.* Mise au Théâtre le 3 Février. Tirée d'une Piéce Espagnole de *Don Francisco de Roxas,* intitulée *no ay amigo, para amigo.* L'intrigue est à peu-près la même que celle que *Scaron* a employée pour sa Comédie de JODELET DUELISTE. *Le Sage* réduisit sa Piéce en trois Actes, y ajoûta un Prologue, intitulé ARLEQUIN PROLOGUE, & la donna au Théâtre Italien le 10 Avril 1725, où elle n'eut aussi que deux Représentations.

| POLICANDRE | DU VIEUGET. | 1632. | * | 1632-8° |

ET DE BASOLIE (LES AVANTURES DE) *Tragédie.* Très-ennuieuse & fort mal écrite.

Noms des Piéces.	Noms Auteurs.	An. des Repr.	Le Nomb	An. des Editions.
POLICRATE,	L'Ab. Boyer.	1670.	*	1670-12

Comédie Héroïque. Repréfentée le 19 Janvier. Mal faite, pleine de contradictions & de fauffes penfées, eut cependant du fuccès. *Robinet* en a fait un grand éloge dans fa Lettre en Vers du 25 Janvier de la même année. Outre les Piéces que l'on connoît de cet Auteur, on lui attribue encore L'HEUREUX POLICTETE, *Tragédie*, qui n'a été ni jouée ni imprimée.

| POLICRITE, | GILLET. | 1639. | * | 1643-4° |

(LA BELLE) *ou* LA MORT DU GRAND PROMEDON, *ou* L'EXIL DE NERE'E, *Tragi-Comédie.* Repréfentée par la Troupe Royale. Cette Piéce eft de l'invention de l'Auteur, qui n'avoit que 20 ans quand il la compofa. Elle eft paffable pour le tems, & dans quelques endroits eft bien verfifiée ; les deux Vers qui fuivent en font foy :

     Et celui qui fe fie au nombre des Soldats,

     Voit bien fouvent la palme & ne l'emporte pas.

| POLICRITE, | l'Ab. Boyer. | 1661. | * | 1662-12 |

Tragi-Comédie. Repréfentée fur le Théâtre de l'Hôtel de Bourgogne le 18 Janvier. Mal faite & ennuieufe, malgré l'éloge qu'en fait *Duloret* dans fa *Mufe hiftorique* du 14 Janvier de la même année.

| POLIDORE, | Ab. Pellegrin | 1705. | 14 | 1706-12 |

Tragédie. Mife au Théâtre le 6 Novembre. La première de l'Auteur. Elle eut du fuccès, quoique médiocre & d'une verfification commune.

| POLIEUCTE, | P. Corneille | 1640. | * | 1641-4° |

Tragédie fainte. Admirable. L'Auteur, avant de donner fa Piéce, en fit une lecture au fameux Hôtel de Rambouillet, où elle fut généralement condamnée. Cette avanture l'avoit entierement découragé, & peut-être auroit-on été privé de ce chef-d'œuvre de l'Art, fans un vieux Comédien nommé *la Roque*, qui jugea mieux que l'Hôtel de Rambouillet, & qui perfuada à *Corneille* de donner fon ouvrage.

| POLIMNESTOR, | l'Ab. Genest. | 1696. | 5 | n. imp. |

Tragédie. Repréfentée le 12 Décembre. Connuë par les Regiftres de la Comédie Françoife.

| POLITICH (Sir) | S. Evremond. | N. R. | * | 1605-4° |

WOULD - BE, *Comédie en 5 Actes en Profe.* Compofée dans le gout Anglois ; eft imprimée à Londres dans le premier Tome des œuvres de l'Auteur.

Noms des Piéces.	Noms des Auteurs.	An. des Repr.	Le Nomb	An. des Editions.
POLIXENE, (LA)	J. BEHOURT.	1597.	*	1598-12

Tragi-Comédie en 5 *Actes en Vers avec des Chœurs.* Tirée du premier livre des Histoires Tragiques de *Boisteau* ; représentée au Collége des Bons-Enfans le 7 Septembre. Froide & ennuieuse.

| POLIXENE, | CL. BILLARD. | 1607. | * | 1610-8° |

Tragédie avec des Chœurs. On ne peut pas plus mauvaise.

| POLIXENE, | LA FOSSE. | 1696. | 17. | 1696-12 |

Tragédie. Mise au Théâtre le 3 Février. Coup d'essai de l'Auteur qui fut fort applaudi. M. le *Dauphin* honora de sa présence la seconde Représentation de cette Piéce, & fit donner cent Louis aux Comédiens, valant alors 1400 livres. Elle a été reprise depuis, mais avec peu de succès.

| POLONOIS, | HAUTEROCHE | N. R. | * | 1686-12 |

(LE FEINT) *ou* LA VEUVE IMPERTINENTE, *Comédie en* 3 *Actes en Prose.* Mauvaise, elle a été jouée en Province. Elle est aussi imprimée dans les œuvres de l'Auteur.

| POMPE (LA) | DALIBRAY. | 1634. | * | 1634-8° |

FUNEBRE, *ou* DAMON ET CLORIS, *Pastorale.* Traduite de l'Italien de *Cezar Cremonin.* A des endroits passables pour le tems ; mais elle est mal écrite.

| POMPE'E, | CHAULMER. | 1638. | * | 1638-4° |

(LA MORT DE) *Tragédie.* Tout ce qu'il y a de passable dans cette Piéce est tiré de *Lucain*, le reste est mauvais.

| POMPE'E, | P. CORNEILLE | 1641. | * | 1644-4°. |

(LA MORT DE) *Tragédie.* Parfaitement belle, pleine d'élévation, & digne de son Auteur. Le caractere de *Cornelie* est admirable. Restée au Théâtre.

| POMPEÏA, | CAMPISTRON. | N. R. | * | 1756-12 |

Tragédie. Intéressante, n'est pas sans mérite. *De Bac*, neveu de l'Auteur, avoit voulu la mettre au Théâtre, mais la mort de Mademoiselle *Lecouvreur* le fit renoncer à ce projet. Elle est imprimée pour la première fois dans la nouvelle édition des œuvres de l'Auteur.

Noms des Piéces.	Noms des Auteurs.	An. des Repr.	Le Nomb	An. des Editions.
POPULACE (LA)	RIEUSSET.	N. R.	*	1714-12

EMUE, *Comédie en 5 Actes en Vers.* Faite à l'occasion d'une sédition arrivée à Gironne.

| PORCIE, (LA) | ROB. GARNIER | 1578. | * | 1578-4° |

Tragédie avec des Chœurs, repréſentant les guerres civiles de Rome; c'eſt le titre. Premiere Piéce de l'Auteur; elle eſt aſſez paſſable pour le tems. *Garnier* eſt le premier Dramatique qui ait obſervé la coupe maſculine & fœminine des rimes.

| PORCIE (LA) | L'Ab. BOYER. | 1646. | * | 1646-4° |

ROMAINE, *Tragédie.* Coup d'eſſai de l'Auteur : médiocre; eut cependant quelque ſuccès.

| PORT DE MER, (LE) | BOINDIN. | 1704. | 19. | 1704-12 |

Comédie en 1 Acte en Proſe avec un Divertiſſement. Repréſentée le 29 Mai. Plaiſante, reſtée au Théâtre. C'eſt une des petites Piéces de l'Auteur, où *la Motte* ſon ami a eu part.

| PORTRAIT (LE) | BOURSAULT. | 1663. | * | 1663-12. |

DU PEINTRE, *ou LA CONTRE-CRITIQUE DE L'ECOLE DES FEMMES, Comédie en 1 Acte en Vers.* Médiocre & foiblement dialoguée. C'eſt une eſpece de Satyre contre *Moliere*, qui ne fit pas honneur à ſon Auteur.

| PORTUGAIS (LES) | C. DES CROIX. | 1608. | * | 1608-12 |

INFORTUNE'S, *Tragédie avec des Chœurs & un Prologue.* Tirée de l'hiſtoire tragique d'*Emmanuel Soſe* & d'*Eléonor* ſon épouſe, qui périrent avec ſix cens perſonnes de leur ſuite en revenant d'un pays éloigné dans leur patrie. Aſſez intéreſſante.

| PORUS, | l'Ab. BOYER. | 1647. | * | 1648-4° |

OU LA GENEROSITE' D'ALEXANDRE, *Tragédie.* L'hiſtoire y eſt entierement défigurée, & la piéce eſt médiocre.

| POT (LE) | Anonyme. | N. R. | * | 1749-8° |

DE CHAMBRE CASSE', *Tragédie pour rire, ou Comédie pour pleurer; Piéce burleſque & critique en 1 Acte en Vers.* N'étoit point faite pour être repréſentée; elle a été attribuée à *Gaubier*, & la Préface, qui eſt bien faite, à *de Morand*, Auteur de pluſieurs Tragédies.

Noms des Piéces.	Noms des Auteurs.	An. des Repr.	Le Nomb	An. des Editions
POUVOIR (LE)	L. BOISSY.	1738.	4.	1738-8°

DE LA SYMPATHIE, *Comédie en 3 Actes en Vers.* Donnée le 5 Juillet. Malgré son peu de succès, il s'y trouve des Scénes fort bien faites.

| POURCEAUGNAC, | MOLIERE. | 1669. | * | 1682-12 |

(MONSIEUR DE) *Comédie en 3 Actes en Prose.* Mise au Théâtre à Paris le 15 Novembre. C'est une Farce dans laquelle il y a des Scénes dignes de la haute Comédie. Elle fut d'abord représentée à Chambord au mois d'Octobre 1669, où elle eut un très-grand succès. Le célébre *Lully* fit la Musique du Divertissement dans lequel il dansa & joua du Violon. C'est a la Représentation de cette piéce que la Troupe de *Moliere* prit le titre de la Troupe du Roi.

| PRECIEUSES (LES) | MOLIERE. | 1659. | * | 1660-12 |

RIDICULES, *Comédie en 1 Acte en Prose.* Mise au Théâtre le 18 Novembre. Eut un succès surprenant, & fut jouée pendant quatre mois de suite : l'affluence des Spectateurs fut si grande, que les Comédiens prirent le double du prix ordinaire dès la seconde Représentation. Elle contribua à corriger le ridicule qui étoit en regne, & quoiqu'à présent il n'existe plus, & que la piéce soit en quelque sorte sans objet, elle est reprise fort souvent, & on la revoit toujours avec plaisir.

| PRECIEUSES, | SOMAISE. | N. R. | * | 1660-12 |

(LES VERITABLES) *Comédie en 1 Acte en Prose.* Mauvaise Satyre qui tomba bientôt dans l'oubli. L'Auteur reproche à *moliere*, dans sa Préface, d'avoir copié LES PRECIEUSES de l'Abbé de *Pure*, LE MEDECIN VOLANT, & d'auttes piéces jouées sur le Théâtre Italien. Il parut dans la même année, deux autres Comédies du même nom & du même Auteur, l'une en Vers burlesques en 1 Acte, intitulée LE PROCES DES PRECIEUSES, qui n'a point été représentée, & la seconde LES PRECIEUSES RIDICULES de *Moliere*, mise en Vers, in-12. 1660. Ces deux Comédies sont fort mal faites : la derniere est on ne peut pas plus foiblement versifiée, & l'on retrouve dans la Préface les mêmes reproches que *Somaize* a faits à *Moliere* dans celle qui est à la tête de sa Comédie DES VERITABLES PRECIEUSES.

| PREJUGE' (LE) | LACHAUSSE'E. | 1735. | 20. | 1735-12 |

A LA MODE, *Comédie en 5 Actes en Vers.* Mise au Théâtre le 3 Février. Piéce de caractere & d'intrigue, qui attira de nombreuses assemblées, & qui eut un grand succès. Elle fut reprise avec la même réussite le 18 Décembre de la même année : elle est restée au Théâtre où elle est toujours revuë avec plaisir.

Noms des Piéces.	Noms des Auteurs.	An. des Repr.	Le Nomb	An. des Editions.
PREJUGE' (LE)	MARIVAUX.	1746.	7.	1747-8°

VAINCU, *Comédie en 1 Acte en Prose.* Repréfentée le 6 Août. L'Auteur garda l'Anonyme, mais il fut reconnu au ton fpirituel du dialogue. Mademoifelle *Dangeville* y joua fupérieurement. Reftée au Théâtre où elle eft toujours jouée avec applaudiffement.

| PRESOMPTION (LA) | Anonyme. | N. R. | * | 1743-12 |

PUNIE, *Comédie.* Allégorique fur les affaires du tems. Jouée & imprimée à Prague. Il y a une autre édition de cette piéce de la *Haye* en Hollande.

| PREVENTION (LA) | C. D. L. | N. R. | * | 1735-8°. |

RIDICULE, OU LA CAVERNE DE MONTESINOS, *Comédie en 3 Actes en Profe, ornée de Danfes & de Chanfons;* c'eft le titre. Se trouve dans les Mémoires politiques, amufans & fatyriques, imprimés en Hollande.

| PRIAM, | FR. BERTRAND | 1600. | * | 1611-12 |

ROI DE TROYES, *Tragédie avec des Chœurs.* Contenant toute l'hiftoire de la guerre de Troyes. Mauvais plan & mal rendu.

| PRINCE (LE) | G. SCUDERY. | 1635. | * | 1635-8° |

DEGUISE', *Tragi-Comédie avec des Chœurs.* Sans conduite, la verfification foible.

| PRINCE (LE) | BALT. BARO. | 1648. | * | 1649-4° |

FUGITIF, *Poëme Dramatique.* Affez bon pour le tems; eut de la réuffite.

| PRINCE (LE) | GUERIN B. | 1647. | * | 1647-4° |

RETABLI, *Tragi-Comédie.* L'une des meilleures piéces de l'Auteur.

| PRINCESSE (LA) | BOURSAULT. | 1678. | 2 | n. imp. |

DE CLEVES, *Tragédie avec un Prologue.* Repréfentée le 20 Décembre. Auffi médiocre, que le Roman dont elle eft tirée eft agréable *Voyez* GERMANICUS, & lifez au chiffre de la Repréfentation 1679, & au chiffre de l'édition 1690, au lieu de 1670, qui eft à la troifiéme & à la cinquiéme colonne par erreur.

Noms des Piéces.	Noms des Auteurs.	An. des Repr.	Le Nomb	An. des Editions.
PRINCESSE (LA)	MOLIÈRE.	1664.	23.	1682-12

D'ELIDE, *ou* LES PLAISIRS DE L'ISLE ENCHANTE'E, *Comédie en 5 Actes en Vers & en Prose, avec Prologue & des Divertissemens dont la Musique est de Lully.* Représentée d'abord à Versailles le 8 Mai, & sur le Théâtre du Palais Royal, le 9 Novembre de la même année. Le premier Acte & la premiere Scéne du second sont en Vers, & le reste de la Comédie est en prose. Elle est tirée d'une piéce Espagnole qui a pour titre : *El desden con el desden;* & cette imitation, entre les mains de *Moliere,* est devenuë un excellent original. Le caractere de la Princesse d'*Elide* est puisé dans le sentiment & dans la belle nature, & l'on ne peut rien de plus ingénieux & de plus adroit que les moyens que l'Auteur a employé pour mettre en action tous les personnages de sa piéce.

PRINTEMS, (LE)	Anonyme.	N. R.	*	1747-12

Comédie en 1 Acte en Vers. Foible. A cependant quelques endroits passables.

PRIX (LE)	DANCOURT.	1717.	9.	1717-12

DE L'ARQUEBUSE, *Comédie en 1 Acte en Prose, avec un Divertissement dont la Musique est de Grandval le pere.* Donnée le premier Octobre. Quoique médiocre, il s'y trouve des Scénes vivement dialoguées. Elle fut faite à l'occasion du prix de l'Arquebuse, fondé à Meaux, qui se tire tous les cent ans dans cette Ville, & qui est fort considerable.

PROCEZ (LE)	MONTFLEURY	1669.	*	1669-12

DE LA FEMME JUGE ET PARTIE, *Comédie en 1 Acte en Vers.* Trèsmédiocre. L'Auteur pensa qu'en faisant lui-même la critique de sa piéce de la FEMME JUGE ET PARTIE, il en imposeroit aux censeurs, il se trompa, on prit au pied de la lettre tout le mal qu'il en dit.

PROCEZ (LE)	FUZELIER.	1732.	21.	1732-8

DES SENS, *Comédie en 1 Acte en Vers.* Représentée le 16 Juin. C'est une critique fine du BALLET DES SENS, qui étoit alors dans sa nouveauté. Mademoiselle *Dangeville* y parut en amour avec ses graces ordinaires.

PROCRISE,	ALEX. HARDY	1605.	*	1624-8

ou LA JALOUSIE INFORTUNE'E, *Tragi-Comédie.* Assez intéressante, mais mal construite.

PROCUREUR (LE)	POISSON.	1728.	16.	1728-12

ARBITRE, *Comédie en 1 Acte en Vers.* Jouée le 25 Février. Piéce de Scénes détachées, parmi lesquelles il y en a de fort jolies : il y a plus d'objet & de suite qu'il n'y en a ordinairement dans les ouvrages de ce genre. Restée au Théâtre & reprise avec succès.

Noms des Piéces.	Noms des Auteurs.	An. des Repr.	Le Nomb	An. des Editions.
PROMENADE (LA)	Anonyme.	1705.	*	1705-12.

DE STRASBOURG (*ou* L'ARBRE VERD) Jouée à Strasbourg par les Comédiens de M. le Duc de Lorraine. Mal faite, mais assez comique.

| PROMENADE (LA) | PETIT. | 1722. | * | 1722-80 |

DE S. SEVERIN, *ou* LE BANQUIER DUPE', *Comédie*. Froide. Jouée & imprimée à Bourdeaux.

| PROSERPINE, | ALEX. HARDY | 1611. | * | 1626-4° |

(LE RAVISSEMENT DE) *Tragédie*. Très médiocre, & dans laquelle les Dieux y tiennent un langage singulier.

| PROSERPINE, | J. CLAVERET. | 1639. | * | 1630-4° |

(LE RAVISSEMENT DE) *Tragédie*. Froide & ennuieuse. La Scéne est au ciel en Sicile, & aux enfers où l'imagination du Lecteur se peut représenter une certaine unité de lieu, les concevant comme une ligne perpendiculaire tirée du ciel aux enfers. Recherches sur les Théâtres. *Tom. II.* pag. 170. On attribue au même Auteur, outre ses piéces connuës, deux autres Comédies, intitulées le ROMAN DU MARAIS, ET LA VISITE DIFFERE'E desquelles il est parlé dans le privilege de son ESPRIT FORT.

| PROVERBES, | DE MONTLUC. | 1616. | * | 1695 8° |

(LA COMEDIE DES) *Comédie en 3 Actes en Prose*. Une des plus comiques du tems, qui a dû être fort suivie ; il s'en est fait un grand nombre d'éditions. On attribue aussi à cet Auteur LES JEUX DE L'INCONNU, Farce remplie de Quolibets, & dans le bas comique. L'édition marquée ici est la premiere.

| PRUDE (LA) | PALAPRAT | 1693. | I. | 1693-12 |

DU TEMS, *ou* LES SATURNALES, *Comédie en 5 Actes en Vers*. Jouée le 7 Janvier. Manque de simplicité & d'action, mais elle est assez noblement écrite & bien versifiée. Le premier Acte fut fort applaudi, mais au commencement du second le tumulte commença au Parterre, & le reste ne fut pas écouté.

Noms des Piéces.	Noms des Auteurs.	An. des Repr.	Le Nomb	An. des Editions.
PSICHE',	MOLIERE.	1672.	32.	1673-12.

Tragédie-Ballet en 5 Actes en Vers libres. Repréfentée au Palais des Thuilleries pendant le Carnaval de 1671 , & fur le Théâtre du Palais Royal le 11 Novembre de l'année fuivante. J'ai fuivi , pour la date de la Repréfentation de cette Piéce fur le Théâtre du Palais Royal , les Regiftres de la Comédie , que les Editeurs des œuvres de *Corneille* placent le 24 Juillet 1671. Cette Tragi-Comédie eft l'ouvrage de deux grands hommes. *Moliere* étant preflé ne put mettre en Vers que le premier Acte , & les deux premieres Scénes du fecond & du troifiéme Acte, *Corneille* fit le refte. La déclaration d'amour , toujours trouvée fi belle , eft de ce célebre Auteur , qui avoit alors foixante ans : *Quinault* fit les paroles chantantes , à la referve de la plainte Italienne qui eft de *Luily* , ainfi que la Mufique de la Piéce.

| **PSICHE' (LA)** | GUERIN. | 1705. | 1 | n. imp. |

DE VILLAGE , *Comédie en 5 Actes en Profe avec un Prologue & des Intermèdes* , dont la Mufique qui eft de *Gilliers* eft imprimée chez *Ballard.* Repréfentée le 29 Mai. L'Auteur de ce tte Piéce étoit le fils du fameux *Guerin Detriché* , qui avoit époufé la veuve de *Moliere* , & le même dont on a parlé à l'article de MELICERTE.

| **PTOLOME'E,** | CHARENTON. | Incert. | * | 1662- |

Tragédie. On auroit dû placer cette Piéce , qui n'eft connuë que par les catalogues , à l'article de la mort de *Baltazar* , Piéce imprimée du même Auteur.

| **PUCELLE** | Anonyme. | 1581. | * | 1581-4 |

DE DOM REMI (HISTOIRE DE LA) AUTREMENT D'ORLEANS , *nouvellement départie par Actes* , & *repréfentée par perfonnages* , *avec chœur des enfans & filles de France* , & *un avant-jeu en Vers* , & *des Epodes chantées en Mufique* , &c. c'eft le titre. *Barnet* avoue dans la Preface qu'il n'eft que le revifeur & l'editeur de cette Piéce , ce qui prouve que l'Auteur n'étoit pas connu.

| **PUCELLE (LA)** | BENSERADE. | 1642. | * | 1642-4°. |

D'ORLEANS , *Tragédie.* Cette Piéce renferme quelques endroits paflables & intéreflans , on l'attribue aufli a la *Menardiere.*

| **PUCELLE (LA)** | L. DAUBIGNAC. | 1642. | * | 1642-4° |

D'ORLEANS , *Tragédie en Profe.* Traitée felon la vérité de l'hiftoire & les regles les plus exactes du Théâtre , mais elle n'en eft pas meilleure.

Noms des Piéces.	Noms des Auteurs.	An. des Repr.	Le Nomb	An. des Editions.
UCELLES, (LES DEUX)	J. ROTROU.	1636.	*	1639-12

Tragi-Comédie. Irréguliere, mais elle n'est pas sans intérêt. Elle eut du succès.

| PULCHERIE, | P. CORNEILLE | 1672. | * | 1673-12 |

Comédie Héroïque en 5 Actes en Vers. Représentée au mois de Novembre. Le cinquiéme Acte n'est pas sans intérêt. La Piéce débute par des Vers admirables. On prétend que *Corneille* s'est peint dans le Rôle de *Martian*, & qu'il fut obligé de faire jouer sa Comédie par la troupe du Marais, qui n'étoit pas en réputation, parce que l'Hôtel de Bourgogne étoit livré à *Racine*.

| PUPILLE, (LA) | FAGAND, | 1734. | 23. | 1734-8° |

Comédie en 1 Acte en Prose avec un Divertissement dont la Musique est du célèbre Mouret. Mise au Théâtre le 5 Juillet. Eut le plus grand succès. Les applaudissemens furent partagés entre l'Auteur & les Acteurs, qui y jouerent supérieurement. La *Pupille* est un de ces Rôles où Mademoiselle *Gaussin* n'a point eu de modéle, & où l'on peut dire qu'elle ne sera jamais remplacée. Cette piéce est restée au Théâtre, & elle y reparoît avec les mêmes applaudissemens.

Q

| QUARTIER (LE) | N. GRANDVAL | 1696. | * | 1697-12 |

D'HYVER, *Comédie en 1 Acte en Prose, mêlée de Musique & de Danses.* Représentée à Rouen où elle eut du succès.

| QUARTIER (LE) | BRET. | 1744. | 7 | 1745-12 |

D'HYVER, *Comédie en 1 Acte avec un Divertissement dont la Musique est de Grandval le pere.* Mise au Théâtre le 4 Décembre. Deux autres Auteurs ont eu part à cette Piéce, dans laquelle il se trouve des Scénes fort bien faites.

| QUAKERS (LES) | Anonyme. | N. R. | * | 1731-12 |

ou LES TREMBLEURS, *Comédie en 1 Acte en Prose.* Cette Piéce est allégorique, & l'on y lit des Scénes assez originales.

| QUI PRO QUO, (LE) | ROSIMONT. | 1663. | * | 1663-12 |

ou LE VALET ETOURDI, *Comédie en 3 Actes en Vers.* Plaisante & comique, eut de la réussite.

Noms des Piéces.	Noms des Auteurs.	An. des Repr.	Le Nomb	An. des Editions.
QUI PRO QUO, (LE)	L'Ab. BRUEYS	N. R.	*	1737-12.

    Comédie en 1 Acte. Paſſable : fut faite ſur une aventure de Quiproquo, arrivée en Province, dont l'Auteur fut témoin oculaire. Cette Piéce ſe trouve dans le Recueil de ſes Oeuvres.

QUI PRO QUO, (LE)	Anonyme.	1743.	1	n. imp.

    Comédie en 3 Actes en Vers. Donnée le premier Octobre, elle ne fut jouée qu'une fois.

QUIXAIRE,	GILLET T.	1639.	*	1640-4°

    (LA BELLE) *Tragédie.* Tirée de Michel *Cervantes.* Médiocre, c'eſt le coup d'eſſai de l'Auteur, qui n'avoit que 20 ans lorſqu'il la donna.

R

RADEGONDE,	DU SOUHAIT.	1599.	*	1599-12

    Tragédie. De l'invention de l'Auteur qui a fait encore trois Paſtorales allégoriques intitulées LES DIVERSES LOIX D'AMOUR ; BEAUTE' ET AMOUR ; LES SOUHAITS D'AMOUR. Toutes ces Piéces ſont froides & ennuyeuſes.

RAGOTIN,	LA FONTAINE.	1684.	9.	1716-12

    ou LE ROMAN COMIQUE. *Comédie en 5 Actes en Vers.* Repréſentée le 12 Avril 1684. L'Auteur a tiré cette Piéce du Roman de ce nom, mais il a mal imité la bonne plaiſanterie de ſon modéle. Elle eſt imprimée à *Leyden.*

RAJEUNISSEMENT le	LAGRANGE.	1738.	7	1738-12

    INUTILE. *Comédie en 3 Actes en Vers, avec trois Divertiſſemens.* Donnée le 27 Septembre. La jolie fable de *Moncrif* a donné l'idée de cette Piéce.

RAILLEUR, (LE)	MARESCHAL.	1636.	*	1638-4°

    ou LES RAILLERIES DE LA COUR. *Comédie en 5 Actes en Vers.* Plaiſante, mais mal intriguée.

RAMONET, (LOU)	J. J. D. C.	N. R.	*	1717-12

    ou LOU PAYSAN AGENEZ. Paſtourelo en lentgage d'Agen. C'eſt une farce aſſez plaiſante. *Beauchamps* indique une Piéce du même Titre qu'il attribue à *Courtet de Prade*, & qui eſt imprimée en 1701 in-12, avec les Farces ſuivantes, CAPIOTTE, GRISOULET & LOU MIRAMONDO ; les deux premieres ſont en Limoſin.

Piéces.	Noms des Auteurs.	An. des Repr.	Le Nomb	An. des Editions.
RAMONEURS, (LES)	LE BRETON.	Incert.	*	1592.

Comédie en 5 Actes en Prose. Le même Auteur a fait encore quatre Poëmes Dramatiques qui n'ont été ni représentés, ni imprimés : ſçavoir : TULLIE, CHARITE ou L'EPOLEME, tiré de L'ANE D'OR D'APULE'E, DIDON ET DOROTHE'E.

| RAMONEURS, (LES) | Anonyme. | 1620. | * | M. S. |

Comédie en 5 Actes en Prose. Divertiſſante, & d'un fort bon comique pour le tems, mais trop libre pour le Théâtre.

| RAMONEURS, (LES) | LAMBERT. | 1658. | * | 1661-12 |

Comédie en 1 Acte en Vers. Foible & mal verſifiée.

| RAMONEURS, (LES) | VILLIERS. | 1662. | * | 1662-12 |

Comédie en 1 Acte en Vers. Tirée de la Piéce de ce nom en 5 Actes, par un Anonyme dont je viens de parler. L'Auteur a ſupprimé les Epiſodes, a adouci les expreſſions trop libres, & l'a réduite en un Acte.

| RAPINIERE, (LA) | BARQUEBOIS. | 1682. | 18. | 1683-12 |

ou L'INTERESSE', Comédie en 5 Actes en Vers. Repréſentée le 4 Décembre. Le comique paſſable, dut ſon ſuccés aux alluſions qu'on crut y trouver. Le nom de Barqueboiſ eſt l'Anagramme de Jacques Robbe qui eſt le vrai nom de l'Auteur.

| RASOIR, | BOSQUIER. | N. R. | * | 1589-8º |

(LE PETIT) DES ORNEMENS MONDAINS. Tragédie. Imprimée à Mons, tirée du cabinet de B. L'Auteur étoit Minime de S. Omer, fort ſçavant, & Profeſſeur de Théologie à Ath. Il a fait pluſieurs autres ouvrages.

| REBELLES, (LES) | Anonyme. | 1622. | * | 1622-8º |

Tragédie en 4 Actes en Vers, où ſont les noms feints, on voit leurs conſpirations, machines, monopoles, aſſemblées, pratiques & rébellions découvertes ; c'eſt le titre. Piéce ſinguliere, & point mauvaiſe pour le tems. Il y a une ſeconde piéce de ce nom imprimée en 1618 in-8º. à la différence qu'on y déſigne, par une parentheſe, les Siéges de la Rochelle & de Montauban. Ne ſeroit - ce pas une réimpreſſion DES REBELLES de 1622 ?

Noms des Piéces.	Noms des Auteurs.	An. des Repr.	Le Nomb	An. des Editions.
REBELLION (LA)	Anonyme.	Incert.	*	s. D.-8º

DES GRENOUILLES CONTRE JUPITER, *Tragi-Comédie en 4 Actes en Vers avec un Argument.* Fort rare. Elle est imprimée sans date ; on soupçonne qu'elle l'a été vers l'année 1622.

| RECONCILIATIONla | D U F R E N Y. | 1719. | 12. | 1719.12 |

NORMANDE, *ou le* PROCEZ DE FAMILLE, *Comédie en 5 Actes en Prose.* Donnée le 7. Mars. Divertissante, remplie de saillies, un peu décousuë, l'intrigue embrouillée, mais des Scénes charmantes, les reprises ont toujours fait plaisir. Son premier titre étoit LE PROCEZ DE FAMILLE. Outre les Piéces de l'Auteur, qui ont déja été portées dans ce Dictionnaire, on sçait que les Piéces suivantes, qui n'ont point été imprimées ni représentées, font partie de ses ouvrages : LE PORTRAIT *en* 1 *Acte*; LES DOMINOS *en* 1 *Acte* & LE VALET MAÎTRE *en* 5 *Actes en Vers. Voyez* JOUEUSE.

| RECONNUE, (LA) | REM.BELLEAU | 1564. | * | 1585.12 |

Comédie en 5 *Actes en Vers.* Piéce singuliere, faite sur une histoi- re du tems.

| REFORME (LA) | DALIBRAY. | 1634. | * | 1634-8º |

DU ROYAUME D'AMOUR, *Pastorale, contenant* 4 *Intermèdes en Prose*; représentés avec la Pastorale : sçavoir, *la jalousie, les pleurs, les soupirs, le cachot, &c.* C'est une partie du titre.

| REGULUS, | BEAUBREUIL. | 1582. | * | 1582-8º |

Tragédie. Tirée du quatriéme livre de *Paul Orose*, Chap. VII. & VIII. & du second livre d'*Eutrope.* Jouée & imprimée à Limoges. Médiocre & mal versifiée.

| REGULUS, | P R A D O N. | 1688. | 28. | 1700-12 |

Tragédie. Mise au Théâtre le 4 Janvier. Eut un grand succès. L'exposition du sujet en est bien faite, le quatriéme Acte intéressant, & le reste assez bon. Elle fut reprise le 25 Juin de la même année, & eut encore 4 Représentations. On la remet de tems en tems.

| REINE, | DARGICOURT. | 1671. | * | 1671- |

(LE TRIOMPHE DE SAINTE) *Tragédie.* Indiquée par les anciens Catalogues.

| REINE D'ALISE, | CH. TERNET. | 1681. | * | 1681-8º |

(LE MARTYRE DE STE) Bonne pour être jouée dans des Couvents.

Noms des Piéces.	Noms des Auteurs.	An. des Repr.	Le Nomb	An. des Editions.
R E I N E, (Ste)	Blaisebois.	N. R.	*	1686-4°

ou la Victoire spirituelle de la glorieuse Ste Reine, remportée sur le Tyran Olibre. Tragédie Sainte en 3 Actes. Imprimée à Autun.

| REINE D'ALISE, | Anonyme. | Incert. | * | 1687-8°. |

(LE MARTYRE DE STE) Tragédie. L'Auteur étoit un Religieux de l'Abbaye de Flavigny à Châtillon-sur-Seine. Cette Piéce a été réimprimée en 1722. in-8°.

| REJOUISSANCES (les) | Anonyme. | 1614. | * | 1614-8° |

DES HARANGERES DES HALLES DE PARIS. Farce en Prose, entre Pernelle, Barbe & Lambin, sur la réconciliation des Princes.

| REJOUISSANCES (les) | G. L. T. A. L. | 1729. | 1. | n. imp. |

PUBLIQUES ou LE GRATIS. Comédie en 1 Acte en Prose & un Divertissement, dont la Musique est de Grandval le pere, représentée le 18 Septembre. Fut composée par quelques Acteurs de la Comédie Françoise à l'occasion de la naissance de M. le Dauphin.

| R E N A U D | DANCOURT | 1686. | 9. | 1697-12 |

ET ARMIDE, Comédie en 1 Acte en Prose. Représentée le 31 Juillet, foible, mais assez bien écrite.

| RENCONTRE (LA) | Anonyme. | 1735. | 1. | n. imp. |

IMPREVUE, Comédie en 1 Acte, mise au Théâtre le 14 Octobre. Jouée avec LES ACTEURS DEPLACE'S & un Prologue. Voyez ACTEURS DEPLACE'S.

| RENDEZ-VOUS, (LE) | Anonyme. | 1683. | 2. | n. imp. |

Comédie en 1 Acte. Jouée après la Tragédie D'OTHON.

| RENDEZ-VOUS, (LE) | M. BARON. | 1685. | 10. | 1686-12 |

DES THUILLERIES, ou LE COQUET TROMPE', Comédie en 3 Actes en Prose & un Prologue, donnée le 3 Mars. Sans intrigue, mais les caractères originaux & le dialogue vif & plaisant.

| RENDEZ-VOUS, (LE) | FAGAND. | 1733. | 11. | 1733-8°. |

ou L'AMOUR SUPPOSE', Comédie en 1 Acte en Vers. Représentée le 27 Mai, premiere piéce de l'Auteur, joliment intriguée, eut du succès, est restée au Théâtre.

Noms des Piéces.	Noms des Auteurs.	An. des Repr.	Le Nomb	An. des Editions.
REPENTIR (LE)	R. DU JARDIN	1590.	*	M. S.

AMOUREUX , *Eglogue en 5 Actes en Profe & en Vers avec un Prologue* Traduite de l'Italien , dédiée à la maîtreffe de l'Auteur : elle a été repréfentée à Tours. Elle eft dans le Cabinet de *B.* On attribue encore au même Auteur LES AVEUGLES D'EPICURE.

REPENTIR , (LE)	M. L. D. S. F.	N. R.	*	1751-8°.

Comédie en un Acte en Vers. Elle n'a pas été jouée.

REPETITION , (LA)	B A R O N.	1689.	11.	n. imp.

Comédie en 1 Acte , donnée le 10 Juillet. Fut jouée fans être annoncée.

RESSOURCE (LA)	MASCRIER.	1727.	1.	1732-12.

ET LE CAPRICE , *Prologue en Vers qui fut compofé pour la reprife de la Sœur ridicule.* Jouée le premier Octobre , il ne réuffit pas.

RETOUR (LE)	Anonyme.	1739.	6.	1740-8°

DE L'OMBRE DE MOLIERE , *Prologue.* Il fut donné avant L'ECOLE DU MONDE le 21 Novembre , & on le trouva bien écrit.

RETOUR (LE)	Anonyme.	N. R.	*	1694-

DE JACQUES II. ROY D'ANGLETERRE A PARIS , *Comédie.* Allégorique à l'hiftoire de ce Roy.

RETOUR (LE)	DANCOURT.	1697.	12.	1697-12

DES OFFICIERS , *Comédie en 1 Acte en Profe avec un Divertiffement ,* dont la Mufique eft de *Gilliers* , mife au Théâtre le 19 Octobre. Affez plaifante , mais foible d'intrigue.

RETOUR (LE)	REGNARD.	1700.	8.	1700-12

IMPREVU , *Comédie en 1 Acte en Profe ,* jouée le 11 Février. Tirée du MOSTELLARIA de *Plaute* , divertiffante & d'un bon comique. *Pierre Larrivey* a fait ufage de ce fujet dans fa Comédie des ESPRITS, & *Montfleury* l'a employé pour le premier Acte de fon COMEDIEN POETE. Reftée au Théâtre. Outre les Piéces connuës de *Regnard* il eft encore l'Auteur d'une Tragédie intitulée SAPOR , qui avoit été reçuë par les Comédiens , qui n'a pas été repréfentée ni achevée , & qui eft imprimée dans fes dernieres œuvres en 1731. in-12. avec LES SOUHAITS , Comédie en 1 Acte en Vers qui n'a pas été non plus jouée.

Noms des Piéces.	Noms des Auteurs.	An. des Repr.	Le Nomb	An. des Editions.
REVEIL (LE)	POISSON.	173?.	6.	1735-12

D'EPIMENIDE, *Comédie en 3 Actes en Vers & Prologue*. Repré-sentée le 7 Janvier. froide & foiblement écrite.

| REUNION (LA) | MARIVAUX. | 1731. | 9. | 1733-12 |

DES AMOURS, *Comédie en 1 Acte en Profe*. Mife au Théâtre le 5 Novembre fous le nom de LA CLEDE, Allégorie fpirituelle. Mefde-moifelles *Gauffin & Dangeville* y jouerent, à ravir, les rôles des deux *Amours*.

| RHADAMISTE | CREBILLON. | 1711. | 30. | 1711-12 |

ET ZENOBIE, *Tragédie*. Eut un très grand fuccés. Elle eft tirée du Roman de BERENICE, ouvrage affez rare qu'on croit du même Auteur que TARSIS ET ZELIE. Il fe fit deux éditions de cette Tragédie en huit jours, & trois dans le cours de l'année. Elle eut dans fa nouveauté 23 Repréfentations & à fa reprife le 15 Mai de la même année, elle fut enco-re jouée fept fois. Reftée au Théâtre, c'eft une de celles qu'on redonne le plus fouvent.

| RHODES | BORE'E. | N.R. | * | 1627-8 |

SUBJUGUE'E, *Tragédie*. C'eft la premiere Piéce de l'Auteur. Elle con-tient l'hiftoire du Siége de Rhodes par le Duc de Savoye. Elle eft toit médiocre.

| RHODIENNE, (LA) | MAINFRAY. | 1620. | * | 1621-16 |

OU LA CRUAUTE' DE SOLIMAN, *Tragédie*. Mal conduite & foible-ment verfifiée.

| RICHARD | DE LA MOTTE | 1726. | 1. | n. imp. |

MINUTOLO, *Comédie en 1 Acte*. Jouée le 11 Mai avec le TALIS-MAN & le MAGNIFIQUE. Très foible. *Voyez* ITALIE GALANTE.

| RICHE, | Anonyme. | 714. | * | 1714-8 |

(LE PAUVRE) *Comédie en 3 Actes en Profe*, avec une petite Farce jouée & imprimée à *Valenciennes*.

| RICHE (LE) | CHAPPUZEAU. | 1662. | * | 1662-12 |

MECONTENT, *ou* LE NOBLE IMAGINAIRE, *Comédie en 5 Actes er Vers*. La même que le PARTISAN DUPE' du même Auteur. Mal faite & peu divertiffante. Outre les piéces connuë de *Chapuzeau*, on lui attri-bue encore une Tragédie fans date, intitulée ARMETZAR, *ou* LES AMIS ENNEMIS.

Noms des Piéces.	Noms des Auteurs.	An. des Repr.	Le Nomb	An. des Editions.
R I C H E ,	D. Isles le Bas	1700.	*	1700-12

LA MORT BURLESQUE DU MAUVAIS) *Tragédie historique à dix-huit personnages.* Jouée & imprimée à Rouen.

| R I C H E L I E U , | Anonyme. | N. R. | * | S. D.-4ᵉ |

(LE CARDINAL DE) *Tragi-Comédie en 5 Actes.* Mauvais libelle allégorique, ainsi que deux autres Comédies au nom de ce grand homme, enfantée par l'envie & par la malignité.

| R I D I C U L E S , | LE GRAND. | 1711. | 8. | n. imp. |

(LES AMANS) *Comédie en 5 Actes en Vers.* Mise au Théâtre le premier Juin. L'Auteur n'étant pas content de la maniere peu favorable dont sa piéce avoit été reçuë, la retira, & s'en servit dans la suite pour en composer le premier Acte de sa Comédie du TRIOMPHE DU TEMS.

| R I V A L (LE) | Anonyme. | 1658. | * | 1658-8". |

APRE'S SA MORT , *Comédie.* Cette Piéce est foible , rare & peu connuë.

| R I V A L (LE) | Anonyme. | 1687. | 7. | n. imp. |

DE SON MAÎTRE, *Comédie en 5 Actes,* donnée le 25 Avril, connuë par les Regiſtres de la Comédie.

| R I V A L (LE) | LA CHAUSSE'E. | 1746. | 4. | 1746-12 |

DE SOI-MESME, ou LA FESTE INTERROMPUE, *Comédie en 1 Acte en Vers.* Représentée le 20 Avril , a des endroits fort agréables : elle est imprimée avec un Prologue qui n'a pas été joué , tirée du Roman de *Ste Foix* , que l'on trouve dans ses Lettres Turques.

| R I V A L (LE) | Anonyme. | 1658. | * | 1658-8° |

ENCORE APRE'S SA MORT , *Comédie.* Très-rare , le sujet en est intéreſſant & ſingulier.

| R I V A L | CRONIER. | 1680. | * | 1681-12 |

(L'OMBRE DE SON) *Comédie en 1 Acte en Vers libres* , mêlée de Muſique & de Danſes , imprimée à la Haye en Hollande.

| R I V A L (LE) | Anonyme. | 1737. | 6 | 1738-8°. |

SECRETAIRE , *Comédie en 1 Acte en Vers avec un Prologue.* Cette Piéce fut jouée le 12 Novembre avec L'ACCOMMODEMENT IMPREVU & L'HEURE DU BERGER.

Noms des Piéces.	Noms des Auteurs.	An. des Repr.	Le Nomb	An. des Editions.
R I V A L (LE)	STE FOIX.	1749.	1	1750 -12

SUPPOSE', *Comédie en 1 Acte en Prose.* Mise au Théâtre le 15 Octobre, intéressante & bien écrite; elle fut jouée avec la COLONIE, Piéce du même Auteur. *Voyez* COLONIE.

| R I V A L E (LA) | L. BOISSY. | 1721. | 8. | 1721-80 |

D'ELLE-MESME, *ou* LE GALANT DE SA FEMME, *Comédie en 1 Acte en Prose.* Mise au Théâtre le 19 Septembre. *Voyez* AMANT DE SA FEMME.

| R I V A L E (LA) | ROUSSEAU. | 1747. | 6. | 1747-8 |

SUIVANTE, *Comédie en 1 Acte en Vers.* Jouée avec LES CONFIDENCES RECIPROQUES ET LE PLAISIR, le 3 Août. Restée au Théâtre.

| R I V A L E S , (LES) | P. QUINAULT. | 1653. | * | 1661-12 |

Comédie en 5 Actes en Vers. Quoique médiocre, elle eut un grand succès. C'est la premiere Piéce qui a donné lieu à l'usage par lequel les Auteurs ont part aux Représentations de leurs ouvrages dans la nouveauté. Avant cela les Comédiens les achetoient & les payoient à proportion de la réputation de celui qui les présentoit. Ils avoient accordé cent écus pour les RIVALES de *Quinault*, parce qu'ils croyoient cette Comédie de *Tristan*; mais celui-ci leur ayant avoué qu'elle étoit d'un jeune homme, ils se rétracterent, & ne voulurent donner que cinquante écus. *Tristan*, qui ne put se résoudre à la céder à un prix si médiocre, leur proposa de donner le neuviéme de la recette à l'Auteur, tant qu'on la joueroit de suite: le marché fut accepté, & depuis ce tems-là cet usage s'est conservé.

| R I V A U X (LES) | BOISROBERT. | 1638. | * | 1638-4º |

AMIS, *Comédie en 5 Actes en Vers.* Chargée de trop d'événemens, elle ne réussit pas.

| R I V A U X , | U. CHEVREAU | 1641. | * | 1641-4" |

(LES VERITABLES FRERES) *Tragédie.* Froide, ennuyeuse. Outre les Piéces imprimées de l'Auteur il a fait encore la Tragédie d'HIDASPE, mais on ignore si elle a été imprimée.

| R I V A U X , | LAFONT. | 1713. | 11. | 1713-12 |

(LES TROIS FRERES) *Comédie en 1 Acte en Vers.* Jouée le 4 Février. Plaisante, d'un bon comique, est restée au Théâtre.

Noms des Piéces.	Noms des Auteurs.	An. des Repr.	Le Nomb	An. des Editions.
RIVAUX (LES)	Anonyme.	1714.	3.	n. imp.

D'EUX-MESMES, *Comédie en un Aĉt*. Repréſentée le 27 Août, après la Tragi-Comédie DES COUPS D'AMOUR ET DE LA FORTUNE.

| RODOGUNE, | P. CORNEILLE | 1644. | * | 164.-4° |

PRINCESSE DES PARTHES, *Tragédie*. L'un des chef-d'œuvres de *Corneille*, qui eut le plus grand ſuccès; le cinquiéme Aĉte de la plus grande beauté, & la Piéce pour laquelle ce grand homme avoit le plus de prédileĉtion; elle eſt reſtée au Théâtre où elle eſt toujours revuë avec la même admiration

| RODOGUNE, | G. GILBERT. | 1644. | * | 1647-4°. |

Tragédie. Mauvaiſe imitation des quatre premiers Aĉtes de la précédente, occaſionnée par l'infidélité d'un ami de *Corneille* à qui ce grand homme avoit lu ſa Piéce. Malheureuſement pour *Gilbert*, il fut abandonné à ſon génie pour le reſte. La mémoire ayant manqué à celui qui l'avoit d'abord ſi bien ſervi, on trouva le cinquiéme Aĉte trop mauvais pour qu'on fît grace aux beautés d'emprunt des quatre premiers.

| RODOMONTADE, (la) | BAUTER. | 1605. | * | 1605-8° |

Tragédie. Priſe de l'*Arioſte*, on ne peut pas plus foible. Elle a été imprimée avec LA MORT DE ROGER, *Tragédie*, du même Auteur, qui ſert de ſuite à la RODOMONTADE, & avec LES AMOURS DE CATHERINE SCELLES ſa maîtreſſe, qui avoit la voix admirable, & qui jouoit parfaitement du Luth, ſous le nom de *Meligloſſe*. Ces Piéces ont été réimprimées depuis en 1719 & en 1720 à Troyes *in-*8°.

| RODOMONTADE, (la) | Anonyme. | 1613. | * | 1613-8° |

Tragédie. Cette Piéce eſt fort rare.

| ROGER, | Anonyme. | Incert. | * | 1724-8° |

(LA MORT DE) *Tragédie*. Imitée de l'*Arioſte*; imprimée avec cinq anciennes Piéces dans un recueil intitulé, *le Théâtre François*.

| ROY | Anonyme. | N. R. | * | 1558-8° |

FRANC ARBITRE (TRAGEDIE DU) *Nouvellement traduit de l'Italien en François*, &c. C'eſt le titre.

| ROLAND | J. MAIRET | 1635. | * | 1640-4° |

LE FURIEUX, *Tragédie*. Tirée de l'*Arioſte*, où ſe trouve l'Epiſode de *Zerbin* & d'*Iſabelle*. Romaneſque & foiblement verſifiée. Il s'y trouve cependant quelques endroits paſſables.

Noms des Piéces.	Noms des Auteurs.	An. des Repr.	Le Nomb	An. des Editions.
R O M U L U S,	DE LA MOTTE	1722.	21.	1722·8°

Tragédie. Jouée le 8 Janvier. A des beautés ; eut du succès ; mais elle a été reprise sans réussite. Avant que cette Tragédie eût été mise au Théâtre , on n'étoit dans l'usage de donner une petite Piéce après une grande qu'a la huitiéme ou dixiéme représentation : aucun Auteur jusques-là n'avoit osé y contrevenir , dans la crainte de faire penser qu'il se défioit du mérite de son ouvrage. La Motte plus hardi en fit jouer une après sa Tragédie dès le premier jour , & depuis ce tems , son exemple a toujours été suivi.

ROQUEFEUILLE,	NANTEUIL	1672.	*	1673-12

ou LE DOCTEUR EXTRAVAGUANT, *Farce. Voyez* DOCTEUR EXTRAVAGUANT. Outre les Piéces de ce Comédien de la Reine , portées dans ce Dictionnaire , il est encore l'Auteur de deux Comédies , intitulées LES BROUILLERIES NOCTURNES , & LE CAMPAGNARD DUPE'.

R O S E L I E , (LA)	DORIMONT	1661.	*	1661·12.

ou LE DOM GUILLOT , *Comédie en 5 Actes en Vers.* Médiocre , mais assez bien intriguée.

ROSEMONDE, (LA)	BALT. BARO.	1649.	*	1651-4°

Tragédie. Tous les personnages y font horreur , & la Piéce est aussi mauvaise qu'elle est noire.

R O S I L E O N ,	PICHOU.	1629.	*	Incert.

(LES AVANTURES DE) *Pastorale en 5 Actes en Vers.* Tirée de l'*Astrée.* On trouve un grand éloge de cette Piéce dans une Préface qu'*Isnard* , Médecin , ami de l'Auteur , a mise à la tête de la PHILIS DE SCIRE de *Pichou.* Quoiqu'on n'ait aucune certitude que la Pastorale qui fait la matiere de cet article ait été imprimée , il semble sous-entendu , par le compte qu'en rend *Isnard* dans sa Préface qu'on vient de citer , qu'elle l'étoit de son tems.

R O X A N E ,	DESMAREST.	1639.	*	1640-4°

Tragédie. Foible en tout point.

R O X A N E ,	J. M. S.	1647.	*	1648·4°

(LA MORT DE) *Tragédie.* Tirée du dernier livre de *Quinte - Curse.* Médiocre , excepté le cinquiéme Acte qui est assez bon.

Noms des Piéces.	Noms des Auteurs.	An. des Repr.	Le Nomb	An. des Editions.
ROXELANE,	DESMARRES.	1643.	*	1643-4

Tragédie. Le Rôle de *Roxelane* a de la dignité , & eſt bien ſoutenu. L'Auteur de cette Piéce etoit Secretaire des commandemens de M. le Prince.

| ROYALES (LES) | CL. GARNIER | 1604. | * | 1604-8 |

COUCHES , *ou* LA NAISSANCE DE M. LE DAUPHIN ET DE MADAME, *Eglogue.*

| ROYAUTE', (LA) | Anonyme. | N. R. | * | 1651-4 |

Tragédie, jouée ſur le Théâtre de la France par le Cardinal Mazarin , ou plutot argument de cette Tragédie imaginaire eu 5 Actes ; c'eſt le titre. Cette Piéce eſt allégorique au Miniſtere du Cardinal de *Mazarin.*

| RUE (LA) | LE GRAND. | 1694. | * | 1695-12 |

MERCIERE , *ou LES MARIS DUPE'S , Comédie en 1 Acte en Vers.* Jouée & imprimée à Lyon , médiocre. LA REPETITION DE THESE'E, & LA FILLE PRECEPTEUR, *Comédie de Legrand,* ont été auſſi repréſentées à Lyon , mais elles n'ont pas été imprimées.

| RUE (LA) | CHAMPMESLE' | 1682. | 8. | 1682-12 |

ST. DENIS , *Comédie en 1 Acte en Proſe.* Donnée le 17 Juin. Foible, & remplie de quolibets & de mauvaiſes pointes.

| RUSE (LA) | ROUSSEAU. | 1749. | 7. | 1749-12 |

INUTILE , *Comédie en 1 Acte en Vers.* Repréſentée le 6 Octobre. Reſtée au Théâtre. Elle fut donnée pendant l'abſence.

| RUSES (LES) | POISSON. | 1736. | 10. | 1736-12 |

D'AMOUR , *Comédie en 3 Actes en Vers.* Miſe au Théâtre le 30 Avril. Médiocre & l'intrigue commune.

S

| SABINUS, | PASSERAT, | N. R. | * | 1695-12 |

Tragédie. Imprimée à Bruxelles ainſi que les autres Piéces de l'Auteur. *Voyez* FEINT CAMPAGNARD.

Noms des Piéces.	Noms des Auteurs.	An. des Repr.	Le Nomb	An. des Editions
S A B I N U S	H. RICHER.	1734.	8	1735-8°

ET EPONINE, *Tragédie.* La premiere Repréſentation en fut ſi tumultueuſe que l'Auteur fut obligé de la retirer. Elle fut redonnée huit jours aprés, & reçut des applaudiſſemens qui étoient plus pour les Acteurs que pour la Piéce. Elle a de beaux endroits.

S A C (LE)	P. LA SERRE.	1642.	*	1642-4°

DE CARTHAGE, *Tragédie en Proſe.* L'une des plus paſſables de l'Auteur.

S A C R I F I C E (LE)	DE BEZE.	1550.	*	1552-8°.

D'ABRAHAM, *Tragédie ſéparée en 3 pauſes, avec des Chœurs, un Prologue & un Epilogue.* Le ſujet grand & fortement rendu.

S A C R I F I C E (LE)	Anonyme.	N. R.	*	1637-8°.

D'ABRAHAM, *Tragédie ſainte.* Indiquée par les catalogues.

S A C R I F I C E (LE)	DU MORET	1699.	*	1699-12

D'ABRAHAM, *Tragédie en 3 Actes en Vers.* Jouée à Toulouſe. l'Auteur étoit Pere de la Doctrine Chrétienne.

S A G E (LE)	L. BOISSY.	1745.	7	1745·12

ETOURDI, *Comédie en 3 Actes en Vers.* Repréſentée, ſelon les Regiſtres, le 25 Septembre, & ſelon les Mercures, le 14 Juillet. Elle méritoit un plus grand ſuccés.

S A I N T ALEXIS,	DESFONTAINES	1645.	*	1645-4°

ou L'ILLUSTRE OLIMPE, *Tragédie.* Mauvaiſe, dans le merveilleux, & chargée d'événemens. Seconde édition. *Voyez* OLIMPIE (L'ILLUSTRE)

S A I N T (LE)	Anonyme.	N. R.	*	1732-12

DENICHE', ou LA BANQUEROUTE DES MARCHANDS DE MIRACLES. Piéce allégorique.

S A I N T S (LES)	CAILLET.	N. R.	*	1700-8°

AMANS, ou LE MARTYRE DE SAINTE JUSTINE ET DE ST. CYPRIEN, *Tragédie.* Indiquée par les catalogues.

Noms des Piéces.	Noms Auteurs.	An. des Repr.	Le Nomb	An. des Editions
SALINIERES , (LES)	DOMINIQUE.	1713.	*	1713-12

Comédie en 1 Acte en Profe. Jouée en Province. Médiocre.

| SALME'E, (LA) | NIC. ROMAIN. | 1602. | * | 1602-8° |

Paftorale comique , ou Fable Bocagere en 5 Actes en Vers. Sur l'heureufe naiffance du Prince de Vaudémont. Paffable pour le tems. Jouée & imprimée à Pont-à-Mouffon.

| SAMSON LE FORT , | VIL.TOUSTAIN | Incert. | * | S. D.-8° |

(*Tragédie nouvelle de*) *en 4 Actes ; contenant fes victoires , fa prife par la trahifon de fon époufe Dalila , &c.* c'eft le titre. On conjecture que cette Piéce a été imprimée vers l'année 1622.

| SANCHO PANCA, | GUERIN B. | 1641. | * | 1641-8° |

(LE GOUVERNEMENT DE) *Comédie en 5 Actes en Vers.* Mauvaife à quelques Scénes près.

| SANCHO PANCA, | DUFRENY. | 1694. | 5 | n. imp. |

Comédie en 3 Actes en Profe. Repréfentée le 27 Janvier. A la fin de la Piéce , un des Acteurs repréfentant le Duc , dit : *Je commence à être las de Sancho ; & moi auffi* , s'ecria quelqu'un du Parterre.

| SANCHO PANCA, | DANCOURT. | 1712. | 6 | 1713-12. |

Comédie en 5 Actes en Vers avec un Divertiffement dont la Mufique eft de Gilliers. Tirée de la Comédie du même titre de GUERIN BOUSCAL. Froide , & bien au-deffous de l'idée qu'on fe fait des perfonnages. L'Auteur la retira , & la fit imprimer l'année fuivante avec des corrections.

| SATYRE (LA) | BOURSAULT. | N. R | * | 1669-12 |

DES SATYRES , *Comédie en 1 Acte en Vers.* Defpreaux ayant été averti qu'il étoit joué dans cette Piéce , s'en allarma , & eut le crédit d'en empêcher la Repréfentation.

| SATYRES | IS. DU RYER. | 1621. | * | 1631-12 |

(LA VENGEANCE DES) *Paftorale en 5 Actes en Vers , avec un Prologue.* Cette Piéce avoit d'abord été imprimée en 3 Actes en 1609 fans Prologue & fans remerciment , & étoit en tout fort différente de celle qui fait le fujet de cet article.

Noms des Piéces.	Noms des Auteurs.	An. des Repr.	Le Nomb	An des Editions.
SATYRES (LES)	Anonyme.	N. R.	*	1560-8°

CHRETIENNES DE LA CUISINE PAPALE, *Farce & mauvais libelle.* Il eſt entre Monſieur Friquandouille, frere Thibaut & Meſſieurs Ni‑ caiſe.

| SAUL, | J. LA TAILLE. | 1562. | * | 1562-8° |

LE FURIEUX, *Tragédie.* Priſe de la Bible, faite ſelon l'art, & à la mode des vieux Poëtes tragiques, avec un Traité de la Tragédie; c'eſt le titre. Malgré ce qu'en diſent quelques critiques, je trouve de la force & de la chaleur dans quelques endroits de ce Poëme. Outre les Piéces con‑ nuës de *Jean de la Taille,* l'Auteur de la Bibliothéque des Theâtres lui en attribue encore une, intitulée LE PRINCE NECESSAIRE, qu'il date de l'année 1568.

| SAUL, | CL. BILLARD. | 1608. | * | 1610-8° |

Tragédie avec des Chœurs. Froide & ennuieuſe, malgré les eloges outrés que ſe donne l'Auteur dans l'avis au Lecteur qui eſt à la tête du re‑ cueil dans lequel cette Piéce eſt imprimée.

| SAUL, | P. DU RYER. | 1639. | * | 1642-4° |

Tragédie. N'eſt pas ſans mérite, a des beautés de détail, & eſt aſſez bien verſifiée. L'ombre de *Samuel* apparoit à *Saül* ſur la Scene.

| SAUL, | l'Ab. NADAL. | 1705. | 12. | 1795-12 |

Tragédie. Miſe au Theâtre le 17 Février. L'expoſition du ſujet de cette Piéce eſt trop chargée. Mademoiſelle *Deſmares,* qui jouoit la *Pi‑ thonice,* contribua par ſa figure & par ſon jeu à l'eſpéce de ſuccès que cette Tragédie eut dans ſa nouveauté. Elle a été repriſe le 14 Avril 1751, & quoique Mademoiſelle *Balicourt* y jouât ſupérieurement le même rô‑ le de la *Pithonice,* la Piéce n'eut point de réuſſite. On trouve dans le Mercure d'Avril de l'année de cette repriſe, une lettre aſſez curieuſe ſur ce ſujet.

| SCEDASE, | ALEX. HARDY | 1604. | * | 1624-8° |

OU L'HOSPITALITE' VIOLE'E, *Tragédie,* Tirée de *Plutarque* vie de *Pelopidas.* Deux jeunes hommes de Sparte s'introduiſent dans la maiſon de *Scedaſe,* pendant ſon abſence, ſous le prétexte de l'hoſpitalité. Au premier coup d'œil des deux filles du maître de la maiſon, ils conçoi‑ vent des deſirs criminels; ils les violent, & pour ne point être con‑vain‑ cus du forfait, ils les égorgent. *Scedaſe* arrive un moment après, il trou‑ ve ſes filles nageant dans leur ſang, & il en meurt de douleur. Voilà le ſujet affreux de cette Piéce, qui eſt rendu trop librement.

Noms des Piéces.	Noms des Auteurs.	An. des Repr.	Le Nomb	An. des Editions.
S C E N E (LA)	CL. PONTOUX.	1584.	*	n. imp.

FRANÇOISE, *contenant deux Tragédies & trois Comédies accommo-dées sur les histoires de notre tems ;* c'est le titre.

S C E V O L E,	P. DU RYER.	1646.	*	1647.

Tragédie. Très-bien faite pour le tems, & regardée alors comme le chef-d'œuvre de l'Auteur. Elle eut un succès prodigieux ; elle est jouée encore quelquefois malgré son ancienneté.

S C I P I O N,	J. DESMAREST	1639.	*	1639-4"

Tragédie. N'est pas sans mérite & sans invention, mais la versifica-tion en est dure & le dénouement forcé.

S C I P I O N	P R A D O N.	1697.	14	1697 12

L'AFRICAIN, *Tragédie.* Représentée le 22 Février. Médiocre ; il s'y trouve cependant quelques beaux endroits. Elle eut un grand succès.

S E C R E T (LE)	l'Ab. BRUEYS.	1690.	12.	1690-12

REVELE', *Comédie en 1 Acte en Prose,* à laquelle *Palaprat* a eu part. donnée le 13 Septembre. Un conte fait à l'Abbé *Brueis* & à *Palaprat,* par *Raisin* le cadet, d'un *Chartier* qui s'étoit enyvré de dépit de ce que le vin qu'il conduisoit se perdoit, donna le sujet de cette Piéce. Elle ne dut sa réussite qu'au jeu de *Raisin.*

S E D E C I E,	ROB. GARNIER	1583.	*	1583-8

ou LES JUIVES, *Tragédie avec des Chœurs.* Foible. A cependant quelques endroits frappés avec chaleur.

S E J A N U S,	MAGNON.	1646.	*	1647-4°

Tragédie. Froide & ennuieuse, comme une partie des Piéces de cet Ecrivain.

S E L E U C U S,	MONTAUBAN.	1652.	*	1654-12

Tragi-Comédie Héroïque. Irréguliere & d'un bas comique, malgré le genre.

SELIM, (LE GRAND)	LE VAYER.	1643.	*	1643-4°

ou LE COURONNEMENT TRAGIQUE. Passable pour le tems. On attri-bue au même Auteur une Tragédie de MANLIUS en 1645, mais elle est peu connuë.

Noms des Piéces.	Noms des Auteurs.	An. des Repr.	Le Nomb	An. des Editions.
SEMBLABLE (LE)	MONTFLEURY.	1673.	29.	1673-12

A SOI-MESME, *petite Piéce ou Farce*, formant le troisiéme Acte de L'AMBIGU COMIQUE, très-médiocre.

| SÉMIRAMIS, | GAB. GILBERT | 1647. | * | 1647-4º |

Tragédie. Bonne pour le tems, a pu servir de guide aux modernes, eut un grand succès.

| SÉMIRAMIS, | DESFONTAINES | 1647. | * | 1647-4º |

LA VERITABLE, *Tragédie.* La derniere de l'Auteur, dans laquelle malgré ses défauts, il se trouve de très-beaux endroits.

| SÉMIRAMIS, | Mⁱᵉ GOMEZ. | 1716. | 3. | 1724-12 |

Tragédie. Représentée le premier Février. *Lefevre* qui faisoit alors le Mercure, dans le compte qu'il rendit de cette Piéce, hasarda des plaisanteries que tout le monde désaprouva.

| SEMIRAMIS, | CREBILLON. | 1717. | 7. | 1717-12 |

Tragédie. Donnée au Théâtre le 10 Avril. Malgré toutes les critiques qui parurent alors, il s'y trouve des beautés dignes de son célébre Auteur. Elle fut retirée après la septiéme Représentation.

| SEMIRAMIS, | VOLTAIRE | 1748. | 21. | 1749-8º |

Tragédie. Représentée le 29 Août. Eut du succès, malgré la singularité du Spectacle, contre lequel la cabale essaya en vain de revolter le Public. Elle eut quinze Représentations jusqu'au cinq Octobre; fut reprise le 12 Mars, & représentée jusqu'à la clôture du Théâtre.

| SENEQUE, | TRISTAN LH. | 1644. | * | 1645-4º |

(LA MORT DE) *Tragédie.* Très-bien faite pour le tems; le caractere principal bien soutenu. Ce qu'il y a cependant de singulier, c'est que Seneque qui devroit être le Héros de la Tragédie, n'y joue qu'un rôle épisodique. Outre les Piéces connuës de l'Auteur, on lui attribue encore une Tragédie intitulée SELIM en 1645.

| SERENADE, (LA) | REGNARD. | 1694. | 171 | 1626-12 |

Comédie en 1 Acte en Prose avec un Divertissement dont la Musique est de l'Auteur, retouchée par Gilliers. Plaisante, le comique un peu bouffon, est restée au Théâtre. Elle a été attribuée faussement à Palaprat dans l'édition faite à la Haye dans la même année.

Noms des Piéces.	Noms des Auteurs.	An. des Repr.	le Nomb	An. des Editions.
SERMENS (LES)	MARIVAUX.	173 .	9.	1731-12

INDISCRETS ; *Comédie en 5 Actes en Prose.* Mise au Théâtre le 8 Juin. Spirituelle. La premiere Repréſentation en fut ſi tumultueuſe que le cinquieme Acte en fut à peine é outé. Elle fut interrompue après la neuviéme Repréſentation par l'indiſpoſition d'un Acteur. Elle a été repriſe depuis avec ſuccès. Reſte au Théâtre.

| SERTORIUS, | P. CORNEILLE | 1652. | * | 1662-12 |

Tragédie. Pleine de grandeur & de politique, mais peu d'intérêt. Elle eut un très-grand ſuccès.

| SESOSTRIS, | LONGEPIERRE. | 1695. | 2. | n. imp. |

Tragédie. Repréſentée le 28 Décembre. Foible, ſans intérêt, & le ſujet mal rendu. *Racine* lança une Epigramme contre cette *Piéce* & contre l'Auteur, quoiqu'il dût ſçavoir gré à *Longepierre* d'une ſorte de préférence que celui-ci lui avoit donnée dans le parallele qu'il avoit fait de *Corneille* & de *Racine.*

| SETHOS, | TANNEVAULT | N. R. | * | 1739-8° |

Tragédie. Tirée du Roman de l'Abbé *Teraſſon.*

| SICHEM, | FR. PERRIN. | 1589. | * | 1589-12 |

Tragédie en 5 Actes en Vers avec des Chœurs. Tirée du 34e Chapitre de la Geneſe ; mêlées de Chœurs, Odes & Chanſons.

| SICHEM, | J. DUHAMEL. | 1586. | * | 1600-12 |

LE RAVISSEUR, *Tragédie.* N'eſt pas mauvaiſe pour le tems. Le Rôle de *Sichem* eſt intéreſſant & bien ſoutenu.

| SICILIEN, (LE) | MOLIERE. | 1667. | * | 1668-12 |

OU L'AMOUR PEINTRE, *Comédie en 1 Acte en Prose.* Repréſentée au mois de Janvier à Saint-Germain en Laye dans le Ballet des Muſes, & à Paris ſur le Théâtre du Palais Royal, le 10 Juin de la même année. La fineſſe du dialogue, & une vive peinture de l'amour font le mérite principal de cette Piéce, dont le dénoüement a quelque reſſemblance avec celui de l'ECOLE DES MARIS. La Muſique du Divertiſſement eſt de *Lully.*

| SIDERE, | DAMBILLOU. | 1609. | * | 1609-8° |

Paſtourelle en 5 Actes en Prose & en Vers avec des Chœurs. Allégorique. Sous les noms de *Cléon* & de *Florilée* ; il s'agiſſoit du Roi & de la Reine.

Noms des Piéces.	Noms des Auteurs.	An. des Repr.	Le Nomb	An. des Editions.
SIDNEY,	GRESSET.	1745.	11.	1745-12

Comédie en 3 Actes en Vers. Jouée le 3 Mai. On rendit justice à la beauté dn style, mais l'extrême singularité du sujet empêcha la Piéce d'avoir un plus grand succès.

| SIDONIE, (LA) | J. MAIRET. | 1637. | * | 1643-4°. |

Tragi-Comédie Héroïque. Foible & peu intéressante. Outre les Piéces connuës de l'Auteur, on lui attribue encore une Tragédie intitulée LA MORT D'HERCULE.

| SIFFLETS, (LES) | PALAPRAT | 1691. | * | 1711-12 |

Petite Piéce en Vers libres. Composée pour servir de Prologue au GRONDEUR dans la vuë de faire Spectacle entier. Représentée le 3 Février sans succès.

| SIGISMOND, | GILLET. | 1646. | * | 1646-4° |

DUC DE VARSAU, *Tragédie.* Froide & ennuieuse.

| SILENE, | Anonyme. | 1623. | * | 1625 8° |

(LA FOLIE DE) *Pastorale comique en 5 Actes en Vers.* Mauvaise. Elle est imprimée dans le recueil intitulé le Théâtre François.

| SILVANIRE, (LA) | J. MAIRET. | 1625. | * | 1631-4° |

ou LA MORTE VIVE, *Tragédie en 4 Actes, avec une Préface en forme de Poëtique, en Vers libres, un Prologue & des Chœurs.* Tirée de l'*Astrée* de *Durfé.* Réguliere, mais froide. L'édition de cette Piéce est parfaitement belle. L'on y voit à la tête le portrait de l'Auteur, & à chaque Acte des estampes de *Michel Lasné,* célébre Graveur de ce tems là.

| SILVANIRE (LA) | H. DURFE'. | N. R. | * | 1627-8°. |

ou LA MORTE VIVE, *Tragi-Comédie Pastorale en Vers libres & sans rimes,* faite à l'imitation des Italiens. C'est la seule Piéce du célébre Auteur de l'*Astrée.*

| SILVIE, (LA) | J. MAIRET. | 1621. | * | 1629-8° |

Tragédie-Pastorale. Parfaitement bien faite pour le tems. Elle jouit pendant quatre ans d'une grande réputation que la Représentation du CID fit évanouir. *Mairet* en conçut une haine contre le célébre *Corneille* qui le rendit le plus cruel de ses ennemis.

Noms des Piéces.	Noms des Auteurs.	An. des Repr.	Le Nomb	An des Éditions.
S I L V I E , (LA)	Anonyme.	1741.	1.	1742-12

ou LA TRAGEDIE BOURGEOISE , *Comédie en 1 Acte.* Jouée avec la BELLE ORGUEILLEUSE & LE BAL DE PASSY le 17 Août. Cette Piece est tirée du Roman des *Illustres Françoises.*

| S O E U R (LA) | MARESCHAL. | 1633. | * | 1635-8° |

VALEUREUSE , ou L'AVEUGLE AMANTE , *Comédie.* Mal imaginée & plus mal renduë.

| S O E U R (LA) | JEAN ROTROU | 1645. | * | 1647-4° |

Comédie en 5 Actes en Vers. Passable , mais de la vieille intrigue. Réimprimée dans la même année *in-12* , sous le titre de la SŒUR GENEREUSE.

| S O E U R (LA) | l'Ab. BOYER. | 1646. | * | 1647-4° |

GENEREUSE , *Tragi-Comédie.* Aussi mal faite que mal imaginée.

| S O E U R (LA) | MONTFLEURY | 1673. | * | 1674-12 |

RIDICULE , *Comédie en 4 Actes en Vers.* La même que le COMEDIEN POETE à laquelle *Thomas Corneille* a aussi part , excepté que le premier Acte , qui donnoit à la Piéce le titre de COMEDIEN POETE , a été retranché , ne tenant qu'indirectement aux quatre Actes suivans. Cet Acte a été imprimé séparément à Troyes en 1698 *in-12* sous le titre du GARÇON INSENSIBLE , & les quatre derniers Actes du COMEDIEN POETE ont été remis au Théâtre le premier Octobre 1732 , sous le nom de LA SŒUR RIDICULE , & ont été imprimés à Caën en 1700 *in-12* , sous ce titre , LES AMANS INFORTUNE'S ET CONTENS. *Voyez* COMEDIEN POETE.

| S O E U R S (LES) | LAMBERT. | 1658. | * | 1661-12 |

JALOUSES , ou L'ECHARPE ET LE BRACELET , *Comédie en 5 Actes en vers.* Tirée de l'Espagnol. Les incidens sans vraisemblance ; mais assez bien mis en action.

| S O E U R S (LES) | Anonyme. | 1696. | 5. | n. imp. |

RIVALES , *Comédie en 1 Acte.* Représentée le 26 Juillet après la Tragédie d'HERACLIUS.

| S O E U R S (LES DEUX) | CHARVILLE. | 1729. | * | 1729-8° |

*Parodie critique de la Tragédie d'*ARIANE *de Thomas Corneille,* en 1 Acte en Vers. Jouée & imprimée à Toulouse.

Noms des Piéces.	Noms des Auteurs.	An. des Repr.	Le Nomb	An. des Editions.
SOIRE'ES (LES)	BARBIER.	1710.	*	1710-12.

D'ETE' , *Comédie en 3 Actes*. Représentée à Lyon le 4 Octobre. Les trois prémieres Scénes font en Vers & le reste est en Prose.

| SOLDAT, (LE BON) | R. POISSON. | 1691. | 8. | 1678-12 |

Comédie en 1 Acte en Vers. Mise au Théâtre le 10 Octobre. Tirée des FOUS DIVERTISSANS du même Auteur. Plaisante & comique. Elle fut corrigée à sa reprise par *Dancourt*. Restée au Théâtre.

| SOLDAT (LE) | Anonyme. | 1668. | * | 1668-12 |

POLTRON , *ou* GUILLOT POLTRON , *ou* LE SOLDAT MALGRE' LUI , *ou* L'EPREUVE AMOUREUSE , *Comédie en 1 Acte en Vers de 8 fylla-bes*. Très-médiocre. On est fondé de foupçonner que *Rofimond* est l'Au-teur de cette Piéce , & non *Chevalier* , à qui elle est mal-à-propos at-tribuée.

| SOLEIL , | DE VISE'. | 1670. | * | 1670-12 |

(LES AMOURS DU) *Comédie en 5 Actes en Vers, entremêlée de Mufique & de Machines , avec un Prologue en Vers libres*. Donnée au commencement de Janvier. Elle est tirée du quatriéme livre des Mé-tamorphofes. Le fujet triste & foiblement rendu. Elle fut jouée pendant trois mois de fuite , & autant à la reprise , à caufe de la magnificence du Spectacle. On y voit huit changemens de décorations , cinq en l'air & vingt-quatre vols.

| SOLYMAN , | DALIBRAY. | 1637. | * | 1637-4° |

Tragi-Comédie. En partie traduite & en partie imitée de la Piéce Ita-lienne du même titre , par le Comte de *Bonarelli*. Le dénouement est de l'invention de l'Auteur. Cette Tragi-Comédie est mal verfifiée , mais elle a quelques beautés.

| SOLYMAN , | JAQUELIN. | 1651. | * | 1653-4° |

ou L'ESCLAVE GENEREUSE , *Tragédie*. Médiocre , mais quelques endroits bien verfifiés.

| SOLYMAN , | l'Ab. ABEILLE | 1680, | 11. | 1681-12 |

Tragédie. Mife au Théâtre le 11 Octobre fous le nom du Comédien la *Thuillerie*. Même fujet qu'IBRAHIM *ou* L'ILLUSTRE BASSA de *Scu-dery* , mais rendu foiblement. Cette Piéce est la premiere qui ait été jouée depuis la réunion des deux Troupes. Elle a été reprife l'année fuivante avec quelques fuccès , & est restée pendant plufieurs années au Théâtre.

Noms des Piéces.	Noms des Auteurs.	An. des Repr.	le Nomb	An. des Editions
S O L Y M A N ,	J. Mairet.	1630.	*	1639-4

(LE GRAND ET DERNIER) *ou* LA MORT DE MUSTAPHA , *Tragédie*. *Roxelane* , femme de *Solyman*, qui ignore a qui *Mustapha* doit le jour fait entendre à son époux que ce jeune Prince conspire contre sa personne. *Solyman* , irrité & seduit par de faux temoignages , ordonne la mort de *Mustapha* , mais à peine est-il execute que *Roxelane* & *Soly man* apprennent qu'il est leur fils, qu'il leur a été enlevé dans son bas âge. Voilà le sujet de la Tragédie. *Voyez* MUSTAPHA.

| S O L T A N E , (LA) | G. Bounyn. | 1560. | * | 1561-4 |

Tragédie. Tirée de l'histoire de *Solyman*. Même sujet que celui de la Tragédie précédente. L'Auteur est le premier qui ait osé mettre sur la Scéne un événement de son tems. Cette Piéce est extraordinairement mauvaise ; les Turcs y jurent par *Jupiter* , & par les Divinités des Sauvages du nouveau Monde.

| SOMNANBULE , (LE) | Anonyme. | 1739. | 9. | 1739-8 |

Comédie en 1 *Acte en Prose.* Mise au Théâtre le 19 Janvier. Le Rôle du *Somnanbule* est fort plaisant , & fut très-bien rendu par *Montmenil*, fils de *le Sage*. Elle fut jouée à la seconde Représentation de la Tragédie de MEDUS.

| S O N G E S (LES) | DE Brosse. | 1646. | * | 1646-4 |

DES HOMMES EVEILLE's. La fable bien imaginée, & d'un comique plaisant. Un amant pénétré de la perte d'une maîtresse qu'il aime tendrement , & qu'il a vu engloutir par les eaux dans un naufrage, en conserve une mélancolie qui le mine peu à peu. Un ami, pour le distraire & pour le surprendre agréablement , l'entraine à une Comédie jouée en société. L'amant reconnoît dans une des Actrices cette chere maîtresse qu'il a tant pleurée ; il croit rêver ; il apprend enfin qu'elle a eu le bonheur d'échaper à la tempête ; il l'epouse. Voilà le sujet de la Piéce.

| SOPHONISBE , (LA) | M. St Gelais. | 1559. | * | 1560-8 |

Tragédie. Sans autre distinction d'Actes que par des pauses. Traduite de l'Italien de *Georges Trissino*. Représentée à Blois devant le Roi *Henri II.* & sa Cour , après la mort de l'Auteur. C'est la premiere Tragédie en Prose Les Chœurs sont en Vers de plusieurs mesures. Elle a quelques endroits qui méritent d'être remarqués.

| SOPHONISBE , (LA) | Cl. Mermet. | 1583. | * | 1 85-8 |

Tragédie. Traduite comme la précédente de l'Italien de *Georges Trissino* , & sans autre distinction d'Actes que par des pauses. Passable pour le tems.

Noms des Piéces.	Noms des Auteurs.	An. des Repr.	Le Nomb	An. des Editions.
SOPHONISBE, (LA)	DE MONDOT.	1584.	*	n. imp.

Tragédie. Cette Piéce, que *Beauchamps* indique dans ſes recherches, a pour titre : TRAGEDIE SUR LA MORT DE SOPHONISBE DE CARTHAGE, *fille d'Aſdrubal & femme de Siphax , Roi de Numidie.*

SOPHONISBE, (LA)	MT. CHRETIEN	1596.	*	1596-12

Tragédie avec des Chœurs. Très-rare. C'eſt le premier ouvrage de l'Auteur. Il la remit depuis au Théâtre avec des corrections & des changemens, ſous le titre de la CARTHAGINOISE, ou de la LIBERTE'. Elle n'eſt pas bonne même pour le tems. *Voyez* CARTHAGINOISE.

SOPHONISBE, (LA)	J. MAIRET.	1629.	*	1655-4°

Tragédie. La premiere où la regle des vingt-quatre heures ait été obſervée. Cette Piéce eut un très-grand ſuccès ; la fierté Romaine peinte avec grandeur ; la Verſification plus châtiée qu'elle ne l'étoit dans ce tems-là, & la belle Scéne entre *Scipion, Lelius & Maſſiniſſe* en firent la réputation. Elle s'établit même au point que *Corneille* héſita de travailler ſur le même ſujet , & qu'après l'avoir fait , il eut le chagrin de voir donner la préférence à la SOPHONISBE de *Mairet.*

SOPHONISBE, (LA)	P. CORNEILLE	1663.	*	1664-12

Tragédie. Miſe au Théâtre le 18 Janvier. Trop médiocre pour une plume auſſi célébre. L'Auteur nous apprend lui-même dans ſa Préface ſon peu de réuſſite.

SOPHONISBE, (LA)	LA GRANGE C.	1716.	4.	n. imp.

Tragédie. Donnée le 19 Novembre. On trouve la critique de cette Piéce dans le recueil de l'Abbé *Archambaud. Tom. I. pag. 153 ,* & dans le Mercure de Janvier *1717 page 244.*

SOPHRONIE,	Anonyme.	N. R.	*	1619-8°

Tragédie. Tirée du *Taſſe* , rare. Elle eſt imprimée à Troyes. J'en connois une édition qui eſt ſans date , imprimée à Rouen *in-12.*

SOSIES, (LES)	J. ROTROU.	1636.	*	1638-4°

Comédie en 5 Actes en Vers. Tirée de *Plaute.* Très-belle pour le tems ; eut un grand ſuccès. *Moliere* en a tiré parti, & par le choix habile de ce qu'il a trouvé de meilleur dans l'original & dans la copie, il en a fait le chef-d'œuvre de ſa Comédie d'AMPHITRION.

Noms des Piéces.	Noms des Auteurs.	An. des Repr.	Le Nomb	An. des Editions.
S O T (LE)	l'Ab. BRUEYS.	1693.	10.	1725-12.

TOUJOURS SOT , *ou* LE MARQUIS PAYSAN, *Comédie en 1 Acte en Prose.* Repréſentée le 3 Juillet avec beaucoup de ſuccès. Tirée preſque en entier de CRISPIN GENTILHOMME , *Comédie de Montfleury en 5 Actes en Vers* , à l'exception d'un Rôle d'intriguant qui eſt de l'invention de l'Auteur. *Voyez* FORCE DU SANG & BELLE-MERE.

| S O U P C O N S (LES) | DOUVILLE. | 1650. | * | 1650.4° |

SUR LES APPARENCES , *Comédie Héroïque.* Très-foible ; ce qui fait ſoupçonner qu'on l'attribue mal-à-propos à *Douville* , qui entendoit aſſez le Théâtre , & qui avoit du génie.

| SOUHAITS , (LES) | Mlle DE *** | 1741. | * | 1742-8'. |

Comédie en 1 Acte en Prose. Entrepriſe par un défi. Elle fut jouée à la campagne , à L. R. par une ſociété de gens aimables.

| SOUHAITS (LES) | Anonymes. | 1745. | 3. | 1750-12 |

POUR LE ROI , *Comédie en 1 Acte en Vers.* Donnée le 3 Août. N'eut pas le ſuccès que les Auteurs s'en étoient promis.

| SOUPER (LE) | HAUTEROCHE | 1669. | * | 1670-12 |

MAL APPRETE' , *Comédie en 1 Acte en Vers.* Donnée le 15 Juillet. Divertiſſante. Repriſe de tems en tems.

| SOURD , (LE) | J. DESMAREST | N. R. | * | M. S. |

Comédie en 1 Acte en Vers de quatre pieds. Plaiſante. Elle eſt dans la Bibliothéque du Roi. le même Auteur avoit fort avancé une Tragédie intitulée ANNIBAL , & une Comédie qui a pour titre , LE CHARMEUR CHARME' , mais ſon éloignement pour le Théâtre l'empêcha d'achever ces Piéces.

| SPECTACLES , | DAIGUEBERT. | 1729. | 20. | 1729-8° |

(LES TROIS) Cette Piéce fut jouée le 9 Juillet. Elle renferme les trois genres du Théâtre , liés par un Prologue en Proſe & en Vers. La Tragédie a pour titre POLIXENE ; la Comédie , L'AVARE AMOUREUX en Proſe ; & la Paſtorale PAN ET DORIS , avec un Ballet & des chœurs , dont la Muſique eſt de *Mouret* , & dans laquelle Mademoiſelle *Lecouvreur* chanta le rôle de *Doris*. Cette Piéce eut du ſuccès. La Comédie de L'AVARE AMOUREUX eſt reſtée au Théâtre.

Noms des Piéces.	Noms des Auteurs.	An. des Repr.	Le Nomb	An. des Editions
STATIRA,	PRADON.	1679.	*	1680-12

Tragédie. Donnée à la fin de Décembre. Très-foible. Les caracteres en font romanesques & mal soutenus. Ce sujet avoit été déja mis au Théâtre par *Magnon* en 1648, sous le titre du MARIAGE D'ORONDATE ET DE STATIRA.

STILICON,	T. CORNEILLE	1660.	*	1660-12

Tragédie. Bien conduite; les caracteres bien soutenus; mais foible de versification; eut un grand succès, & est reprise de tems en tems.

STRATONICE,	DE BROSSE	1644.	6	1645-4

OÙ LA MALADE D'AMOUR, *Tragédie.* Mal conçuë & sans intérêt.

STRATONICE,	L. DU FAYOT.	1657.	*	1657-12

Tragédie. Foible & mal écrite.

STRATONICE,	P. QUINAULT.	1660.	*	1660-12

Tragi-Comédie. Mise au Théâtre le 2 Janvier. Tirée de l'histoire : l'une des plus foibles de l'Auteur. *Thomas Corneille* a employé ce sujet dans sa Tragédie D'ANTIOCHUS; *Lagrange Chancel* s'en est servi pour sa Comédie intitulée LES JEUX OLIMPIQUES, & *Cahusac* en a tiré parti pour son Ballet Héroïque des FESTES DE POLIMNIE. Représentée par l'Académie Royale de Musique le 12 Octobre 1745.

SUBTILITE' (LA)	Anonyme.	Incert.	*	s. D.-8°

DE FANFERLUCHE ET DE GAUDICHON, *Tragi-Comédie en 5 Actes en Vers.* Plaisante & facétieuse, n'est guére connuë. Le *Diable emporte Gaudichon.* On peut juger par ce trait de l'ancienneté de la Piéce : elle est imprimée à Rouen sans date. On conjecture que c'est vers l'année 1622.

SUIVANTE (LA)	P. CORNEILLE	1634.	*	1634-4°

Comédie en 5 Actes en Vers. C'est la cinquiéme Piéce de ce célébre Auteur, qui a dû paroître bonne dans son tems avant qu'on eût vû son premier chef-d'œuvre.

SUIVANTE (LA)	Anonyme.	1739.	1	n. imp.

DESINTERESSE'E, *Comédie en 1 Acte en Prose avec un Prologue.* Jouée le 14 Novembre avec LA MEPRISE, & LE MARI E'GARE'.

Noms des Piéces.	Noms des Auteurs.	An. des Repr.	Le Nomb	An. des Editions.
SUPPOSE'E,	LA GRANGE C.	1713.	5	n. imp.

(LA FILLE) *Comédie.* Repréfentée le 11 Mai : c'eft la feule Piéce comique que cet Auteur ait donné au Théâtre. *Voyez* FILLE SUPPO-SE'E , mais lifez à la feconde colonne *la Grange-Chancel* , au lieu d'*Anonyme* qui y eft mis par méprife.

| SUPPOSE'S ,(LES) | DE MESMES. | N. R. | * | 1552-8° |

Comédie de Loys Ariofto , traduite en Profe françoife , c'eft le titre.

| SURENA , | P. CORNEILLE | 1674. | * | 1675-12 |

GENERAL DES PARTHES, *Tragédie tirée de Plutarque & d'Appian Alexandrin.* C'eft la derniere Piéce de cet inimitable Auteur & qui fe reffent de fa décadence, quoiqu'il y ait des beautés du premier ordre, & qu'on y reconnoiffe le ton d'un grand maître.

| SUREY , | L. BOISSY. | 1746. | 10. | 1746-8' |

(LE DUC DE) *Comédie en 5 Aĉtes en Vers.* Mife au Théâtre le 18 Mai , eut du fuccès. A la feconde Repréfentation un Aĉteur prévint le Parterre fur ce que cette Piéce avoit été d'abord donnée aux Italiens au mois de Janvier 1736. fous le titre de COMTE DE NEUILLY. *Voyez* le Mercure de Juin 1746. premier volume , pag. 155.

| SURPRISE (LA) | MARIVAUX. | 1727. | 14. | 1728-12 |

DE L'AMOUR , *Comédie en 3 Aĉtes en Profe* , donnée le 31. Décembre. Tomba à la feconde Repréfentation & n'eut pas d'abord le fuccés qu'elle méritoit. On lui a rendu depuis une juftice entiere : elle eft reftée au Théâtre , où elle eft toujours applaudie. Les rôles principaux en ont toujours été joués fupérieurement.

| SUZANNE , | D. ORIET. | 1581. | * | 1581-4° |

Tragédie. Il eft douteux que cette Piéce ait été repréfentée.

| SUZANNE , | A. LE DEVIN. | 1570. | * | Incert. |

Tragédie. Les Tragédies de JUDITH & d'ESTHER du même Auteur ne font pas plus connuës que celle-ci.

| SUZANNE , | MT.CHRETIEN | 1627. | * | 1627-8° |

ou LA CHASTETE' , *Tragédie en 5 Aĉtes en Vers avec des Chœurs.* Il n'eft point parlé de cette Piéce à l'article de *Montchrétien* dans l'Hift. du Théâtre François.

Noms des Piéces.	Noms Auteurs.	An. des Repr.	Le Nomb	An. des Editions.

T

| TABARIN, | TABARIN. | Incert. | * | 1640-12 |

(LES FANTAISIES DE) C'eſt la ſeconde édition d'un recueil général des œuvres de ce Farceur, diviſé en deux parties. *Voyez* FARCES TA-BARINIQUES.

| TALESTRIS, | LE NOBLE. | N. R. | * | 1717-8° |

REINE DES AMAZONES. Son premier titre étoit LA PROMENADE DE GENTILLY A VINCENNES troiſiéme entretien. Elle fut luë trois fois aux Comédiens, qui finirent par la refuſer.

| TALISMAN, (LE) | DE LA MOTTE | 1726. | 3. | 1730-8°. |

Comédie en 1 Acte en Proſe avec un Divertiſſement. Repréſentée le 26 Mars. C'eſt *le Conte de l'Oraiſon de S. Julien* qu'on n'a pas oſé don-ner d'abord ſous ce titre. Elle fut jouée ſeule à la ſuite de l'OEDIPE du même Auteur, & enſuite repréſentée avec les deux autres Piéces de MI-NUTOLO & du MAGNIFIQUE. *Voyez* ITALIE GALANTE.

| TAMBOUR (LE) | DESTOUCHES. | N. R. | * | 1736-12 |

NOCTURNE. *Comédie en 5 Actes en Proſe.* Imitation d'une Comé-die Angloiſe. Elle eſt encore imprimée dans les œuvres de l'Auteur en 1744 *in-12. Deſcazeaux* a mis cette Piéce en Vers, & l'a fait impri-mer. On y trouve une prétendue licence de Poëſie ſinguliere; c'eſt de fai-re rimer le dernier Vers d'un Acte avec le premier Vers de l'Acte ſuivant.

| TAMERLAN, | MAGNON. | 1647. | * | 1648-4° |

(LE GRAND) *ou* LA MORT DE BAJAZET, *Tragédie.* Foible & en-nuieuſe. Elle reſſemble aſſez à celle de PORUS de l'Abbé *Boyer*, repré-ſentée dans la même année.

| TAMERLAN, | PRADON. | 1675. | * | 1676-12 |

OU LA MORT DE BAJAZET, *Tragédie.* Foible, mais aſſez bien con-duite, & les caracteres ſoutenus. Elle eut quelque ſuccès. *Dutillet* aſſure dans ſon *Parnaſſe François* qu'elle en eut un grand, & qu'on diſoit alors: L'HEUREUX TAMERLAN *du malheureux Pradon.* Elle fut repriſe le 26 Novembre 1677 avec un grand ſuccès.

| TARENTULE, (LA) | Anonyme. | 1745. | 2 | n. imp. |

Comédie en 1 Acte en Proſe avec un Divertiſſement. Repréſentée le 2 Novembre. Mauvaiſe.

Noms des Piéces.	Noms des Auteurs.	An. des Repr.	Le Nomb	An. des Editions.
T A R Q U I N,	PRADON.	1682.	4.	n. imp.

Tragédie. Jouée le 9 Janvier. Connuë par les Regiſtres de la Comédie.

| T A R Q U I N, | Anonyme. | N. R | * | 1730-12 |

(LE NOUVEAU) *Comédie en 3 Actes en Vers & en Proſe.* Eſpece d'Opéra-Comique, allégorique, imprimée en Hollande.

| T A R T U F F E, (LE) | MOLIERE. | 1667. | * | 1673-12 |

ou L'IMPOSTEUR, *Comédie en 5 Actes en Vers*, dont les 3 premiers Actes furent d'abord joués à la ſuite des Fêtes de Verſailles (ſixiéme journée) le 12 Mai 1664, devant le Roi & la Reine, & à Paris ſur le Théâ. du Palais Royal le 5 Août 1667 ; défenduë le lendemain ; repriſe le 5 Février 1669, & continu · pendant trois mois de ſuite avec le plus grand ſuccès. C'eſt un des chef-d'œuvres de l'Auteur.

| T A R T U F F E, | Anonyme. | N. R. | * | 1670-12 |

(LA CRITIQUE DU) *Comédie en 1 Acte en Vers avec une lettre ſatyrique écrite à Moliere.* Mauvaiſe.

| T E G L I S, | DE MORAND. | 1735. | 11. | 1735-8°. |

Tragédie. Miſe au Théâtre le 19 Septembre. Elle avoit été d'abord repréſentée à l'Arſenal le 7 Avril 1734, avec un Prologue, devant Mᵉ. la Ducheſſe *du Maine*, ſous le nom de PIRRHUS ET TEGLIS. C'eſt la premiere Piéce de l'Auteur, dont on conçut de grandes eſpérances ; on a trouvé dès-lors l'art & la conduite qui caracteriſent ſes Piéces.

| TELEPHONTE, | LA CHAPELLE | 1682. | 11. | 1683-12 |

Tragédie. Jouée le 26 Décembre. Cette Piéce eſt tirée de *Philoclée* & de *Thelephonte* de *Gab. Gilbert* ; mais elle eſt bien mieux traitée ; elle eut quelque ſuccès.

| T E L E S I S, | Anonyme. | N. R. | * | 1752-12. |

Tragédie Chinoiſe en 5 Actes en Proſe, avec un Prologue dans lequel l'Auteur prétend prouver que les Tragédies doivent être écrites préférablement en Proſe. Cette Piéce eſt ſuppoſée imprimée à *Pekin*.

| TEMPS (LE) | LE GRAND. | 1724. | 14. | 1725-12 |

PASSE', *Comédie en 1 Acte en Proſe. Voyez* TRIOMPHE DU TEMS.

Noms des Piéces.	Noms des Auteurs.	An. des Repr.	Le Nomb.	Au. des Editions.
THEAGENE	ALEX. HARDY	1601.	*	1601-8

ET CHARICLE'E, *Tragédie en huit journées* Elle contient tout le Roman d'*Heliodore*. Quoique médiocre, elle renferme des pensées ingénieuses.

| THEAGENE, | G. GILBERT. | 1662. | * | n. imp. |

Tragédie. Représentée le 14 Juillet. Foible à beaucoup d'égards: eut cependant quelque succès.

| THEANDRE, | CHEVILLARD. | 1592. | * | 1692-12. |

(LA MORT DE) ou *la sanglante Tragédie de la mort & passion de N. S. J. sus-Christ*. Jouée & imprimée à Caën. La seconde édition de cette Piéce est imprimée sur celle de Paris. Elle renferme *le massacre des Innocens, dialogue, & des Cantiques Spirituels*.

| THEATRE (LE) | DU PESCHIER. | 1629. | * | 1629-8° |

RENVERSE', *Comédie*. Imprimée dans quelque édition à la suite de LA COMEDIE DE LA COMEDIE du même Auteur, & séparément à Lyon en 1630 *in-12*.

| THEBAIDE, (LA) | ROBELIN. | 1584. | * | 1584-8°. |

Tragédie sans distinction d'Actes ni de Scénes. Jouée & imprimée à Pont-à-Mousson. N'est point mauvaise pour le tems.

| THEBAIDE, | J. RACINE. | 1664. | 15 | 1664-12 |

ou LES FRERES ENNEMIS, *Tragédie*. L'Auteur étoit fort jeune quand il composa cette Piéce. La Scéne du troisiéme Acte est bien faite, & le combat des deux Freres est fort bien rendu. *Voyez* FRERES ENNEMIS.

| THELAMIRE, | Anonyme. | 1739. | 4. | 1739-8°. |

Tragédie. Mise au Théâtre le 6 Juillet. Piéce d'invention. Elle fut attribuée à un homme d'esprit fort connu.

| THEMISTOCLE, | P. DU RYER. | 1648. | * | 1648-4° |

Tragédie. Passable. Eut du succès malgré tous ses défauts.

| THEOCRIS, | P. TROTEREL | 1610. | * | 1610-12. |

Tragédie. Foible, mais passable pour le tems.

Noms des Piéces.	Noms des Auteurs.	An. des Repr.	Le Nomb	An. des Editions.
THEODAT,	T. CORNEILLE	1672.	*	1672-12

Tragédie. Même sujet qu'AMALASONTHE de *Quinault* ; mais ici bien mieux traité ; cependant la Piéce tomba, quoiqu'elle ne soit pas une des plus mauvaises de l'Auteur.

| THEODORE, | P. CORNEILLE | 1645. | * | 1646-4° |

VIERGE ET MARTYRE, *Tragédie.* Eut peu de succès. Le sujet ne parut pas théâtral. Il y a cependant des beautés dignes de l'Auteur.

| THEODORE, | BOISROBERT. | 1657. | * | 1658-12 |

REINE DE HONGRIE, *Tragédie.* Médiocre. Elle est tirée de L'INCESTE SUPPOSE', par *la Case.* Outre les Piéces connuës de l'Auteur, on lui attribue encore les Tragédies intitulées, ALPHREDE & PERIANDRE.

| THESEUS, | DU VIVIER. | 1577. | * | 1577-8" |

ET DE DEJANIRE (LES AMOURS DE) *Tragédie avec un Prologue.* Jouée & imprimée à Anvers. Mauvaise.

| THESE'E, | P. LA SERRE. | 1644. | * | 1644-4° |

OU LE PRINCE RECONNU, *Tragédie en Prose.* Galimatias où il est difficile de rien comprendre, & nulle regle observée.

| THESE'E, | LA FOSSE. | 1700. | 23. | 1700-12 |

Tragédie. Donnée le 5 Janvier. Foible, mais a de beaux endroits; entre autres la sixiéme Scéne du cinquiéme Acte. Cette Piéce s'est conservée pendant quelques années au Théâtre, mais il y a longtems qu'elle n'y a reparu.

| THIESTE, (LE) | ROL. BRISSET. | 1584. | * | 1590-4°. |

Tragédie avec des Chœurs. Froide. C'est une mauvaise imitation de *Seneque.*

| THIESTE, (LE) | MONTLEON. | 1633. | * | 1633-8° |

Tragédie. Affreuse. C'est une imitation chargée de celle de *Seneque* ; elle est rare. Outre AMPHITRITE, derniere Piéce de cet Auteur, portée à sa *Lettre* ; *Maupoint* lui attribue encore une Tragédie d'HECTOR en 1630.

THOMAS

Noms des Piéces.	Noms des Auteurs.	An. des Repr.	Le Nomb	An. des Editions.
THOMAS MORUS,	P. DE LA SERRE	1642.	*	1642-4°

OU LE TRIOMPHE DE LA FOY, *Tragédie en Prose.* Foible, ennuieu-
sé comme une partie des Piéces de cet Auteur. Elle est imprimée avec un
portrait de Madame la Duchesse d'*Aiguillon* à laquelle elle est dédiée,
gravée par *Picart*, célébre Graveur de ce tems-là.

| THUILLERIES, (LES) | RAYSSIGUYER. | 1635. | * | 1636-8° |

Tragi-Comédie. Chargée de trop d'événemens, mais la versification
assez aisée

| THUILLERIES, | LES 5 AUTEURS | 1635. | * | 1638-4° |

(LA GRANDE COMEDIE DES) *ou* LA GRANDE PASTORALE, *Comédie*, précédee d'un Monologue, intitulé LES THUILLERIES, représentée sur le Théâtre du Palais-Cardinal, le 16 Avril, devant *Gaston de
France*, *Duc d'Orléans*. Elle fut faite sous les yeux du Cardinal de *Richelieu*, qui à ce qu'on assure y a aussi travaillé, par les cinq Auteurs:
sçavoir; *P. Corneille*, *Rotrou*, *de l'Estoile*, *Boisrobert* & *Colleret*.
Cette Piéce fut soutenuë par un Spectacle magnifique, & elle en avoit
besoin. On trouve dans les recherches sur les Théâtres, *page* 191 & 192
Tome II, trois Piéces placées à l'article du Cardinal de *Richelieu*; mais
comme ce sont des Satyres contre ce grand homme, dont la France con-
servera toujours un precieux souvenir, on n'a pas voulu même en rap-
porter les titres.

| TIBERE, | Anonyme. | 1726. | 3. | 1727-8°. |

Tragédie. Jouée le 13 Décembre. L'Abbé *Pellegrin* voulut bien en
être le prête-nom.

| TIGRANE, | L'Ab. BOYER. | 1660. | * | n. imp. |

Tragédie. Mise au Théâtre le 31 Décembre. La *Muse historique* de
Dalorer du premier Janvier 1661 en fait un grand éloge, & nous apprend qu'elle fut défenduë, sans nous en dire la cause.

| TIMOCLE'E, | ALEX. HARDY | 1615. | * | 1628-8° |

OU LA JUSTE VENGEANCE, *Tragédie.* La cinquiéme Scéne du quatriéme Acte mérite d'être luë; elle donne une idée des Piéces de ce
tems-là.

| TIMOCLE'E, | MOREL. | 1658. | * | 1658-12 |

OU LA GENEROSITE' D'ALEXANDRE *Tragédie.* Tirée de *Plutarque*
& de *Diodore de Sicile.* Fort rare, a quelques endroits passables.

Noms des Piéces.	Noms des Auteurs.	An. des Repr.	Le Nomb	An. des Editions.
TIMOCRATE,	T. CORNEILLE	1656.	80.	1657-12

Tragédie. Tirée de l'histoire d'*Alcamene* du Roman de *Cléopatre*. Il y a peu de Piéces qui ait eu une réuſſite ſi prodigieuſe : elle fut jouée pendant un hyver entier ; les Comédiens s'en laſſerent, elle n'a pas été cependant repriſe depuis.

TIMOLEON,	S. GERMAIN.	1641.	*	1641-4°

(LE GRAND) *Tragi-Comédie.* Quelques ſituations heureuſes, & la Poëſie paſſable.

TIMON,	BRECOURT	1684.	17	1685-12

Comédie en 1 Acte en Proſe. Donnée le 13 Août. Tirée du dialogue de *Lucien*, intitulé du même titre. *Brecourt* a ſuivi pas à pas dans cette Piéce l'Auteur Grec ; il n'y a de ſon invention que la Scéne où paroît la maîtreſſe de *Timon* & le dénouement ; dut ſon ſuccès à l'Auteur qui y joua le Rôle principal avec force. Cette Comédie a été réimprimée ſous le titre des FLATEURS TROMPE'S , *ou* L'ENNEMI DES FAUX AMIS.

TINDARIDES, (LES)	DANCHET.	1707.	13.	1708-12

Tragédie. Jouée le 16 Décembre. Le ſujet en eſt beau , bien conduit, mais traité froidement.

TIR & SIDON,	DANCHERES.	1608.	*	1608-12

Tragi-Comédie avec des Chœurs. On la trouve dans les Mêlanges Poëtiques de l'Auteur , intitulés *les Amours d'Anne.* C'étoit ſa maîtreſſe , qui ſe nommoit encore de *Montaud.*

TIR & SIDON,	SCHELANDRE.	1628.	*	1628-8°

Tragédie en deux journées. La premiere journée repréſente les funeſtes ſuccès des amours de *Léonte* & de *Philoſine* ; & la ſeconde , les divers empêchemens & l'heureux ſuccès de *Belcar* & de *Méliane.* Ces journées ſont chacune en 5 Actes & en Vers.

TIRCIS	DE CROSILLES	1633.	*	1633-8°

ET URANIE, *ou* LA CHASTETE' INVINCIBLE , *Bergerie en 5 Actes en Proſe avec des Chœurs en Vers.* On attribue au même Auteur une Comédie , intitulée CLYTIE , qu'on ne connoît pas , & qui pourroit bien être la même que cette Bergerie.

Noms des Piéces.	Noms des Auteurs.	An. des Repr.	Le Nomb	An. des Editions.
TIRCIS,	Anonyme.	N. R.	*	1636-12

(LES AVANTURES DE) *Comédie.* Elle est indiquée dans les recherches sur les Théâtres , sans date. Passable pour le tems.

| TIRIDATE, | L'Ab. BOYER. | 1648. | * | 1649-4° |

Tragédie. Le sujet hardi , bien conçu , mais mal rendu.

| TIRIDATE, | CAMPISTRON. | 1691. | 25. | 1691-12 |

Tragédie. Représentée le 12 Février. Tirée du Livre des *Rois*, les noms changés , & la Scéne transposée dans un autre Pays. Bien faite , intéressante , est restée au Théâtre.

| TITAPOUF, | MlleLONCHAMPS | 1687. | 3. | n. imp. |

ou LE VOLEUR, *Comédie en* 1 *Acte.* Jouée le 4 Novembre. Mauvaise & sans aucun trait comique. Mademoiselle de *Longchamps* étoit sœur de Mademoiselle *Raisin*, & Souffleuse de la Comédie Françoise.

| TOBIE, | DE GUERSAINS | 1579. | * | 1579-4° |

Tragi-Comédie. Médiocre. Elle fut imprimée en 1604 *in-12* , sous le nom de Mademoiselle *Desroches* , Maîtresse de l'Auteur , ainsi que plusieurs des Piéces de *Guersains.*

| TOBIE, | JACQ. OUIN. | 1597. | * | 1606-16 |

Tragi-Comédie. Tirée de l'Ecriture Sainte. Cette Piéce est froide & ennuieuse.

| TOISON (LA) | P. CORNEILLE. | 1661. | 30. | 1661-12 |

D'OR, *Tragédie en* 5 *Actes en Vers, mêlée de Danses & de Musique*, composée exprès pour une superbe Fête que le Marquis de *Sourdeac* donna à son Château de *Neubourg* en Normandie , au commencement de l'année 1660 , en réjouissance du mariage du feu Roi *Louis XIV.* avec l'Infante d'Espagne *Marie d'Autriche*, & de la paix que cette alliance assuroit à toute l'Europe. Elle fut donnée à Paris l'hyver suivant au mois de Février 1661 , & elle eut un très-grand succès. A la fin de 1664 , on la remit au Théâtre avec la même réussite. Le 9 Juillet 1683 , on la reprit avec un Prologue de *la Chapelle* : il y avoit tout lieu de croire qu'elle auroit un grand succès ; mais à peine achevoit-on le Prologue , à la dixiéme Représentation le 30 Juillet, que les Comédiens interrompirent la Piéce , étant informés que la Reine venoit de mourir , & ils firent rendre l'argent à la porte. Le mérite principal de cette Tragédie consiste dans l'art avec lequel les machines sont amenées.

Noms des Piéces.	Noms des Auteurs.	An. des Repr.	Le Nomb	An des Editions.
T O M Y R E	B O R E' E.	N. R.	*	1627-8°

VICTORIEUSE , *Tragédie.* Peu d'intérêt , & foiblement versifiée.

| T O M Y R I S , | Mlle BARBIER. | 1706. | 6. | 1707-12 |

REINE DES SCYTES , *Tragédie.* Jouée le 23 Novembre. Très-foible , & tous les caracteres manqués. Quoique cette Piéce ait été donnée au Théâtre , & imprimée sous le nom de Mademoiselle *Barbier* , elle est de l'Abbé *Pellegrin.*

| T O N T I N E , (LA) | L E S A G E. | 1732. | 5. | 1737-8° |

Comédie en 1 Acte en Prose. Représentée le 20 Février. Vaudeville foible.

| TORISMOND (LE) | DALIBRAY. | 1636. | * | 1636-4° |

DU TASSE , *Tragédie.* Froide , embrouillée , ennuieuse , & d'une longueur insoutenable.

| TOUT POUR AMOUR | l'Ab. PREVOST | N. R. | * | 1735-12 |

OU LE MONDE BIEN PERDU , *Tragédie.* Traduite de l'Anglois ; singuliere par l'invention.

| T R A G E D I E (LA) | Anonyme. | Incert. | * | 1558-8° |

DU ROI FRANC ARBITRE , *Poëme Dramatique.* Tirée de l'Italien ; mérite d'être luë.

| T R A G E D I E (LA) | JEAN BRETOG. | N. R. | * | 1561-8° |

FRANÇOISE à huit personnages , traitant de l'amour d'un serviteur envers sa maîtresse , & de ce qu'il advint ; c'est le titre. Un mari surprend son valet avec sa femme. Le maître conduit au Prévôt le domestique , & meurt pendant qu'on l'interroge ; le valet est pendu sur le Théâtre. Voilà le sujet de cette Piéce.

| T R A G E D I E (LA) | J. D. C. G. | N. R. | * | 1608-8". |

DE FRANÇOIS SPERA , *Poëme Dramatique* sur le repentir d'un Protestant qui avoit abjuré ses erreurs , & qui en mourut de désespoir,

| T R A G E D I E (LA) | FR. DAVESNE. | N. R. | * | 1652-12 |

SAINTE , *ou autrement les Evangiles de Jesus-Christ.* Divisée en 3 Théâtres. L'Auteur étoit fanatique , & fut mis deux fois en prison.

Noms des Piéces.	Noms des Auteurs.	An. des Repr.	Le Nomb	An. des Editions.
TRAGEDIE (LA)	T. D. P.	N. R.	*	1660 12

SAINTE, *ou autrement les saints Evangiles de Jesus-Christ.* C'eſt ici la ſeconde édition.

TRAGEDIE (LA)	C. DAUVIGNY	1730.	11.	1730-12

EN PROSE, *Tragédie en 1 Acte, avec un Divertiſſement dont les Vaudevilles étoient en Proſe.* Elle fut jouée avec quelques ſuccès le 9 Mai.

TRAHISON, (LA)	DOUVILLE.	1637.	*	1638-4º

Tragi-Comédie avec un Prologue. Irréguliere, mais paſſable; elle eut du ſuccès.

TRAHISON (LA)	DANCOURT	1707.	7.	1708-12

PUNIE, *Comédie en 5 Actes en Vers.* Donnée le 28 Novembre. Tirée de l'Eſpagnol la *Traicion buſca el caſtigo de D. Franç. de Rojas*, déja traité par *le Sage* ſous le titre de DON FELIX DE MENDOCE, ou LE TRAÎTRE PUNI. Malgré ſon peu de réuſſite, il y a de beaux endroits entre autres le Rôle de *Don André* qui eſt fort bien fait. Elle a été repriſe.

TRAPOLIN,	DORIMONT	1661.	*	1662 12

(LES AMOURS DE) ET LA COMEDIE DE LA COMEDIE, *en 1 Acte en Vers.* LA COMEDIE DE LA COMEDIE n'eſt à proprement parler que le Prologue des AMOURS DE TRAPOLIN. Ces deux Piéces ont été repréſentées ſans ſuccès par la troupe de *Mademoiſelle.*

TRASIBULE,	MONTFLEURY	1663.	*	1664-12.

Tragi-Comédie. Traſibule conſpire pour chaſſer *Diomede*, uſurpateur du Trône de ſon pere; afin d'agir plus ſûrement, il feint d'avoir l'eſprit aliéné; c'eſt le ſujet de la Piéce, qui eſt foible, & qui n'a pas eu de ſuccès.

TRAVAUX (LES)	DURVAL.	1631.	*	1631-8º.

D'ULYSSE, *Tragédie.* La premiere de l'Auteur. Elle eſt tirée de l'Odyſſée d'Homere. Paſſable, mais foiblement verſifiée & trop longue. Elle fut jouée devant le Roi à Fontainebleau.

TRAVERSES	ROL. BRISSET	1605.	*	1605-4º.

D'AMOUR (ETRANGES ET MERVEILLEUSES) *Tragédie.* Mauvaiſe.

Noms des Piéces.	Noms des Auteurs.	An. des Repr.	Le Nomb	An. des Editions.
TRESORIERE, (LA)	JAC. GREVIN.	1558.	*	1561-8°

Comédie en 5 Actes en Vers de quatre pieds. Représentée après le Prologue DES VEAUX le 5 Février. Espéce de Satyre assez plaisante & qui a dû réussir dans ce tems-là. Outre les Piéces connuës de cet Auteur, il avoit fait encore une Comédie, intitulée LA MAUBERLINE, qu'il perdit; mais ayant la mémoire heureuse, il la refit, & la donna ensuite comme une Piéce nouvelle.

TRIBUNAL (LE)	LANDON.	1750.	1	1751.8°

D'AMOUR, *Comédie en 1 Acte en Vers à Scenes épisodiques.* Représentée le 12 Octobre dans le tems de l'absence.

TRIGAUDIN,	MONTFLEURY	1674.	9.	1674-12

ou MARTIN BRALLARD, *Comédie en 1 Acte en Vers.* Donnée le 26 Janvier. Tirée d'une historiette galante, insérée dans le Mercure galant. année 1672. *Tom. IV.* sous le titre de LA FEMME AUX DEUX MARIS. Cette Piéce est plaisante, mais trop libre pour le Théâtre.

TRIOMPHE (LE)	ALEX. HARDY	1623.	*	1625-8°

D'AMOUR, *Pastorale.* C'est la derniere Piéce de l'Auteur, & l'une de ses plus foibles.

TRIOMPHE (LE)	J. BIENVENU.	1562.	*	1562-4°

DE JESUS-CHRIST, *Tragédie Apocalyptique.* Traduite de *Jean Toxus* en rimes Françoises Jouée & imprimée à Genêve.

TRIOMPHE (LE)	R. J. N.	N. R.	*	1607-8°

DE LA LIGUE, *Tragédie.* Attribuée faussement à *P. Mathieu.* Elle a été imprimée à Leyden en Hollande.

TRIOMPHE (LE)	GAILLARD	1608.	*	1636-8°

DE LA LIGUE, *Tragédie.* Sur les troubles civils de ce tems-là.

TRIOMPHE (LE)	C. COYPEL	1730.	1.	n. imp.

DE LA RAISON, *Comédie Héroïque en 3 Actes en Prose, avec un Prologue & 3 Divertissemens.* Fut composée pour une Fête que Mademoiselle de *Clermont* donna à la Reine, le 17 Juillet, dans le Labyrinthe de Versailles. Quoique cette Piéce fût trouvée bonne alors, elle n'a pas été jouée à Paris.

Noms des Piéces.	Noms des Auteurs.	An. des Repr.	Le Nomb	An des Editions.
TRIOMPHE (LE)	LE GRAND.	1724.	14.	1725-12

DU TEMS, *Comédie en 3 Actes en Prose, avec un Prologue & des Divertissemens dont la Musique, qui est jolie, est de Quinault.* Représentée le 18 Octobre avec succès. Cette Piéce est tirée des AMANS RIDICULES, Comédie non-imprimée du même Auteur. Le premier Acte, LE TEMS PASSE'; le second Acte, LE TEMS PRESENT, & le troisiéme Acte, LE TEMS FUTUR. Le premier Acte est resté au Théâtre.

Noms des Piéces.	Noms des Auteurs.	An. des Repr.	Le Nomb	An des Editions.
TROADE, (LA)	ROB. GARNIER	1579.	*	1579-8º

Tragédie avec des Chœurs. Foible & mal conduite.

Noms des Piéces.	Noms des Auteurs.	An. des Repr.	Le Nomb	An des Editions.
TROADE, (LA)	SALLEBRAY.	1640.	*	1648-4º

Tragédie. Irréguliere en tout point & froide.

Noms des Piéces.	Noms des Auteurs.	An. des Repr.	Le Nomb	An des Editions.
TROADE (LA)	PRADON.	1670.	*	1680-12

Tragédie. Donnée le 17 Janvier. C'est une des plus passables de l'Auteur. On applaudit beaucoup le Rôle d'*Andromaque*; du reste, duplicité d'action, & les autres caractères manqués.

Noms des Piéces.	Noms des Auteurs.	An. des Repr.	Le Nomb	An des Editions.
TROMPERIES, (LES)	P. LARRIVEY.	1611.	*	1611-12

Comédie en 5 Actes en Prose. La neuviéme de l'Auteur, & la meilleure de ses trois dernieres.

Noms des Piéces.	Noms des Auteurs.	An. des Repr.	Le Nomb	An des Editions.
TROMPEUR (LE)	SCUDERY	1631.	*	1633-8º

PUNI, *ou* L'HISTOIRE SEPTENTRIONALE, *Tragi-Comédie.* Tirée des Romans d'*Astrée* & de *Polexandre.* Quoiqu'irréguliere par l'unité du lieu & par l'unité d'action, elle eut du succes; une partie des Poëtes de ce tems-là en firent l'éloge.

Noms des Piéces.	Noms des Auteurs.	An. des Repr.	Le Nomb	An des Editions.
TROMPEURS (LES)	ROSIMONT.	1670.	*	1671-12

TROMPE'S, *ou* LES FEMMES VERTUEUSES, *Comédie en 1 Acte en Vers.* Passable & assez comique.

Noms des Piéces.	Noms des Auteurs.	An. des Repr.	Le Nomb	An des Editions.
TRON, (Mlle DE ST)	Anonyme.	N. R.	*	1696-12

Comédie. Jouée & imprimée à la Haye. C'est une assez mauvaise Satyre.

Noms des Piéces.	Noms des Auteurs.	An. des Repr.	Le Nomb	An des Editions.
TROPHE'E (LE)	Anonyme.	1632.	*	1632-12

DE FIDELITE', *Comédie Pastorale.* Dédiée aux beaux Esprits. Cette Piéce a des endroits passables. Elle est fort rare.

Noms des Piéces.	Noms des Auteurs.	An. des Repr.	Le Nomb	An. des Editions.
T U R C A R E T,	LE SAGE.	1709.	7	1709-12.

Comédie en 5 Actes en Profe. Mife au Théâtre le 14 Février. Très-comique & très-divertiffante ; le ftyle en eft vif & léger ; elle eft reftée au Théâtre où on la revoit toujours avec le même plaifir. Le grand froid qu'il fit alors empêcha qu'elle n'eût le nombre de Repréfentations qu'elle mériroit. Dans les premieres, on jouoit un Prologue d'une feule Scene, entre *Don Cléophas* & le *Diable Boiteux* ; & la Piéce finie, les Acteurs du Prologue reparoiffoient & achevoient leur dialogue. Aux reprifes ce Prologue a été fupprimé.

T U R L U P I N,	VIL. TOUSTAIN	Incert.	*	S. D.-8°

(TRAGI-COMEDIE DES ENFANS DE) *malheureux de nature, où l'on voit les fortunes dudit Turlupin, le Mariage d'entre lui & la Boulonoife, & autres mille plaifantes joyeufetés qui trompent la morne oifiveté, en 4 Actes en Vers de 5 pieds,* c'eft le titre. On conjecture que la date de cette Piéce eft vers 1622.

T U R N E, (LE)	J. PREVOT	1614.	*	1614-12

Tragédie avec des Chœurs. Tirée de l'Enéïde. Médiocre, mais n'ayant rien de choquant dans le dialogue.

T U R N E, (LE)	DE BROSSE.	1646.	*	1648-4°

DE VIRGILE, *Tragédie.* Tirée de l'Enéïde ; très-médiocre. On baiffoit une toile au troifiéme Acte, pour que la Scéne ne parût pas enfanglantée.

T U T E U R, (LE)	DANCOURT.	1695.	16.	1695-12

Comédie en 1 Acte en Profe. Donnée le 13 Juillet. Tirée du Conte de la Fontaine, *le Cocu battu, content.* D'un comique vif & plaifant. Elle eft reprife de tems en tems.

V

VACANCES, (LES)	DANCOURT	1696.	14.	1697-12

Comédie en 1 Acte en Profe, avec un Divertiffement dont la Mufique eft de Gilliers. Donnée le 31 Octobre. Bien écrite & d'un comique plaifant. Reftée au Théâtre.

VALENTINIEN,	GILLET.	1648.	*	1648-4°

(LA MORT DE) *Tragédie.* Tirée de l'Aftrée, mal faite & bizarre. La mort fubite d'un perfonnage fait le dénouement de la Piéce.

Noms des Piéces.	Noms des Auteurs.	An. des Repr.	Le Nomb	An. des Editions.
VALERIEN,	RIUPEROUS.	1690.	1	n. imp.

Tragédie. Jouée le 22 Novembre. N'est connue que par les Regiſtres des Comédiens.

| VALET, (LE) | MOISSY. | 1751. | 6. | 1751-12 |

MAÎTRE, *Comédie en 3 Actes en Vers.* Donnée le 6 Octobre, pendant le voyage de Fontainebleau. Dédiée à M. le *Dauphin.* Reſtée au Théâtre.

| VANDA, | LINANT. | 1747. | 5. | 1750-12 |

Tragédie. Miſe au Théâtre le 17 Mai. Romaneſque & foiblement écrite.

| VARRON, | DUPUY. | 1687. | 7 | n. imp. |

Tragédie. Repréſentée le 14 Novembre. Médiocre & peu intéreſſante. L'Auteur la retira après la quatriéme Repréſentation pour y faire des changemens. Elle fut repriſe le 7 Décembre, mais elle ne fut jouée que trois fois.

| VARON, | Vic. DE GRAVE | 1751. | 16. | 1752-12 |

Tragédie. Miſe au Théâtre le 20 Décembre. Bien conduite, les ſituations intéreſſantes, & le dénoûment imprévu.

| VARVICH, | DE CAHUZAC. | 1742. | 1. | n. imp. |

Tragédie Le premier Acte fut applaudi. L'Auteur la retira après la premiere Repréſentation.

| VASSAL (LE) | SCUDERY. | 1632. | * | 1635-8º |

GENEREUX, *Tragi-Comédie.* Le ſujet intéreſſant, mais foiblement rendu. Eut quelques ſuccès.

| VASTHI, | P. MATHIEU. | 1587. | * | 1594-12 |

Tragédie. C'eſt à-peu-près le même ſujet que l'ESTER du même Auteur. *Voyez* ESTER.

| VEAU (LE) | LA FONTAINE. | 1689. | 15. | n. imp. |

PERDU, *Comédie en 1 Acte en Proſe.* Repréſentée le 22 Août ſous le nom de *Champmeſlé.* Elle eſt tirée de ces deux contes du même Auteur : *la Gageure de trois Comeres* & *le Villageois qui cherche ſon veau.* Elle fut interrompuë après la ſixiéme Repréſentation, par l'accident qui arriva à *la Torilliere,* qui y jouoit le Rôle du *Jeune Innocent,* & qui ſe bleſſa à la jambe. Elle fut repriſe le 8 Avril 1690, & elle eut encore 9 Repréſentations.

Gg

Noms des Piéces.	Noms des Auteurs.	An. des Repr.	Le Nomb	An. des Editions.
VENCESLAS,	Jean Rotrou	1647.	*	1648-4'

Tragédie. Eut un grand succès. Elle a pu servir de modéle pour les grandes beautés de la Tragédie auxquelles le tems n'a rien fait perdre. Le Rôle de *Ladiflas* est tout neuf , & suffiroit pour faire connoître le génie de l'Auteur. *Baron* finit par ce Rôle à sa premiere sortie du Théâtre, & par celui de *Venceslas* a la seconde. Le sujet de cette Piéce est tiré de l'Espagnol de *Don François de Roxas : on ne peut être pere & Roi.*

| VENDANGES (les) | P. du Ryer. | 1635. | * | 1636-4 |

DE SURESNE , *Comédie en* 5 *Actes en Vers.* Mauvaise & d'un comique bas.

| VENDANGES, (les) | Dancourt | 1694. | 11. | 1695-12 |

Comédie en 1 *Acte en Prose avec un Divertissement dont la Musique est de Grandval le pere.* Jouée le 30 Septembre. Foible d'intrigue , mais quelques Scènes dialoguées avec chaleur.

| VENDANGES (les) | Dancourt. | 1695. | 37. | 1695-12 |

DE SURESNE , *Comédie en* 1 *Acte en Prose , avec un Divertissement dont la Musique est de Gilliers.* Jouée le 15 Octobre. Très-divertissante , mais dans le bas comique. Est restée au Théâtre.

| VENDANGES (les) | Regnard. | N. R. | * | 1731-12. |

Comédie en 1 *Acte en Vers.* Assez plaisante. Elle est imprimée dans la derniere édition des œuvres de l'Auteur.

| VENGEANCE (la) | Joly. | 1721. | 1. | n. imp. |

DE L'AMOUR , *Comédie en* 5 *Actes en Vers.* Mise au Théâtre le 4 Décembre. Quoique cette Piéce n'ait point réussi , elle avoit des beautés de détails.

| VENGEANCE (la) | Is. du Ryer. | 1611. | * | 1631-12 |

DES SATYRES , *Pastorelle en* 5 *Actes en Vers avec un Prologue.* Elle avoit d'abord été publiée en 1609 , mais elle n'étoit alors qu'en trois Actes & sans Prologue.

| VENGEANCE | Anonyme. | 1641. | * | 1641-4 |

(LA JUSTE) *Tragi-Comédie.* Tirée de l'exil de *Polexandre.* Médiocre , & foible de versification.

Noms des Péces.	Noms des Auteurs.	An. des Repr.	Le Nomb	An. des Editions.
VENGEANCE (LA)	DE MORAND.	1742.	*	1751-12.

TROMPE'E, *Comédie en 1 Acte en Profe & un Divertissement.* Jouée pour la premiere fois à Arles en Provence, le 15 Septembre, & depuis dans d'autres Villes de Province.

| VENISE SAUVE'E, | LA PLACE. | 1746. | 15. | 1747-12 |

Tragédie. Tirée de la Piéce Angloise d'OTVVAI, traduite par le même Auteur. Bien faite, eut beaucoup de réuffite. C'est le sujet que *la Fosse* a déguisé sous le nom de *Manlius.* Roseli harangua le Parterre avant la Piéce, pour prévenir le Public sur la singularité du genre, auquel l'Auteur a conservé le caractere Anglois, ce que *la Fosse* n'avoit osé faire.

| VENUS | DE VISE'. | 1670. | * | 1670-12. |

ET D'ADONIS (LES AMOURS DE) *Tragédie, précédée d'un Prologue en Vers libres.* Mise au Théâtre le 2 Mars. Très-médiocre, dut son grand fuccès aux machines. Reprise le 3 Septembre 1685, n'eut que 6 Représentations.

| VERD GALANT (LE) | DANCOURT. | 1714. | 9. | 1714-12 |

Comédie en 1 Acte en Profe, avec un *Divertissement dont la Musique est de Gilliers.* Une avanture du tems donna occasion à cette Piéce, qui est médiocre.

| VERITABLE, (LE) | J. ROTROU. | 1646. | * | 1647-4° |

ST. GENEST, *Tragédie.* Piéce singuliere, dans laquelle on rencoutre des beautés.

| VERTUEUSES (LES) | DESFONTAINES | 1642. | * | 1642-12 |

GALANTES, *Tragédie.* Tirée d'une histoire véritable, arrivée pendant le Siége de Turin. Piéce singuliere ; elle est rare.

| VEUVAGE, | DUFRENY. | 1702. | 10. | 1702-12 |

(LE DOUBLE) *Comédie en 3 Actes en Profe,* avec un *Prologue & un Divertissement.* Représentée le 8 Mars. Plaisante, pleine d'esprit, il y a du Chant dans plusieurs Scénes. La Piéce est terminée par une critique de l'Opéra. Toute la Musique qui se trouve dans la Piéce est de l'Auteur. Restée au Théâtre ; on a supprimé le Prologue.

| VEUVE, (LA) | P. LARRIVEY. | 1578. | * | 1579-12. |

Comédie en 5 Actes en Profe. Plaisante pour le tems. Le comique en est assez bon.

Noms des Piéces.	Noms des Auteurs.	An. des Repr.	Le Nomb	An. des Editions
V E U V E, (LA)	P. CORNEILLE	1633.	*	1634-4°

ou LE TRAITRE PUNI, *Comédie en* 5 *Actes en Vers*. Eut dans son tems une grande réussite.

| V E U V E (LA) | DE VISE'. | 1567. | * | 1668-12 |

A LA MODE, *Comédie en* 1 *Acte en Vers*. Jouée le 9 Mai. Le comique bas, mais plaisant. Elle réussit beaucoup. *Dancourt* en a tiré parti dans sa Comédie du DIABLE BOITEUX. LA VEUVE fut reprise l'hyver suivant avec succès.

| V E U V E, (LA) | CHAMPMESLE' | 1699. | 5 | n. imp. |

Comédie en 1 *Acte en Prose*. Donnée le 30 Juillet. Cette Piéce fut faite sur ce que Mademoiselle *Raisin* n'avoit pu pleurer la mort de son mari, quoiqu'elle l'aimât beaucoup.

| V E U V E, | DESTOUCHES. | 1715. | 5. | n. imp. |

(LA FAUSSE) *ou* LE JALOUX SANS JALOUSIE, *Comédie en* 1 *Acte en Prose*. Représentée le 20 Juillet, précédée d'ANDRONIC. Pendant la Représentation de cette Tragédie, le Parterre ne cessa pas de rire (les Rôles étant mal distribués) *Legrand* dit à l'annonce, après avoir promis le JOUEUR & LE GRONDEUR pour le lendemain : *Messieurs , je souhaite que la petite Piéce que nous allons vous donner , vous fasse rire autant que vous avez ri à la grande. Voyez* le Mercure Galant , Juillet 1715. pages 278 , 281.

| V E U V E, | Anonyme. | N. R. | * | 1737-8°. |

(LA PRETENDUE) *ou* L'EPOUX , *Comédie en* 5 *Actes en Vers*. Traduite de l'Anglois.

| V E U V E (LA) | Anonyme. | N. R. | * | 1748-12 |

DE PIGMALION, *Comédie en* 1 *Acte*. Elle est imprimée dans les *amusemens des Fées*.

| V I C T I M E (LA) | DE PRADE. | N. R. | * | 1649-4° |

D'ETAT, *ou* LA MORT DE PLAUTIUS SILVANUS , Préteur Romain . *Tragédie*. Foible ; l'Auteur la composa à 17 ans. Elle est imprimée avec une Estampe de *Vignon*.

| V I E (LA) | AUFFRAY. | Incert. | * | 1615-8° |

DE L'HOMME , *Tragi-Comédie morale*. C'est une espéce de moralité.

Noms des Piéces.	Noms des Auteurs.	An. des Repr.	Le Nomb	An. des Editions.
VIEILLARD (LE)	Mlle Pascal.	N. R	*	1664-12

AMOUREUX, *ou* L'HEUREUSE FEINTE , *Comédie en Vers de 4. pieds.* Faite sur une histoire arrivée à Lyon. Jouée & imprimée dans cette Ville.

| VIEILLARD (LE) | DE VISE'. | 1696. | 3. | n. imp. |

COURU, *ou* LES DIFFERENS CARACTERES DES FEMMES, *Comédie en 5 Actes en Prose.* Représentée le 24 Mars. Froide & ennuyeuse ; c'est la derniere Piéce de l'Auteur.

| VIEILLARDS, (LES) | Anonyme. | 1743. | 1. | n. imp. |

Comédie en 1 Acte en Vers, donnée le 9 Novembre avec LE QUI-PROQUO. L'Auteur la retira après la premiere Représentation.

| VINCENT, | GAILLARDON. | 1617. | * | 1618-8° |

(LE MARTYRE DE SAINT) *Tragédie , tirée de la Vie des Saints.* Bonne pour être jouée dans des Colléges.

| VIRGINIE, (LA) | J. MAIRET. | 1628. | * | 1635-4° |

Tragi-Comédie, froide & ennuyeuse. C'étoit cependant celle pour laquelle l'Auteur avoit le plus de prédilection.

| VIRGINIE (LA) | LE CLERC. | 1645. | * | 1645-4° |

ROMAINE , *Tragédie.* Même sujet que L'INJUSTICE PUNIE de du Teil , mais ici plus passablement traité. Le rôle d'*Appius* est le meil-leur de la Piéce.

| VIRGINIE, | CAMPISTRON. | 1683. | * | 1683-12. |

Tragédie. Mise au Théâtre le 12 Février , la premiere de l'Auteur , tirée de l'Histoire Romaine , n'est pas mal conduite , mais elle est foi-blement versifiée & le dénouement n'est pas vraisemblable.

| VISAGES, | VILLIERS. | 1665. | * | 1665-12 |

(LES TROIS) *Comédie en 1 Acte en Vers.* Elle est rare , & fort peu connuë.

| VISIONAIRE, | J. B. D. G. | 1647. | * | 1647-4° |

(LE SAGE) *Tragi-Comédie.* Très-foible : elle a été réimprimée en 1659. *in-12.*

Noms des Piéces.	Noms Auteurs.	An. des Repr.	Le Nomb	An. des Editions.
VISIONAIRES, (LES)	DESMAREST.	1637.	*	1637-4°

Comédie en 5 Actes en Vers Réguliére & très-bonne pour le tems ; elle eut un si grand succès & tant de réputation, qu'on l'appelloit l'inimitable Comédie. C'est la premiere Piéce où l'on ait commencé à jouer les ridicules. A la reprise elle ne réussit pas. On a voulu encore la remettre, mais elle a paru trop antique.

V I S I T E S (LES)	V A D E'.	1749.	1	n. imp.

DU JOUR DE L'AN, *Comédie en 1 Acte en Vers.* Donnée le 3. Janvier ; elle fut reçuë peu favorablement.

U L Y S S E,	CHAMP-REPUS	1600.	*	1600-12

Tragédie. Tirée de l'Odyssée d'*Homere.* Elle comprend le retour d'Ulysse dans Ithaque, & la maniere dont ce Héros punit les Amans de sa femme. Passable pour le tems, mais le rôle de Pénélope est trop naif.

U L Y S S E,	G. DURVAL,	1631.	*	1631-80

(LES TRAVAUX D') *Tragi-Comédie.* Tirée de l'Odyssée d'*Homere.* Très-foible ; elle fut cependant représentée devant le Roi à Fontainebleau, où l'Auteur dit dans sa Préface qu'elle fut fort applaudie.

U L Y S S E,	l'Ab. BOYER.	1648.	*	1650-4°.

DANS L'ISLE DE CIRCE', *ou* EURYTOCHE FOUDROYE', *Tragédie.* Représentée le 27 Décembre sur le Théâtre des Machines. Mal faite & très-mal versifiée.

U L Y S S E,	LA SELLE.	Incert.	*	1691-

ET CIRCE'. Rare & fort peu connuë.

U L Y S S E,	Ab. PELLEGRIN	1706.	13.	1707-12

(LA MORT D') *Tragédie.* Mise au Théâtre le 29 Décembre. Foible de Versification, a cependant quelques beaux endroits.

U N I O N, (L')	A. GAULTIER.	N. R.	*	1606-12

D'AMOUR ET DE CHASTETE', *Paftorale en 5 Actes en Vers,* *avec des Chœurs ou Chanfons.* C'est le titre. Singuliére, mais mauvaise. L'Auteur étoit Apotiquaire d'Avranches.

Noms des Piéces.	Noms des Auteurs.	An. des Repr.	Le Nomb	An. des Editions.
VOLONTAIRE, (LE)	ROSIMONT.	1676.	5.	1675-12.

Comédie en 1 Acte en Vers. Donnée le 6 Mars. Foible & le Comique bas. On attribue au même Auteur, outre ses Piéces connuës, les Comédies suivantes : LES RETIRE'S DU MARAIS ; LES FEMMES VERTUEUSES, L'EMBARRAS DE GODARD ; cependant il n'est pas douteux que les deux dernieres ne soient de *Visé*.

VONONEZ,	BELIN.	1701.	4.	n. imp.

Tragédie. Donnée le 8 Janvier. Connuë par les Regîstres de la Comédie Françoise.

VORCESTER,	Anonyme.	N. R.	*	1748-8

ou LA VENGEANCE RAISONNE'E, *Tragi-Comédie en 1 Acte en Vers.* L'Auteur convient dans sa Préface, que la Piéce est vuide d'action, & dit qu'on ne doit l'envisager que comme un essai moral sur le génie Anglois.

URANIE,	BRIDARD.	1631.	*	1631-8°

Tragédie Pastorale. Dans l'avis au Lecteur, l'Auteur se loue lui-même, & marque le plus grand mépris pour les critiques de sa Piéce.

URNES (LES)	GAILLARDON.	1617.	*	1618-8°

VIVANTES, *ou* LES AMOURS DE PHELIDON ET POLIBELLE, *Tragi-Comédie en 4 Actes*, dont chacun desquels porte un titre différent. Le premier, *Phélidon & Polibelle* ; le second, *Alcyone* ; le troisiéme, *Roserin* ; & le dernier, *Liline*. Cette Piéce est singulierement dialoguée, & n'a point de dénouement.

USURIER, (L')	DE VISE'.	1685.	9.	n. imp.

Comédie en 5 Actes. Représentée le 13 Février. L'Auteur a toujours gardé l'Anonyme. *Voyez* le Mercure Galant, Janvier 1685, *pag.* 333, & Février même annee, 319 & 323.

USURIER (L')	LE GRAND.	1713.	27.	1731-12

GENTILHOMME, *Comédie en 1 Acte en Prose, avec un Divertissement, dont la Musique est de Grandval le pere.* Plaisante, mais l'intrigue commune & un mauvais dénouement.

Noms des Piéces.	Noms des Auteurs.	An. des Repr.	Le Nomb	An. des Editions.

X

XERXES,	CREBILLON.	1714.	1.	1749-12

Tragédie. Mise au Théâtre le 7 Février. L'Auteur la retira après la première Repréfentation. Quoique cette Piéce n'ait pas réuffi, on y reconnoît en plus d'un endroit la coupe & le trait d'un grand Maître. Elle n'a été imprimée qu'après CATILINA, Tragédie du même Auteur.

Y

YEUX (LES)	BOURSAULT.	1665.	*.	1665-12

DE PHILIS, CHANGE'S EN ASTRES, *Paftorale en 3 Actes en Vers.* Tirée du Poëme de l'Abbé *Ceriffy*, intitulé *la Métamorphofe des yeux de Philis, changés en Aftres*, qui étoit fort à la mode alors. On trouve, dans la Préface de l'Auteur, l'hiftorique de cette Piéce. Elle eft foible, mais affez bien écrite.

Z

ZAIDE,	LA CHAPELLE	1681.	13.	1681-12.

Tragédie. Repréfentée à Paris le 29 Janvier, & à Saint-Germain en Laye devant le Roi le 12 Février fuivant. Cette Piéce eft de l'invention de l'Auteur. Quoiqu'elle ait des défauts, elle n'eft pas fans mérite. La Scéne de *Zaïde*, fous le nom de *Zulemar*, fut fort applaudie.

ZAIRE,	VOLTAIRE.	1732.	30.	1732-8°

Tragédie. Piéce d'invention; eut, & a encore le plus grand fuccès. On la regarde comme la plus intéreffante de l'Auteur, & comme une des plus touchantes qu'il y ait au Théâtre. Le Rôle de *Zaïre* eft le triomphe de Mademoifelle *Gauffin*. Elle eut 10 Repréfentations jufqu'au 15 Septembre, & à fa reprife, le 12 Novembre jufqu'au 11 Février, elle en eut encore 20; en tout trente Repréfentations. Elle eft reftée au Théâtre, où on la joue fort fouvent.

ZARE'S,	PALISSOT.	1751.	3.	1751-8°

Tragédie. Donnée le 3 Juin. L'Auteur la retira après la troifiéme Repréfentation. Il fe plaint dans fa Préface que les Comédiens ont joué une autre Piéce que la fienne.

Noms des Piéces.	Noms des Auteurs.	An. des Repr.	Le Nomb	An. des Editions.
ZELINDE,	DE VISE'.	Incert.	*	1663·12.

ou la véritable critique de l'Ecole des Femmes, ou la critique de la critique, *Comédie en 1 Acte en Profe.* Foible, l'intrigue usée, a cependant quelques endroits aſſez plaiſans.

ZELISCA,	LA NOUE.	1746.	2.	n. imp.

Comédie-Ballet. Repréſentée à Verſailles le 3 & le 10 Mars 1746. Iutéreſſante & bien conduite : elle fit un grand plaiſir.

ZELONIDE,	l'Ab. Genest.	1682.	17.	1682·12

Princesse de Sparte, *Tragédie.* Jouée le 4 Février. Aſſez intéreſſante, mais mal conduite.

ZENEIDE,	Cahuzac.	1743.	14.	1744·8°

Comédie en 1 Acte en Vers libres. Miſe au Théâtre le 13 Mai. Piéce d'un genre particulier, qui fit un très-grand plaiſir, qui eut beaucoup de ſuccès, & qui en a toujours eu aux repriſes. On ne peut que répéter, ſur la maniere dont Mademoiſelle *Gauſſin* joua ſon Rôle, ce qu'on a dit aux articles de l'Oracle, de la Pupille, & de la Magie d'Amour.

ZENOBIE,	abDaubignac	1645.	*	1647·4°

Tragédie en Profe. Traitée dans les regles les plus exactes de l'art, mais froide & ennuieuſe. N'eut aucun ſuccès.

ZENOBIE,	Montauban.	1650.	*	1653·12

Reine d'Armenie, *Tragédie.* Trés-foible, tous les perſonnages vicieux. *Crébillon* a traité le même ſujet, ſous le titre de Rhadamiste et Zenobie, mais avec bien plus d'Art, & d'une maniere toute différente.

ZENOBIE,	Magnon.	1659.	*	1660·12

Reine de Palmyre, *Tragédie.* Repréſentée le 10 Décembre par la Troupe de *Moliere.* Tirée de la précédente en Profe, & miſe en Vers avec quelques changemens: Elle eſt fort médiocre, & n'eut aucun ſuccès. Outre les Piéces connues de cet Auteur, *Maupoint* lui attribue encore une Tragi-Comédie, intitulée les Amans Indiscrets en 1645.

ZENOBIE,	Anonyme.	1693.	5.	n. imp.

Tragédie. Connuë par les Regiſtres de la Comédie Françoiſe. Si l'on s'en rapporte à ce qui eſt écrit dans ces Regiſtres ſur ce ſujet, on pourroit conjecturer qu'elle eſt de l'Abbé *Boyer.* On y trouve qu'en 1696 il préſenta aux Comédiens une Piéce ſous le titre de Zenobie, qui fut acceptée & puis refuſée. Ne pourroit-on pas penſer, qu'ayant gardé l'Anonyme, lorſqu'il fit jouer cette Piéce, comme cela lui arrivoit ſouvent, il l'avoit retouchée, dans l'eſpérance qu'elle ſeroit jouée & qu'elle ne ſeroit pas reconnuë.

Noms des Piéces.	Noms des Auteurs.	An. des Repr.	Le Nomb	An. des Editions.
Z E R B I N ,	Anonyme.	Incert.	*	1621-8°.

ET D'ISABELLE , PRINCESSE FUGITIVE (LES AMOURS DE) *où il est remarqué les périls & grandes fortunes passées , par ledit Zerbin , recherchant son Isabelle par le monde , & comme il est délivré de la mort par Roland , c'est le titre. Imprimée à Troyes.*

| Z O A N T R O P I E , | FR. AUBRY. | N. R. | * | 1614-8° |

où VIE DE L'HOMME , *Morale embélie de feintes appropriées au sujet (à la France) c'est le titre.*

| Z U L I M E , | VOLTAIRE | 1740. | 8 | n. imp. |

Tragédie. Mise au Théâtre le 8 Juin. Elle fut jouée sans être annoncée. L'Auteur la retira après la premiere Représentation pour y faire des corrections. Les trois premiers Actes furent fort applaudis ; on trouva à désirer dans les deux derniers , c'est ce qui fit que l'Auteur ne voulut pas que la Piéce fût continuée. Mademoiselle *Dumenil* joua supérieurement le Rôle de *Zulime* & c'est un de ceux qui a le mieux établi sa réputation.

Piéces jouées pendant le cours de l'Impression.

| A N T I P A T E R , | PORTELANCE. | 1751. | 1 | n. imp. |

Tragédie. Tirée de l'Ecriture Sainte. Représentée le 25 Novembre. L'Auteur n'avoit que 17 ans quand il la composa.

| E F F E T S (LES) | Anonyme. | 1752. | 3 | n. imp. |

DU CARACTERE, *Comédie en 5 Actes en Vers.* Donnée le 3 Février. Son premier titre étoit LA MECHANRE. Le premier Acte a été applaudi.

| ROME SAUVE'E , | VOLTAIRE. | 1752. | | |

Tragédie. Mise au Théâtre le 24 Février avec beaucoup de succès. On a trouvé dans cette Piéce une grandeur & une force digne du célèbre Auteur de la *Henriade* & d'ALZIRE , & on y a surtout admiré la vérité avec laquelle il a peint les tems & les Personnages du siécle dans lequel l'action s'est passée. On a laissé en blanc le nombre des Représentations , parce que l'on n'en étoit qu'à la septiéme quand on a mis sous Presse cet article.

| BISCUITS, (LES DEUX) | GRANDVAL. | N. R. | * | 1752-8° |

Tragédie en un Acte en Vers , traduite de la Langue que l'on parloit jadis au Royaume d'*Astracan* , & mise depuis en Vers françois. Se vend à *Astracan* chez un Libraire : c'est le titre de cette Piéce , qui a de l'invention , qui est plaisante & dans le goût de L'EUNUQUE , *ou* LA FIDELE INFIDELITE' , Piéce du même Auteur.

CLEF

Pour les Abbréviations du Dictionnaire.

Abbréviations.	Le mot en entier.
M. S.	manuscrite.
S. D.	fans date.
N. R.	non repréfentée.
n. imp.	non imprimée.
R.	retirée par l'Auteur.
Trag.	Tragédie.
Com.	Comédie.
Paft.	Paftorale.
Rep.	repréfentée.
Incert.	Incertaine.
L'Ab.	L'Abbé.
Ab.	Abbé.
Guerin B.	Boufcal.
Grange C.	Grange-Chancel.

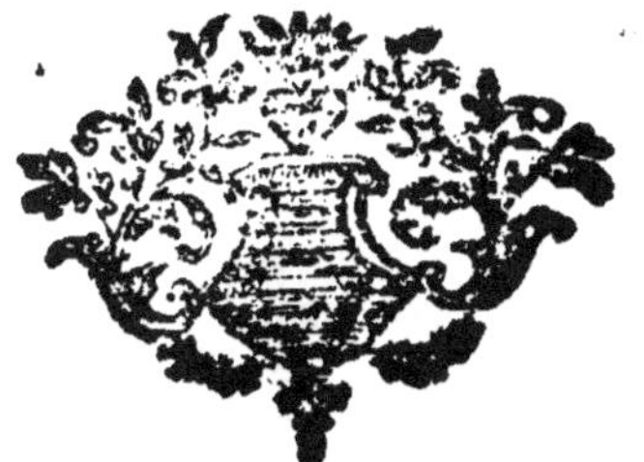

AVERTISSEMENT.

J'Ai divifé l'abrégé de la vie des Auteurs qui ont écrit pour le Théâtre en deux parties, & dans l'une & dans l'autre je les ai placés par ordre alphabétique comme les Piéces, afin de les trouver fur le champ.

La premiere Partie renferme tous les Auteurs connus, & la feconde ceux qui ne le font pas.

J'ai divifé ce qui concerne les Auteurs connus en quatre colonnes. La premiere indique leurs noms, la feconde leurs qualités, la troifiéme l'année de leur naiffance, & la derniere colonne le tems où ils font morts.

Ce qui fe trouve fous cette ligne partagée en quatre colonnes, renferme l'abrégé de la vie de l'Auteur qui y eft indiqué.

Dans la feconde Partie on a rangé fimplement & fans colonnes les noms des Ecrivains qu'on ne connoît que par leurs Ouvrâges, ou par le tems où ils ont vêcu.

On a eu foin pour épargner la peine d'une recherche inutile, de mettre au haut de chaque page un titre qui fert à annoncer ce qu'elles contiennent : celles où l'on trouve *Les Auteurs*, indiquent les Auteurs connus ; & les pages où il eft écrit, *Auteurs peu connus*, les Auteurs ignorés.

On trouvera peut être fingulier que, dans cette derniere partie d'Auteurs ignorés, l'on ait placé des Ecrivains très-connus ; mais on voudra bien faire attention que ces Auteurs étant morts depuis l'impreffion de la premiere partie qui traite des Auteurs connus, on n'avoit que cette place à leur donner, à moins qu'on n'en dît rien du tout, ou que l'on attendît à en parler à une nouvelle édition.

LES AUTEURS.

Les Auteurs.	Qualité.	Naissance.	Mort.
ABEILLE (GASPARD)	Abbé.	Né en 1648	Mort en 1718.

Il étoit de Ryez en Provence & attaché à la Maison de Luxembourg. C'étoit un homme à bons mots, mais il les débitoit avec une force & des grimaces auxquelles on ne pouvoit s'accoûtumer. Son talent pour la Poësie lui mérita une Place à l'Académie Françoise, où il fut reçu le 11 Août 1704. Il fut fait dans les suites Secrétaire general de la Province de Normandie. Il mourut âgé de 70 ans.

| ALAIN (ROBERT) | Sellier. | Né en... | Mort en... |

Il n'a fait pour le Théâtre que la Comédie de l'EPREUVE RECIPROQUE pour laquelle Le Grand le Comédien lui a été d'un grand secours. Sa boutique étoit au coin de la rue Cristine.

| AMBOISE (ADRIEN D') | Evêque | Né en... | Mort en 1616 |

Il étoit fils d'un Chirurgien de Charles IX. Il avoit du merite, beaucoup d'erudition & de Belles-Lettres. Il porta la parole de la part de l'Université lorsqu'elle demanda au Roi la confirmation de ses Priviléges. Il étoit encore Prédicateur du Roi & Grand-Maître du Collége de Navarre & fut sacré Evêque de Treguier en 1604.

| ANCOURT (C. d') | Comédien. | Né en 1661 | Mort en 1725 |

Il se fit Comédien a 19 ans. Il épousa Therese le Noir Actrice, sœur du dernier la Thorilliere, laquelle eut de la reputation pour certains Rôles & surtout pour la beauté qui s'étoit soutenue de façon qu'elle jouoit à 60 ans les AMOUREUSES, sans que cela tût déplacé. Ce qui a raport a d'Ancourt est trop connu pour donner a cet article plus d'étenduë.

| ASSEZAN (PADER D') | Avocat. | Né en 1604 | Mort en 1679 |

Il étoit le fils d'un Peintre de Toulouse. Il s'adonna de bonne heure à l'étude des Belles-Lettres. Il remporta trois fois le prix des Jeux Floraux, & en devint un des Maîtres. Encouragé par ces distinctions il fit une Tragédie & vint à Paris pour la donner au Théâtre : il y fit connoissance avec l'Abbé Boyer qui l'aida à mettre sa Piéce en état d'être jouée, elle réussit, & l'Abbé Boyer s'en dit l'Auteur lorsque d'Assezan fut reparti pour Toulouse où sa profession le rappelloit. Il fit ANTIGONE quelques années après, & il revint à Paris pour la faire jouer.

Les Auteurs.	Qualité.	Naissance	Mort.
ASSOUCY (CHARL. D')	Poëte.	Né en 1604.	Mort en 1679

Son grand-pere se nommoit ainsi que lui *Coipeau*, il étoit de Crémone, & très-célèbre pour les bons Violons. Son pere étoit Avocat en Parlement. Sa mere jouoit du Luth divinement, aimoit les Lettres & le plaisir. A 14 ans d'*Assoucy* persuada à Don Diegue chez qui il demeuroit, à sa famille & a toute la Ville qu'il étoit Astrologue & fils de *Nostradamus* : le hazard lui ayant fait guérir un enfant très-malade & qu'on tenoit pour mort, on regarda cette cure comme un effet de sortilége, & on voulut le jetter dans la mer. Il a essuyé beaucoup de traverses & eut beaucoup d'avantures. Il ne mourut pas riche. C'est de lui dont il est parlé dans le voyage de *Chapelle*.

| AUBIGNAC (HED. D') | Abbé | Né en 1592. | Mort en 1673 |

Il étoit le fils d'un Avocat au Parlement de Paris, Lieutenant Général de Nemours. Il avoit une si grande passion pour le Théâtre, qu'on supposa qu'il avoit desiré une Intendance des Spectacles. Il s'en est justifié. Il a fait une Pratique de Théâtre fort sçavante, & quelques Tragédies qui prouvent qu'il ne suffit pas d'entendre parfaitement les régles d'un Art pour réussir, & que le goût est au-dessus de toute méthode. Il eut une grande dispute par écrit avec *Menage* au sujet des Anciens.

| AUBRY (JEAN-BAPT.) | Mᵉ Paveur. | Né en... | Mort en 1692 |

Il avoit épousé *Genevieve Bejart de Villeaubrun*, Comédienne de la Troupe du Palais Royal dont il n'eut point d'enfans. Il se remaria. Il n'a fait que deux Piéces, DEMETRIUS & AGATOCLE. La premiere a réussi.

| AUVRAY (JEAN) | Avocat | Né en 1590. | Mort en 1633 |

Il n'y a rien d'intéressant dans l'histoire de cet Ecrivain, qui a fait des Piéces de Théâtre assez mauvaises, & dont les écrits étoient fort libres. On apprend par l'avis au Lecteur, qui précéde sa Tragi-Comédie de DORINDE, qu'il a fait des Poësies saines.

| AUTREAU. | Peintre | Né en 1659. | Mort en 1748 |

Il étoit d'un caractère singulier, Misantrope, haïssant les hommes & les évitant. Il n'en étoit pas tout-à-fait de même des femmes, il les aimoit beaucoup. Il commença fort tard à travailler pour le Théâtre. Ce n'est qu'en 1718 qu'il donna sa premiere Piéce. Il avoit le stile coulant & naturel, & sa prose est élégante, corréte & soutenue. Tout le monde connoît le portrait qu'il fit du Cardinal de *Fleury* & les Vers qu'il mit au bas sur *Diogene*.

Les Auteurs.	Qualité.	Naissance.	Mort.

B

BAIF (JEAN ANTOINE.) | Poëte. | Né en 1529 | Mort en 1589

Poëte médiocre ; il avoit établi dans sa maison du Fauxbourg Saint Marceau une Académie de Beaux-Esprits. Il mourut pauvre. Une partie de ses Poëmes sont en Manuscrits. Il étoit le fils naturel d'un Ambassadeur de Venise en France , & il en prit le nom.

BARO (BALTAZAR) | Trés. de Fr. | Né en 1600 | Mort en 1650

Il étoit de Valence ; étant jeune il avoit été Sécrétaire d'*Honoré d'Urfé*. Il acheva le Roman de l'ASTRE'E dont son Maître étoit l'Auteur. Il épousa la sœur de son hôtesse , & il en eut des enfans. Il étoit de l'Académie Françoise & Gentilhomme de MADEMOISELLE

BARON (MICHEL) | Poëte. | Né en 1653. | Mort en 1729

On trouve dans le Parnasse François de du *Tiller* un article étendu sur ce Comédien. Il étoit vain & avoit une si grande opinion de lui-même & de son mérite, qu'il pensa refuser la pension que le Roi lui avoit accordée , parce que l'Ordonnance portoit : payez au nommé *Michel Boyron dit Baron &c* Il quitta le Théâtre deux fois. C'est le plus grand Acteur qu'il y ait jamais eu. Sa rentrée acheva de rétablir le NATUREL au Théâtre , Ouvrage qui avoit déja été commencé par Mlle *le Couvreur* : avant eux , la déclamation étoit devenue une espéce de chant ; ce mauvais goût avoit été introduit par Mlle de *Champmeslé* , & augmenté par Mlle *Duclos*. *Beaubourg* qui avoit été longtems en possession des premiers Rôles, avoit pris aussi ce genre de *déclamation forcée* , qu'il corrigeoit cependant par beaucoup d'ame.

BELEAU (REMY) | Poëte. | Né en 1528 | Mort en 1577

Il étoit de Nogent-le-Rotrou , Ville du Perche. Il suivit dans sa jeunesse *René de Lorraine* , Général des Galeres à l'Expédition de Naples en 1557. Le Prince content de sa conduite & de ses talens se l'attacha , & lui confia quelque tems après l'éducation de son fils. *Beleau* se livra à la Poësie , où il fit des progrès. Indépendamment de sa Comédie de la RECONNUE , il a fait plusieurs autres Ouvrages qui furent estimés dans ce tems-là. Il est enterré dans l'Eglise des Grands Augustins à Paris ; il étoit de la Pleyade Françoise, avoit beaucoup de réputation, & il étoit aussi brave que spirituel.

BENSERADE (ISAAC DE | Gentilhomme | Né en 1612 | Mort en 1691

Il étoit parent du Cardinal de Richelieu par sa mere, & natif de Lions en Normandie. Il fut d'abord destiné à l'Etat Ecclésiastique : mais son amour pour la belle *Corse* Comédienne , lui fit quitter la Sorbonne où

Les Auteurs.	Qualité.	Naissance.	Mort.

il étudioit. Il fit pour lui plaire CLEOPATRE à l'âge de 18 aus. Son efprit & fes bons mots le firent connoître à la Cour , il perdit la protection de la Duchefle d'Aiguillon à caufe d'une Epigramme dans laquelle il paroiffoit qu'il ne regrettoit le Cardinal de Richelieu qu'à caufe de la penfion qu'il perdoit a fa mort. Il fut dedommagé de cette difgrace par les bienfaits de Louis XIV. & du Cardinal de Mazarin. Il fit beaucoup de vers pour les Ballets du Roi , dans lefquels il caractérifoit les perfonnages & ceux qui les repréfentoient. C'étoit principalement pour ces petits Ouvrages qu'il avoit des talens. Il y a quatre vers de lui qu'on va citer parce qu'on doute qu'ils fe trouvent ailleurs ;

> Adieu grandeur , fortune , adieu vous & les vôtres ,
>
> Je ne veux point ici vos faveurs mandier ,
>
> Adieu vous-même , Amour, bien plus que tous les autres
>
>   Difficile à congédier.

BEUIL HONORAT	MQ. DE RACAN	Né en 1589.	Mort en 1670

Tourangeau de la Roche-Guyon , fut Page de la Chambre en 1605. Il fut ami de *Malherbe ;* il fe trouva au Siége de la Rochelle. Il fe maria en 1625 , & fut reçu à l'Académie Françoife en 1634. dans la même année de ce glorieux Etabliffement. Il s'acquit une grande réputation par fes Poëfies eftimées dans leur tems.

BERNARD (CATHERINE	Poéte.	Née en . . .	Morte en 1712

Etoit une femme aimable & fpirituelle ; elle étoit de la Religion Réformée. Elle abjura en 1685. Outre fes Piéces de Théâtre , elle a fait ELEONOR D'YVRE'E & le COMTE D'AMBOISE , jolis Romans. Elle eut une Penfion du Roi de 600 liv. qu'elle a confervée jufqu'à fa mort. Elle étoit fort liée avec M. de *Fontenelle* , qui , à ce qu'on prétend , a eu part à fes Tragédies. Elle étoit de l'Académie de Ricovrati.

BEROALDE, VERVILLE	(Sieur DE)	Né en 1558.	Mort en . . .

Il étoit Poëte , inftruit de la Philofophie naturelle & Mathématicien. Son pere étoit Hiftorien Latin. On ignore le tems de fa mort.

BEYS (CHARLES)	Poëte.	Né en . . . à	Mort en 1659

Il s'appliqua à la Poëfie dès l'âge de 15 ans. En 1634. il fe fit connoitre par deux Tragédies, & depuis par trois autres. En 1646. il reçut ordre de Louis XIII. pour faire un Poëme Epique fur toutes les Médailles que *Valdo* Liégeois, avoit gravées fur les Campagnes de

Les Auteurs.	Qualité.	Naissance.	Mort.

Louis XIII. ce qu'il exécuta. Il fut soupçonné quelques années après d'avoir écrit contre le Gouvernement. Le Cardinal de Richelieu le fit mettre à la Bastille, mais son innocence ayant été reconnuë, il fut remis en liberté. Il étoit fort adonné au vin.

| BILLARD (CLAUDE) | Sr. de Courg. | Né en . . . | Mort en . . . |

Il avoit été Page de la Duchesse de Retz. Il avoit une trop haute opinion de son esprit. Il devoit donner un Poëme héroïque de treize mille vers intitulé L'EGLISE TRIOMPHANTE. Il n'a pas été imprimé. On n'a aucun éclaircissement sur le tems où il est mort.

| BOISROBERT (FRANÇ.) | Cons. d'Etat. | Né en 1592. | Mort en 1662 |

Il étoit le fils d'un Procureur de la Cour des Aydes de Rouen ; le charme de sa conversation & le talent qu'il avoit de railler agréablement plûrent au Cardinal de Richelieu qui se connoissoit en mérite, & lui attirerent non seulement beaucoup de bienfaits, mais encore l'Abbaye de Chatillon, plusieurs Bénéfices, des Titres distingués & des Lettres de Noblesse. Par reconnoissance l'Abbé de *Boisrobert* fit son étude de délasser son Bienfaiteur de ses grandes occupations & il y réussissoit en lui rendant compte de toutes les folies que l'on faisoit journellement à Paris. Quand le Médecin du Cardinal jugeoit que Son Eminence n'étoit pas dans son état naturel, il lui conseilloit de prendre quelques *prises de Boisrobert*. Il fut disgracié pendant quelque tems à cause de sa mauvaise conduite & de certains propos hardis ; mais il rentra en grace au bout de quelques mois.

| BORDELON. | Prêtre, Doct. | Né en 1653. | Mort en 1730 |

Il avoit été Précepteur de M. le Président de *Lubert*, étoit extraordinairement laborieux & avoit prodigieusement lû. Quelques années avant sa mort il se repentit de toutes les frivolités qu'il avoit écrites, & il a fait tout ce qui a dépendu de lui pour en effacer les traces ; c'est ce qui est cause qu'on a si peu d'Ouvrages de cet Auteur. Il étoit Docteur en l'Université. Il n'a écrit qu'en Prose : les Ouvrages sont dans le stile comique & même bas.

| BOSQUIER (PHIL. DU) | Minime | Né en . . . | Mort en . . . |

Il étoit sçavant Théologien, & surtout bon Scolastique. Il professa la Théologie à Ath. Il vivoit en 1610. Il est Auteur d'une Tragédie intitulée LE PETIT ROSAIRE DES ORNEMENS MONDAINS. 1588.

| BOUNIN (GABRIEL) | Avocat. | Né en . . . | Mort en 1590 |

Il étoit Bailli & Maître des Requêtes du Duc d'Alençon. Indépen-

Les Auteurs.	*Qualité.*	*Naissance.*	*Mort.*

damment de la SOLTANE dont il est l'Auteur, il publia en 1586. son ALECTRIOMACHIE. Il y a des Auteurs qui croyent qu'il vivoit encore au commencement du dix-septiéme siécle.

BOURSAULT (EDME) | Poëte. | Né en 1638. | Mort en 1701

Il étoit de Mussy-l'Evêque en Bourgogne. Il eut une éducation si négligée qu'il ne sçavoit ni le Latin, ni parler sa langue naturelle quand il vint à Paris en 1651. mais quelques mois après ayant honte de son ignorance, il étudia avec tant de chaleur & d'activité qu'en deux ans il parvint à posséder le François dans toute sa pureté. Il fit une Gazette burlesque qui le fit mettre à la Bastille. Son Livre intitulé L'ECOLE DES SOUVERAINS plut tant au Roi que ce Monarque le nomma Sous-Précepteur de M. le Dauphin, mais le peu qu'il sçavoit, empêcha qu'il ne remplît cette place. *Despreaux* ne l'épargna pas, mais il s'en repentit & se réconcilia avec lui,

BOUSCAL (GUERIN.) | Avocat. | Né en ... à | Mort en 1637

Il étoit Languedocien & le fils d'un Notaire. *Coras* Auteur du JONAS, avoit été son Clerc, & se fit Comedien à l'instigation & à l'exemple de *Bouscal* son Patron, dit une Brochure intitulée LETTRE D'UN GENTILHOMME à l'Auteur du JONAS. C'est tout ce que l'on a pû recueillir sur cet Auteur, qui n'est connu que par ses Ouvrages Dramaiques.

BOYER (CLAUDE) | Abbé. | Né en 1618 | Mort en 1698

Il étoit d'Alby en Languedoc. Son penchant pour le Théâtre étoit si outré qu'il luta pendant 50. ans entiers contre le Public qui ne lui fut favorable qu'à la premiere & à la derniere de ses Piéces. Une juste crainte de voir tomber sa Tragédie d'AGAMEMNON dont il avoit bonne opinion, le porta à la faire représenter sous le nom d'*Assezan*, elle réussit. Ne pouvant contenir alors sa joye, il s'écria en plein Parterre, *elle est pourtant de Boyer: Beauchamps* dit que ce mot lui coûta cher, & qu'elle fut sifflée deux jours après. *L'Abbé Boyer* fut reçu à l'Académie Françoise en 1618.

BRECOURT (GUILL.) | Comédien. | Né en ... à | Mort en 1685

Il commença de fort bonne heure à jouer la Comédie & excelloit dans les deux genres. Il joua d'Original le Rôle d'*Alain* dans l'E-COLE DES FEMMES en 1662. Il se brouilla quelque tems après avec *Moliere*, & passa à l'Hôtel de Bourgogne. Il se rompit une veine en représentant à la Cour le principal rôle de la Comédie de TIMON. On le nommoit aussi *Marcoureau*.

Les Auteurs.	Qualité.	Naissance.	Mort.
BRIE.	Poëte	Né en . . . à	Mort en 1715

Est fort peu connu, quoiqu'il ait fait deux Piéces, qu'il ait traduit quelques Odes d'Horace, & que *Rousseau* ait fait quatre Epigrammes contre lui.

BRUEYS (David.)	Abbé.	Né en 1640.	Mort en 1723

Il étoit l'intime ami de *Palaprat* avec lequel il a toujours vécu & avec lequel il sympatisoit en tout. Il descendoit de Pierre *Brueys* annobli par Louis XI. Il étoit de la Religion Réformée, & il fut converti par le célébre *Bossuet*, Evêque de Meaux. Après son abjuration, il pria ce fameux Prélat de ne rien demander pour lui au Roi, afin qu'on ne pût pas imaginer que l'intérêt eût eu part à sa conversion. Il a fait quelques Ouvrages de Théologie, & entre autres un Traité sur la Messe.

C

CALPRENEDE (de la)	Of. aux Gard.	Né en . . .	Mort en 1663

Il fit ses études à Toulouse, étoit de Toulon. Il vint à Paris en 1632. & fut Cadet & Officier aux Gardes peu de tems après : quand il alloit faire son service à la Cour, il amusoit les filles de la Reine, par des historiettes qu'il contoit agréablement. Le bien qu'elles dirent de ce jeune homme, inspira à cette Princesse la curiosité de le voir. Il saisit cette heureuse occasion pour lui présenter sa premiere Tragédie. Depuis ce tems, il fut toujours protégé par la Reine. Sa BRADAMANTE fut attribuée au Duc de *St. Aignan*. Ses Romans fort supérieurs à ses Piéces de Théâtre lui ont acquis une grande réputation.

CAMPISTRON	M. de Senac.	Né en 1656.	Mort en 1723

Il arriva à Paris fort jeune, & passa plusieurs années chez *Raisin* le Comédien avec lequel il avoit fait connoissance. Ses Piéces de Théâtre lui acquirent de la réputation. Le Duc de Vendôme se l'attacha, & fit sa fortune. Après la mort de ce Prince, *Campistron* se retira à Toulouse où il épousa Mademoiselle de *Maniban*. Il mourut suffoqué de colère, parce que deux Porteurs de chaise ne voulurent pas le porter à cause de sa grosseur. Les Capitouls de Toulouse firent placer son Portrait, après sa mort, dans la Gallerie de l'Hôtel-de-Ville. Il étoit Chevalier de S. Jacques, & Sécrétaire Général des Galères.

Les Auteurs.	Qualité.	Naissance.	Mort.

CERCEAU (J. DU) | Jésuite. | Né en 1670. | Mort en 1730

Très-distingué dans la République des Lettres par les ouvrages qu'il a publiés. Il fut Préfet de M. le Prince de *Conty*, & mourut subitement dans un voyage ou il avoit accompagné ce Prince.

CHAPELLE (DE LA) | Poëte. | Né en 1655. | Mort en 1723

De l'Académie Françoise, Auteur de plusieurs ouvrages de Belles-Lettres & de Politique. Il exerça, étant jeune, la Charge de Receveur Général des Finances, & a mourut Sécretaire des commandemens de S. A. S. Monseigneur le Prince de *Conty*.

CHAPPUSEAU | Poëte. | Né en.... | Mort en 1701.

Il étoit de la Religion Réformée & fort pauvre. Il chercha fortune dans différentes Cours d'Allemagne où il exerçoit la Médecine. Sa Comédie des EAUX DE PIRMONT lui valut la protection de la Duchesse de *Brunsvicks-Hanover*. Il acquit quelques biens dans les suites; mais il ne sçut pas les conserver, & mourut dans la misére.

CHARPENTIER | de l'Ac. Fr. | Né en 1620. | Mort en 1702

L'Abbé *Dolivet* dans son Histoire de l'Académie, Tome I. parle de cet Auteur qui a traduit du Grec en François trois Comédies d'ARISTOPHANE, & qui a fait une Tragicomédie qui a pour Titre LA RESOLUTION PERNICIEUSE. Elle est en manuscrit chez M. de *E*. Il est mort Doyen de l'Académie Françoise.

CHEVREAU, | Poëte. | Né en 1613. | Mort en 1701

Il étoit fils d'un Avocat. Il cultiva avec ardeur les Belles-Lettres dans sa jeunesse, & y fit de grands progrès: la Reine Christine le fit Sécretaire de ses commandemens. Le Roi de Dannemarc & plusieurs Princes d'Allemagne l'ont arrêté dans leur Cour, & en faisoient grand cas. L'envie lui fit perdre les bonnes graces de sa maîtresse qu'il fut obligé de quitter. A son retour à Paris, il fut choisi pour être Précepteur de feu M. le Duc du *Maine*, & il a été Sécretaire de ses commandemens. Il avoit assemblé une grande quantité de livres qu'on estimoit vingt mille ecus; mais ils ne furent vendus après sa mort que 12. mille francs. On le croit Auteur d'une histoire universelle.

CHRETIEN. | Bib. du Roi. | Né en 1540 | Mort en 1596

Il étoit fils de *Guillaume Chrétien*, Médecin du Roi François I.; il devint si sçavant qu'on lui confia l'éducation du Roi Henri IV. qui a été le modele des grands Rois, il fut fait prisonnier par les Ligueurs, lorsqu'ils emportérent la Ville de Vendôme où il s'étoit retiré. Il étoit

Les Auteurs.	Qualité.	Naissance.	Mort.

Poëte satyrique , plus par gaveté que par inclination : son zèle pour la Religion Protestante occasionna seul la querelle qu'il eut avec Ronsart ; il abjura quelques années avant sa mort & il mourut de la fièvre à l'âge de 56 ans.

CLAVERET (JEAN)	Avocat.	Né en...	Mort en...

Il étoit d'Orleans. Il osa se mettre en parallele avec le célébre *Corneille*; dont il avoit le bonheur d'être ami. Après s'être brouillé avec ce grand homme , il porta l'indécence jusqu'à en venir aux injures , & à vouloir le noircir. *Mairet*, dans l'idée de plaire au Cardinal de *Richelieu*, seconda *Claveret* : mais la partie étoit trop inégale : *Corneille* triompha , & il ne resta à *Claveret* que le regret d'avoir perdu une amitié si précieuse.

CLERC (NIC. LE)	Avocat.	Né en 1662.	Mort en 1691

Il étoit d'Alby en Languedoc. Il arriva à Paris à 13 ans , pour faire représenter sa VIRGINIE ROMAINE : malgré sa reüssite , il fut 35 ans sans faire de Tragédies. Au bout de ce tems-là , il donna IPHIGENIE. il étoit l'intime ami de *Corás*, & il se brouilla avec lui , sur ce que celui-cy prétendoit , avant la Représentation de la Tragédie , en partager les émolumens, s'en disant aussi l'Auteur. Pendant ces débats, la Piéce fut jouée, elle tomba. Alors aucun de ces Poëtes ne voulut la reconnoître. C'est ce qui a donné lieu à l'Epigramme de *Rousseau*, imprimée dans ses œuvres. *Leclerc* étoit de l'Académie Françoise , il mourut âgé de soixante & dix ans.

COLLETET (GUIL.)	Avocat.	Né en 1596.	Mort en 1659

Il étoit de l'Académie Françoise , & y fut reçu en 1634. Le Cardinal de *Richelieu* l'aimoit , & il fut du nombre des cinq *Auteurs* ; il avoit un penchant invincible à l'amour & à la Poësie ; il en donna des preuves , en épousant en troisiéme nôces *Catherine le Hain* sa servante , parce qu'elle sçavoit faire des Vers : en voici quatre qui sont la fin d'une Piéce qu'il fit lorsqu'elle mourut :

> Comme je vous aimai d'un amour sans seconde ,
>
> Comme je vous louai d'un langage assez doux :
>
> Pour ne plus rien aimer , ni louer dans le monde ,
>
> J'ensevelis mon cœur & ma plume avec vous.

CORNEILLE (PIERRE)	D. l'Ac. Fr.	Né en 1606	Mort en 1684

Son nom fait son éloge C'est le plus grand Tragique que l'univers lettré ait eu , & qu'il aura peut-être jamais. Est-il des expressions capables de donner une idée du mérite d'un si grand homme ? Il mourut à l'âge de 79 ans. *Voyez* sa vie par le célébre *Fontenelle* son neveu.

Les Auteurs.	Qualité.	Naissance	Mort.
CORNEILLE (Thomas)	Sr de Lisle.	Né en 1625	Mort en 1709

Eut été un des plus célébres Poëtes Dramatiques, si le fameux *Corneille* n'avoit pas vêcu. Il avoit la plus grande admiration pour son frere, & il étoit toujours le premier à lui rendre la justice qui lui étoit duë. Il a fait un très-grand nombre d'ouvrages, dont la plûpart sont fort estimés. Il mourut à l'âge de 84 ans.

CROSILLES (J. Bapt.)	Ab. S. Ouen.	Né en ...	Mort en 1651

Il étoit Membre d'une Académie qui se tenoit chez *Michel Marolles* en 1619, où l'on examinoit les mots de la Langue & les ouvrages modernes. Il eut différens protecteurs, entr'autres le Comte de Soissons, qui l'abandonna lorsqu'il fut accusé de s'être marié quoiqu'il fût Prêtre: il fut en prison dix ans pour ce crime dont il fut lavé en 1651, par un Arrêt du Parlement les Chambres assemblées. Il mourut six mois après dans une extrême pauvreté.

CYRANO (Savinien)	Gentilhome.	Né en 1620.	Mort en ...

Il étoit de Bergerac. Il vint fort jeune à Paris. Il étoit en Rhetorique quand il fit son PEDANT joué, dont *Moliere* a tiré parti. Son AGRIPPINE est pleine d'impiété. Il étoit brave, & se fit distinguer dans les Gardes au siége de Mousson, où il fut blessé. Il ordonna un jour du milieu du Parterre à *Montfleury*, dont il étoit mécontent, de quitter la Scene, & le Comédien obéit. Cyrano ne buvoit jamais de vin; il est Auteur du *Voyage dans la Lune*, & de quelque ouvrages du même genre.

D

DACIER (A. le Fevre)	fem. Dacier.	Né en 1651.	Mort en 1720

Tous les Auteurs qui ont écrit sur le Théâtre en ont parlé à cause des traductions qu'elle a fait d'un grand nombre de Piéces de Théâtre. Elle est célébre par son érudition & par sa querelle avec M. *de la Motte* sur les Anciens : elle étoit aussi modeste que sçavante. Un Gentilhomme Allemand étant venu un jour la voir, il la pria avant de la quitter d'avoir la complaisance de mettre son nom avec une Sentence, dans un Regître où il inscrivoit dans ses voyages les plus Grands Hommes de l'Europe. Après s'en être assez longtems défenduë, Madame *Dacier* écrivit enfin son nom, mais avec un vers de *Sophocle* qui dit que *le silence est l'ornement des femmes*.

DALIBRAY (Vion Sr)	Ecuyer.	Né en ...	Mort en 1656

Il étoit le fils d'un Auditeur des Comptes, & frere de l'illustre Madame de Sainctot, qui eut tant de part aux Lettres de Voiture. Il

Les Auteurs.	Qualité.	Naiſſance.	Mort.

n'avoit point d'autre emploi que la Poëſie. Il y a du naturel & de la force dans ſes ouvrages. Il aimoit la table & le plaiſir, & il ne s'occupoit que du préſent.

DESMARETS (JEAN)	de l'Ac. Fr.	Né en 1596.	Mort en 1676

Il étoit Seigneur de S. Sorlain, Contrôleur Général de l'Extraordinaire des Guerres, & Sécretaire général de la Marine. Il étoit fort bien avec le Cardinal de Richelieu, & devenoit ſon confident lorſqu'il s'agiſſoit de ſes Piéces de Théâtre, auxquelles ce grand homme avoit quelquefois part. Il avoit infiniment d'eſprit, mais il étoit ſuſceptible de beaucoup de chimére. Il prit la dévotion d'une façon myſtique, & ne compoſa plus de Livres que dans ce genre. *Deſpreaux* s'en moqua dans ſes ſatyres. *Deſmarets* eſt l'Auteur d'un Sonnet qui ſert d'inſcription à la ſtatuë équeſtre de *LOUIS XIII.* qui eſt à la Place Royale. Il a fait auſſi pluſieurs Romans, entr'autres l'ARIANE, & LA VERITÉ DES FABLES, qui eſt un Roman de tous les Dieux, & Déeſſes du Paganiſme, dont les avàntures ſont réduites au vrai-ſemblable. Il mourut à l'âge de quatre-vingts ans.

DUCHE' (J. FRANÇ.)	Écuyer.	Né en 1668.	Mort en 1704

Sieur de Vancy. Il avoit infiniment de mérite, ſon pere étoit Gentilhomme ordinaire du Roi, & Sécretaire général des Galéres, il eſt l'Auteur de l'Opéra d'IPHIGENIE.

DUFRENY (RIVIERE)	Of. ch. le Roi	Né en 1648	Mort en 1724

Il étoit de Paris, Contrôleur des Jardins du Roi, Valet de Chambre de S. M. & il avoit l'honneur d'en être aimé. Il régne dans toutes ſes Piéces beaucoup d'eſprit, & il écrivoit avec chaleur. Ses héritiers après ſa mort ont eu la barbarie de bruler trois Comédies qu'ils trouvérent dans ſes papiers, ſçavoir ; LES VAPEURS, en un Acte, LA SUPERSTITIEUSE, en cinq Actes, qui a encore pour titre : LA MALADE SANS MALADIE, & l'EPREUVE en trois Actes, mais il s'eſt trouvé une copie de la Malade ſans Maladie, & on dit qu'elle eſt dans le Cabinet de M. *le Comte de Caylus.* Voici le Placet que *Dufreny* préſenta à M. *le Duc d'Orléans* alors Régent.

MONSEIGNEUR,

Dufreny ſupplie V. A. R. de le laiſſer dans ſa pauvreté, afin qu'il reſte un monument de l'état où étoit la France avant votre Régence.

M. *le Duc d'Orléans* mit au bas de ce Placet : *Je vous refuſe abſolument.* *Dufreny* mourut âgé de 76 ans.

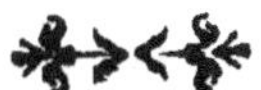

Les Auteurs.	Qualité.	Naissance.	Mort.

E

ESTOILE (CL. DE L') | Sr de Sauſſay | Né en 1602 | Mort en 1652

Il étoit de fort bonne famille , & ne voulut s'occuper que de Belles-Lettres & d'amour. Il étoit un des *cinq Auteurs* choiſis par le Cardinal de *Richelieu*. Il avoit une probité dure , & ne flatoit perſonne : il étoit pauvre , & n'en murmuroit pas : il ſe maria par inclination à une femme qui n'étoit pas plus riche que lui , & qui l'obligea de ſe retirer avec elle à la campagne , où il finit ſes jours agé de cinquante ans.

EVREMONT (DE ST) | Gentilhome. | Né en 1613. | Mort en 1703

Il étoit de S. Denis le Quats en Normandie , Terre dont il portoit le nom. Il étoit rempli d'eſprit & de valeur , & attaché à M. *Fouquet* qui lui fit beaucoup de bien. Ses liaiſons avec M. de *Candale* le firent mettre à la Baſtille. Sa Lettre à M. de *Crequi* , ſur la paix des Pyrenées , le fit exiler hors du Royaume. Il ſe fixa en Angleterre , où il fut protégé & très-conſidéré : il y finit ſa vie , âgé de 90 ans.

F

FEAU (CHARLES) | de l'Oratoire | Né en 1650 | Mort en . . .

C'étoit un bel eſprit , qui avoit infiniment de goût pour les Sciences , & un génie particulier pour la Poëſie Provençale. Il avoit un fond inépuiſable de plaiſanterie pour le comique. Ses Comédies ont été jouées dans le Collége de l'Oratoire & dans les Baſtides , avec tant d'applaudiſſemens , que l'Archevêque d'Aix venoit régulierement tous les ans à Marſeille , pour avoir le plaiſir de les entendre. On ignore le tems de ſa mort.

FERRIER (LOUIS) | Gentilhome. | Né en 1650. | Mort en 1721

Son nom de famille eſt de *la Martiniere*. Il étoit d'Arles en Provence ; il eſt l'Auteur & le Traducteur de pluſieurs ouvrages eſtimés. Il étoit de l'Académie des Belles-Lettres d'Arles , & Gouverneur de *Charles d'Orléans* , fils naturel du Duc de *Longueville* , qui fut tué pendant le Siége de Philisbourg en 1568. Il a fait la Tragédie de MONTEZUMA , qui commence par ces deux Vers.

Montezuma paroît couvert de diamans ſur un trône brillant , ayant à ſes pieds douze Caciques ſuperbement vêtus , auxquels il dit :

Eſclaves , levez-vous , votre Maître aujourd'hui
Vous permet de lever vos regards juſqu'à lui.

Les Auteurs.	Qualité.	Naissance.	Mort.

On rapporte encore ces deux Vers de la maniere suivante.

> Levez-vous, votre Roi vous permet aujourd'hui
> D'ofer l'envifager & de parler à lui.

Ferrier mourut âgé de foixante-neuf ans.

FLACE' (RENE')	Curé.	Né en 1530.	Mort en . . .

Il étoit Curé de la Couture, Poëte Latin & François, Théologien, Orateur, Hiftorien, Philofophe, Muficien. Il étoit fort honnête-homme, avoit des mœurs pures, & beaucoup de piété. Il enfeignoit chez lui les Belles-Lettres, l'Ecriture & la Mufique. Il vivoit encore en 1584.

FONT (DE LA)	Poëte.	Né en 1686.	Mort en 1725

Il étoit de Paris ; il avoit de l'efprit & des mœurs ; il mourut à l'âge de 39 ans. On trouve fon éloge dans le Mercure de Mars de l'année 1725.

FONTAINE (J. DE LA)	Poëte.	Né en 1521.	Mort en 1695

Il étoit de Château-Thiery en Champagne; il mourut à l'âge de 74 ans. Tout le monde fçait que fon ingénuité étoit égale à fes talens. On ne s'étendra pas davantage fur un Auteur auffi connu, & dont on trouve l'hiftoire écrite en tant d'endroits. *Voyez* la vie de M. *de la Fontaine*, par M. l'Abbé *Dolivet*; c'eft la mieux écrite & la plus fatisfaifante.

FOSSE (ANT. DE LA)	Sr Daubigny.	Né en 1653.	Mort en 1708

Il étoit neveu du célébre *la Foffe*, Peintre, & fils d'un Orfèvre du Pont-au-Change. Il avoit été Sécrétaire de M. *Foucher*, Envoyé du Roi à Florence. Il fut reçu à l'Académie des *Apatiftes* de cette Ville, pour une Ode Italienne, où il avoit réfolu la queftion, fçavoir : *quels yeux font les plus beaux des bleus ou des noirs ?* Il la décida en faveur des bleus. Il fut Sécrétaire du Marquis de *Crequi* & du Duc *d'Aumont*. Il étoit grand partifan des Anciens ; il étoit diftrait & fort rêveur. Il mourut âgé de 55 ans.

G

GARNIER (ROBERT)	Confeiller.	Né en 1534.	Mort en 1590

Il étoit de la Ferté-Bernard, Lieutenant Criminel dans la Ville du Mans, & Confeiller au Grand-Confeil. Il étoit fort bon Orateur. Il harangua les Rois *Charles IX.* & *Henri II.* ils voulurent l'avoir à leur fervice, *Garnier* s'en excufa. Il penfa être empoifonné par fes do-

Les Auteurs.	Qualité.	Naissance.	Mort.

mestiques en venant à Paris & il est mort âgé de 56 ans, a été enterré aux Cordeliers près de sa femme.

| GELAIS (DE SAINT) | Ab. de Reclus | Né en 1491 | Mort en 1558 |

Il étoit d'Angoulême, fils naturel d'*Octavien Melin de S. Gelais*, Evêque d'Angoulême, Aumônier du Roi *Henri II.* son Bibliothécaire & Abbé de Reclus. Il possédoit les Mathématiques, le Latin, le Grec, & la Musique. On lui attribue l'invention du Sonnet François, il étoit fort railleur, & ce défaut lui fit beaucoup d'ennemis. Il mourut âgé de 77 ans, il a été enterré dans l'Eglise de S. Thomas du Louvre.

| GENEST (CHARLES) | Ab. Wilmer. | Né en 1637. | Mort en 1719· |

Il étoit de Paris, de l'Académie Françoise, Aumônier de Madame *la Duchesse d'Orléans*, & Sécrétaire général de la Province de Languedoc. Il avoit beaucoup d'esprit & d'érudition, il a célébré dignement les Conquêtes du feu Roi. Il est mort à l'âge de 82 ans, & a été enterré à S. Roch.

| GILBERT (GAB.) | Résident. | Né en ... | Mort en 1675 |

Il étoit de la Religion réformée; dans sa jeunesse il occupa l'emploi de Sécrétaire auprès de Madame la Duchesse *de Rohan*. Dans les suites il devint Sécrétaire des commandemens de la Reine *Cristine de Suéde* & son Résident à Paris; il a beaucoup travaillé, & n'est pas mort riche.

| GODARD (JEAN) | Lieut. Gen. | Né en 1564 | Mort en ... |

Il étoit de Paris, & Lieutenant Général au Bailliage de Ribemont. Il étoit fort à la mode dans son tems; il n'étoit pas riche. On ignore l'année de sa mort.

| GOMBAULT (JEAN) | Gentilhome. | Né en ... | Mort en 1669 |

Il se nommoit encore *Ogier*, étoit de S. Just en Saintonge, & son mérite pour les Belles-Lettres le fit recevoir à l'Académie Françoise, il a été fort loué par les beaux Esprits de ce tems-là, quoique selon *Despreaux*, qui s'y connoissoit si bien, les ouvrages de *Gombault* fussent fort médiocres. On en voit la preuve par ce vers :

> Et Gombault tant vanté garde encor les boutiques.

Il fut trés-protégé par la Reine *Marie de Medicis*, il en obtint une pension de douze cens écus, qui fut dans les suites réduite aux deux tiers. Sans le Chancelier *Seguier* qui lui en donna une sur le *Sceau*, il auroit subsisté difficilement, étant d'une grande dépense. Il mourut âgé de 99 ans.

Les Auteurs.	Qualité.	Naissance.	Mort.

GRAND (M. Ant. le) | Comédien. | Né en 1672. | Mort en 1728

Il étoit le fils d'un Maître Chirurgien, il entendoit bien le Théâtre & réussissoit dans le médiocre. Son genre étoit comique, mais un peu bas : il jouoit les Rôles des Rois & ceux de Paysans, réussissoit dans les derniers ; on avoit de la peine dans les premiers tems à s'accoutumer à sa figure. Un jour après avoir joué un grand Rôle tragique où il avoit été mal reçu, il harangua le Public à l'annonce, & finit par dire : *Messieurs, il vous est plus aisé de vous accoutumer à ma figure qu'à moi d'en changer.* Il mourut à l'âge de 56 ans.

GREVIN (Jacques) | Médecin. | Né en 1538. | Mort en 1570.

Il étoit de Clermont en Bauvoisis. L'amour qu'il prit à l'âge de 15 ans, pour la fille du Médecin *Etienne*, le rendit Poëte. Il étoit Protestant, & Médecin de Marguerite de France, Duchesse de Savoye. Il se brouilla avec *Ronsart*, à cause des traits que celui-ci lança contre les Huguenots ; pour s'en vanger, *Grevin* fit contre ce Poëte, avec *la Roche Chandieu* & *Florent Chretien*, une Satyre sanglante, intitulée le Temple. Son Portrait a été gravé en 1551 où il est représenté à l'âge de 21 ans. Il mourut deux ans après.

GUERSANS (C. J. de) | Avocat. | Né en 1543 | Mort en 1583

Auteur plus connu par son amour pour *Catherine des Roches*, que par ses ouvrages. Il étoit de Gisors en Normandie, Avocat au Parlement de Bretagne, & ensuite Sénéchal de Rennes. Il avoit une grande mémoire, mais il avoit l'esprit frivole & superficiel. Ses Vers ne plaisoient que par la chaleur avec laquelle il les débitoit. Il étoit caustique, & avoit peu de Religion. Il mourut à l'âge de quarante ans.

H

HARDY (Alex.) | Poëte du Roi | Né en . . . | Mort en 1630

Il étoit de Paris : il commença à publier ses ouvrages sous le régne de *Henri IV.* environ en 1594. On attribue, à ce laborieux Ecrivain, huit cens Piéces ; il avoue lui-même qu'il en a fait cinq cens, ce qui paroît incroyable : il n'en reste de ce grand nombre que quarante & une. Il étoit si pauvre, qu'il n'avoit pas le tems de mettre la derniere main à ses ouvrages : il étoit réduit, pour avoir de quoi vivre, de faire six Piéces par an pour les Comédiens. On peut cependant regarder ce Poëte, comme un des premiers Restaurateurs du Théâtre François. *In magnis tentasse sat est.*

Les Auteurs.	Qualité.	Naiffance.	Mort.

HAUTEROCHE (NOEL | Comédien. | Né en . . . | Mort en 1707

Il joua d'abord la Comédie dans la Troupe du Marais; dans la fuite, il paffa dans celle de l'Hôtel de Bourgogne, où il fut Orateur. A la réunion des deux Troupes il fut confervé : il étoit homme d'efprit, & entendoit fort bien le Théâtre. Il fe retira en 1682.

HOUILLIERES | Demoifelle. | Née en 1638. | Morte en 1694

Elle étoit fille de M. du *Ligier de la Garde*, & femme de *Guillaume de la Fon de Bois-Guerin*, Chevalier, Seigneur des *Houillieres*, Maréchal de bataille, & Lieutenant-de-Roi de la Ville & Citadelle de *Doulans*. Son nom de fille étoit *Antoinette*, elle eft célebre par fes Poëfies, & mere d'une fille qui avoit auffi quelques talens pour ce genre de Belles-Lettres, & dont les ouvrages font imprimés à la fuite de ceux de fa mere. Madame *des Houillieres* étoit belle & galante : le goût qu'elle avoit pour *Pradon*, fut caufe de fon déchaînement contre la PHEDRE de *Racine*. Elle eft l'Auteur du Sonnet : DANS UN FAUTEUIL DORE' . . . . qui fit tant de bruit, & que tout le monde connoît. Elle fçavoit plufieurs Langues ; elle jouiffoit d'une penfion du Roi de mille francs ; elle mourut d'un cancer, âgée de cinquante-fix ans.

I

JODELE (ETIENNE) | Gentilhome. | Né en 1532. | Mort en 1573

Premier Auteur de la Tragédie & de la Comédie en France. Le ROI *Henri II.* fe trouva à la premiere Repréfentation de CLEOPATRE CAPTIVE, qui eft la premiere de *Jodele*. Ce Monarque fut fi content, qu'il lui fit compter cinq cens écus de fon épargne, & le combla de graces. Le libertinage avança la fin de *Jodele*, qui mourut a l'âge de quarante & un ans, dans une extrême pauvreté.

L

LONGEPIERRE) DE) | Ecuyer. | Né en 1659. | Mort en 1721

Son nom de famille étoit *Derequeleine*, & ceux de Baptême, *Hilaire-Bernard* ; mais il étoit plus connu fous le nom de Baron de *Longepierre*. Il avoit parfaitement étudié, fçavoit bien le Grec & plufieurs autres Langues. M. le Régent, qui le connoiffoit en mérite, voulut l'avoir auprès de fa perfonne, & le nomma Sécrétaire de fes commandemens au mois de Janvier 1718. Avant ce tems-là, il étoit attaché à Madame la Duchelle de *Berry* en cette qualité, & il en étoit fort confidéré. Il a eu l'honneur de participer à l'éducation de M. le Duc d'*Orléans* qui

Les Auteurs.	Qualité.	Naissance	Mort.

vit aujourd'hui. Il avoit beaucoup d'érudition, & étoit grand admirateur de *Sophocle* & d'*Euripide* : il a fait quelques Piéces de Théâtre, par lesquelles il est aisé de juger qu'il regardoit les Grecs comme des modeles dans le genre Dramatique. Sa traduction des YDILES de *Théacrite* prouve combien il en possedoit les Auteurs.

| L O Y E R (PILE) | Sr de Brosse. | Né en 1540, | Mort en … |

Il étoit de la Province d'Anjou, & Conseiller au Présidial d'Angers; il étoit Poëte François & Latin, Philosophe, Historien, Jurisconsulte, & très-versé dans les Langues Orientales. Son caractére étoit singulier & vain : Il avoit la manie de vouloir trouver son nom dans *Homere*, comme si cet Auteur Grec avoit prédit & annoncé sa naissance.

M

| M A G N O N (JEAN) | Avocat. | Né en … | Mort en 1661 |

Il étoit du Maconois. Dans sa jeunesse, il fut Avocat au Présidial de Lyon : il avoit de l'esprit, & beaucoup d'imagination; mais il s'en prévaloit trop. Sa facilité pour le travail lui donnoit un orgueil insupportable. Il avoit commencé une *Encyclopédie* qui devoit contenir plus de deux cens mille Vers. Il étoit menteur, & aussi libre dans ses discours que dans ses ouvrages. Il fut assassiné sur le Pont-Neuf, en sortant de souper d'une maison où il alloit souvent.

| M A I R E T (JEAN) | Noble. | Né en 1610 | Mort en 1686 |

Il commença à écrire à 16 ans; & à l'âge de 26, il étoit le plus ancien Dramatique de son tems. Il étoit attaché à M. l'Amiral de *Montmorency*, qui le distinguoit, à cause des preuves de valeur qu'il avoit données dans deux combats différens, sur terre & sur mer. Il en fut récompensé par des Lettres de Noblesse qui lui furent accordées en 1668, & par une pension de quinze cens francs, avec bouche à la Cour. Sa SOPHONISBE a été mise en paralelle avec celle de *Pierre Corneille*. Sa querelle avec ce grand homme, au sujet de la Tragédie du CID contre laquelle il se déchaîna, fera toujours un grand tort à sa mémoire.

| MALESIEUX (N. DE) | Ecuyer. | Né en 1650 | Mort en 1727 |

Il étoit de l'Académie Françoise. C'étoit un Gentilhomme rempli de talens, de mérite & de probité, qui avoit infiniment d'esprit, & qu'on regrette encore tous les jours. Il étoit Chancelier de la Principauté de Dombes, & fut toute sa vie attaché à la Maison du Maine qui en faisoit un grand cas. Il contribuoit aux Fêtes qu'on donnoit à Sceaux par son talent pour la Poësie, & pour la déclamation. Il avoit une telle connoissance du Grec, que souvent en lisant une Piéce de *Sophocle* &

Les Auteurs.	Qualité.	Naissance.	Mort.

d'*Euripide*, il la traduisoit sur le champ, & mieux que n'auroit pû faire le plus excellent Traducteur.

MAROLLES (DE)	Abbé.	Né en 1600.	Mort en 1681

Il étoit de Marolles en Tourraine, & Abbé de Villelouin. C'est un des plus laborieux Ecrivains du siécle où il a vécu. Indépendemment des Ouvrages qu'on connoît de lui, il a composé plusieurs petites Comédies en Vers & en Prose, qu'il n'a pas voulu faire imprimer. Il est mort âge de quatre vingt-un an.

MATHIEU (PIERRE)	Avocat.	Né en 1563.	Mort en 1721

Sa naissance étoit obscure. Il composa la Tragédie de CLITEMNESTRE, sa premiere Piéce, pendant qu'il régentoit à Verseil en Piémont, où il étoit Principal du Collége de cette Ville. Il alla de-là à Lyon, où il se fit Avocat; ensuite il vint à Paris, où il travailla à l'Histoire de France, & il obtint la place d'Historiographe du Roi, vacante par la mort de *du Haillan*, avec une Pension. Après la mort d'Henri IV. il fit sa Cour à Louis XIII. qui lui fit du bien. Il suivit le Roi au Siége de Montauban, où il fut atteint de la maladie qui régnoit alors dans le Camp : il se fit transporter à Toulouse, où il mourut âgé de cinquante-huit ans.

MESNARDIERE (DE LA)	Lect. du Roi	Né en ...	Mort en 1663

Il étoit de Loudun. Il fut d'abord Médecin ordinaire de *Gaston*, Duc d'Orléans; mais las de son état, il acheta la charge de Maître d'Hôtel du Roi, & de Lecteur de sa chambre. Sa dissertation sur les possessions des Religieuses de Loudun, plut au Cardinal de *Richelieu* qui lui fit du bien. Il fut reçu à l'Académie Françoise quelques années après. Outre ses Piéces de Théâtre, il est Auteur d'une Poëtique, & de quelques autres ouvrages assez médiocres.

MOLIERE (POQ.)	V. ch. du Roi	Né en 1620.	Mort en 1673

Trop célèbre pour en parler ici; il y a plusieurs vies de ce grand homme dans lesquelles on trouve tout ce qui le concerne personnellement. La mieux écrite est celle qui a été composée par M. *de Voltaire*; mais comme elle a été faite à la hâte, il s'y trouve des erreurs sur les dates des Représentations des Piéces de cet admirable Ecrivain.

MONIN (JEAN)	Poëte.	Né en 1559	Mort. en 1586

Il sçavoit le Grec, l'Hébreu, le Latin, l'Italien, la Théologie, la Philosophie & les Mathématiques. C'étoit un génie universel, mais il étoit présomptueux, dur & caustique. Il mettoit une affectation ridicule dans ses expressions, & il avoit la manie dans ses ouvrages de créer de nouveaux mots; on en a surtout la preuve dans la Tragédie de LA PESTE DE LA PESTE. Il fut assassiné à l'âge de 27 ans. On trouve son

Les Auteurs.	Qualité.	Naissance.	Mort.

Epitaphe en Latin , faite par *la Croix du Maine* , dans un petit in-12 fort rare. E!le a pour titre : HOSPES , TAMETSI PROPERAS , ASTA AC PERLEGE.

MONTLUC (AD. DE)	Gentilhome.	Né en 1568	Mort en 1646

Il se nommoit encore le Comte de *Cramail* ou *Carmain* , & étoit Sieur de Montesquiou. Il étoit fils de *Fabien de Montluc* , & petit-fils de *Blaise de Mont'luc* , Maréchal de France. Il protégea *Lucilio Vanini* qui fut brulé à Toulouse le 9 Avril 1619 , pour avoir prêché l'Athéisme ; mais il abandonna ce malheureux à la justice , dès qu'il connut ses erreurs & son obstination à les soutenir. Il eut une grande passion pour Madame *du Fargis* , & fut initié dans les intrigues du Cardinal de *Richelieu*. Il mourut âgé de soixante & dix-sept ans.

MONTAUBAN (J. DE)	Ecuyer.	Né en...	Mort en 1685

Il se nommoit encore *de Pousset* , & avoit été d'abord Avocat au Parlement de Paris , & dans les suites , il fut élu Echevin. Son éloquence au Bareau étoit mâle , & remplie de force ; ses liaisons avec *Racine* , *Despreaux* & *Chapelle* , annonceat le cas qu'on faisoit de son esprit. Il travailla , avec ces célébres gens de Lettres , à la Comédie des PLAIDEURS. Il étoit fort médiocre pour le genre Tragique.

MONTCHRETIEN (AN.)	Poëte.	Né en...	Mort en 1611

Il étoit orphelin , & fils d'un Apoticaire. *Desessarts* & de *Tournebu* , prirent soin de son éducation. Il s'adonna aux Lettres , & fit jouer la Tragédie de SOPHONISBE en 1596. Un jour ayant pris querelle avec le Baron de *Genouvillé* qui étoit accompagné de deux hommes , il se battit contre tous les trois , & il fut laissé pour mort sur la place. Cependant il en revint & eut douze mille francs de dommages & intérêts. Ayant été accusé quelque tems après d'avoir assassiné un Gentilhomme de Bayeux , il se sauva en Angleterre. Jacques I. qui régnoit alors demanda sa grace à Henri IV. Roi de France , & l'obtint. *Montchrétien* étant de retour à Paris , suivit les Huguenots à la Guerre & se trouva au siége de la Rochelle , quelques années après il fut soupçonné de faire de la fausse monnoye : on le surprit au Bourg de Toureille , & on voulut lui mettre la main sur le collet. Il étoit brave jusqu'à l'intrépidité , il se défendit en désespéré , tua deux Gentilshommes & un soldat , mais enfin il fut renversé à coups de pistolets & de pertuisanes , & il en mourut quelque momens après.

MONTFLEURY	Gentilhome.	Né en 1600.	Mort en 1667

Son nom de Baptême est *Zacharie* , il étoit de la Province d'Anjou. Etant jeune il fut Page de M. le Duc de *Guise* , quelques années après en être sorti , il se fit Comédien & vint à Paris où il dé-

| Les Auteurs. | Qualité. | Naissance. | Mort. |

buta avec succès dans la Troupe Royale. Il joua d'original dans le CID & dans les HORACES. *Chapuzeau* dit que *Baron* l'appelloit son maître. Il étoit si entêté de sa profession, que lorsqu'il se maria il ne voulut pas prendre d'autre qualité que celle de Comédien du Roi. Il n'est pas vrai qu'il mourut, comme on l'a écrit, des efforts violens qu'il fit en jouant les fureurs d'*Oreste* dans la Tragédie d'ANDRO-MAQUE, c'est une erreur populaire, mais il est certain que le même jour il tomba malade, & qu'il n'en revint pas. Il mourut à l'âge de soixante-sept ans.

MONTFLEURY (ANT.) | Gentilhome. | Né en 1640 | Mort en 1685

Il étoit fils du Comédien dont on vient de parler, étoit de Paris & s'appelloit *Antoine Jacob*. Il avoit beaucoup d'esprit, d'intelligence & de probité. Il fut choisi par M. *Colbert* pour aller de sa part en Provence négocier une affaire importante & délicate & dont il s'acquitta au gré de ce Ministre, il étoit grand Acteur pour son tems. Il jouoit les Rois & les rôles emportés avec chaleur, mais avec trop d'emphase. *Moliere* le parodia dans l'*Impromptu de Versailles* par une Scène de *Nicoméde* sous le personnage de *Prusias*. *Montfleury* ne vécut que jusqu'à l'âge de quarante-cinq ans.

MONTREUX (NIC,) | Gentilhome. | Né en 1561 | Mort en 1608

Il étoit de la Ville du Mans, on le connoît beaucoup davantage sous le nom d'*Olenix du Mont-Sacré*, qui est l'anagrame du sien. Il commença à se faire connoître à Paris vers l'année 1577. par les Romans & les Piéces de Théâtre qu'il y a publiés en assez grand nombre. Ses talens étoient fort médiocres, ce n'est que par conjecture qu'on a placé l'époque de sa naissance & de sa mort. Son pere qui s'appelloit *Nicolas de Montreux*, prenoit la qualité de sieur de la *Mesnerie* & de Maître des Requêtes de la Maison de M. le Duc d'Orléans. *La Croix du Maine page* 350.

MOTTE (ANT. DE LA) | de l'Ac, Fr. | Né en 1672. | Mort en 1731

Son nom de famille est *Houdardt*. C'étoit l'un des plus beaux esprits qu'il y ait eu. Il a surtout excellé dans les ouvrages en prose & dans les Opéra. Il a trouvé beaucoup de critiques, & laissé grand nombre d'admirateurs. Il étoit grand partisan des modernes, il a employé dans sa fameuse dispute avec Madame *Dacier* tous les agrémens de la politesse, & toutes les ressources de l'esprit. Il mourut âgé de 59 ans.

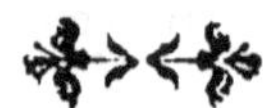

N

NADAL (Aug.) | Abbé. | Né en 1659 | Mort en 1741

Il étoit de Poitiers, & il y fit ses études : il vint ensuite à Paris, où il fut protégé par la Maison d'*Aumont*. Il fut élevé en 1706 dans l'Académie des Belles-Lettres, & en 1712, il accompagna en Angleterre, en qualité de Sécrétaire d'Ambassade, M. le Duc d'*Aumont*, que le Roi y envoyoit pour complimenter la Reine *Anne* après la paix d'Utreck. En 1714, il devint vétéran de son Académie, & en 1716 il fut nommé à l'Abbaye d'Oudeauville en Boulonnois. L'Abbé *Nadal* est Auteur de plusieurs Dissertations, composées pour son Académie, & de quelques Piéces de Théâtre qui ont été imprimées séparément, & qu'il a recueillies lui-même en 3 volumes, avec ses autres Poësies, en 1738. Il publia en 1726 son histoire des *Vestales* : il lut aux Comédiens sa Tragédie de MOYSE *ou* OSARPHIS, qui fut reçue, & dont il distribua les Rôles. L'Abbé *Couture* & de *Bosc*, Censeurs Royaux, approuverent cette Piéce, & en firent l'éloge dans leurs approbations. Cependant la Tragédie n'a pas été représentée. Il mourut à Poitiers le 7 Août 1741, à l'âge de quatre-vingt-deux ans.

P

PALAPRAT (Jean) | Ecuyer. | Né en 1650. | Mort en 1721

Etoit Seigneur de *Bigot* ; il avoit été Sécrétaire des commandemens du Duc de Vendôme, Grand-Prieur de France, & Doyen des Capitouls de Toulouse. Il étoit uni, par les liens de l'amitié la plus tendre, à l'Abbé *Brueys*, avec lequel il a fait la plus grande partie des Piéces qu'il a données au Théâtre. Il avoit une gayeté & un naturel dans l'esprit, qui le faisoient aimer de tout le monde. Il mourut à Paris à l'âge de soixante & onze ans.

PARTHENAY (Cath.) | Princesse. | Née en 1554 | Morte en 1631

Elle étoit fille & héritiere de *Parthenay-l'Archevêque*, Seigneur de Soubize, & d'*Antoinette Bouchard d'Aubeterre*, mariés en 1553. Elle épousa en 1568 le Baron du *Pont Kuellevé*, qui fut tué en 1572 le jour de la S. Barthelemy. Elle se remaria en 1675 avec René II. du nom, Vicomte de *Rohan*, dont elle eut le Duc de *Rohan*, le Duc de *Soubize* & trois filles. Après la prise de la Rochelle en 1628, elle fut enfermée au Château de Niort, quoiqu'elle eût alors soixante & quatorze ans. Elle avoit infiniment d'esprit & de Belles-Lettres ; elle a fait une Tragédie intitulée HOLOPHERNE, qui fut représentée à la Rochelle, & plusieurs autres Piéces tragiques & comiques, qui n'ont pas été imprimées. Elle mourut âgée de soixante & dix-sept ans.

Les Auteurs.	Qualité.	Naissance.	Mort.
PECHANTRE'	Poëte.	Né en 1638.	Mort en 1709

Il étoit de Toulouse , & le fils d'un Chirurgien de cette Ville. Il avoit beaucoup de mérite , entendoit parfaitement les Auteurs Latins , & les expliquoit avec facilité. Il n'a jamais été à son aise , ni vêcu dans un monde distingué. On ne rapporte pas ici l'avanture qui lui arriva , à l'occasion du plan de sa Tragédie de NERON , qu'il avoit oublié dans un auberge où il avoit dîné , & qui pensa le faire arrêter. Cette anecdote est sçuë de tout le monde , & a été écrite jusques dans un Almanach.

PELLEGRIN (Jos.)	Abbé.	Né en 1663.	Mort en 1745

Il étoit de Marseille , & fils d'un Conseiller au siége de cette Ville Il fut d'abord Religieux dans l'Ordre des Servites à *Moutiers* au Diocèse de Riez. Au bout de quelques années il se lassa de son état , & passa sur un Vaisseau en qualité d'Aumônier. De retour en 1703. il vint à Paris , où il s'adonna à la Poësie. Son premier ouvrage est une Epître au Roi sur les glorieux succès des armes de S. M. en la même année 1703. qui remporta le prix en 1704. Il apprit en le recevant qu'il avoit eu un concurent dont le mérite avoit balancé les suffrages : il demanda à voir le morceau de Poësie dont il étoit question , & il reconnut que c'étoit une Ode dont il étoit l'Auteur. Madame de *Main-tenon* qui fut instruite de cette singularité voulut connoître l'Abbé *Pellegrin* , il profita d'une aussi heureuse occasion pour se mettre à l'abri des recherches de son Ordre qui vouloit le forcer d'y rentrer. Il obtint une dispense du Pape qui lui permit de passer dans l'Ordre de Cluny Il a composé un Recueil de Noëls sur les airs les plus connus. Cet ouvrage a été fort recherché , & l'on en a fait un grand nombre d'éditions. L'Abbé *Pellegrin* étoit un excellent Grammairien , & un des Auters des plus féconds qui ait jamais existé ; Vers , Prose . Tragédies , Comédies , Opéra , Harangues , Panégyriques , Sermons , Bouquets , Madrigaux , Chansons Rondeaux , Epitalames , Sonnets , Ballades : il faisoit de tout , hors des , Satyres. Dans le besoin on étoit toujours sûr de trouver chez lui des Vers sur quelque sujet que ce pût être. Il joignoit à cette facilité pour le travail , beaucoup de bonté , & une grande simplicité de mœurs. Il a partagé tout ce qu'il avoit avec sa famille jusqu'au dernier moment. Il méritoit plus de fortune & de considération de la part du public. Il est mort à Paris le 5 Septembre de l'année 1745 à l'âge de 82 ans.

PERUSE (J. DE LA)	Poëte.	Né en	Mort en 1555

Il étoit d'Angouleme , selon *La Croix du Maine* , & de Poitiers , si l'on s'en rapporte à *du Verdier*. Il étoit ami de *Jodele* , & joua un Rôle dans la CLEOPATRE CAPTIVE de ce premier Dramatique. Il est l'Auteur d'une Tragédie intitulée MEDE'E , qu'il n'avoit pas achevée , & d quelques Poësies qui ont été imprimées dans un recueil *in-4*. à Poitiers

Les Auteurs.	Qualité.	Naissance.	Mort.
PICHOU	Gentilhome.	Né en ...	Mort en 1630

Il étoit de Dijon où il fit ses études, il cultiva ensuite les Belles-Lettres. Au lieu de suivre le parti des armes comme son pere, qui l'exigeoit, il s'attacha pendant quelque tems à la Philosophie des Ecoles; mais il s'en dégouta & s'adonna au Théâtre. Le bonheur qu'il eut de réussir lui attira la protection du Cardinal de *Richelieu* qui a toujours protégé ses talens; à la veille peut-être de s'en ressentir par des bienfaits il fut assassiné : on n'a aucune certitude du tems où ce malheur lui arrivât, ni des causes qui l'occasionnérent.

| **POISSON** (RAIM.) | Comédien. | Né en ... | Mort en 1690 |

Il quitta le service du Duc de Crequi, auquel il appartenoit, pour aller jouer la Comédie en Province. Le ROI, qui faisoit alors le tour de son Royaume, l'entendit, & en fut si content qu'il lui ordonna de passer dans sa Troupe à Paris. Ce Comédien est le premier qui ait introduit les botines dans les Rôles de *Crispin*, pour cacher un défaut qu'il avoit à la jambe. Il a fait plusieurs Comédies; Il est le grand-pere du célèbre Acteur de son nom, qui joue le comique avec tant de gayté, & qui est toujours applaudi.

| **PRADON** (NIC.) | Poëte. | Né en ... | Mort en 1698 |

Il étoit de Rouen, une cabale puissante lui donna la présomption de luter avec sa Tragédie de PHEDRE contre celle de *Racine*; elle fut même soutenue pendant quelque tems par ses partisans. Madame *des Houllieres* étoit du nombre; elle fit ce fameux Sonnet que tout le monde connoît: DANS UN FAUTEUIL DORE'.... Un ouvrage sans mérite, qui n'a d'autre soutien que celui de la cabale, tombe bientôt dans l'oubli : la PHEDRE de *Pradon* est la preuve de cette vérité. *Despreaux* a maltraité ce Poëte dans plusieurs de ses Satyres. REGULUS, la seule de ses Piéces qui soit restée au Théâtre, y est quelquefois revue avec plaisir. On trouve, dans le second tome des mélanges d'histoire & de Littérature de *Vigneul de Marville*, page 89, une anecdote plaisante de *Pradon*, dont voici l'extrait. Un jour qu'on jouoit pour la premiere fois une de ses Piéces, il alla au Parterre le nez dans son manteau, avec l'idée sans doute de jouir, sans être connu, des applaudissemens auxquels il s'attendoit; mais à peine le premier Acte fut-il fini, que le bruit des sifflets commença à retentir dans la Salle. Il étoit desespéré, & il ne pouvoit contenir son ressentiment, lorsqu'un ami qui l'avoit accompagné, lui dit à l'oreille, que le parti le plus sage dans cette occasion, étoit de garder l'anonyme, & de faire comme les autres, pour ne pas être soupçonné d'être l'Auteur de cette piéce. *Pradon* le crut, & de rage se mit à siffler sans relâche. Un Mousquetaire qui s'en impatienta, le tourna de son côté, lui dit que la Tragédie étoit bien faite, & qu'il se donnât du

Les Auteurs.	*Qualité.*	*Naiſſance.*	*Mort.*

moins la patience de l'écouter juſqu'au bout. *Pradon*, voulant profiter de l'erreur, & croyant ſe cacher encore mieux, continua à ſiffler de plus belle. Le Mouſquetaire piqué, arracha ſon chapeau & ſa perruque ; & les fit voler dans le Parterre. *Pradon*, trop ſenſible à cet affront, oſa donner un ſoufflet à ſon adverſaire, vingt coups de plats d'épée l'en punirent ſur le champ, il fut obligé même de s'enfuir de peur de pis. On ne ſçait pas davantage de cet Auteur, qui mourut d'apopléxie dans un âge avancé,

PURE (Michel de) | Abbé. | Né en . . . | Mort en 1680

Fils d'un Prévot des Marchands de Lyon, beaucoup plus connu par ce que *Deſpreaux* en a dit dans ſes Satyres, que par le mérite de ſes ouvrages. Il n'a fait que la ſeule Tragédie d'Ostorius.

Q

QUINAULT (Phil.) | Aud. des C. | Né en 1635. | Mort en 1588

Il étoit fils d'un Boulanger, il fit ſes premieres Piéces de Théâtre étant Clerc chez un Avocat. Il étoit de l'Académie Françoiſe, ce Poëte eſt trop connu pour en dire ici davantage, il ſuffit d'ajouter que *Triſtan* qu'il avoit ſervi, lui tint lieu de pere, & que le genre lyrique lui a donné une celebrité où peu de Poëtes atteindront.

R

RACINE (Jean) | Tréſ. de Fr. | Né en 1639. | Mort en 1699

Il étoit de la Ferté-Milon, Tréſorier de France, Gentilhomme ordinaire du Roi, & il fut reçu à l'Académie Françoiſe en 1673. Son hiſtoire eſt écrite partout & ſçue de tous ceux qui aiment les Belles-Lettres. Son nom fait ſeul ſon éloge.

REGNARD (J. Fr.) | Poëte | Né en 1657. | Mort en 1710

Lieutenant des Eaux & Forêts. Excellent Poëte comique, & le meilleur qui ait paru depuis *Moliere*. Il étoit d'une très-bonne famille ; il voyagea dans ſa jeuneſſe, & fut fort heureux au jeu. L'amour dont il ſe laiſſa ſurprendre à Rome, pour une belle Provençale, fut la cauſe de tous les malheurs qu'il eſſuya depuis. En revenant par mer en France, il fut pris par les Corſaires d'Alger, qui le conduiſirent à Conſtantinople, où il fut deux ans eſclave. Il eſt mort à Paris à l'âge de 59 ans, regretté de tout le monde.

Les Auteurs.	Qualité.	Naißance.	Mort.

RICHELIEU (Arm.) | Cardinal. | Né en 1584 | Mort en 1642

Trop célébre & trop fameux dans tous les genres, pour hazarder l'abrégé de sa vie. Il aimoit les Belles-Lettres, elles le délaßoient de ses importantes occupations. Il avoit choisi cinq Auteurs, *Boisrobert*, *P. Corneille*, *Rotrou*, *Colletet* & *l'Etoile*, auxquels il donnoit le sujet des Piéces qu'il vouloit qu'on représentât sur le Théâtre de son Palais. Il y travailloit quelquefois lui-même. C'est moins pour célébrer la mémoire de ce grand homme, qu'on a placé son nom parmi les Auteurs, que pour honorer ceux qui, ayant eu le pouvoir de protéger les Lettres, ont eu le mérite d'en avoir la volonté.

RIUPEROUX (Th.) | C. des Guer. | Né en 1664. | Mort en 1706.

Il étoit de Montauban. Il vint à Paris en 1682, où il composa un Poëme intitulé *l'ame des bêtes*, qu'il présenta au Pere *de la Chaise*, avec un Traité des Médailles. Ce célébre Jésuite en fut si satisfait qu'il fit donner à l'Auteur un Canonicat à *Forcalquier*. Monsieur de *Barbesieux*, qui le protégeoit aussi, désira qu'il quittât le petit Collet pour prendre une place de Commissaire des Guerres. *Gacon* a fait une Epigramme sur ce sujet. *Riuperoux* fut protégé par le Duc de *Coeslin*, qu'on a soupçonné d'avoir eu part à la Tragédie d'HYPERMNESTRE. Il auroit fait une grande fortune s'il avoit eu plus de conduite. Il n'a vêcu que quarante-deux ans.

ROBBE (Jacques) | Géographe. | Né en 1643. | Mort en 1721.

Il étoit de Soißons, fort versé dans la Géographie, & très-considéré par cet endroit. Celui de tous ses ouvrages qui lui a fait le plus d'honneur, est *une Méthode pour apprendre facilement la Géographie*, dans laquelle on trouve aussi un Abrégé de la Sphére, & un Traité de la Navigation. Une partie des Piéces dont il est l'Auteur, est sous le nom de *Barquebois*, qui est son Anagrame. Il mourut au mois d'Avril 1721, âgé de soixante & dix-huit ans.

ROSIMONT (Cl.) | Comédien. | Né en... | Mort en 1686.

Indépendemment de ses Piéces de Théâtre, il est l'Auteur d'une vie des Saints, qu'il a publiée sous le nom de *J. B. Dumenil*, ce qui n'empêcha pas qu'il ne fût enterré sans luminaire, & mis au Cimetiere de S. Sulpice, au même endroit où l'on descend les enfans qui n'ont pas été baptisés.

ROTROU (J. de) | Lieut. Part. | Né en 1609 | Mort en 1650.

Il étoit de Dreux, où il occupoit les Charges de Lieutenant-Particulier & d'Asseßeur Criminel. Il étoit né Poëte, & dès l'âge de 15 ans il commençoit à faire des Vers. Il étoit poßédé par la paßion du jeu. Pour s'empêcher de perdre, à la fois, tout ce qu'il avoit, il jettoit l'argent que

Les Auteurs.	Qualité.	Naissance.	Mort.

les Comédiens lui comptoient, pour ce qui lui revenoit de ses Piéces, sur un tas de fagots qu'il tenoit enfermés dans son cabinet; quand il manquoit d'espèces, il secouoit les fagots & ramassoit celles qui tomboient. Par cette précaution, il étoit sûr de ne pas dépenser tout son argent, & d'en trouver pour subvenir à ses besoins. M. le Cardinal de *Richelieu* le protégeoit, & le choisit pour être du nombre des *cinq Auteurs*. Il mourut d'une fiévre pourpreuse à l'âge de 41 ans.

ROUSSEAU (Jean)	Académicien.	Né en 1669.	Mort en 1741

Il étoit de Paris & fils d'un Cordonier. Malgré cette origine, son mérite naissant lui ouvrit la porte de la Maison de M. de *Bonrepeaux*, Ambassadeur de France en Dannemark en 1688, il y entra en qualité de Page. Il s'étoit fait connoître par divers petits ouvrages pleins d'esprit & d'images vives & agréables. Au renouvellement de l'Académie des Belles-Lettres, il fut choisi Eléve en 1701, & en 1705 il fut nommé Vétéran. Il accompagna M. le Maréchal de *Talard* en Angleterre, où il connut M. de *St. Evremond* & devint son ami. A son retour il entra chez M. *Rouillé du Coudray*, Conseiller d'Etat, & directeur des Finances, qu'il suivoit à la Cour. Il eut en 1708 la malheureuse affaire qui le perdit, & que tout le monde sçait. Il est aussi célebre par ses infortunes que par ses talens. On trouve, en tant d'endroits, les Anecdotes qui le regardent, que ce seroit tomber dans le cas de la répétition que d'en vouloir dire davantage sur son sujet. Il mourut d'apopléxie à Bruxelles; il avoit eu plusieurs protecteurs illustres, qu'il avoit eu le malheur de ne pouvoir conserver, entre autres le Prince *Eugene* & le Duc d'*Aremberg*. Le Prince de *Taxis* en prenoit soin en dernier lieu, & ne l'a point abandonné jusqu'à sa mort. Il étoit de l'Académie des Belles-Lettres.

RYER (P. du)	Hist. de Fr.	Né en 1605.	Mort en 1658.

A l'âge de vingt & un an il fut Sécretaire du Roi; il fit ensuite un mariage d'inclination qui l'apauvrit. Sa fortune se trouva si bornée quelques années après, qu'il fut obligé d'entrer au service du Duc de *Vendôme* en qualité de Sécretaire. Il fut reçu à l'Académie en 1646, par préférence à *Pierre Corneille*. Sur la fin de sa vie il obtint la place d'Historiographe de France. Il écrivoit avec beaucoup de pureté pour le tems, & son style étoit naturel & coulant. Il ne vêcut que jusqu'à l'âge de cinquante-trois ans.

S

SAGE (Al. René le)	Auteur.	Né en 1668	Mort en 1747.

Il étoit de Vannes en Bretagne, où il fit ses études. Il est l'Auteur de deux Romans qui ont eu beaucoup de succès: *le Diable Boiteux* & *Gil-*

Les Auteurs.	Qualité.	Naissance.	Mort.

blas. Il a traduit encore plusieurs Auteurs Espagnols & Italiens. Son style & sa maniere de raconter étoient fort agréables, & lui ont acquis aussi beaucoup de réputation. Il est le premier qui ait donné une espéce de forme au genre de l'Opéra-Comique. Il étoit pere de *Montmenil*, qui a tant fait de plaisir sur la Scéne Françoise, qui y est encore regreté : malgré ses talens il n'a jamais été favorisé de la fortune. Le goût décidé qu'il avoit pour l'indépendance l'a empêché de faire ce qui convenoit pour se ménager des protecteurs qui suppléassent à son indifférence sur ce sujet. Il trouvoit dans le choix de vrais amis avec lesquels il a vécu jusqu'à sa mort, & dans le tendre attachement d'un fils qui est actuellement Chanoine à Boulogne, & qui lui a fermé les yeux, ce bonheur solide & ce repos du cœur préférable mille fois à tous ces biens & à ce faux éclat pour lesquels on sacrifie ordinairement & le bel âge, & les plus heureux instans de la vie.

SCARON (PAUL) | Conseiller. | Né en 1610. | Mort en 1660.

Ce Poëte est si connu qu'on ne doit en dire que deux mots. Il étoit de Paris, de fort bonne famille, & avoit été destiné à l'Etat Ecclésiastique. Une maladie, occasionnée par quelques excès, le rendit paralytique. Il quitta le Canonicat qu'il avoit au Mans, & vint demeurer à Paris, où il fit tous ses ouvrages, & où il mourut âgé de cinquante ans.

SCUDERY (GEOR.) | de l'Ac. Fr. | Né en 1601 | Mort en 1667.

Il étoit originaire du Royaume de Naples, & né au Havre-de-Grace dont son pere étoit Gouverneur. Il voyagea beaucoup dans sa jeunesse, & servit sur terre & sur mer une partie de sa vie. Il donna sa premiere Tragédie en sortant du Régiment des Gardes. Il eut la place de *Vaugelas* à l'Académie Françoise. Il étoit bon ami : il en fit preuve, en n'abandonnant point *Théophile* dans sa disgrace, & en faisant imprimer les œuvres de ce malheureux Poëte après sa mort. *Scudery* a joui pendant sa vie d'une grande réputation : *Despreaux*, qui trouvoit peut-être avec raison qu'elle étoit au-de-là de ce qu'il méritoit, l'a traité bien mal dans ses Satyres. Il étoit frere de l'illustre Mademoiselle *de Scudery*, qui s'est fait par ses Romans une très-grande réputation.

SEGRAIS (J. REN. DE) | Gentilhome. | Né en 1624 | Mort en 1701.

Célébre par ses Pastorales, & surtout par les Romans de *la Princesse de Cleves* & de *Zaïde*, qui rendront son nom immortel. Quoique Madame de la *Fayette* & M. le Duc de la *Rochefoucault* ayent eu part à ces ouvrages, c'est lui qui les a écrits. Il étoit attaché à *Mademoiselle* : il tomba dans sa disgrace sans qu'on en ait sçu la cause. M. le *Prince* tâcha de le consoler de ce malheur, par la protection qu'il lui accorda. *Segrais* se maria avantageusement en Normandie, dont il étoit, & où il vécut jusqu'à sa mort avec la considération, l'amitié & l'estime de tout ce qu'il y avoit de plus distingué dans sa Province.

Les Auteurs.	Qualité.	Naissance.	Mort.

SEQUINEAU (N.) | Avocat. | Né en... | Mort en 1722.

Il étoit le fils du Sécretaire d'un Conseiller de la Grand'Chambre & de la Demoiselle *Lequien*, sœur du Notaire de ce nom. Il étoit homme d'esprit & de Lettres, & intime ami de *Pralart* : il travailla de concert avec lui, à la Tragédie d'OEGISTE ; ils se brouillerent ensuite, & l'on disoit alors qu'il avoit envoyé redemander à *Pralart* ses idées. Il mourut au mois de Septembre 1722.

SERRE (PUGET DE LA) | Historiograp | Né en 1600. | Mort en 1665

Il fut Garde de la Bibliotéque de *Monsieur*, frere du Roi Louis XIII. Historiographe ; Abbé & Conseiller d'Etat. Il quitta l'etat Ecclésiastique pour épouser une Maîtresse qu'il aimoit. Il a fait un nombre infini de Livres ; quand on lui reprochoit qu'il travailloit trop vîte ; il répondoit qu'il étoit toujours pressé lorsqu'il s'agissoit de gagner de l'argent, & qu'il préféroit les pistoles, qui le faisoient vivre, à la chimère d'une vaine gloire avec laquelle il seroit mort de misère. C'est de lui dont *Despreaux* se moque dans sa troisiéme Satyre, en faisant dire à un Campagnard :

　　Morbleu (dit-il) *la Serre est un charmant Auteur.*

Il alloit travailler au Mercure en 1665 ; mais sa mort, qui arriva dans le mois de Juillet, le débarassa de ce soin, & mit fin à tous ses travaux.

T

TAILLE (JEAN DE LA) | Officier. | Né en... | Mort en 1608.

Il étoit né à Bondaroy, Village auprès de Petiviers dans l'Orléanois. Il fut envoyé, par son pere, à Paris où il étudia les Humanités sous *M. Ant. Muret* ; ensuite il vint à Orléans où il fit son Droit. Son projet étoit de prendre le parti du Barreau ; mais la lecture qu'il fit des œuvres de *Ronsard* & de *Du Bartas*, lui inspira le désir de les imiter. Sa vanité lui fit imaginer peu de tems après qu'il étoit Poëte, & dans cette prévention il revint à Paris, où ayant trouvé son frere *Jacques de la Taille*, qui y faisoit ses études, il lui communiqua ses idées, & l'engagea à courir la même carriere. Les ouvrages qu'on a de l'un & de l'autre sont fort médiocres : on doit en excepter cependant la Comédie des CORRIVAUX de *Jean de la Taille*, où il y a du sujet & du comique.

TAILLE (JACQ. DE LA) | Poëte. | Né en 1542. | Mort en 1562

Il étoit natif de Bondaroy, & avoit parfaitement fait ses études à Paris avant l'âge de seize ans. A peine les eut-il finies qu'il s'adonna aux Belles-Lettres, par le conseil de son frere aîné, & composa plusieurs ou-

Les Auteurs.	Qualité.	Naissance	Mort.

vrages pour le Théâtre. Il n'est pas douteux que sans une mort prématurée il n'en eût fait un grand nombre ; mais il fut atteint de la peste au mois d'Avril 1562 , & il en mourut à vingt ans avec le plus jeune de ses freres qui n'en avoit que treize. Cet Auteur n'étoit pas sans mérite , mais il y avoit trop de singulier dans son imagination , & trop d'affectation dans son style.

THEOPHILE (VIAUD)	Poëte.	Né en 1590.	Mort en 1626.

Il nâquit à Bousseres - Sainte - Radegonde , petit Bourg de la Guienne dans l'Agénois. Il étoit de la Religion réformée. Malgré le reproche que le Pere *Caraffe* a fait à ce Poëte , qu'il etoit le fils d'un Cabaretier de Village , *Théophile* a prouvé dans son Apologie Latine , que son ayeul avoit été Sécretaire de la Reine de Navarre , & que son pere avoit suivi pendant quelques années le Barreau au Parlement de Bourdeaux. Ses talens le firent connoître à la Cour , mais ses mœurs licentieuses le firent chasser du Royaume en 1619 ; ce qui l'obligea de se retirer en Angleterre. Ses protecteurs & ses amis obtinrent son rappel. Lorsqu'il fut de retour à Paris , il abjura le Calvinisme ; mais il n'en devint pas plus raisonnable : il fut même , peu de tems après , accusé d'être l'Auteur du *Parnasse Satyrique* , imprimé en 1622 , ouvrage sacrilége où la Religion étoit très-maltraitée. Le Parlement le poursuivit criminellement à cette occasion. *Théophile* , qui craignit l'événement , s'enfuit ; il fut condamné , par contumace , à être brûlé le 19 Août 1623 , & il fut exécuté en effigie. Depuis ce tems-là , il erra pendant quelques mois de Pays en Pays : il fut arrêté au Catelet en Picardie , où il fut reconnu , & on le conduisit à la Conciergerie , le 18 Septembre de la même année , où il fut enfermé dans le même cachot où avoit été mis *Ravaillac*. Ses amis obtinrent que son procès seroit revu ; on fut deux ans à l'examiner : le biais qu'on prit pour le sauver fut de supposer qu'il étoit plus fou que coupable. Ce moyen réussit : il ne fut condamné qu'à un bannissement. Il se retira chez le Duc de *Montmorency* , son ancien protecteur , où il tomba malade quelque tems après ; il y mourut le 25 Septembre , âgé de trente-six ans.

THORILLIERE (DE LA)	Gentilhome.	Né en ...	Mort en 1655

Il n'a fait qu'une seule Tragédie , intitulé CLEOPATRE. *Voyez* les Acteurs.

TOURNEBU (ODET DE)	Gentilhome.	Né en 1553.	Mort en 1587.

Il étoit de Paris , fils d'*Adrien Tournebu* , Professeur en Langue Grecque au Collége Royal à Paris. Il sçavoit plusieurs Langues , avoit eu pour Précepteur *Antoine Valet* , Docteur en Médecine , & étoit fort sçavant. Il remplissoit les fonctions d'Avocat en Parlement en 1576 , & il assista aux grands Jours de Poitiers. Deux ans après , il fut nommé à la

Les Auteurs.	Qualité.	Naissance.	Mort.

Charge de premier Président de la Cour des Monnoyes. Il mourut d'une fiévre chaude à l'âge de vingt-huit ans.

TRISTAN (L'Herm.)	Chevalier.	Né en 1601.	Mort en 1655

Il étoit Gentilhomme de *Gaston Duc d'Orléans*, & descendoit de *Pierre l'Hermite*, Auteur de la premiere *Croisade*, à ce qu'il a écrit dans un Roman, intitulé *le Page disgracié*, qui contenoit une partie de son histoire, & dont il n'a publié que deux volumes. Il se battit à l'âge de treize ans contre un Garde du Roi qu'il tua. Il se sauva en Angleterre, mais ne sçachant où donner de la tête, il en sortit & alla à Loudun, où il se présenta à *Scévole de Sainte-Marthe* sous un nom supposé; il en fut on ne peut pas mieux reçu, & il y demeura seize mois, pendant lesquels il se perfectionna dans l'étude des Belles-Lettres qu'il avoit toujours culti-vées. Etant passé de Loudun à Bourdeaux avec le Marquis de *Montpe-zat*, qui l'avoit attaché à sa personne en qualité de Sécretaire, à la re-commandation de *Sainte-Marthe*, il y fut reconnu par M. d'*Humie-res* premier Gentilhomme de la Chambre du Roi, qui le combla de ses bontés, qui lui obtint sa grace de Louis XIII. auquel il fut ensuite presen-té, & dont il reçut un accueil gracieux. Sa fureur pour le jeu a empêché qu'il ne fît sa fortune. Ses Ouvrages Dramatiques lui mériterent une pla-ce à l'Académie en 1648. Il mourut du poulmon le 7 Septembre, âgé de cinquante-quatre ans. On ne doit pas omettre ici que *Tristan l'Her-mite* étoit le protecteur & le bienfaiteur de *Quinaut*, & que s'il ne put lui laisser du bien, il lui transmit des talens qui mirent à portée ce jeu-ne-homme de vivre dans les suites agréablement dans le monde.

V

VERDIER (Ant. du)	Gentilhome	Né en 1544.	Mort en 1600.

Il étoit Sieur de *Vauprivas*, & né le 11 Novembre à *Montbrison* en Forêt. Il a été Conseiller du Roi, élu sur le fait des Guerres, Aydes & Tailles au pays de Forêt; ensuite homme d'armes de la Compagnie du Sénéchal de Lyon. Quelques années après, il fut nommé à la place du Contrôleur Général des Finances de Lyon, & enfin Gentilhomme ordi-naire de la Maison du Roi Henri IV. il a composé plusieurs ouvrages, dont le plus considérable & le plus utile est sa *Bibliothéque des Au-teurs François* & de leurs ouvrages jusqu'en 1585.

VILLEDIEU. (M.Cat.)	Auteur.	Née en 1640	Morte en 1683

Elle étoit d'Alençon, & fille du Sieur *Dejardins*, Prévôt de cette Ville. Elle avoit plus d'esprit que de beauté: elle vint fort jeune à Paris pour y déposer le fruit d'une premiere passion, qui lui avoit été inspi-

Les Auteurs.	Qualité.	Naissance.	Mort.

rée par un de ses cousins. Elle y épousa le Sieur *Boësset de Villedieu*, Capitaine dans le Régiment Dauphin, fils d'un Maître de la Musique de la Chambre du Roi. Le mariage ayant été cassé du consentement des époux, elle se remaria au Sieur de *la Chaste*, qui mourut peu de tems après. Elle épousa en troisiémes nôces, un de ses parens, nommé *Desjardins*. Elle étoit de l'Académie des *Ricovrati* de *Padoue*. Elle a eu un un grand nombre d'avantures, & elle devint enfin si pauvre qu'elle se trouva forcée de se retirer à la campagne pour être en état d'y subsister. Elle y mourut à l'âge de 43 ans, par un excès d'eau de-vie, liqueur à laquelle elle s'étoit habituée dans les dernieres années de sa vie.

Le style de Madame de *Villedieu* a de la vivacité & de la chaleur, mais il est négligé. Elle a fait plusieurs Romans fort jolis; celui des exilés passe pour le meilleur de ses ouvrages.

VISE'. (JEAN DE) | Ecuyer. | Né en 1640 | Mort en 1710.

Il étoit de Paris, d'une maison fort ancienne. Se trouvant le cadet de ses freres, on le fit d'abord Abbé, & on lui fit obtenir des Bénéfices; mais étant devenu passionément amoureux de la fille d'un Peintre: il quitta le petit Collet & épousa sa maîtresse en 1668, malgré tous ses parens. Il est le premier Auteur du *Mercure Galant*, continué depuis sa mort sous le titre du *Mercure de France*. Il le commença en 1672, l'interrompit en 1674, le reprit en 1677, & le continua jusqu'en 1710; c'est-à-dire jusqu'à sa mort. Il donna sa premiere Comédie à l'âge de 18 ans, & il a fait avec *Thomas Corneille* une partie de ses Piéces de Théâtre. Il est l'Auteur d'un très-grand nombre d'ouvrages. Quelques années avant sa mort le feu Roi lui accorda une pension de cinq cens écus, & un logement aux Galleries du Louvre.

URFE' (HON. D') | Gentilhome. | Né en 1567. | Mort en 1625.

Il descendoit de la Maison de Saxe. Un de ses ancêtres, chassé par l'Empereur *Fréderic Barberousse*, vint s'établir dans le Forêt. *Honoré d'Urfé*, épris des charmes de *Diane de Château-Morand*, l'aima pendant vingt ans, malgré tous les obstacles que son pere mit à sa passion pour l'éteindre. Il est l'Auteur des quatre premieres parties de l'*Astrée*, & *Baltazard Bara*, son Sécretaire, a fait le reste. Ce Roman a fourni dans les suites beaucoup de sujets de Tragédies & de Pastorales aux Auteurs Dramatiques qui sont venus après ces Ecrivains.

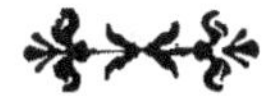

AUTEURS PEU CONNUS.

A

ABRADAN. Il n'a fait que MIRTIL, *Bergerie* en 1602.

ALAIN (*René*) né à Paris en 1680, fils d'un Sellier de Paris, demeurant au coin des rues Dauphine & Criftine. Il fit très-bien ſes études, & s'étoit deftiné à l'état Eccleſiaſtique ; mais ſon pere étant venu à mourir, *Alain* changea d'avis, & ſe fit recevoir M². Sellier. Il ne ceſſa point pour cela de cultiver les Belles-Lettres. Il étoit d'une compléxion délicate : ſon penchant pour des plaiſirs trop vifs, altéra ſon tempérament & abrégea ſes jours. Il mourut au mois de Septembre 1720.

AMBLAINVILLE (*Gervais de Baſire d'*) Auteur d'ARLETTE, *Paftorale* en 1627 & de LICORIS *ou* L'HEUREUSE BERGERE en 1631.

ANCHERES (*Daniel*) Gentilhomme. Il étoit de Verdun. Il paroît, par une Epître Dédicatoire à *Jacques I.* Roi d'Angleterre, qu'il étoit attaché à ce Monarque, & qu'il en étoit protégé. Il eſt l'Auteur de TYR ET DE SIDON, *Tragédie avec des Chœurs*, en 1608.

ANDRE' (SAINT) Auteur de la *Paftorale* ſur la Naiſſance de *Jeſus-Chriſt* en 1644.

AUFFRAY, Gentilhomme Breton. Il n'a fait que la Tragédie intitulée ZOANTROPIE, *ou* LA VIE DE L'HOMME, en 1614.

AVESNES (*François D'*) ſurnommé le *Pacifique de Fleurance*, Ville du *Bas-Armagnac*. Il fut mis deux fois en priſon, & il le méritoit bien : c'étoit un fanatique dont la plume ne reſpectoit ni le Ciel ni l'Etat. Ses Poëmes Dramatiques ſont, LE COMBAT D'UNE AME AVEC LAQUELLE L'EPOUX EST EN DIVORCE, & une Tragédie ſainte, intitulée *les Evangiles de J. C. diviſés en 3 Théâtres*, en 1650.

AVOST (*Jerôme d'*) Il étoit de Laval en Bretagne, & Officier de Madame *Marguerite* de France, Reine de Navarre, ſœur du Roi *Henri III.* Il n'a fait qu'une Comédie qui a pour titre, LES DEUX COURTISANNES. Il vivoit en 1584.

AVRE (*François d'*) Il étoit Docteur en Théologie, & Curé de Miniere. Il eſt l'Auteur de deux Tragédies : DIPNÈ, *Infante d'Irlande*, & GENEVIEVE *ou* L'INNOCENCE RECONNUE, en 1668.

B

BALMONT (DAME DE SAINT) Elle étoit de la Lorraine. *Marolles* dit dans ſes Mémoires que la vie de cette Dame a été imprimée. Elle n'a fait qu'une Tragédie Chrétienne, intitulée LES JUMEAUX MARTYRS, *ou* MARC ET MARCELIN, en 1650. Et par l'avis au Lecteur qui eſt à la tête de cette Piéce, on apprend que cette Tragédie a été faite en 15 jours & qu'elle a été imprimée contre le gré de l'Auteur.

BARAN (*Henri de*) Auteur de L'HOMME JUSTIFIE' PAR LA FOY, *Tragi-Comédie à douze personnages en 5 Actes & en Vers.* En 1554.

BARBIER, de Lyon. Il est l'Auteur des Comédies suivantes : LES EAUX DE MILLE FLEURS, L'OPERA IMPROMPTU, LA FILLE A LA MODE, L'HEUREUX NAUFRAGE, & LES SOIRE'ES D'ETE'. En 1707.

BARNET (*Jean*) de Lorraine. Il étoit Conseiller & Sécretaire du Duc de Lorraine. Le Sonnet de *la Vallée* apprend qu'il n'est que le reviseur de la Tragédie de la PUCELLE D'ORLEANS, mise sous son nom en 1581.

BARRE. (*la*) Il est l'Auteur de LA CLEONIDE en 1634.

BASSECOUST. (*Claude de*) Né à Han dans la Province de Hainault. Il concourut à Douai pour le prix de Poësie qu'on donnoit tous les ans dans cette Ville une heure avant le tems qu'on recevoit les ouvrages. Un autre ayant été couronné il en fut piqué comme d'une injustice, & fit imprimer son Chant Royal avec le Poëme qui avoit été préféré, & y joignit une apologie & une critique. Il n'a fait pour le Théâtre que MYLAS, Tragi-Comédie Pastorale en 1594.

BATS (*des Isles le*) Il n'est connu que par deux Tragédies qui sont : SAINT HERMENEGILDE Royal Martyr, & la MORT BURLESQUE DU MAUVAIS RICHE. Il étoit encore vivant en 1700.

BAUTER. (*Charles*) sous le nom de MELIGLOSSE. On apprend par une Elégie de sa façon au sieur *Castel* son ami, qu'il étoit éperdument amoureux de Catherine de Scelles de Bayeux, dont la voix étoit touchante & qui jouoit divinement du Luth : il est l'Auteur de LA RODOMONTADE & de LA MORT DE ROGER, Tragédies. Il vivoit en 1605.

BEAUBREUIL, (*Jean de*) Avocat au Présidial de Limoges en 1582. Il étoit Poëte Latin & François, il a fait REGULUS, *Tragédie.* Son pere inspira le goût & l'étude des Belles-Lettres à M. *Antoine Muret.*

BEAULIEU DE ROSIERS, il n'est connu que par sa Tragédie intitulée LE GALIMATIAS, dont il a parfaitement rempli le titre. Il vivoit en 1639.

BEAUREGARD. (*de*) Le Mercure de Janvier 1684. fait mention de cet Auteur, & de la Comédie intitulée LE DOCTEUR EXTRAVAGANT, jouée dans la même année.

BEDOUIN, (*Frere Samson*) Religieux de l'Abbaye de la Couture, né au Mans en 1563. Il est l'Auteur de plusieurs Tragédies, Comédies, Moralités, de quelques Coqs-à-l'âne & autres semblables Satyres. Il faisoit jouer ses Piéces dans les lieux publics, carrefours & fauxbourgs du Mans par des Ecoliers de cette Ville.

BEHOURT, (*Jean*) Régent au Collége des Bons Enfans de Rouen en 1598. Ses Piéces de Théâtre sont POLIXENE , Tragédie ; ESAU ou LE CHASSEUR & HIPSICRATE'E *ou* LA MAGNANIMITE'. Il est aussi l'Auteur du Rudiment qui a pour titre LE PETIT BEHOURT.

BELIARD (*Guillaume*) Sécretaire de la Reine de Navarre en 1578. Il n'est connu que par son Poëme Dramatique, ayant pour titre : LES DELICIEUSES AMOURS DE MARC-ANTOINE ET DE CLEOPATRE.

BELIN , de Marseille , mort à Paris, Bibliothécaire de la Duchesse de Bouillon en 1705. Il étoit joueur & tailloit au Pharaon. Sa Tragédie de MUSTAPHA & de ZEANGIE , eut un grand succès. Il eut la complaisance d'en suspendre les Représentations pour laisser jouer celle de SAUL de l'Abbé Nadal. Il est aussi l'Auteur d'OTHON & de VONONES , Tragédies. Ces deux dernieres Piéces n'eurent pas de réussite.

BELLAUD , (*Jean Bapt.*) de Provence. Il n'a fait qu'une Bergerie tragique sur les guerres civiles intitulées PHAETON, en 1574.

BELLONE (*Etienne*) de Touraine , vivoit en 1621. On ne le connoît que par sa Tragédie intitulée LES AMOURS D'ALCMEON ET DE FLORE.

BENES N , vivant en 1634. Il n'a fait qu'une Piéce intitulée LUCIANE *ou* LA CREDULITE' BLAMABLE : elle est extraordinairement rare & on la ne trouve plus.

BERTAUD , il étoit le frere ou le neveu de Madame de Motteville dont on a des Mémoires. On a de lui le dessein d'un Ballet & une petite Comédie en 1 Acte en Vers qui a pour titre LE JUGEMENT DE JOB ET D'URANIE. Il vivoit en 1654.

BERTRAND , (*François*) Avocat en 1617. On est en doute si la Tragédie de PRIAM ROY DE TROYES est de lui ou de son frere. On trouve un Quatrain à la tête de la Piéce à l'honneur de l'Auteur.

BIDARD , Auteur de la Tragédie d'HIPPOLYTE , dédiée au Maréchal d'Humieres, & jouée à Lille par les Comédiens de M. le Duc. vivoit en 1676.

BIENVENU. (*Jacques*) Il n'est connu que par la Tragédie apocalyptique LE TRIOMPHE DE J. C. & par une Satyre qui est à la suite de la Comédie qui a pour titre LE PAPE MALADE. Il vivoit en 1562.

BIGRE. (*le*) On le connoît par deux Tragi-Comédies , intitulées LE FILS MALHEUREUX ET ADOLPHE , en 1650.

BISSON DE LA COUDRAYE. (*Jeanne*) Elle a donné le Martyre ou LA DECOLATION DE S. JEAN Tragédie en 1705.

BLONDEL , *Pierre Marin* ou *Pierre* LANGLOIS *sieur de Balestat*, nom supposé, en 1583. Il étoit de Loudun : on sçait qu'il est l'Auteur de quelques Comédies par une Ode qu'il composa sur la mort de Jean de la Feruse ; cette Ode est à la page 150 de l'édition *in-4°*.

BOINDIN , (*Nicolas*) associé vétéran de l'Académie Royale des Inscriptions , & ci-devant Procureur du Roi au Bureau des Finances, né à Paris en 1676. mort dans la même Ville le premier Décembre 1751. C'étoit un homme de beaucoup d'esprit , qui parloit bien ; mais avec trop d'emphase & de prétention ; ce qui a fait dire à *Rousseau* (en parlant de lui) *j'aime mieux un sot qui m'ennuye, qu'un homme d'esprit ennuieux.*

BOIS , (*du*) Auteur d'une seule Comédie , représentée à Marseille , ayant pour titre LE JALOUX TROMPÉ. Il vivoit en 1714.

BOIVIN (*Jean*) de Montreuil d'Argile , de l'Académie Françoise. Il a traduit l'OEDIPE de *Sophocle* & les OISEAUX d'*Aristophane*. Il mourut à Paris le 29 Octobre 1726 , âgé d'environ 65 ans.

BONPART DE ST. VICTOR , vivoit en 1667. La Tragédie qu'il a composée est intitulée ALCIMENE , elle étoit autrefois dans la Bibliotéque de M^e. de *Verruë*.

BORE'E de *Savoye*. On soupçonne qu'il étoit de ce Duché , & attaché à quelque grand Seigneur de cette Cour-là en 1627. Il est l'Auteur des Tragédies suivantes : RHODES SUBJUGUE'E , BERAL VICTORIEUX , ACHILLE VICTORIEUX , TOMYRE VICTORIEUSE , & LA JUSTICE D'AMOUR.

BOSQUET , Avocat à Rouen. Il étoit Normand de nation ; il a fait plusieurs Piéces de Théâtre dont il ne reste pas même les titres. C'est ce qu'on apprend par des vers de sa façon , faits en 1627.

BOUCHER. Il n'a fait qu'une Comédie qui a pour titre CHAMPAGNE LE COEFFEUR , en 1673.

BOUCHET (*René*) Sieur d'Ambillou en 1600. Il exerçoit une petite Charge de Judicature en Province. Il est Auteur d'une Pastourelle intitulée SIDERE. Il avoit un frere nommé *Jacques* , Avocat en Bretagne qui étoit aussi Poëte.

BOULANGER , (*le*) sieur de *Chalussay*. Il n'est connu que par deux Comédies , la première ELOMIRE HIPOCONDRE , ou LES MEDECINS VANGE'S en 5 Actes en Vers. La seconde en Prose , L'ABJURATION DU MARQUISAT. Il vivoit en 1670.

BOURRE'E , (*Michel*) sieur de *la Laporte* , Avocat au Mans en 1584. Il a composé plusieurs Tragédies & Comédies en françois & une Tragédie en latin sur la mort du Duc de *Guise* , tué par *Poltrot* de *Meray*.

BOURLE' , (*Jacques*) Docteur en Théologie , Professeur en Sorbonne , Curé de S. Germain le Vieux. Né à Longmesnil au Diocèse de Beauvais. Il a traduit en Vers six Comédies de Terence en 1584. qui n'ont pas été imprimées. *Beauchamps* indique un *Jean Bourlier* vivant en 1556. qui a aussi traduit en Prose six Comédies du même Auteur Grec. Ne seroit-ce pas le même ?

BOURRON , (*H. D. Coignée de*) vivant en 1620. Il est Auteur de la *Pastorale d'*Iris en 5 Actes , dédiée à Madame de *la Becherelle* Gouvernante des Filles de la Reine.

BOURZAC , (*de*) Il n'est connu que par la Tragi-Comédie de l'Esclave couronne'e. Cette Esclave a pour nom , *Iphilenie.* Il vivoit en 1638.

BOUSSY (*Pierre de*) Il étoit de Tournai , il a fait une Tragédie qui a pour titre Meleagre , en 1582.

BOUVOT , (*Antoine-Girard*) Né à Langres , Auteur de la Tragédie de Judith *ou* l'Amour de la Patrie , en 1649.

BOYS , (*Jacques du*) de *Peronne* , Auteur d'une Piéce qui a pour titre Comedie et Rejouissance de Paris sur les Mariages du Roi d'Espagne & du Prince de Piedmont avec les Princesses de France *Elisabeth & Marguerite* fille & sœur de Henri II. en 1559.

BRACH , (*Pierre de*) Il n'est connu que par une *Pastorale* , ayant pour titre Aminte , tirée de l'Italien. Il vivoit en 1584.

BRETON (*Jean de*) sieur de *S. Sauveur.* Il étoit de *Dyne* & Auteur d'une *Tragédie* à huit Personnages : il vivoit en 1561.

BRETON , (*Gabriel le*) Seigneur de la Fon : sa devise étoit *mas honra que vida.* Il avoit été dans sa jeunesse Avocat au Parlement de Paris. Il aimoit une jeune personne pour laquelle il fit un Livre de Sonnets & d'Elegies. Ses Poëmes Dramatiques sont Adonis , Tobie , Carite *ou* l'Epoleme , Didon , Dorothe'e , le Ramoneur Comédie , & peut-être les Ramoneurs Comédie , il vivoit en 1587.

BRIDARD , il n'a fait qu'une Tragi-Comédie Pastorale intitulée Uranie , dont il dit lui-même beaucoup de bien dans l'avis au Lecteur qui est à la tête de cette Piéce. Il vivoit en 1631.

BRINON , on ne le connoît que par deux Piéces , dont l'une est intitulée Baptiste *ou la* Calomnie , Tragédie , & l'autre l'Ephesienne , Tragi-Comédie.

BRISSET (*Roland*) sieur du *Sauvage* , Avocat & Gentilhomme. La Croix-du-Maine qui connoissoit cet Auteur ne dit point qu'il fut Gentilhomme. Les Tragédies de *Brisset* , sont : Hercule furieux , Thieste , Agamemnon , Octavie , Baptiste , la Dieromene , *ou* le Repentir d'Amour , *& les* Etranges et merveilleuses traverses d'Amour. Il vivoit en 1690.

BROSSE , il n'est connu que par ses Ouvrages , qui sont la Stratonice , *Tragi-Comédie* ; les Innocens coupables , *Comédie* ; les Songes des Hommes eveille's , *Comédie* ; le Curieux impertinent , le Turne de Virgile , & l'Aveugle clairvoyant , *Comédie en 5 Actes en Vers.* Il vivoit en 1645.

BROSSE (*la*) vivoit en 1591. On n'a aucun renseignement sur la vie de cet Auteur. Il n'a fait que la Pastorale d'Aminte.

BROUSSE (*François Bernier sieur de la*) Ses Ouvrages Dramatiques sont l'EMBRION ROMAIN , *Tragédie* , LES HEUREUSES INFORTUNES , *Tragi-Comédie* ; une *Bergerie* en Profe & en Vers , & une autre *Bergerie* en Quatrains françois. Cet Auteur avoit de l'esprit, mais il entendoit mal le Théâtre. Il vivoit en 1617.

BRUEYS, (*Claude*) Il n'a fait que trois Comédies fans titre , toutes en cinq Actes : elle font imprimees dans la premiere partie du Recueil qui a pour titre *Jardin Deys muros Provencalos* en 1628.

C

CADET , (*Louis*) Il n'eft connu que par une Tragédie qui a pour titre OROMAZEZ. Il vivoit en 1651.

CAILLET , (*Benigne*) On ne fçait aucune particularité de fa vie. Il n'a fait qu'une Tragédie Sainte intitulée LES SAINTS AMANS , *ou* LE MARTYRE DE SAINTE JUSTINE ET DE SAINT CYPRIEN , en 1700.

CASE, (*la*) vivoit en 1519. Il eft l'Auteur de deux Tragédies: L'INCESTE SUPPOSE' ET CAMMANE.

CARCAVI , (*l'Abbé*) Il étoit fils d'un Garde de la Bibliothèque du Roi. Il avoit eu l'honneur d'être élevé auprès de M. le Duc d'Orléans Régent. Il étoit né trop indépendant pour faire fa cour & pour ménager comme il l'auroit dû une protection fi puiffante. Il s'avifa fur la fin de fa vie de donner dans le Théâtre : de deux Piéces qu'il a faites, il n'y a que LA COMTESSE DE FOLLENVILLE qui ait été jouée. Il mourut le 25 Février 1725. âgé d'environ foixante ans.

CAURES *ou* SCAURES. (*Jean des*) *Duverdier* dit que cet Auteur étoit de Moreand , *la Croix-du-Maine* de Moreul , & *Colletet* nous apprend qu'il étoit Curé de Pernay près d'Amiens en 1584. *des Scaures* n'a fait que la Tragédie de DAVID COMBATTANT GOLIATH.

CAUX , (*Gilles de*) Ecuyer né en 1682. à *Ligneris* , Village de la Généralité d'*Alençon* en Baffe - Bretagne. Il defcendoit du grand *Corneille* par fa mere. Madame la Princeffe de *Conti* & M. le Préfident *H.* l'ont toujours protégé. Il mourut fubitement au mois de Septembre 1733. à l'âge de 51 ans. Il n'a fait que deux Piéces de Théâtre , MARIUS ET LISIMACHUS , encore n'avoit-il pas fini la feconde, c'eft fon fils qui l'a achevée & qui l'a mife au Théâtre.

CHABROL. Sans fa Paftorale intitulée L'ORIZELLE *ou* LES EXTREMES MOUVEMENS D'AMOUR , il feroit entiérement ignoré. Il vivoit en 1663.

CHALIGNY DES PLAINES , (*François de*) Il eft mort de la petite vérole au mois de Septembre 1723. Il eft Auteur d'une Tragédie intitulée CORIOLAN , qu'il fit jouer un an auparavant.

CHAMPMESLE', (*Charles Chevillet de*) étoit de Paris , Auteur & Comédien de la Troupe Royale , fils d'un Marchand de Rubans fur le Pont au Change , mari de la célébre Actrice dont les talens ont été applaudis jufqu'au dernier moment qu'elle a paru fur la Scene. Mourut fubitement le 22 Août 1701. en fortant du cabaret.

CHANTELOUVE , (*François de*) Gentilhomme de Bourdeaux , & Chevalier de Saint Jean de Jerufalem. Il eft l'Auteur des Tragédies de GASPARD DE COLIGNY & de PHARAON. Le nom de fa famille étoit *Groffombre*. Il vivoit en 1576.

CHAPOTON. Il étoit déia avancé en âge quand il compofa fa Tragédie d'ORPHE'E ; ce qu'on apprend par ce Vers de *Colletet* :

J'aime le vol tardif de ta Mufe naiffante.

Il vivoit en 1638.

CHAPPUIS. Connu par une Comédie intitulée l'AVARE CORNU , dont il eft l'Auteur en 1580.

CHARENTON. Auteur de deux Tragédies, dont l'une eft intitulée , LA MORT DE BALTAZARD , ROI DE BABYLONE , & l'autre PTOLOME'E. Il vivoit en 1662.

CHATEAUNEUF. A. P. P. On a quelque raifon de foupçonner qu'il Comédien de M. le *Prince* en 1663. Il eft l'Auteur d'une Comédie en 1 Acte , qui a pour titre , LA FEINTE MORT DE PANCRAÇE.

CHATEAUVIEUX (*Côme de la Gambe , dit*) Valet de Chambre du Roi *Charles IX.* en 1580. Ses Piéces de Théâtre font, LE CAPITAINE BOUBOUFLE, *Comédie* ; JODE'S, *Comédie* ; ROMEO ET JULIETTE , *Comédie* ; EDOUARD , *Tragédie* ; ALAIGRE , *Tragédie* ; & plufieurs autres Tragédies & Comédies dont on ne fçait pas les noms , & dont aucune n'eft imprimée.

CHAUMER (*Charles*) Auteur d'une feule Tragédie , intitulée : LA MORT DE POMPE'E en 1638.

CHAZETTE. On lui attribue la Tragédie de DON RAMIRE , & ZAÏDE , donnée en 1728.

CHERIER , Avocat. Il n'eft connu que fort imparfaitement. On croit qu'il eft l'Auteur de la Comédie intitulée LES BARONS , *ou* LES COPIEUX FLECHOIS en 1664.

CHEVALIER. Sans fa Paftorale de PHILIS , on ne fçauroit pas s'il a vêcu. On fçait par-là qu'il vivoit en 1609.

CHEVALIER , Comédien du Marais , Auteur de dix Comédies, qui font affez médiocres. *Chapuzeau* dit dans fon Théâtre François que ce Comédien mourut avant l'année 1573.

CHEVREAU (*François*) On croit qu'il étoit Prêtre de Saint Gervais en 1637. Il a fait une Tragédie , intitulée LE MARTYRE DE SAINT GERVAIS.

. CHILLAC (*Thimothée*) Il étoit du Languedoc, & Juge des Gabelles de Beaucaire en 1579. On n'a de cet Auteur qu'un Sonnet, d'un auſſi mauvais goût que ſingulier.

CHRETIEN (*Nicolas*) Sieur des *Croix*, d'*Argentan* en Normandie. Ses Piéces de Théâtre ſont, LES PORTUGAIS INFORTUNE´s, *Tragédie* ; AMNON ET THAMAR, *Tragédie* ; ALBOUIN, ou LA VENGEANCE, *Tragédie* ; & LE RAVISSEMENT DE FLORISE, *Paſt.* Il vivoit en 1608.

CLEVES (*Henriette de*) Heritiére & fille de *François de Cleves*, Duc de *Nevers*, & femme de *Louis de Gonzague*, Prince de *Mantoue*. Elle avoit infiniment d'eſprit, & étoit fort ſçavante : elle a traduit en 1584 l'AMINTE du *Taſſe*.

COLOMBE (SAINTE) Auteur du *Poëme Dramatique* qui a pour titre, LE JUGEMENT DE N. S. EN FAVEUR DE M. MAGDELAINE CONTRE MARTHE SA SŒUR en 1651.

COLONIA, (le Pere) Jéſuite à Lyon en 1593. Il eſt Auteur d'une Comédie, intitulée LA FOIRE D'AUSBOURG, & de quatre Tragédies, JUBA, JOVIEN, ANNIBAL, & GERMANICUS.

COMTE. Sans ſa Tragédie de DORIMENE, il ne ſeroit pas connu. Il vivoit en 1632.

COQ (*Thomas* LE) Prieur de la Trinité de Falaiſe & de Notre-Dame de Guibray. Il eſt Auteur d'une Tragédie, intitulée LE MEURTRE DE CAEN en 1580.

CORAS. Il étoit ami de *le Clerc*, auquel il diſputa cependant la Tragédie d'IPHIGENIE, dont il ſe diſoit l'Auteur. Il vivoit en 1676.

COSTE (DE) vivoit en 1532. Il n'eſt connu que par une Comédie Paſtorale, intitulée LISIMENE, qui eſt en 5 Actes en Vers.

COTIN (*Charles*) Aumônier du Roi. Il eſt plus connu par la place que *Deſpreaux* lui a donnée dans ſes Satyres, que par ſes ouvrages. Il vivoit en 1632.

COTTIGNON (*Pierre*) Sieur de la *Cheſnaye*, Ecuyer. Etoit grand imitateur des Anciens. Il y a eu en 1630 un Sécretaire de la Reine mere de ce nom, que le Comte de *Brienne* employa pour engager cette Princeſſe à obéir au Roi.

COURTIN (*Jacques*) Sieur de *Liſle*. On ignoreroit juſqu'à ſon nom, ſans une Bergerie qu'il a faite en 1584, à la tête de laquelle il eſt placé.

COUSIN (*Gilbert*) Né à *Nozeret* en Franche-Comté en 1505. On ne connoît de lui que l'extrait d'une Tragédie, intitulée L'HOMME AFFLIGE´. Il paſſoit dans ſon tems pour être un grand Théologien, & pour avoir beaucoup d'érudition.

CROIX (*Pierre* DE LA) vivoit en 1664. Auteur d'un ouvrage qui a pour titre, LA GUERRE COMIQUE, ou LA DEFENSE DE L'ECOLE DES FEMMES.

CROIX (*Antoine* DE LA) On ne sçauroit pas qu'il a vêcu, sans une Tragi-Comédie dont il est l'Auteur, qui a pour titre : LES ENFANS DANS LA FOURNAISE, en 1561.

CROIX, (*Sr de la*) Avocat en Parlement. Deux Tragi-Comédies nous apprennent qu'il vivoit en 1627. elles ont pour titre LA CLIMENE, & L'INCONSTANCE PUNIE *ou la* MELANIE.

CROSNIER, connu par une Comédie intitulée L'OMBRE DE SON RIVAL, en 1683.

CROS. (*Simeon du*) On lui donne la FILIS DE SCIRE, traduite de l'Italien, dont il a fait une seconde édition fort différente de la premiere, en 1630.

D

DALGALIERS, (*Pierre de Laudun*) Languedocien, fils de *Raimond de Laudun*, Juge du temporel de l'Evêché d'*Usez*. Il est l'Auteur des Tragédies intitulées LE MARTYRE ST SEBASTIEN & LES HORACES, il a fait aussi une POETIQUE & une FRANCIADE, où il est peint à l'âge de 23 ans, il vivoit en 1596.

DANCHET, (*Antoine*) de l'Académie Françoise. Etoit né en Auvergne en 1677. de très-bonne famille, c'étoit un fort honnête homme, dont les mœurs étoient douces, qui a mené une vie simple & unie, & qui a toujours été fort considéré. Il a fait pour le Théâtre François quatre Tragédies : CYRUS, LES TINTARIDES, LES HERACLIDES & NITHETIS. Il est aussi l'Auteur de quelques Operas très-estimés. Il est mort au mois de Février 1748. âgé de 77 ans.

DENIS (*Jacques*) de l'Académie de Ricovrati. On sçait qu'il étoit Avocat au Parlement en 1679. & qu'il a fait une Comédie qui a pour titre LES PLAINTES DU PALAIS.

DESCHAMPS (*François Michel Chretien*) né en 1683, fils d'un Gentilhomme de la Province de Champagne, qui étoit Capitaine de Cavalerie. Se trouvant en bas âge, quand il perdit son pere, il fut obligé de prendre le parti de l'Eglise ; mais l'éloignement qu'il marqua quelques années après pour cet état, fit consentir sa mere à le laisser entrer dans le Service. Il ne fit qu'une campagne, après laquelle il se retira en 1703. Il se maria en 1720. Se trouvant sans fortune dans les suites, il sollicita de l'emploi, & en obtint un dans le Dixiéme.. Il profita alors de son loisir & fit plusieurs ouvrages. Son penchant pour l'étude des Belles-Lettres n'empêcha point celui qu'il avoit pour les femmes : il eut deux maîtresses, & en eut des enfans. Quelques années avant sa mort, il se mit dans l'esprit qu'il étoit attaqué d'une obstruction au foye, & il eut la sotise de vouloir être son Médecin, dans la prévention de sa capacité prétenduë, il prit tant de remèdes différens, & tant de lavemens tous les jours, qu'il se rendit réellement malade; il en mourut au bout de dix mois, le 10 Novembre 1747, âgé de 64 ans.

DEVIN, (*Antoine le*) Sieur de la Roche , du Tronchai , Auteur de trois Tragédies, sçavoir JUDITH , ESTHER & SUZANNE ; mais elles n'ont point été imprimées. Mort au mois de Janvier 1570.

DIDIER (SAINT) d'*Avignon* dans le Comtat. On a de cet Auteur une Tragi-Comédie en 3 Actes ; qui a pour titre : l'ILLIADE ; elle est imprimée à la suite du *Voyage du Parnasse*. Il vivoit encore en 1736.

DIGNÉ (*Nicolas* LE) Sieur de Condes. On lui attribue ARSACE', *Comédie* , & deux Tragédies, qui sont HERCULE OETEUS & JEPHTE'. On ignore si ces Piéces sont imprimées. Il vivoit en 1584.

DISCRET. Tout ce qu'on sçait de ce Poëte , c'est qu'il est l'Auteur d'une Comédie qui a pour titre, ALISON , & qu'il étoit encore vivant en 1637.

DESMARES avoit une si grande passion pour le Théâtre, qu'il étoit rare qu'il manquât un jour de Comédie. Il n'a fait que MERLIN DRAGON , & il fut si content de la réussite de sa Piéce , qu'il ne voulut pas hazarder l'événement d'une seconde. Il avoit été Officier chez le grand Condé; il mourut dans un âge fort avancé, environ en 1715, ou en 1716.

DONEAU (*François*) Il est l'Auteur d'une Comédie , intitulée LA COCUE IMAGINAIRE , *ou* LES AMOURS D'ALCIPE ET DE CEPHISE. Il ne faut pas le confondre avec *Jean Dauneau de Visé*. Il vivoit en 1662.

DORIMONT , Auteur & Comédien, épousa par inclination une Actrice de *Mademoiselle*, qui se mêloit aussi de faire des Vers. Il est l'Auteur de neuf Comédies, dont plusieurs ont réussi. Il vivoit encore en 1661. *Voyez les Acteurs.*

DROUHET (*Jean*) Apoticaire à Saint-Maixent. Les Comédies dont il est l'Auteur sont en langue Provençale , & c'est par cette raison qu'on n'en a point fait mention dans cet ouvrage. Il vivoit en 1661.

DUBOIS (*Jacques*) On a de lui une Comédie qui a pour titre : REJOUISSANCE DE PARIS SUR LES MARIAGES DU ROI D'ESPAGNE ET DU PRINCE DE PIEMONT , &c. Il etoit encore vivant en 1559.

DUBOIS , Médecin , étoit d'Amiens. Il est l'Auteur de la petite Comédie du JALOUX TROMPE' , qui fut jouée à Marseille en 1714.

DUCHAT (*François le*) de Troyes en Champagne. On n'a de lui que deux Tragédies, AGAMEMNON & SUZANNE. Il vivoit en 1561.

DURAND (Me.) Toutes les Piéces qu'elle a composées ont chacune pour sujet un Proverbe. Elle est connue par beaucoup d'autres ouvrages. On sçait qu'elle étoit encore vivante en 1699.

DURVAL. On apprend par l'Epître Dédicatoire de la Tragédie des TRAVAUX D'ULYSSE , dont il est l'Auteur, qu'il passa au service du Duc de *Nemours* , lorsqu'il la fit représenter. Vivant en 1631.

E

ENNETIERES (*Jean*) Chevalier , Seigneur de Beaumé. On ne le connoît que par une Comédie , intitulée SAINTE ALDEGONDE , qu'il a dédiée à *Louise* de Lorraine, de l'Ordre des Capucines à Douai en 1645.

ESPANAY (LESAULX D') La Tragédie qui a pour titre L'ADAMANTINE *ou* LE DESESPOIR, est la seule Piéce que l'on trouve de cet Auteur, qui vivoit vers l'année 1608.

ESTIVAL (*Jean d'*) On ignoreroit qu'il a existé , sans la Pastorale intitulée LE BOCAGE D'AMOUR , où son nom est placé. en 1608.

F

FABRICE , dit le Capit. Cocodrille. On ne connoît cet Auteur que par une Comédie en Prose , intitulée ANGELIQUE , traduite de l'Italien & de l'Espagnol en 1599.

FAULCONIER (*Simeon*) Médecin , connu par une Epitaphe que cite *Prevost du Dorat* , par laquelle on apprend que cet Auteur a fait des Tragédies & des Comédies en 1612.

FAVRE (*Antoine*) Premier Président du Parlement de Chambery , pere de *Claude Favre de Vaugelas* , si connu dans la République des Lettres. Il accompagna à Paris le Cardinal Prince de Savoye en 1619. où il se maria , & où il obtint une pension de 2000 liv. pour un de ses enfans. Il est l'Auteur d'une Tragédie intitulée LES GORDIANS ET MAXIMINS , *ou* L'AMBITION.

FAURE , la Tragédie de MANLIUS TORQUATUS est la seule Piéce qu'on attribue à cet Auteur. Il vivoit en 1662.

FAYOT (L. *du*) On n'a de lui que la Tragédie qui a pour titre LA NOUVELLE STRATONICE & L'AMOUR FANTASQUE , *Tragi-Comédie* , en 1657.

FERTE' , (*le Chevalier de la*) LE CARNAVAL DE LYON , & LES COMEDIENS DE CAMPAGNE , deux Comédies sans date , le mettent au rang des Auteurs Dramatiques. Il vivoit en 1699.

FEVRE. (*le*) Il est l'Auteur de la Tragédie d'ACHILLE , jouée au Collége d'Harcourt , en 1563.

FEVRE. (*le*) Curé de Paris. La Tragédie intitulée EUGENIE est la seule Piéce qu'il a fait , en 1678.

FILLEUL , (*Nicolas*) né à Rouen , prenoit le nom Latin de *Nicolaus Fillillius Guercetanus* , à ce que dit La Croix-du-Maine. Ses Piéces de Théâtre sont ACHILLE , *Tragédie* ; LUCRECE , *Tragédie* , & LES OMBRES , *Comédie*. Il vivoit en 1563.

FONTENY, (*Jacques de*) Confrere de la Paſſion, Auteur de la CHASTE BERGERE, du BEAU PASTEUR & de la GALATE'E DIVINEMENT DELIVRE'E, toutes Paſtourelles, en 1587.

FORGE (*Jean de la*) Auteur d'un Dialogue intitulé le CERCLE DES FEMMES, dans lequel on trouve les noms de toutes les Sçavantes qui fleuriſſoient en 1664.

FRENICLE, (N.) Conſeiller du Roi & Général de la Cour des Monnoyes. On a de lui PALEMON, *Fable bocagere* ; NIOBE', *Tragédie* ; & LA FIDELE BERGERE. Il eſt encore Auteur de *Paraphraſes ſur quelques Pſeaumes*, imprimées ou compoſées en 1638.

G

GAULCHE' (*Jean*) On n'a de cet Auteur qu'une Tragi-Comédie intitulée L'AMOUR DIVIN, en 1601.

GAULTIER (*Albin*) Apoticaire à Avranches; Auteur d'une Paſtorale en 5 Actes en Vers, intitulée, L'UNION D'AMOUR ET DE CHASTETE', en 1606.

GENETAY (*Octave-Céſar*) ſieur de la *Gille Berdiere*, Auteur de la Tragédie qui a pour titre L'ETHIOPIQUE *ou* THEAGENE, en 1608.

GERLAND, Gentilhomme de Breſſe. MONTGOMERY Tragédie allégorique aux troubles de la France depuis la mort d'Henri II. eſt de la compoſition de cet Auteur, ainſi que les diſcours intitulées LA RELIGIEUSE ET LE PURGATOIRE, en 1573.

GERMAIN (*St*) Auteur du GRAND TIMOLEON DE CORINTHE, *Tragi-Comédie*, & de SAINTE CATHERINE, *Tragédie Sainte*, en 1641.

GIBOUIN (*Gilbert*) de *Montargis*. Il jouoit de la Harpe, & étoit grand Arithméticien. Il eſt l'Auteur DES AMOURS DE PHILANDRE ET DE MARISE'E, *Tragi-Comédie*, en 1619.

GILLES (*l'Enfant de Saint*) Officier de Cavalerie. Auteur de la *Tragédie* d'ARIARATHE, & frere du Brigadier, de ce nom, de la premiere Compagnie des Mouſquetaires, dont on a imprimé un Recueil ſous le titre de la *Muſe Mouſquetaire*. Il avoit été dans ſa jeuneſſe Lieutenant de Cavalerie dans le Régiment de *Biſſy*. Il fut écraſé ſous les Rouës d'un Caroſſe, au mois de Septembre 1745, à l'âge de 86 ans.

GIRAUD (*Antoine*) Auteur du PASTEUR FIDELE, *Paſtorale en Proſe*. en 1623.

GLAS (*Pierre DE SAINT*) Abbé de *Saint Uſſans*. On ne connoît de lui que la *Comédie* qui a pour titre les BOUTS-RIME'S, en 1682.

GOUGENOT de *Dijon*. LA FIDELLE TROMPERIE, *Tragi-Comédie*, & LA COMEDIE DES COMEDIENS ſont les Piéces qui donnent lieu d'en faire mention. Il vivoit en 1633.

GRAND (*Alexandre* LE) Sieur d'*Argicourt* , Auteur de la *Tragédie* intitulée : LE TRIOMPHE DE SAINTE REINE , en 1671.

GRANDCHAMPS. Il n'a composé que la Tragédie d'OMPHALE , en 1636.

GRANGE (*Guillaume* DE LA) de Sarlat en *Perigord*. On n'a de lui que la *Tragédie* de DIDON , en 1582.

GRANGE (*Isaac* DE LA) a traduit de l'Italien le DEDAIN AMOU-REUX , qu'il a dédié à Mademoiselle *Destioles* , en 1612.

GRANGIER (*Baltazard*) On ne connoît de cet Auteur qu'une Tra-duction , en Rimes Françoises , de la *Comédie* de DANTE , DE L'ENFER , DU PURGATOIRE & DU PARADIS , en 1596.

GRAS (*Philippe* LE) Aumônier du Roi , Curé de *St. Martin* ; Auteur d'un Discours tragique sur la *Passion de N. S. J. C.* en 1674.

GRENAILLE (*François* DE) Sieur de *Chatonnieres* , connu par la *Tragédie* intitulée , L'INNOCENT MALHEUREUX , OU LA MORT DE CRISPE , dédiée au Vicomte de *Pompadour* , Capitaine aux Gardes , en 1639.

H

HABERT (*François*) fils d'un Officier du Roi. Etoit d'*Issoudun* , & de la famille de *Montmort* , déja connuë dans la République des Lettres. *Mellin de St. Gelais* fut son protecteur auprès du Roi *Henri II.* LE MO-NARQUE , *Comédie* , est la seule Piéce qu'on connoisse de cet Auteur. Il vivoit en 1558.

HAMEL (*Jacques*) Avocat au Parlement de Normandie , Auteur de la *Tragédie* d'ACOUBAR OU LA LOYAUTÉ TRAHIE , en 1586.

HAYS (*Jean*) Conseiller au Siége Présidial de *Rouen* , né au *Pont de l'Arche.* C'est le seul Auteur qui ait hazardé une *Tragédie* en 7 *Actes* (CAMMATE) & cet exemple n'a pas été suivi. Il vivoit en 1597.

HEINS. LE MIROIR DES VEUVES , *Comédie* en 1596 , est la seule Piéce qu'on ait de cet Auteur.

HEUDON (*Jean*) C'étoit l'ami intime de *Jean Godard.* On a de lui la *Tragédie* de SAINT CLOVAND , en 1598.

I

JARDIN (*Roland* du) Sieur des *Roches* , il étoit de Paris , & frere d'un Trésorier du Roi *Henri III.* Il est l'Auteur d'une *Eglogue* qui a pour titre : LE REPENTIR AMOUREUX , qu'il dédia à sa Maîtresse. On lui atribue encore LES AVEUGLES D'EPICURE , qu'on met sous l'an-née 1591.

JARS (*Louis le*) Sécretaire de la Chambre du Roi *Henri II.* en 1576. Auteur de la *Tragédie* de LUCILLE. Il insinue, dans la Préface de cette Piéce, que toutes les Comédies devroient être écrites en Prose, & que c'est le style qui leur convient le mieux.

JESSE'E (*Jean* DE LA) Sécretaire de la Chambre du Duc *François d'Alençon*, frere du Roi. Né à *Mauvaisin* en *Gascogne* en 1552. Il est l'Auteur de plusieurs Tragédies dont on ignore les titres. Ses œuvres Poëtiques ont été imprimées à *Anvers* en 1583. *in-4*.

JOBERT, La *Tragédie* de BALDE, Reine des *Sarmates*, en 1551. est la seule Piéce qu'on ait de lui.

L

LAMBERT. Les Piéces de Théâtre de cet Auteur sont, LA MAGIE SANS MAGIE, LES SŒURS JALOUSES, LE BIEN PERDU & LES RAMONEURS, *Comédies*. Il vivoit en 1660.

LANCEL (*Antoine*) Maître d'Ecole Françoise à Erizée. LE MIROIR DE L'UNION BELGIQUE, *Tragi-Comédie* en 1604, est la seule Piéce qu'on ait de cet Ecrivain.

LA RIVEY étoit de *Troyes* en *Champagne*. La traduction des *huit dernieres nuits de Staparole* est le premier ouvrage qui le fit connoître : il est le premier qui ait mis au Théâtre des Piéces de pure invention & qui ait fait des Comédies en Prose ; il en a composé plusieurs qui ont pu le faire admirer dans le tems où il vivoit : il a fait ses trois dernieres Piéces en 1611.

LAVAL, (*Mathieu de*) Auteur d'une Pastorale imitée de l'Arioste intitulée *Isabelle*, en 1576.

LAVARDIN. (*Jacques de*) La Tragi-Comédie qui a pour titre LA CELESTINE *ou* CALISTE & MELIBE'E est la seule Piéce qu'on connoît de cet Auteur qui vivoit en 1578.

LAURIERS (DES) *ou* BRUSCAMBILLE, Auteur & Comédien. Il a fait un Recueil intitulé *lesfantaisies de Bruscambille*. Il vivoit encore en 1634. *Voyez les Acteurs.*

LEGER (*Louis*) premier Régent du Collége des Capettes, fut mis à la Conciergerie par Arrêt du Parlement le 23 Août 1594. pour avoir voulu faire jouer sans permission la Tragédie de CHILPERIC II. Roi de France.

LIMIERS, (*H. P. de*) Docteur en Droit ; a traduit les Oeuvres de *Plaute*, en latin & en françois, en 1719. mais en exceptant les Piéces que Madame *Dacier* avoit déja traduites.

LINAGE, (*le Pere*) Jésuite. Il a traduit toutes les Piéces de Sénéque en 1647. sous le titre de *Théâtre de Sénéque.*

LONCHAMPS, (*Pitel*) souffleuse de la Comédie Françoise, sœur de Mlle *Raisin*. Elle a fait la petite Piéce de TITA-POUF *ou* LE VO-LEUR. Voyez *Tita-pouf* dans le Dictionnaire.

LORENS, (*Charles du*) Auteur des Nouvelles Littéraires en Lettres & en Vers & de quelques Satyres, en 1689.

LORET, (*Jean du*) étoit de *Carentan*; il se fit connoître par un *Recueil de Pensées* qu'il publia en 1647. il est l'Auteur des Lettres en Vers adressées à plusieurs personnes de la Cour, dans lesquelles il rendoit compte de tout ce qui se passoit. La derniere est du 28. Mars 1667. *Du Lorens* lui succéda dans cet emploi littéraire.

LORIANDE, (*Olry de*) Ingénieur du Roi. LE HEROS TRE'S-CHRETIEN, *Poëme Dramatique*, en 1659. est le seul ouvrage que l'on connoisse de cet Auteur.

M

MAINFRAY (*Pierre*) de Rouën. Ses Ouvrages Dramatiques sont : LES FORCES INCOMPARABLES ET AMOURS DU GRAND HERCULE, CYRUS TRIOMPHANT, LA RHODIENNE, *Tragédies*, & une *Comédie*, intitulée LA CHASSE ROYALE. Il vivoit en 1619.

MANSUET (*le Pere*) *Capucin*, Auteur de L'HEUREUX DE'GUISE-MENT, *ou* PHILEMON ET APPOLLONE, MARTYRS, *Tragédie*, dédiée à *Jacques II*. Roi d'Angleterre, en 1675.

MARCASSUS (*Pierre de*) Avocat en Parlement en 1648. L'ERO-MENE, *Pastorale*, & LES PECHEURS ILLUSTRES, *Tragi-Comédie*, sont les ouvrages Dramatiques de cet Auteur.

MARCE' (*Roland de*) Lieutenant-Général du Baugé; Auteur d'une Tragédie intitulée, ACHAB, en 1601.

MARCEL. Il n'a fait que la *Comédie* du MARIAGE SANS MARIAGE, en 1672,

MARESCHAL (*Antoine*) Avocat en Parlement. Il vivoit en 1630. Le nombre de Piéces que l'on a de cet Auteur, auroit dû le mieux faire connoître.

MAS (DU) La *Pastorale* de LYDIE, en 1609 est la seule Piéce qu'on ait de cet Auteur.

MATHIEU (*Pierre*) Historiographe de France, & Avocat au Présidial de Lyon, étoit du *Forêt*. On a de lui trois *Tragédies*, ESTER, *ou* AMAN, *ou* VASTI, CLITEMNESTRE, LA GUISIADE, *ou* LE TRIOM-PHE DE LA LIGUE. Il vivoit en 1610.

MAZURES (*Louis* DES) Premier Sécretaire du Duc de Lorraine, Capitaine d'une Compagnie de Chevaux dans le tems des guerres de *Henri II*. & de *Charles-Quint*. Il fut soupçonné de trahison, & fut assez heureux pour se justifier. Il est l'Auteur des *Tragédies* de DAVID COMBAT-TANT, de DAVID FUGITIF, de DAVID TRIOMPHANT d'une *Bergerie* & de JOSIAS, *Tragédie*. Il vivoit en 1566.

MENARD (*François*) Auteur d'une *Paſtorale* , dédiée au Maréchal d'*Ancre* en 1613.

MEOT (*Jean*) Régent au Collége de *Gourdaine* au *Mans* , a compoſé pluſieurs Comédies & Tragédies Françoiſes qui ont été jouées ; mais les titres de ſes Piéces ne ſont pas venus juſqu'à nous. Tout ce qu'on ſçait, c'eſt qu'il vivoit en 1574.

MERMET (*Claude*) Notaire Royal. Il demeuroit à *Lyon* , où il compoſa la *Tragédie* de SOPHONISBE , en 1584.

MILLET (*Jean*) Auteur de trois Piéces , LA CONSTANCE de PHILIN ET DE MARGOTON , *Paſtorale* ; JANIN ou LA HAUDA , *Tragi-Comédie* ; & LA BOURGEOISE DE GRENOBLE , *Comédie*. Vivoit en 1635.

MILLOTET (*Hugues*) Chanoine de Flavigny. Il nous reſte une *Tragédie* de cet Auteur , intitulée, LE CHARIOT DE TRIOMPHE , en 1664.

MONCHAULT (*Pierre* DE) Principal du Collége de *Troyes* ; a compoſé une *Bergerie* ſur la mort du Roi *Charles IX.* & ſur l'heureuſe venuë de *Henri III.* en ſon Royaume en France. Vivoit en 1576.

MONDOT (*Jacques* DE) Religieux de *St. Benoît de la Chaiſe-Dieu* ; Auteur de la Tragédie ſur la Mort de SOPHONISBE DE CARTHAGE , en 1584.

MONLEON , Auteur de trois Tragédies, L'AMPHITRITE , THIESTE , & HECTOR , en 1630.

MONTCHRETIEN , (*Antoine*) *ſieur de* VASTEVILLE , a compoſé ſix Tragédies & une Bergerie. Il vivoit en 1627.

MONTGAUDIER , Auteur d'une Tragédie intitulée NATALIE ou LA GENEROSITE' CHRETIENNE , en 1654.

MORAN , (*le Pere*) Jéſuite à Lyon. On ne connoît de ſes ouvrages Dramatiques que la Tragédie Chrétienne intitulée NEON , dont l'édition eſt chargée de fautes. Il vivoit en 1705.

MOREL , Auteur de la Tragédie intitulée TIMOCLE'E , ou LA GENEROSITE' D'ALEXANDRE , en 1518.

MORELLE , (*de la*) On trouve un grand éloge de cet Auteur dans un Sonnet de *Malherbe*. Il a fait une *Paſtorale* intitulée PHILINE , ou L'AMOUR CONTRAIRE , en 1630.

MORET (*le Pere du*) de la Doctrine Chrétienne , Profeſſeur dans le premier Collége de *Toulouſe* , Auteur de la *Tragédie* qui a pour titre : LE SACRIFICE D'ABRAHAM , qui eſt en 3 Actes , en 1699.

MOTTE , (*de la*) connu par une Tragi-Comédie intitulée : LE GRAND MAGUS , en 1656.

MOUFFLE , Auteur d'une Tragédie Chrétienne intitulée LE FILS EXILE' , ou LE MARTYRE DE S. CLAIR , en 1647.

MOUQUE' , (*J. M. Jean*) de *Boulogne*. Son anagramme eſt , où manquai-je. Il eſt l'Auteur d'une Paſtorale comique intitulée L'AMOUR DEPLUME' , ou la VICTOIRE DE L'AMOUR DIVIN , en 1612.

N

NEEL, connu par une Comédie qui a pour titre L'ILLUSION GRO-TESQUE, *ou* LE FEINT NECROMANCIEN, en 1678.

NEVEU (*Magdelaine*) de *Poitiers*. Elle étoit sçavante & avoit beaucoup étudié. Sa fille Catherine Fradonnet plus connue sous le nom de *Desroches*, étoit spirituelle aimable & avoit une nombreuse cour d'amans, mais elle ne voulut jamais se marier à aucun. La mere & la fille étoient l'honneur de leur siécle, dit *Pasquier*, & leur maison étoit fréquentée par les plus beaux esprits; elles moururent toutes les deux de la peste le même jour en 1587. *de Guersans* Auteur contemporain a publié ses Piéces de Théâtre sous le nom de Catherine des Roches, dont il étoit fort amoureux.

NICOLE, Auteur de la Tragi-Comédie intitulée LE PHANTÔME, en 1656.

NONNANTES, (*de*) Il n'est connu que par la Piéce qui a pour titre L'APRE'S DINE'E DES DAMES DE LA JUIVERIE, en 1722.

NONDON, Auteur de la Tragédie de CYRUS, en 1642.

NORRY, (*Milles de*) Gentilhomme de Chartres, Philosophe & Mathématicien : vivoit en 1584. composa dans sa jeunesse des Tragédies qui ne sont point imprimées : elles furent jouées par *les Enfans sans souci*.

NOUVELLON, (*Nicolas l'Héritier de*) Mousquetaire & Historiographe du Roi, natif de Normandie & neveu du Garde des Sceaux de *Vair*. Il fut obligé de quitter le service à cause d'une blessure considérable qu'il reçut à la guerre. Il exerça la charge de Trésorier des Gardes Françoises jusqu'au mois d'Août 1681. qu'il mourut. Il étoit pere de Mademoiselle *Lheritier* connuë dans la République des Lettres.

O

ORIET (*Didier*) Auteur d'une *Tragédie*, intitulée SUZANE, en 1581.

ORTIGUE (*Pierre D'*) Sieur de *Vaumoriere*. Il étoit d'une fort bonne famille d'*Apt* en Provence; il écrivoit agréablement. On a de lui plusieurs Romans qui eurent de la réputation dans ce tems-là. Il acheva celui de *Pharamond*, de *la Calprenede*; il fut quelque tems au Châtelet, pour dettes, & *Richelet* le lui reproche. Il n'a fait qu'une *Comédie* qui a pour titre : LE BON MARI. Il vivoit en 1678.

OUIN (*Jacques*) natif de *Louviers*, Auteur d'une *Tragédie*, intitulée TOBIE, 1597.

OUVILLE (*Antoine le Metel* Sieur D') Ingénieur & Géographe, vivant en 1651. Il étoit frere de l'Abbé de *Boisrobert*; il a fait un recueil de Contes, dont on a fait autrefois grand cas , & de dix Piéces de Théâtre qui ont été placées dans cet Ouvrage.

P

PAPILLON (*Marc*) Seigneur de *Lasphrise*. Beaucoup plus connu sous le nom de *Lasphrise*. Il est l'Auteur d'une *Tragi-Comédie en 1 Acte*, qui se trouve dans le Recueil de ses œuvres. Il a peint dans un Sonnet toutes les traverses qu'il a essuyées, au nombre desquelles il compte trois ans de rigueurs souffertes pour une inhumaine qui ne répondoit point à son amour. Il mourut en 1599.

PASCAL (*François*) de Lyon , Auteur d'une *Comédie* qui a pour titre : LE VIEILLARD AMOUREUX , en 1664.

PASSERAT , connu par plusieurs Piéces de Théâtre , sçavoir : L'HEUREUX ACCIDENT , *Comédie* ; SEDINUS , *Tragédie* ; LE FEINT CAMPAGNARD , *Comédie* ; AMARILLIS , *Pastorale & le grand Ballet* D'ALCIDE & D'HEBE'. Il vivoit en 1694.

PAUL , (*Gay de Saint*) Recteur de l'Université de Paris , Auteur d'une Tragédie intitulée NERON , d'une Comédie, & d'une Pastourelle de son invention jouée en 1574.

PERCHE , (*du*) Avocat : LES INTRIGUES DE LA VIEILLE TOUR DE ROUEN , *Comédie* , ET L'AMBASSADEUR D'AFRIQUE , sont les seules Piéces que cet Auteur a composées en 1640.

PERRIN (*François*) Chanoine à Autun. Il avoit travaillé à des recherches sur les antiquités de sa patrie en 1589. Les Piéces qui sont restées de cet Auteur sont SICHEM , *Tragédie* ; LES ECOLIERS , *Comédie* ; & la Tragédie de JEPHTE' , qui n'a pas été imprimée.

PERRON , (*Louis le Hayer du*) Procureur au Bailliage d'Alençon & natif de cette Ville ; il est Auteur d'une Tragi-Comédie intitulée LES HEUREUSES AVANTURES & des Piéces morales & chrétiennes , imprimées en 1660. Il étoit de l'Académie de *Caën*.

PESCHIER , (*du*) né à Paris. Il fit une satyre contre *Balzac* sous le titre de LA COMEDIE DE LA COMEDIE, & il la publia sous le nom de BARRY. Il vivoit en 1629.

PETIT , Auteur d'une Comédie intitulée , LA PROMENADE DE SAINT SEVERIN , *ou* LE BANQUIER DUPE' , en 1722.

PHILONE (*Messer*) nom supposé. On a quelque lieu de soupçonner que le vrai nom de cet Auteur est celui de *Louis Desmazures*. Il vivoit en 1556.

PICOU (*Hugues de*) Avocat en Parlement. Il n'a fait que la *Tragédie* intitulée LE DELUGE UNIVERSEL , en 1643.

PINELLIERE (*de la*) Il vivoit en 1635 , & étoit d'Angers : il compofa , étant encore fort jeune , fa *Tragédie* D'HYPOLITE , & il nous apprend dans la Préface de cette Piéce qu'il ne fut que quinze jours à la faire.

PLEIX (*du*) On lui attribue la *Tragédie* intitulée , CHARLES DE BOURGOGNE , en 1645.

PONTOUX (*Claude de*) Médecin. Né à *Châlons fur Saone*. Il a compofé une Piéce intitulée : LA SCENE FRANÇOISE , qui contient trois *Comédies* & deux *Tragédies*. Vivoit en 1569.

POUJADE (*de la*) fieur de la ROCHECUSSON , l'Auteur de la Tragédie qui a pour titre ALPHONSE , *ou* LE TRIOMPHE DE LA FOY , en 1687.

POUJADE , (*la*) neveu de *la Calprenede*. Il tira le fujet de fa Tragédie intitulée PHARAMOND *ou* LE TRIOMPHE DES HEROS , du Roman de fon oncle. Il vivoit en 1672.

POULLET , (*Pierre*) Auteur de la Tragédie de CLORINDE , en 1598.

PRADE , (*Jean le Royer fieur de*) n'avoit que 17 ans lorfqu'il publia fa premiere Tragédie intitulée LA VICTIME D'ETAT. Il avoit de l'efprit & mettoit des graces dans fon entretien : mais tous les talens dont il tiroit vanité n'étoient que fuperficiels. Indépendamment de fes œuvres Dramatiques , il eft l'Auteur d'un abrégé de l'Hiftoire de France, & d'un Traité de Blafon & d'Armoiries. Il vivoit en 1666.

PRALARD fils & frere de Libraire , né à Paris & mort dans la même Ville d'une hydropifie de poitrine au mois d'Août 1731. dans un âge peu avancé. Il a fait EGISTE , *Tragédie* jouée en 1721. avec *Seguineau* Avocat en Parlement. Sa paffion dominante étoit le jeu. Son pere étoit un Libraire fort connu.

PREVOST (*Jean du Dorat*) Avocat à *Dorat* dans la *Baffe-Marche* , vivant en 1614 , Auteur des *Tragédies* de CLOTILDE , de TURNE & d'HERCULE,

<hr>

R

RAISIN , (*Jacques*) fils de *Raifin* l'aîné , Organifte de *Troyes* , Auteur de quatre *Comédies* qui n'ont pas été imprimées. C'étoit un fort honnête-homme , & fort retiré chez lui. Il mourut d'une pleuréfie , environ en 1698 ou 1699. *Voyez les Acteurs.*

RAMPALE , Auteur de BELINDE , *Paftorale* , en 1630 , & d'une *Tragédie* intitulée DOROTHE'E , *ou* LA VICTORIEUSE MARTYRE DE L'AMOUR.

RAYSSIGUYER (*de*) Né à *Alby* en Languedoc. Il eut pour protecteur dans fa jeuneffe le Duc de *Montmorency*. Après la mort de fon Mécéne , il vint à Paris où il fut mis en prifon au bout de quelques mois. Il en fortit , & devint amoureux d'une coquette , qui le facrifia à un rival plus riche , & auquel elle s'unit. Pour s'en confoler , il s'adonna au Théâtre. Il vivoit en 1636,

REGNAULT. MARIE STUART, REINE D'ECOSSE, & BLANCHE DE BOURBON, *Tragédies*, en 1639, sont de cét Ecrivain.

RICHEMONT (*Banchereau de*) Avocat au Parlement, né à *Saumur* en 1612. Il n'avoit que 20 ans lorsqu'il publia sa *Tragédie* intitulée, L'ESPERANCE GLORIEUSE. Il est encore l'Auteur d'une Piece qui a pour tître : LES PASSIONS EGARE'ES, *ou* LE ROMAN DU TEMS.

RIEUSSET (*Martin*) Auteur d'une *Comédie en 4 Actes* intitulée LA POPULACE EMUE, en 1714.

RIVAUDEAU (*André de*) Gentilhomme du bas Poitou. Il étoit le cousin de *Robert de Rivaudeau*, Valet de chambre du Roi *Henri II.* Il n'a fait qu'une *Tragédie sainte* qui a pour titre : AMAN, en 1566.

ROBELIN (*Jean*) de Bourgogne, Auteur d'une *Tragédie* intitulée LA THEBAIDE, en 1584.

ROBIN (*Pascal*) Sieur du FAUX, né en 1638, le 30 Mars à *Faux* en Anjou. Il est l'Auteur de la *Tragédie* qui a pour titre, ARSINOE'.

ROCHER (*R. M. sieur du*) Auteur de L'INDIENNE AMOUREUSE, *ou* L'HEUREUX NAUFRAGE, *Tragi-Comédie*, & de la Pastorale comique intitulée LA MEZISE *ou* LES PRINCES RECONNUS, en 1633.

ROMAIN, (*Nicolas*) n'a fait qu'une Tragédie ayant pour titre MAURICE EMPEREUR D'ORIENT, en 1606.

ROQUE, (*S. G. de la*) de Clermont en Beauvoisis. Il nous apprend dans l'Epître dédicatoire de la CHASTE BERGERE, Pastorale de sa composition, qu'il n'étoit point sçavant : que dès sa jeunesse il étoit au service d'un grand Prince qui lui avoit donné l'accès des trois freres de la Reine Marguerite, & qu'il n'avoit eu pour école que la Cour.

ROSIDOR, Comédien & Auteur de LA MORT DU GRAND CYRUS *ou* LA VENGEANCE DE TOMIRIS, & de la Comédie qui a pour titre LES AMOURS DE MERLIN, en 1662.

ROUILLET, (*Claude*) né à *Baune* en Bourgogne, étoit versé dans la Poësie Françoise & Latine. Il régentoit au Collége de Bourgogne à Paris, où il composa sa Tragédie de PHILANIRE, qu'il publia en 1563.

RYER (*Isaac du*) Sécretaire du Duc de Bellegarde, & peut-être pere de *Pierre du Ryer.* Il quitta son maître & s'en repentit. Peu de tems après se trouvant accablé de misére, il fut obligé de prendre un emploi de Commis au Port S. Paul, il mourut dans la pauvreté. Il est l'Auteur de trois Pastorales & de plusieurs autres Poësies. Il vivoit en 1609.

S

SAINTYON étoit de Paris, & de la famille des *Saintyon*, fameux Bouchers, dont il a été souvent parlé dans l'histoire des guerres civiles, sur la fin du régne de *Charles VI.* & au commencement de celui de *Char-*

les VII. *Saintyon* avoit beaucoup d'esprit & beaucoup de gayeté dans le génie. Il a toujours été timide & fort retiré. La *Comédie* des FAÇONS DU TEMS est de lui seul ; il a fait les autres avec *Dancourt*. Il mourut au mois de Septembre 1723 ; & il étoit alors Sécretaire de *M. de la Faluère, grand Maître des eaux & forêts.*

SALLEBRAY Auteur de 4 Piéces ; LE JUGEMENT DE PARIS, ou LE RAVISSEMENT D'HELENE, *Tragi-Comédie* ; LA TROADE, *Tragédie* ; LA BELLE EGYPTIENNE, *Tragi-Comédie*, & L'AMANTE ENNEMIE, *Tragi Comédie.* Il vivoit en 1639.

SAINTE-MARTHE (*Abel de*) Il a fait la *Tragédie* intitulée, ISIDORE, *ou* LA PUDICITE' VENGE'E, en 1645.

SAINTE-MARTHE (*Pierre de*) LA MAGICIENNE ETRANGERE ; *Tragédie en 4 Actes & en Vers.* L'histoire du Marquis d'*Ancre* & de *Leonore Galligay* sa femme, & L'AMOUR MEDECIN, sont les ouvrages de cet Auteur, qui vivoit en 1618.

SAINTE-MARTHE (*Nicolas de*) Auteur d'une *Tragédie* intitulée, OEDIPE, en 1614.

SAINTE-MARTHE (*Don Denis de*) La *Tragédie* d'HOLOPHERNE en 1666 est attribuée à cet Auteur, dont le nom peut faire soupçonner qu'il étoit Religieux.

SCHELANDRE (*Jean de*) Officier des Troupes du Roi. A l'âge de 15 ans, il avoit composé trois parties d'un ouvrage intitulé, LA STUARDINE, ouvrage dont *Jacques I.* Roi d'Angleterre faisoit cas. On sçait, par une Préface qui est à la tête de la *Tragédie* de TYR & de SYDON, faite par F. O. P. que *Schelandre* étoit homme de Lettres & de guerre, & qu'il n'a fait qu'une *Tragédie* intitulée, HECTOR, en 1628.

SEGUINEAU, Avocat en Parlement, fils d'un Sécretaire, Conseiller de Grand-Chambre, & de Mademoiselle *le Quien*, sœur du Notaire de ce nom. Il étoit homme d'esprit & de Lettres, & intime ami de *Pralart* : il travailla, de concert avec lui, a la *Tragédie* d'EGISTE ; ils se brouillerent ensuite, & l'on disoit qu'il avoit envoyé redemander ses idées à *Pralart*. Il mourut au mois de Septembre de l'année 1722.

SELVE (*la*) Il ne reste de cet Auteur, qui avoit composé plusieurs ouvrages, que la *Tragi-Comédie* de LEANDRE ET DE HERO, en 1633.

SINIANIS. Il n'est pas douteux qu'il ne soit l'Auteur de la *Tragédie* de THEOPHILUS, Mais on ne sçait si elle est écrite en Latin ou en François. Il vivoit en 1658.

SOMAISE (*Antoine Bodeau de*) Il a cru se distinguer en se déclarant l'ennemi du célébre *Moliere*, qu'il insulta dans toutes ses Préfaces. Il est l'Auteur d'une *Comédie* intitulée LES VERITABLES PRECIEUSES, & il a mis en Vers LES PRECIEUSES RIDICULES de *Moliere*, en avouant que cette Piéce lui a plû assez pour se donner cette peine. Il vivoit en 1660.

SORET ; (*Nicolas*) vivant en 1614. étoit de Reims : il a composé plusieurs ouvrages ; entr'autres LA CECILIADE, *ou* MARTYRE

SANGLANT DE STE CECILE, *Tragédie* ; & l'ELECTION DIVINE DE SAINT NICOLAS en Vers.

SOUHAIT, (*du*) Cet Ecrivain ne respiroit que l'amour. Il a composé en 1599. plusieurs Pastorales : sçavoir , LES DIVERSES LOIX D'AMOUR ; BEAUTE' ET AMOUR ; LES SOUHAITS D'AMOUR , & RADEGONDE *Tragédie*.

SUBLIGNY , Avocat en Parlement , en 1669. Il a fait LA FOLLE QUERELLE *ou* LA CRITIQUE D'ANDROMAQUE. *Racine* se persuada que cette Piéce étoit de *Moliere* & se brouilla avec lui. On donne encore à *Subligny* la Comédie qui a pour titre LE DESESPOIR EXTRAVAGANT.

T

TEIL (*du*) La *Tragédie* intitulée , L'INJUSTICE PUNIE , est la seule Piéce de cet Auteur , qui vivoit en 1641.

TERNET (*Claude*) Arpenteur du Roi , & Professeur de Mathématiques , Auteur de la *Tragédie* intitulée , LE MARTYRE DE LA GLORIEUSE SAINTE REINE D'ALISE , en 1682.

TESSONNERIE (*Gillet de la*) Conseiller des Monnoyes , né en 1620. Il est l'Auteur de dix Piéces. Il n'avoit que 20 ans lorsqu'il publia les deux premieres , LA BELLE QUIXAIRE , *Tragédie* & POLICRETE , *Tragi-Comédie*. Il étoit encore vivant en 1640.

TUILLERIE (*Jean de la*) Comédien de la Troupe Royale. La plûpart des Piéces qui sont mises sous son nom , ont été attribuées à l'Abbé *Abeille*. Il aimoit extraordinairement les femmes , & il donna dans cette passion avec si peu de ménagement ; qu'il mourut d'une fiévre chaude a l'âge de 35 ans , le 13 Février 1688.

TORCHE (*de*) Auteur de 3 *Pastorales* assez médiocres , intitulées , LE BERGER FIDELE , LA PHILIS DE SCIRE , & L'AMINTE DU TASSE. Il vivoit en 1667.

TOURNELLE (*la*) Commissaire des guerres en 1728. Il a fait quatre *Tragédies* d'OEDIPE qui n'ont point été représentées.

TOUSTAIN (*Charles*) Sieur de la Mazurie , né à *Falaise* dont il étoit Lieutenant-Général , & vivant en 1584. Il est l'Auteur de la *Tragédie* d'AGAMEMNON , imprimée avec deux livres de Chants de *Philis & d'Amour*.

TOUSTAIN (*Ville*) On attribue à cet Ecrivain 4 Piéces , imprimées *in* 8' sans date ; ce qui rend fort douteux le tems où l'on prétend qu'il a vécu : on dit que c'est en 1622.

TRISTAN (*l'Hermite*) *Voselle* 1639. N'est connu que par la *Tragédie* de PHAETON , dont on sçait qu'il est l'Auteur.

TROTTEREL (*Pierre*) Sieur d'Aves. Quoiqu'il soit l'Auteur de dix Piéces, on ne sçait aucune particularité de sa vie. Il commença à se faire connoître au commencement du Régne de *Louis XIII.* vers l'année 1614.

TYRON (*Antoine*) L'ENFANT PRODIGUE & JOSEPH , *Comédies ,* sont les seules Piéces de cet Auteur , qui vivoit en 1564.

V

VALLE'E. On juge , par l'Epître Dédicatoire qui est à la tête de la Comédie intitulée LA FIDELE ESCLAVE , qu'il étoit attaché à Madame la Duchesse de Modene , & qu'il vivoit en 1659.

VALLETRIE , (*la*) Il n'est l'Auteur que d'une seule Piéce de Théâtre intitulée LA CHASTETE' REPENTIE , *Pastorale ;* & d'un Recueil de ses Oeuvres Poëtiques *in-12.* dédié au Marquis de *Rosny* , en 1602.

VALLIN , (*Jean*) de Geneve , vivant en 1637. Auteur d'une *Tragi-Comédie* qui a pour titre ISRAEL AFFLIGE'.

VARENNES. Il n'est connu que par une *Comédie* intitulée , LE BARON D'ASNON , en 1680.

VAYER (*François le*) Sieur de *Bouligny* , Auteur des *Tragédies* suivantes , LE COURONNEMENT TRAGIQUE , *ou* LE GRAND SELIM , & MANLIUS. Il vivoit en 1643.

VEINS (*Emard de*) On ne connoît de lui que la *Tragédie* de CLORINDE , qui est imprimée avec des figures , en 1599.

VENEL. JEPHTE' , *ou* LA MORT DE SCILA , *Tragédie* , est la seule Piéce qui nous apprend le nom de cet Auteur , qui vivoit en 1676.

VERRONEAU de Blois , vivant en 1634. N'est pas le même dont parle le Pere *Liron* dans sa Bibliothéque Chartraine. Le *David Verroneau* , qu'il cite , étoit un Sçavant qui mettoit du goût , de l'esprit & de la finesse dans ses Poësies ; au lieu que celui-ci étoit un Poëte dur & obscéne. Sa *Tragédie* , intitulée L'IMPUISSANCE , en est la preuve.

VIEUGET , (*du*) l'Auteur de la Tragédie intitulée LES AVANTURES DE POLICANDRE ET DE BASALIE , en 1632.

VIGNEAU , on ne le nomme ici qu'à cause de quatre Vers faits sur la Tragédie d'INO , qui prouve qu'il est l'Auteur de cette Piéce.

VILLE , (*le*) Auteur de trois Tragédies Chrétiennes qui sont SAINTE DOROTHE'E , SAINTE URSULE & SAINTE ELISABETH , vivant en 1658.

VILLIERS (*de*) Auteur & Comédien , a fait six Comédies. Il mourut vers l'année 1683. *Voyez les Acteurs.*

VIREY (*Jean de*) Sieur des Gardiets , Gouverneur de la Ville & du Château de *Cherbourg.* Il fit sa fortune , & servit sous les ordres du Maréchal de *Matignon* , depuis 1570 jusqu'en l'année 1600. Il a chanté , sous le nom de *Salomé* , dans sa *Tragédie* intitulée , LA MACHABE'E , le courage que fit paroître la Maréchale de *Marignon*, lorsqu'elle apprit la mort de ses enfans, tués à la bataille d'*Yvry.*

VIVRE, *ou* DUVIVIER (*Gerard*) Maître d'Ecole Françoise à Cologne : étoit né à *Gand.* On lui attribue trois Piéces de Théâtre, LA FIDELITE' NUPTIALE, LES AMOURS DE THESE'E ET DE DEJANIRE , ABRAHAM ET AGAR , toutes *Comédies.*

VOLANT (*Paul de*) Avocat au Parlement de *Rennes*, né en Touraine, & vivant en 1584. Il n'a fait que la *Tragédie* de PIRRHUS, qui n'est pas imprimée.

WAERNEVICK , Auteur de la *Tragédie du Duc de Montmouth* , en 1702.

AUTEURS VIVANS en 1752.

Messieurs	*Messieurs*
AFFICHARD. (*l'*)	CHAZETTE. (*de la*)
AIGUEBERE. (*Dumas d'*)	CHAUSSE'E. (*Nivelle de la*)
ALLAINVAL. (*l'Abbé d'*)	CLAIRON. (*du*) Hist. du Th.
ALLIOT.	CLEMENT.
ARNAUD. (*d'*)	COYPEL. (*Charles*)
BARAGUE'.	CREBILLON. (*Joliot de*)
BEAUCHAMPS , Histor. du Th.	DESFORGES.
BLANC. (*l'Abbé le*)	DESMAHIS.
BOCCAGE. (*M^e du*)	DESTOUCHES. (*Nerisault*)
BOCCAGE. (*du*)	DUCLOS.
BOISSY. (*Louis de*)	DUPUIS, *Auteur du Printems.*
BONNET DE CHEMILIN. *l'Ab.*	FAGAND. (*Christ. Barth.*)
BRET.	FRANC DE CAIX. (*le*)
BRUERE. (*de la*)	FRERON, Historien du Th.
CAUX. (*de*)	FUZELIER.
CAHUZAC. (*de*)	GAULTIER.
CHARVILLE. (*du Bruit de*)	GOMEZ. (*Me Poisson de*)

Messieurs	*Messieurs*
GRAFFIGNY. (M^e)	MOUHY, (*de*) Hist. du Th. *
GRANDVAL. (*Nicolas*)	PALISSOT *de Montenoy.*
GRANDVAL le fils.	PARFAIT, (*rs*) Hist. du Th.
GRANGE CHANCEL. (*de la*)	PESSELIER.
GRANGE. (*la*) de Montpellier.	PIRON.
GRAVE. (*le Vicomte de*)	PLACE. (*de la*)
GRESSET.	PORTE, (*l'Abbé de la*) Hist.
GUIS.	PREVOT, (*l'Abbé*) Hist. du Th.
JOLLY.	PROCOPE, Médecin.
LANDON.	RAIMOND *de Ste Albine*, Histor.
LA NÔUE.	RAINAL. (*l'Abbé*) Hist. du Th.
LARCHER.	REMOND *de S. Marc*, Hist. du Th.
LONCHAMPS (*de*)	RIVERY.
MARIVAUX. (*Carlet de*)	ROY. (*Jean*)
MARMONTEL.	ROUSSEAU, de Toulouse.
MAUGER. (*de*)	SAINT FOIX. (*de*)
MAUPOIN, Historien du Th.	SERRE (*de la*)
MERVILLE. (*Guyot de*)	TANNEVAULT,
MOISSY. (*de*)	VADE'.
MONCRIF, (*Paradis de*)	VAURE. (*du*)
MONTIGNY. (*de*)	VIONNET.
MORAND. (*de*)	VOLTAIRE. (*Arouet de*)

* En cas que l'on ait encore omis dans cette nouvelle liste quelqu'Auteur, on ne doit l'imputer à aucun dessein formé de désobliger, l'intention ayant été d'y placer tous ceux qui ont écrit pour le Théâtre.

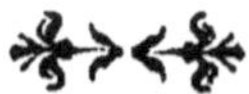

AVERTISSEMENT.

ON ne doit pas s'attendre à trouver cette derniere partie aussi remplie & aussi étenduë que celle qui concerne les Auteurs. Je n'ai eu pour objet dans mes recherches sur ce sujet que de faire usage de dates, de débuts & de réceptions. Je n'aurois pû d'ailleurs puiser que dans des sources incertaines les anecdotes qui ont rapport aux Acteurs; ainsi je ne me suis attaché à dire tant sur les Anciens que sur les Modernes, que ce que j'en ai pû apprendre de plus positif. J'ajouterai que comme il m'auroit été impossible de rendre justice à ceux qui le méritent réellement sans défobliger de fort honnêtes gens pour lesquels le Public ne s'est pas monté tout à fait si favorable, j'ai gardé le silence. Les éloges qu'on prodigue tous les jours sur la Scène & dans le monde à ceux dont les talens sont supérieurs, les honorent beaucoup plus que tout ce que j'en pourrois dire ici de plus flatteur.

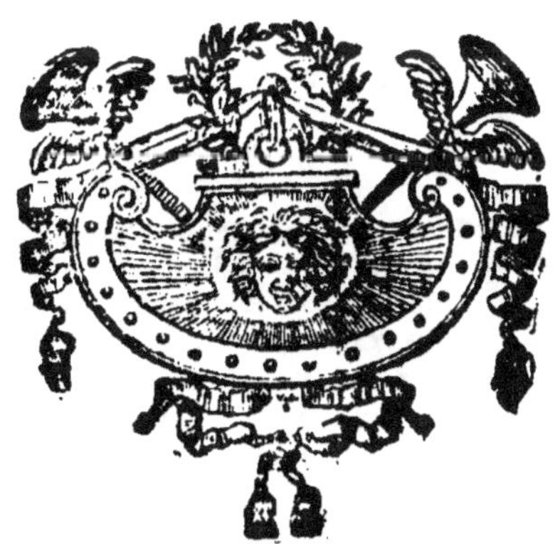

LES ACTEURS
Depuis 1583. jusqu'en 1752.

1583.

TURLUPIN, Rôle de Farce, rendu sous le masque, par *Henri Legrand*, dit *Belleville*. Il joua la *Comédie* aussitôt qu'il parla, & il occupa la Scéne pendant cinquante-cinq ans ; il mourut en 1634.

1598.

GAULTIER GARGUILLE, Rôle de Farce, joué sous le Masque, par *Hugues Guerin*, dit *Flechelle*, Auteur & Comédien. Il débuta sur le Théâtre du *Marais*, où il resta plus de quarante ans, & où il jouoit également bien dans tous les genres. Il mourut en 1634. Sa femme étoit fille de *Tabarin*.

BRUSCAMBILLE (*Deslauriers*) Auteur & Comédien. Il débuta avec *Jean-farine*, Opérateur, & passa de *Toulouse* à l'Hôtel de Bourgogne ; Il avoit de l'imagination & de l'esprit, & étoit admirable pour la Farce. *Voyez* LAURIERS (DES) *dans les Auteurs*.

1604.

VALERAN (*le Comte*) Acteur de l'Hôtel de Bourgogne, d'où il passa en 1608 dans la Troupe du Marais. Il y joua pendant longtems les premiers Rôles avec *Marie Venier de la Porte*, très-bonne Actrice, & l'une des plus anciennes qui ait paru sur la Scéne.

LA PORTE (*Mathurin Lefevre*) Mari de la Comédienne dont on vient de parler, étoit chef de la Troupe du Marais, & fort bon Acteur pour la Farce.

1604.

PERINE, Rôle de femme, toujours rendu par un homme travesti en femme, dont le nom n'est point connu. On n'est pas mieux instruit sur le chapitre des Acteurs qui remplissoient les Rôles d'ALISON, de NOURICES, de DAME GIGOGNE, du DOCTEUR BONIFACE, & de semblables personnages consacrés à la Farce. Ces Rôles de femmes, joués par des hommes, furent supprimés à la premiere Représentation de LA GALLERIE DU PALAIS, & dans les suites, ils furent toujours remplis par des femmes.

RUFFIN (*Etienne*), dit *la Fontaine*, étoit l'associé de *Gaultier Garguille* & de *Marie le Venier de la Porte*.

---

* L'usage des Violons étoit déja établi à l'Orquestre en 1616, on en trouve la preuve dans la *Comédie* des PROVERBES d'*Adrien de Montluc*, Acte premier... *Alaigre* parlant aux Violons : *soufflez, Menetriers, l'Epousée vient.*

1610.

JODELET (*Julien Joffrin*) débuta dans la Troupe du Marais en 1610; il passa en 1634 à l'Hôtel de Bourgogne, dont *Bellerose* étoit alors le chef, avec six de ses camarades. En 1660, il joua dans le TROMPEUR PUNI de *Scudery*, & mourut à la fin de la même année. Il rendoit les Rôles de Valets avec la plus grande vérité. De tous les Auteurs de ce tems-là, *Scaron* fut celui qui fit plus valoir ce Rôle de JODELET.

1622.

GROS GUILLAUME (*Robert Guerin*) surnommé *la Fleur*, joua la Comédie pendant cinquante ans. Il paroissoit sans masque, contre l'usage de ce tems-là. Son caractere étoit d'être sententieux. S'étant avisé un jour de contrefaire un homme de Robe, qui avoit une grimace d'habitude fort ridicule; ce Magistrat, qui en fut aussitôt instruit, le fit mettre au cachot: *Gros Guillaume* en mourut de saisissement, & *Turlupin* & *Gaultier Garguille*, ses camarades, conçurent un si grand chagrin de sa perte, qu'ils en moururent tous deux la semaine suivante.

1629.

BELLE ROSE (*Pierre le Messier*) étoit déja Comédien de l'Hôtel de Bourgogne en 1629, l'un des associés de la Troupe, & en devint ensuite le chef. On dit qu'il joua d'original le Rôle de CINNA. Il excelloit dans les premiers Rôles tragiques & comiques. On lui reprochoit cependant d'être un peu trop affecté. Il quitta le Théâtre au début de *Floridor* : il mourut au mois de Janvier 1670. Sa femme, Actrice de la même Troupe, se retira en 1674.

1630.

GUILLOT GORJU (*Harduin de St. Jacques*) remplaça *Gaultier Garguille*. Il jouoit les Rôles ridicules sous le masque, & le plus souvent ceux de *Médecin*. Il ne resta au Théâtre que huit ans. Il mourut en 1648, âgé d'environ cinquante ans.

MONTFLEURY pere & fils. *Voyez les Auteurs*.

BEAUPRE', (*Mademoiselle*) Tante de *Marote Beaupré*, & femme de *Verneuil*, très-bonne Actrice de l'Hôtel de *Bourgogne*, & l'une des premieres qui ait joué les Rôles de femmes à la place des hommes. Elle étoit encore au Théâtre quand le grand *Corneille* commença à se faire connoître.

1633.

BEAU-CHATEAU (*Franç. Châtelet*) Gentilhomme & Acteur de l'Hôtel de *Bourgogne*. Il débuta en 1633 dans la COMEDIE DES COMEDIENS de *Gougenot*. Son emploi étoit les seconds Rôles tragiques & comiques qu'il rendoit fort bien. Il mourut en 1665. *Madelaine du Bourget* sa femme étoit infiniment aimable, & une très-bonne Actrice pour les Rôles de *Princesse* dans le tragique, & pour les *Amoureuses* dans le comique. Elle avoit beaucoup d'esprit ; elle quitta le Théâtre en 1680, & mourut le 6 Janvier 1685.

NOIR (*le*) Comédien du *Marais*, passa en 1634 à l'Hôtel de *Bourgogne* avec sa femme & ses camarades, l'*Epi*, *Jodelet*, *La France* ou *Jaquemin*, & *Jadot*.

VALLIOT, (*Mademoiselle*) mere de Mademoiselle *Chanvillon*, Actrice dont on parlera dans la suite, Comédienne de l'Hôtel de *Bourgogne*, morte en 1672.

BARON, *ou* BOYRON (*Michel*) pere du fameux *Baron*. Excellent Comédien de l'Hôtel de *Bourgogne*, pour le tragique, mourut le 7 Septembre 1665 d'une blessure qu'il se fit au pied, en poussant l'épée que le Comte de *Gormas* fait tomber à *Don Diegue* dans le CID. Sa femme étoit célèbre Actrice de la même Troupe. On dit qu'elle étoit si belle que, lorsqu'elle paroissoit à la Toilette de la Reine, le Roi s'écrioit, pour se divertir : *Mesdames*, *voici la Baron*. Aussitôt toutes les femmes s'enfuioient. *Voyez* l'Histoire du Théâtre, *Tom. IX. p.* 155.

1637.

MONDORI, né à Orléans, étoit un très-bon Acteur de l'Hôtel de *Bourgogne*. Il joua dans les deux Troupes dont il fut l'Orateur. Son emploi étoit les premiers Rôles tragiques, & surtout ceux de Rois. Il fut attaqué d'une apopléxie dans le tems qu'il jouoit *Herode* dans la MARIAMNE de *Tristan*. Cet accident l'obligea de se retirer. Le Cardinal de *Richelieu* désira qu'il reparût quand on mit au Théâtre L'AVEUGLE DE SMIRNE ; mais *Mondory* ne put jouer que dans les deux premiers Actes : il quitta tout-à-fait, & ne vécut pas longtems après. *Dorgemont*, très-bon Acteur, le remplaça pour l'emploi d'Orateur.

1641.

FLORIDOR, (*Jonas de Soulas*) Gentilhomme, quitta une place d'Enseigne dans les Gardes, pour se faire Comédien de Province. Il débuta dans la Troupe du *Marais en* 1640, & il succéda à *Dorgemont* pour l'emploi d'Orateur qu'il remplissoit parfaitement. Il passa en 1643 à l'Hôtel de *Bourgogne*, où il succéda à *Bellerose*. Il jouoit, à ravir, les premiers Rôles dans le tragique & dans le comique. Il quitta en 1672, & mourut à la fin de la même année. Ce fut à son occasion que le Roi rendit l'Arrêt qui déclare : *que la profession de Comédien n'est pas incompatible avec la qualité de Gentilhomme.*

---

* Déclaration du Roi du 18 Avril 1641, qui enjoint aux Comédiens de ne rien représenter qui puisse blesser l'honnêteté publique.

1644.

LA ROQUE (*Renaud Petitjean*) de la Troupe du *Marais*, remplaça *Floridor* pour l'emploi d'Orateur. Il passa en 1673 dans la Troupe du Roi, quitta le Théâtre en 1676, & mourut le dernier Juillet de la même année. Il étoit brave, exposa plusieurs fois sa vie pour maintenir la police du Spectacle, & donna d'utiles leçons à Mademoiselle de *Champmeslé*.

JUVENON, (*dit la Fleur*) pere de *la Thuillerie*, succéda à *Montfleury* pour l'emploi des Rois; joua d'original en 1672, le Rôle du *Visir Acomat* dans BAJAZET. Il ne vivoit plus en 1680.

1645.

DU PARC (dit *Gros René*). Il débuta d'abord dans une société bourgeoise en 1645. Il suivit ensuite le célèbre *Moliere* en Province, & joua depuis dans la Troupe de ce fameux comique. Il faisoit les *Valets* dans la Farce, & il succéda à *Jodelet*. Il mourut vers l'année 1673. Le Rôle de *gros René*, qu'il remplissoit si bien, étoit une espece de *Gilles* ou de *Jean Farine*, diseur de bons mots, dont le caractere étoit d'être toujours bouffon. La femme de *du Parc* joua d'abord les seconds Rôles dans les deux genres; mais ses talens s'étant bientôt developpés, on lui donna les premiers Rôles, où elle excella. Elle joua supérieurement le Rôle d'ANDROMAQUE; elle dansoit avec beaucoup de légéreté & de graces. Elle mourut le 11 Décembre 1668.

DE BRIE (*Edme Wilquin*) succéda à *du Parc* pour les Rôles de *gros René*. Il étoit Breteur; il mourut en 1676. Sa femme, *Catherine le Clerc*, étoit Actrice de la même Troupe: *Moliere* en fut amoureux pendant quelque tems. Elle étoit jolie, grande & bien faite, & jouoit parfaitement dans le tragique & dans le haut comique. Elle fut cependant congédiée par ordre du Roi le 24 Avril 1685. Elle mourut le 19 Novembre 1706.

DESURLIS quitta le Théâtre en 1672. Il jouoit les seconds Rôles tragiques, & les *Amoureux* dans le comique.

DESURLIS, (*Mademoiselle*) femme de *Brécourt*, jouoit les Rôles de *Confidentes*. Elle quitta le Théâtre en 1680, & mourut le 2 Avril 1713.

HERVÉ (*Mademoiselle*) n'est connuë que par un petit Rôle de *Soubrette* qu'elle joua en 1663 dans L'IMPROMPTU DE VERSAILLES.

HUBERT (*André*) de la Troupe de *Moliere*, & ensuite de celle de *Guenegaud* en 1673, se retira le 14 Avril 1685. Il mourut le 19 Novembre 1700. Il joua d'original le Rôle de M^e. *Jobin* dans LA DEVINERESSE. Il excelloit dans les Rôles *à manteau*, surtout dans ceux d'hommes travestis en femmes, dont il fit revivre l'usage, aboli depuis quelque tems.

CHEVALIER, Auteur & Comédien. *Voyez les Auteurs peu connus.*

1652.

BEJART, (*Mademoiselle*) mariée clandestinement au Sieur *de Modene*, & mere d'une fille qui épousa *Moliere* ; jouoit parfaitement les *Soubrettes*, & les Rôles ridicules. Elle mourut en 1670.

BEJART (*Mademoiselle Genevieve*) sœur de l'Actrice précédente, étoit une très-médiocre Comédienne. Elle mourut en 1675.

BEJART, (*Mademoiselle Elizabeth*) épousa en premieres nôces *Moliere*, & en secondes *Guerin Destriché*. Elle étoit très-aimable, jouoit supérieurement dans le comique noble, & chantoit avec des graces & un goût, qui lui ont attiré dans son tems autant d'adorateurs que d'applaudissemens. Elle quitta le Théâtre le 14 Octobre 1694, & elle mourut le 3 Novembre 1700.

BEJART, frere de l'Actrice précédente, joua d'abord dans la Troupe de *Moliere* en Province, & ensuite à Paris. Il remplissoit dans le comique, les Rôles de *pere*, & les *seconds Valets* : dans le tragique, les troisiémes Rôles. Il se retira en 1670, & mourut le 29 Septembre 1676.

1658.

POISSON, (*Raimond*) Auteur & Comédien. *Voyez les Auteurs.*

LA THORILLIERE, (*le Noir de*) Gentilhomme, avoit été d'abord Capitaine de Cavalerie avant que d'être Comédien. Après la mort de *Moliere*, il entra à l'Hôtel de *Bourgogne* où il joua jusqu'en 1679. Il remplissoit parfaitement les Rôles de *Rois* & de *Paysans*. Il étoit le pere du dernier *la Thorilliere*, si célébre pour le comique, & l'ayeul de l'Acteur de ce nom, qui joue aujourd'hui les Rôles *à manteau*, les *Financiers*, & d'autres Rôles comiques.

1658.

DESOEUILLETS, (*Mademoiselle*) Actrice de l'Hôtel de *Bourgogne*, admirable dans le tragique, mourut le 25 Octobre 1670.

MOLIERE (*Poquelin*) *Voyez les Auteurs.*

BRECOURT, (*Guillaume Marcoureau de*) *Voyez les Auteurs.*

BEAUPRE' (*Mademoiselle Marote*) femme de *Verneuil*, jolie, dit *Robinet* dans sa gazette. Etoit de la Troupe du *Marais*, d'où elle passa à celle du Palais Royal en 1669. Elle joua une des sœurs de *Psiché* dans la Piéce de ce nom ; & d'original, le Rôle de la Comtesse d'*Escarbagnas* en 1671. Elle se retira l'année suivante. Son emploi ordinaire étoit les troisiémes rôles dans le tragique, & les ridicules dans le comique.

*

---

* La démolition du Théâtre du petit Bourbon, rue des Poulies, ordonnée en 1660, après qu'il fut arrêté de bâtir la façade du Louvre

1661. *

DORIMONT , Auteur & Comédien. Bon pour le tragique , & pour le haut comique; jouoit avec sa femme dans la troupe de *Mademoi-selle.* Voyez *Auteurs peu connus.*

DENNEBAUT , (*Mlle Françoise-Jacob*) fille de *Zacharie de Montfleury* , jouoit supérieurement dans le tragique & dans le comique & particuliérement les rôles travestis : elle remplit d'original le rôle de *Roxane* dans *Bajazet* : elle quitta le Théâtre le 14 Avril 1685, & mourut le 27 Mars 1708.

1667.

LA GRANGE , (*Charles Varlet*) entra en 1667. dans la Troupe de *Moliere* , dont il fut l'Orateur. Sa femme y jouoit aussi la Comédie. Il mourut en 1672.

1669.

CHAMPMESLE' , (*Charles Chevillet*) Auteur & Comédien , débuta dans la Troupe du Marais en 1669. Il n'acquit de la réputation qu'après la mort de *la Thorilliere.* Il jouoit parfaitement les *Rois* dans le tragique , & réussissoit dans plusieurs rôles comiques. Voyez *Auteurs peu connus.*

CHAMPMESLE' , (*Marie Desmares*) née en 1641 , débuta par le rôle d'*Hermione* dans la Tragédie d'ANDROMAQUE. Le célébre Racine en fut longtems amoureux , il faisoit exprès des rôles pour elle , & la rendit la plus grande Actrice de son tems. Elle finit par *Iphigenie* dans ORESTE ET PILADE. A la quatriéme Représentation de cette Piéce elle se trouva mal , fut obligée de quitter , & mourut le 15 Mai 1698.

1670.

AUZILLON , (*Mademoiselle Marie du Mont*) d'abord Actrice du *Marais* , & ensuite de la Troupe de *Guenegaud* en 1973, ne fut reçuë qu'à force de crédit. Quelques années après , les Comédiens la congédie-rent avec une pension de 750 liv. Elle protesta contre leur délibération , se pourvut au Parlement , & par Arrêt, fit condamner ses camarades à lui donner mille francs de pension. Elle mourut le 8 Juillet 1693.

GUYOT , (*Mademoiselle Judith de Nevers*) entra dans la Troupe du *Marais* en 1672 , congédiée en 1680 , parce qu'elle étoit mauvaise; mourut le 30 Juillet 169:.

La Troupe de *Mademoiselle* , établie au Faubourg S. Germain , ruë des Quatre-Vents , en 1661. *Voyez l'établissement des Théâtres.*
Troupe du Dauphin , établie au mois de Juin. Voyez *Etablissement des Théâtres.*

1670.

BEAUVAL, (*Jean Pitel*) d'abord gagiste & moucheur de chandelles de la Troupe de *Moliere*, débuta au mois de Septembre 1670, quitta le Théâtre en 1704, & mourut le 29 Décembre 1709. Il excelloit dans les *Niais*, & jouoit aussi les *Valets*. Il remplaça *Hubert*, pour les Rôles que celui-ci jouoit en femme.

BEAUVAL, (*Mademoiselle Jeanne Olivier Bourguignon*) orpheline abandonnée, courut d'abord les Troupes de Provinces, épousa *Beauval*, qui n'étoit encore que gagiste, & le fit jouer dans la Troupe où elle étoit. S'étant acquise de la réputation ; *Moliere*, qui en entendit parler avantageusement, la fit passer dans sa Troupe par ordre du Roi. Elle y débuta avec succès en 1670. Elle quitta le Théâtre, de dépit, parce que Mademoiselle *Desmares* eut ordre de la doubler. Elle mourut le 20 Mars 1720, âgée de 73 ans. Elle jouoit parfaitement les *Soubrettes* & les *Reines*, & étoit très-assidue à remplir les devoirs de son état.

1672.

GUERIN, (*Destriché*) né à *Paris* en 1636, mari de la veuve de *Moliere*, débuta en 1672 dans la Troupe du *Marais*. Il ne plût pas d'abord ; dans les suites il excella dans les *récits* : celui qu'il fit de la mort d'*Hyppolite* dans la *Tragédie* de PHEDRE, assura sa réputation. Après la retraite de *Raisin* le cadet, il se livra à l'emploi des *Confidens* pour le tragique, & des Rôles *à manteau*, où il fut toujours très-applaudi. Le 29 Juillet 1717, il eut une attaque d'apopléxie, étant près d'entrer sur la Scène pour jouer le Rôle d'*Exupere* dans HERACLIUS. Il resta paralytique de cet accident, jusqu'au 28 Janvier 1728 qu'il mourut, âgé de 92 ans.

1673.

D'AUVILLIERS, (*Nicolas d'Orvay*) passa en 1673 de la Troupe du *Marais* à celle de *Guenegaud*. Il devint fou quelque tems après : mourut à *Charenton* le 15 Août 1690.

D'AUVILLIERS, (*Mademoiselle*) fille de Raim. Poisson, Actrice des Troupes du *Marais* & de *Guenegaud* ; se retira en 1680, mourut en 1733. Elle étoit souffleuse de la *Comédie*, & contribua a former Mademoiselle *Duclos*.

DU CROISY, (*Philbert Gassaud*) Gentilhomme & Comédien de la Troupe de *Moliere*, quitta le Théâtre le 18 Avril 1689, & mourut en 1695, âgé de 66 ans. Le Rôle du *Tartuffe* fut fait pour lui. Il jouoit parfaitement les Rôles *à manteau*. *Marie Claveau*, sa femme, qui a joué la Comédie pendant quelques années, étoit une Actrice fort médiocre.

---

* Une Troupe de Comédiens Espagnols ouvrirent leur Théâtre le 20 Juillet 1660. *Voyez établissement des Théâtres.*

1673 *

DUPIN, (*Joseph du Landas*) mari de Mademoiselle de *Montfleury*, fille du Comédien de ce nom, débuta avec sa femme dans la Troupe du *Marais* en 1673. Il fut congédié en 1680 à cause de la médiocrité de ses talens. Mademoiselle *Dupin* passa de la Troupe du *Marais* dans celle de *Guenegaud*, où elle resta jusqu'au 14 Avril 1685. Elle mourut le 8 Avril 1709.

VERNEUIL, frere de *la Grange*, débuta en 1673 dans la Troupe du *Marais*; congédié le 19 Juin 1684; mourut en 1706.

LA THUILLERIE (*François Juvenon*) Auteur & Comédien. *Voyez* les *Auteurs*.

LA THUILLERIE, (*Mademoiselle Catherine Poisson*) fille de *Raim. Poisson*, médiocre Actrice; quitta le Théâtre en 1680, & mourut le 15 Mai 1706.

RAISIN, (*Jean-Bapt. Siret*) le cadet, né en 1656, débuta en 1679, & remplaça *Champmeslé*. Il jouoit parfaitement les Rôles *à manteau*, les *Valets*, les *Petits-Maîtres*, & généralement tous les Rôles de caracteres. On l'appelloit, par excellence, *le petit Moliere*. Il mourut le 5 Septembre 1693, âgé de 37. ans.

Mademoiselle *Fanchon Lonchamps* sa femme, débuta en même tems que lui, & succéda à Mademoiselle de *Champmeslé*. Elle quitta le Théâtre en 1701; tout le monde en sçait les raisons. Elle étoit infiniment aimable, remplie de talens & d'esprit. Elle mourut le 3 Septembre 1721, âgée de 60 ans.

LONCHAMPS, (*Mademoiselle Pitel*) aînée de Mademoiselle *Raisin. Voyez* TITAPOUF *dans le Dictionnaire*.

VILLIERS, Auteur & Comédien, débuta en Avril 1679. Il excelloit dans les Rôles de *Petits-Maîtres*; mourut le 14 Juillet 1702. *Voyez Auteurs peu connus.*

1680. *

LE COMTE débuta à la rentrée, en 1680; reçu le 28 du mois d'Août suivant; mourut le 8 Février 1707. Mauvais Comédien pour le tragique, passable dans quelques Rôles comiques.

Mademoiselle *Belonde Françoise Cordon*, sa femme, joua d'abord en Province, où elle s'acquit tant de réputation qu'on la fit revenir à Paris pour remplacer Mademoiselle de *Champmeslé*. Elle ne remplit cependant que les troisiémes Rôles dans le tragique, & les seconds Rôles dans

---

* L'ouverture du Théâtre de la ruë Mazarine, le 23 Mai. *Voyez Etablissement des Théâtres.*

* La jonction des Troupes de l'Hôtel de *Bourgogne* & de la ruë *Guenegaud* se fit par ordre du Roi, le 25 Août 1680, pendant les représentations des CAROSSES D'ORLEANS.

le comique, à la réunion des deux Troupes. Elle se retira en 1695, & mourut le 3 Août 1716.

1684. *

RAISIN l'aîné (*Jacques*) débuta en 1685, quitta le Théâtre le 31 Octobre 1694. Il jouoit les seconds Rôles dans le tragique, & les *Amoureux* dans le comique. *Voyez Auteurs peu connus.*

DESBROSSES (*Mademoiselle*) débuta en 1684, se retira le 3 Avril 1718, & mourut le premier Décembre 1722. Elle jouoit parfaitement les Rôles ridicules, & surtout les *vieilles Coquetes.*

LA THORILLIERE, (*Lenoir de la*) Gentilhomme, pere de l'Acteur de ce nom, qui est aujourd'hui sur la Scène, débuta en 1684. Il avoit d'abord joué dans le tragique les Rôles d'*Oreste* & de *Bajazet*, & les *amoureux comiques* : mais après la mort de *Jean Bapt. Raisin* en 1693, il se livra aux Rôles de *Valets*, & il y excella. Il finit par le *Muet*, le 7 Août 1731, & mourut le 18 Septembre de la même, âgé de 75 ans. Il étoit le Doyen des Comédiens du Roi.

1685.

DU RIEU, (*Mlle Pitel*) sœur aînée de Mlle *Raisin*, née en 1651. débuta en 1685. quitta à la clôture 1700. & mourut au mois de Janvier 1737. âgée de 86 ans. Elle étoit fort jolie ; jouoit *les Confidentes* dans le tragique, & *les Meres* dans le comique.

DURIEU, (*Michel*) mari de l'Actrice dont on vient de parler, joua dabord dans les Provinces, & débuta à Paris en 1685. Il quitta, quelques années après, & mourut en 1701. Huissier du Cabinet de M. *le Prince.*

DANCOURT, (*Florent*) Gentilhomme, débuta en 1685. quitta le Théâtre en 1718, & mourut en Berri le 7 Septembre 1725. ou Décembre âgé de 63 ans. Il jouoit dans le haut comique.

DANCOURT, *Therese le Noir* sa femme débuta en 1685. se retira le 19 Mars 1720. & mourut le 11 Mai 1725. âgée de 64 ans. *Voyez* ANCOURT dans les Auteur.

POISSON, (*Paul*) fils de *Raim. Poisson*, & pere de l'Acteur qui joue aujourd'hui la Comédie, débuta en 1686. quitta pour la premiere fois le Théâtre avec son fils le 11 Décembre 1711. ils y reparurent l'un

---

Pension de retraite, arrêtée par les Comédiens François en 1681, par Acte devant Notaire, autorisé par le Roi, à l'effet d'assurer mille livres de pensions aux Acteurs & Actrices qui seront obligés de quitter le Théâtre pour cause d'infirmité ou d'un âge avancé.

* Pension du Roi de douze mille francs sur le Trésor Royal, accordée aux Comédiens du Roi le 24 Août 1682.

& l'autre le 26 Octobre 1715. *Poisson* le pere se retira tout-à-fait le premier Avril 1724. il joua cependant encore une fois par ordre du Roi le 23 Mars 1729. à la seconde Représentation du BOURGEOIS GEN-TILHOMME à la Cour. Il mourut le 29 Décembre 1735. Mlle *Poisson* sa femme, s'est retirée en 1680. & est actuellement à S. Germain en Laye.

1688.

ROSELIS, (*Barthelemi Courlin*) débuta le 30 Mars 1688, par STILICON, remplaça *La Thuillerie* pour *les Rois* & pour *les Paysans.* Quitta le Théâtre en 1701. & mourut en 1711. Depuis sa retraite, il a joué sur le Théâtre de Mᵉ la Duchesse *du Maine.*

SEVIGNY, (*François de la Traverse*) reçu le 21 Mars 1688. par ordre de Mᵉ *la Dauphine* avant d'avoir débuté, il parut pour la pre-miere fois à Paris le 31 du même mois par le rôle d'*Oreste* dans AN-DROMAQUE. Il quitta le Théâtre en 1695.

FONPRE', (*Hugues-François Banié*) mari de Mlle *Clavel* dont on parlera à sa place, débuta d'abord sans succès à Versailles le 17 Mars 1688, & à Paris le 15 Septembre 1701. où il fut applaudi & reçu dans la même année. Il mourut le 27 Septembre 1707.

1689. *

DESMARRES, (*Mlle*) a paru dabord en 1689 par un rôle d'*En-fant* ; elle débuta en 1708. par le rôle d'*Iphigenie* dans ORESTE ET PILADE. Elle s'est retirée le 30 Mars 1721. n'ayant alors que 38 ans. Elle a excellé dans les deux genres tant qu'elle a été sur la Scène. Elle étoit très-aimable, fort bien faite, & réunissoit en sa personne les ta-lens de plusieurs bonnes Actrices.

1691.

BEAUBOURG, (*Pierre Tronchon*) débuta le 17 Décembre 1691. par le rôle de *Nicomede* pour remplacer *Baron. Rosidor, du Rocher* & *Biet*, se présenterent aussi avec le même projet, mais ces trois débutans échouerent, *Beaubourg* fut préféré par le Public, & reçu par ordre de la Cour l'année suivante. Il quitta le Théâtre le 3 Avril 1718, ainsi que Mlle *Beaubourg* qui mourut le 11 Juin 1740. *Beaubourg* finit par le rôle de *Severe* dans POLIEUCTE. Il mourut le 27 Décembre 1725. âgé de 63 ans. *Voyez Baron* dans les Auteurs.

1693.

VILLIERS, fils du Comédien de ce nom & neveu de *Raisin*, débuta

---

* Le nouveau Théâtre de la ruë S. Germain qui subsiste encore au-jourd'hui, fut ouvert le 18 Avril 1689. par une Représentation de la Tragédie de PHEDRE. Voyez *Etablissement des Théâtres.*

le 21 Novembre 1693. & obtint par le crédit de *Monseigneur* un quart de part jusqu'à Pâques de l'année suivante.

GODEFROY , (*Mlle Marie-Anne du Rieu*) fille d'*Anne Pitel de Longchamps* & de *Michel du Rieu* débuta le 17 Décembre 1693. reçuë pour tous les seconds rôles de sa mere : étoit très-foible Actrice. Elle mourut le 5 Mars 1709.

DUCLOS , (*Mlle Marie-Anne de Châteauneuf*) débuta le 27 Octobre 1693. par le rôle d'*Ariane* dans la Tragédie de ce nom. Elle le joua si parfaitement qu'elle fut reçuë le même jour. Elle devint si célébre , que le Roi lui accorda une pension de mille francs sur le Trésor Royal. Elle a joué pendant 40 ans la Comédie avec le même succès. Elle se retira en Mars 1736 , & mourut le 18 Juin 1748. Sa pension du Roy fut partagée entre *Mlle Gaussin* & *Mlle Dangeville.*

1694.

POISSON *de Grandville* , fils de *Raim. Poisson* & frere cadet de *Paul Poisson* , débuta le 8 Février 1694. reçu à l'essai pour un an.

1695.

CHANVALON , (*Mlle de*) débuta en 1695. se retira le 28 Mars 1722. & mourut le 21 Juillet 1742.

QUINAULT , pere des *Quinault Dufresne* , & des Demoiselles *Quinault* , desquelles il sera bientôt parlé , débuta le 6 Mars 1695. reçu en Mai 1712. retiré en 1717.

LAVOY , (*du Mont de*) débuta le 16 Mars 1695. reçu l'année suivante pour le comique , mort en 1727. âgé de 66 ans ; avoit une mémoire admirable , beaucoup de naturel , jouoit les rôles à *Manteau* , les *Valets* , les *Paysans* , & *les grands Confidens* , dans le tragique.

LE GRAND , parut pour la premiere fois le 13 Mars 1695. mort en 1728.

DU FEY , débuta le 2 Mai 1695. ainsi que Mlle *Du Fay* , reçus l'un & l'autre dans la même année ; retirés ensemble le 2 Décembre 1712. *Dufey* mourut le 19 Août 1736. & Mlle *Dufay* en Août 1729.

CLAVEL , (*Mlle Elisabeth*) femme de *Fonpré* dont on a parlé , débuta le 15 Mai 1695. reçuë le 28 Novembre de la même année , & mourut le 3 Décembre 1719. âgée de 45 ans , étoit médiocre & d'une grande timidité : elle doubloit les rôles de Mlle *Raisin.*

1698.

SALLE' (*Jean-Bapt. P. Nicol.*) fut d'abord Capucin , ensuite Acteur chantant dans les Opéra de Province. Il acquit de la réputation dans ce genre à *Rouen* , où il remplissoit les premiers Rôles de *Basse - taille.* Il débuta à Paris le 23 Août 1698 , avec beaucoup de succès ; il alla en-suite en Pologne. A son retour , il reparut par le Rôle de *Phocas* au mois d'Août 1701; il fit tant de plaisir qu'il fut d'abord reçu. Il jouoit supérieurement les *Rois* dans le tragique, & les *Amoureux* dans le comique; il excelloit aussi dans les Rôles de *Petits - Maîtres*, jouoit les *Gascons* & les *Yvrognes* avec la plus grande gayté. Il mourut en Mars 1707. Il étoit si goûté du Public, que dans sa derniere maladie le Parterre, à toutes les annonces, demandoit des nouvelles de la santé de ce Comédien.

1699. *

DANCOURT l'aînée, (*Mademoiselle*) plus connuë sous le nom de *Manon Dancourt*, débuta le 10 Décembre 1699. Elle épousa M. *Fontaine*, Commissaire des guerres, & quitta alors le Théâtre. Elle est morte il y a quelques années, âgée de 60 ans. Elle étoit fort aimable, mais ses talens étoient médiocres.

DANCOURT (*Mademoiselle Mimi Deshayes*) débuta le même jour que sa sœur. Après avoir brillé longtems sur la Scéne, elle se maria à M. *Deshayes*, Gentilhomme, se retira le 14 Mars 1728 : elle avoit cessé de jouer dès le mois de Juin auparavant. Très-bonne pour les *Soubrettes*.

PONTEUL débuta le 5 Septembre 1701, par le Rôle d'*OEdipe*. Son mérite ne commença à être connu qu'après la mort de Sallé. Il mourut à *Dreux*, le 15 Août 1718, âgé de 44 ans.

DANGEVILLE, (*Mademoiselle Hortence Grandval*) tante de M. *Grandval* actuellement au Théâtre, débuta en 1701, & se retira en 1739.

1702.

LE GRAND, fils d'un maître Chirurgien, & pere du Comédien du Roi qui est actuellement sur la Scéne, né le même jour que *Moliere* est mort, débuta au mois d'Octobre 1702, reçu dans le même mois. Il jouoit les *Rois*, les *Paysans*, & quelques Rôles *à manteau*. Il étoit homme d'esprit; il mourut le 7 Janvier 1728, âgé de 56 ans. Il finit par le Rôle de maître *Robert* dans les AMAZONES MODERNES. *Voyez les Auteurs*.

DANGEVILLE, (*Charles Botot*) mari d'*Hortence Grandval*, & oncle de M. & Mademoiselle *Dangeville* qui sont aujourd'hui au Théâtre, fils d'un Procureur au Châtelet; nâquit le 18 Mars 1665, débuta en 1702, fut reçu dans la même année, quitta le 3 Avril 1740, & mourut le 18 Janvier 1743, âgé de 79 ans. Il jouoit parfaitement dans le comique, & excelloit pour les Rôles de *Niais*.

---

* Le premier Mars 1699, ordre aux Comédiens de retirer le sixiéme en sus de la recette, pour les pauvres de l'Hôpital général. De ce jour, le Théâtre à 3 liv. 12 s. les secondes Loges à 36 s. & le Parterre à 18.

Le 16 Février 1700, il fut défendu aux Danseurs de cordes, de danser & de chanter à l'avenir sur leur Théâtre.

1708.

DE NESLE (*Mademoiselle*) fille de *Quinault* le pere dont il a été parlé, & sœur des *Quinault*, débuta le 4 Janvier 1708, reçuë dans la même année, morte le 22 Décembre 1713, âgée de 25 ans. Elle jouoit les premiers Rôles dans le tragique, & tous les Rôles comiques.

DESMARES la cadette (*Mademoiselle Dangeville*) femme du compositeur des Ballets de l'Académie Royale de Musique, & mere de M. & de Mademoiselle *Dangeville*, débuta en 1708, reçuë dans la même année, & a quitté le Théâtre en Mai 1712.

QUINAULT l'aîné débuta le 6 Mai 1712, reçu dans la même année, quitta pour la premiere fois le Théâtre le 22 Mars 1733, finit le 19 du même mois par le *Glorieux* dans la Comédie de ce nom, reparut le 2 Mars 1733, par le Rôle du *Complaisant* qu'il joua trois fois, se retira tout à fait au mois de Mai suivant. C'étoit un excellent Acteur pour le tragique, & surtout pour le comique. Mort en 1744.

1712.

BAZOUIN (*dit Fontenay*) débuta en 1712, reçu le 8 Juillet de la même année, retiré en 1728. Il fut obligé de quitter parce qu'il tomboit du haut mal. Il mourut le 29 Juillet 1733.

CLAVAREAU débuta en 1712, reçu le 8 Juillet de la même année, retiré le 26 Décembre 1715. Sa femme a débuté à la Comédie.

DUFRESNE a débuté le 8 Septembre 1713, & fut reçu dans la même année, s'est retiré le 19 Mars 1741. Il a fini le 6 Mars, par *Achille*, dans Iphigénie. On n'oubliera jamais la supériorité de ses talens, & les agrémens de sa figure.

LA CHAISE (*Mademoiselle*) débuta en 1712, reçuë en 1713, congédiée en Décembre 1717.

AUBERT (*Mademoiselle*) a débuté pour la premiere fois le 13 Juin 1712, par le Rôle de *Rodogune*, a repris son début, le 31 Décembre 1717 par *Phedre* dans la Tragédie de ce nom, reçuë le 27 Mai 1721, retirée le 19 du même mois de l'année suivante sans pension.

MORANCOURT (*Mademoiselle*) débuta en 1712, reçuë en 1713, retirée en Octobre 1715. morte.

1714.

QUINAULT l'aînée, (*Mlle*) a débuté le 9 Janvier 1714, reçuë au mois d'Avril de la même année, a quitté la Scene le premier Septembre 1722.

1716. *

GAULTIER, (*Mlle*) a débuté en 1716. reçuë le 8 Octobre même

---

* Le 26 Décembre 1716, les Comédiens François obtinrent de M. le

année, a quitté en Février 1726. par un principe de dévotion , qui l'a conduit aux Carmelites de Lyon , où elle est Religieuse actuellement.

1717.

LE COUVREUR, (*Mlle Adrienne*) fille d'un Chapelier de *Fifmes*, débuta le 14 Mars 1717. & fut reçuë au mois de Juin fuivant : elle mourut le 20 Mars 1730. âgée de 37 ans. Elle avoit des talens fupérieurs , une intelligence admirable , & infiniment d'efprit. Voyez *Baron dans les Auteurs*.

DUCHEMIN le pere , a débuté le 27 Décembre 1717. par le rôle d'*Harpagon* dans l'AVARE. Il a été reçu au mois de Juillet 1718 ; il s'est retiré le 19 Mars 1741. Il finit par l'*Intendant* dans LE DOUBLE VEUVAGE. Il excelloit dans les rôles à *Manteau* , dans les *Financiers* & dans certains rôles ridicules, qu'il jouoit avec la plus grande vérité. On le regrette encore tous les jours.

1718. *

CHAMPVALLON débuta le 13 Mai 1718 , par le Rôle d'*OEdipe* de *Corneille*.

QUINAULT, dite *Dufrefne* la cadette (*Mademoifelle*) a débuté le 14 Juin 1718 , par le Rôle de *Phedre* , reçuë en Décembre même année, s'est retirée le 19 Mars 1741 , a fini par le Rôle de la *Comteffe* dans les DEHORS TROMPEURS que l'on joua à Verfailles en 1740.

JOUVENOT (*Mademoifelle*) a débuté le 19 Décembre 1718 , par *Camille* dans HORACE , reçuë le 26 Mai 1721 , retirée le 2 Juin 1722 , rentrée à la Comédie le premier Septembre de la même

---

Duc d'Orléans la permiffion de donner des Bals publics fur leur Théâtre : elle fut expédiée le 26 Décembre , & ils furent ouverts le jour fuivant. Ces Bals devinrent fi fort à la mode que ceux de l'Opéra fe trouvérent déferts & furent fermés les trois derniers jours du Carnaval de cette année-là. Les Directeurs de l'Académie Royale de Mufique effrayés du préjudice qu'ils fouffriroient de cette permiffion fi elle continuoit à fubfifter , firent de fi fortes repréfentations & employérent des inftances fi preffantes , qu'elle fut retirée quelque tems après.

* Le 30 Décembre 1716 on donna au Palais Royal une Repréfentation du BOURGEOIS GENTILHOMME , les Acteurs de la Comédie & de l'Opéra jouérent conjointement , ils prirent le double & partagérent la recette. Les Comédiens du Roi jouérent feuls enfuite fur ce même Théâtre tous les Mercredis de chaque femaine jufqu'à la mort de *Madame* , mere de M. le Régent.

* Le 9 Septembre 1718 , IPHIGENIE fut annoncée avec quelque chofe d'extraordinaire qn'on n'a jamais vu & qu'on ne verra jamais. Au quatriéme Acte , *Poiffon* fit *Achille* , & la *Thorilliere Agamemnon*. Cette plaifanterie ne réuffit pas , le Parterre devint fi tumultueux que les Comédiens ne purent jouer le cinquiéme Acte.

année, où elle a joué jusqu'au 19 Mars 1741, & elle a fini le 18 par le Rôle de *Nérine* dans ARIANE.

DESMARRES le fils débuta le 19 Novembre 1718, par *Crispin*, dans le LEGATAIRE UNIVERSEL, & ne reparut plus.

1719.*

LE GRAND, fils du Comédien du Roi, a débuté le 10 Mars 1719, par *Pirrhus* dans ANDROMAQUE, reçu en Janvier 1720.

LIVRY du *Gravet* (*Mademoiselle*) a débuté le 24 Avril 1719, par *Jocaste* dans ŒDIPE, retirée le 27 Mai 1722 sans pension.

DUCLOS débuta le 3 Juin 1719, par *Oreste* dans ANDROMAQUE, retiré.

DU CHEMIN, (*Mademoiselle*) femme du Comédien du Roi, a débuté par le Rôle de *Céphise* dans ANDROMAQUE, sans être annoncée ni affichée ; reçuë le 27 Décembre 1720, retirée le 2 Juin 1722, rentrée le 17 Décembre 1723, retirée tout à fait en Février 1726, avec pension.

BARON, (*Michel*) Auteur & fameux Comédien, avoit d'abord paru à l'âge de douze ans dans la Troupe de *Raisin*, connuë sous le nom de *petits Comédiens de M. le Dauphin*. On entrevit dès-lors les talens supérieurs qui lui ont acquis la réputation que tout le monde sçait. *Moliere*, instruit de tout le bien qu'on en disoit, voulut en juger par lui-même. Il obtint un ordre du Roi pour le faire passer dans sa Troupe. *Baron* après y avoir joué pendant plusieurs années, quitta le Theâtre avec sa femme en 1691. Il finit par le Rôle de *Ladislas* dans VENCESLAS de *Rotrou*. Au bout de trente ans de vie privée, il reparut sur la Scéne le 10 Avril 1720, où il remplit le Rôle de *Cinna* avec une supériorité qui le rendit encore plus célébre qu'il ne l'avoit été. Tant qu'il a été au Theâtre il y a jouï des applaudissemens les plus flateurs & les mieux mérités. Il se retira tout-à-fait au mois de Septembre 1729, & il finit par le Rôle de *Venceslas* qu'il joua à ravir ; mais le 3 Septembre de la même année, à la derniere Représentation de cette Tragédie, il avoit à peine récité une vingtaine de Vers, que l'asthme, auquel il étoit sujet, le tourmenta si cruellement qu'il ne put achever. Il mourut le 22 Décembre de cette année-là, âgé de 80 ans. Il a été regretté généralement de tout le monde, & il l'est encore tous les jours. Mademoiselle *Baron* mourut en Décembre 1736. *Voyez les Auteurs*.

1721.*

SALLEY, (*Mlle*) débuta en 1721. reçuë & retirée dans la même année. Mourut en 1744. ou en 1745.

---

* Le Theâtre fermé le 21 Juillet 1719, à cause de la mort de Mᵐᵉ la Duchesse de *Berry*, rouvert le 18, fermé pour un jour le 27 Septembre, pour le service de cette Princesse à S. Denis.

* La Tragédie d'ESTHER qui n'avoit pas encore été représentée à Paris, y fut donnée pour la premiere fois le 8 Mai 1721.

LA BATT , (*Mlle*) a débuté le 2 Août 1721. par le rôle d'*Iphigenie* dans la Tragédie de ce nom : reçuë le 7 Septembre 1722. a quitté le Théâtre le 22 Mars 1733. Elle jouoit les *Amoureuses* & les seconds rôles tragiques.

DUBREUIL , (*Mlle*) femme du Comédien du Roi de ce nom ; a débuté le 17 Novembre 1721. par le rôle de *Clitemneftre* dans IPHIGENIE , reçuë le 25 Mai de la même année , s'eft retirée en 1745. Jouoit dans le comique tous les rôles de caractete.

1722. *

POISSON , fils cadet de *Paul Poiffon* , qui eft actuellement au Théâtre , débuta le 21 Mai 1722. par *Sofie* dans AMPHITRION , reçu au mois de Juillet 1723. pour tous les rôles de son pere. Son frere aîné *Phil. Poiffon* qui jouoit la Comédie avec *Paul Poiffon* fon pere , la quitta en 1711 , y rentra en 1715 , & mourut à S. Germain en Laye le 6 Août 1743 âgé de 60 ans.

LA THORILLIERE , (*le Noir*) fils du fameux Comédien de ce nom , a été reçu fans avoir débuté. Il a paru pour la premiere fois au Théâtre le 29 Juin 1722. par le rôle de *Xipharès* dans MITHRIDATE; joue à préfent les rôles à *Manteau* , *les Peres* & *les Financiers*.

LA MOTTE , (*Mlle de*) a débuté le premier Octobre 1722 par *Cléopatre* dans RODOGUNE , quitta le tragique quelque tems après fa réception , qui a été le 21 Novembre de la même année , & prit les rôles comiques qui forment aujourd'hui fon emploi.

1723. *

ARMAND , a débuté le 2 Mars 1723. par le rôle de *Pafquin* dans l'HOMME A BONNES FORTUNES , reçu le 27 Octobre 1724.

DU BOCCAGE , (*Mlle*) fille du Comédien du Roi de ce nom , a débuté le 9 Avril 1723. par *Dorine* dans LE TARTUFFE , reçuë le 28 Mai même année pour *les Soubrettes* , & pour *les Confidentes* dans le tragique , retirée le 31 Mars 1743.

DUBREUIL , a débuté le 15 Avril 1723. par le rôle de *Xipharès* dans MITHRIDATE , reçu le 12 Mars 1725.

1724.

DUMIRAIL , a débuté pour la premiere fois en 1712 . a été reçu

---

* Le Théâtre fermé le 9 Décembre 1722 , à caufe de la mort de S. A. R. Madame la Duchesse d'*Orléans* la Douairiere , morte la veille ; rouvert le 16 du même mois.

* Le Théâtre fermé le 2 Décembre 1723 , à caufe de la mort de M. le *Régent*; rouvert le 10; fermé pour la feconde fois le 16 à caufe du tranfport du corps de ce Prince à S. *Cloud* & à S. *Denis*.

* * La garde augmentée de quatre hommes au Parterre , le 28 Décembre 1723 , à caufe du tapage qui y arriva le 13 du même mois.

dans la même année , & a quitté en Juin 1717. Il a reparu le 21 Mars 1724. par MITRIDATE , & a été reçu en Janvier 1725. Il s'eſt retiré tout-à-fait le 11 Janvier 17‚0.

DUCHEMIN le fils, éleve de *Baron* , fils du Comédien du Roi & mari de Mlle *Duclos*, a débuté au mois de Juillet 1724 , a été reçu à demi-part en Janvier 1725 , retiré le 16 Février 1730.

DE SEINE , (*Mlle Marie Dupré*) femme de *Quinault Dufrene* , a débuté d'abord à Fontainebleau le 7 Novembre 1724 : elle y ſit tant de plaiſir que le Roi la gratifia d'un habit fort riche a la Romaine. Elle fut reçuë le 17 Novembre du même mois : elle a paru pour la premiere fois à Paris le 5 Janvier 1725. par *Hermione* dans ANDROMAQUE : elle a quitté deux fois le Théâtre en Mai 1733. & en 1735. elle jouoit les premiers rôles dans les deux genres , & ſupérieurement le tragique.

DE MOLIGNY , débuta d'abord en 1713 , quitta en 1715 & reparut le 29 Juin 1724 par le rôle du *Marquis* dans LA COMTESSE D'ORGUEIL , ſe retira le 26 Octobre 1725 , & mourut le 18 Janvier 1737.

1724. *

LEGRAND , (*Mlle*) fille de *Legrand* Comédien du Roi , & ſœur de *Legrand* qui eſt actuellement au Théâtre , débuta en 1724 , reçuë le 17 Décembre 1725 à demi-part , retirée le 11 Janvier 1730.

DURAND , débuta le 20 Août 1724. par *Burrhus* dans BRITANNICUS , reçu en ... mort en ...

1726.

LE SAGE , débuta le 8 Mai 1726 par le rôle de *Mascarille* dans l'ETOURDY , reçu le 7 Juin 1728 , mort le 8 Septembre 1743.

1727 *

BALICOURT , (*Mlle Eliſabeth*) couſine des *Quinault* , éleve de

---

* Le Théatre fermé le 14 Septembre 1724. à cauſe de la mort du Roi d'Eſpagne , rouvert le 22 du même mois.

** Le Théâtre fermé le 14 Novembre 1724. à cauſe du Jubilé & les Fêtes de Noël , rouvert le 16 Décembre.

* Le Théâtre fermé le 2 Juillet 1725 , à l'occaſion des Prieres publiques à Sainte Geneviéve , rouvert le 6 du même mois.

La Comedie donnée *Gratis* au Public en réjouiſſance du Mariage du Roi , au mois de Septembre 1725.

* La Comédie donnée *Gratis* au Public le 19 Août 1727 , en réjouiſſance de la naiſſance des deux Princeſſes dont la Reine accoucha le 4 du même mois.

Mlle *Desmares*, débuta le 29 Novembre 1727 par le rôle de *Cléopâtre* dans RODOGUNE, reçuë le 21 Janvier 1728, quitta le Théâtre au mois de Mars 1738 à cause du mauvais état de sa santé, morte le 7 Septembre 1746. C'étoit une très-bonne Actrice pour le tragique.

1728. *

BERCY a débuté le 8 Avril 1728, par *Mitridate*, dans la Tragédie de ce nom, a été reçu le 28 du même mois, s'est retiré le 11 Mai 1733.

MONTMENY, fils de *le Sage*, l'Auteur débuta pour la seconde fois le 8 Mai 1728 ; reçu le 7 Juin de la même année ; mourut subitement à la *Villette* auprès de *Paris*, le 8 Septembre 1743 ; jouoit supérieurement dans le comique noble, & parfaitement les *Paysans*. Voyez la page 86 des Acteurs.

DE CLEVES (*Mademoiselle Auceau*) a débuté le 16 Décembre 1728, par le rôle de *Chimene* dans le CID ; reçuë le 30 du même mois ; retirée le 11 Janvier 1730 ; morte le. . . .

1729. *

BANIERES, dit le *Toulousain*, débuta le 9 Juin 1729, par *Mitridate*, dans la Tragédie de ce nom. Il joua le rôle avec tant d'emportement qu'il fit rire tout le monde. A la fin de la Piéce, il se présenta au Parterre & lui dit : qu'il le supplioit de revenir le Samedi suivant, pour juger s'il avoit profité de la leçon. Il joua ce jour-là avec tant d'intelligence qu'il fut fort applaudi. Quelque tems après, ce Comédien ayant été reconnu pour déserteur, fut arrêté & condamné, par un Conseil de guerre, à avoir la tête cassée. Beaucoup de gens s'employerent pour lui ; rien ne put le sauver.

GRANDVAL a débuté le 19 Novembre 1729, par le rôle d'*Andronic*, dans la Tragédie de ce nom. Reçu le 31 Décembre de la même année.

SARRAZIN a débuté le 3 Mars 1729, par le rôle d'*OEdipe*, dans la Tragédie de ce nom de *Corneille*. Reçu le 31 Décembre de la même année.

DES BROSSES, (*Mademoiselle Baron*) petite-fille du célébre *Baron* débuta le 19 Octobre 1729, par . . . reçuë le 13 Décembre de la même année ; quitta le Théâtre le 3 Mai 1730, y remonta le 12 Décembre 1736, & mourut le 16 Décembre 1742.

---

* La Comédie donnée *gratis* au Public le 19 Novembre 1728 ; en réjouissance du rétablissement de la santé du Roi.

* Le Théâtre fermé le premier Avril 1729, à cause du *Jubilé* ; rouvert le 2 Mai, mais défendu de jouer les Dimanches & les Fêtes jusqu'au 31 du même mois.

La Comédie donnée *gratis* au Public le 7 Septembre 1729, à cause de la naissance de M. le *Dauphin*, né à Versailles le 24 de ce mois.

1730. *

DANGEVILLE (*Mademoiselle Marie-Anne*) débuta le 28 Janvier 1730 , par le rôle de *Liserte* dans le MEDISANT. Reçuë le 6 Mars de la même année. Elle avoit paru dans les Ballets dès l'âge de trois ans, & de sept ans.

DE LA TRAVERSE, (*Mademoiselle Baron*) petite fille du célébre *Baron*, & sœur de Mademoiselle *Desbrosses*, a débuté le 10 Octobre 1730 , par le Rôle de *Phedre* ; reçuë le 26 Février 1731 ; retirée en Juillet 1733.

POISSON (M.ᵉ) femme du Comédien du Roi de ce nom, actuellement au Théâtre, a débuté le 10 Novembre 1730 , par le rôle d'*Hermione* dans ANDROMAQUE , reçuë à l'essai au mois de Juillet 1731 , a quitté le 15 Décembre 1732. a débuté pour la seconde fois le 3 Mai 1736 , par le rôle de *Chimene* dans le CID ; reçuë le 10 d'Août de la même année ; s'est retirée tout-à-fait le 3 Juillet 1741.

1731. *

GAUSSIN (*Mademoiselle*) a débuté le 28 Avril 1731 , par le rôle de *Junie* dans BRITANNICUS , reçuë le 26 Juillet de la même année.

1733. *

LIARD, dit *Fleury*, débuta le 25 Avril 1733. par le rôle d'*Achille* dans IPHIGENIE , reçu le 21 Décembre de la même année , retiré en Mars 1736.

FIERVILLE , a débuté le 18 Mai 1733. par le rôle de *Palamede* dans ELECTRE , reçu en 1734. congédié le 24 Janvier 1741.

PRIN , a débuté le 5 Septembre 1733. pour la premiere fois par *Tiridate* dans la Tragédie de ce nom , & pour la seconde le 16 Septembre 1739 , par le rôle de *Rhadamiste* dans la Tragédie de ce nom , retiré.

1734. *

GRANDVAL , (*Mlle Dupré*) a débuté le 13 Janvier 1734. par

---

* La Comédie donnée *gratis* au Public le 31 Août 1730 , à cause de la naissance de M. le Duc d'*Anjou*, né la veille.

* Le 3 Mars 1732 , sept députés des Comédiens du Roi se rendirent à l'Académie Françoise. Le Sieur *Quinault du Fresne* y prononça un discours servant d'invitation aux Académiciens, de prendre leurs entrées à la Comédie Françoise. L'offre des Comédiens fut acceptée.

* Le 16 de Mars 1735. les Comédiens donnerent par extraordinaire & au profit de Mlle *Gaussin*, chez laquelle le feu avoit pris le 19 Février, une Représentation du PREJUGE' A LA MODE & de LA PUPILLE.

le rôle d'*Atalide* dans BAJAZET, reçuë le 29 Novembre de la même année : elle a joué pendant affez longtems dans le tragique.

CONELL, (*Mlle*) débuta pour la premiere fois le 19 Mai 1734, par *Junie* dans BRITANNICUS, la feconde le 26 Mai 1736 par *Inès*, dans la Tragédie de ce nom, reçuë le 13 d'Août. Dans les dernieres années de la vie de cette Actrice, le Public qui lui avoit été fi favorable pendant fes débuts, la traita avec la derniere rigueur. Elle mourut le 21 du mois de Mars 1750. âgée de 35 ans.

1736. *

DU BOIS a débuté le 28 Octobre 1736, par *Andronic* dans la Tragédie de ce nom ; reçu le 29 Novembre de la même année, à la place de *Liard-Fleury*.

1737.

DUMENIL (*Mademoifelle*) a débuté le 6 Août 1737, par *Clitemneftre* dans IPHIGENIE ; reçuë le 8 Octobre de la même année.

1739. *

LAVOY, (*Mademoifelle Anne-Pauline du Mont*) fille du Comédien du Roi, dont on a parlé, a débuté le 19 Août 1739, par *Andromaque* dans la Tragédie de ce nom. Reçuë le 4 Janvier 1740.

DANGEVILLE (*Mademoifelle Hortence Grandval*) la tante, veuve du Comédien de ce nom, débuta le. . . par . . . retirée en Mars 1739 ; jouoit les feconds rôles dans le tragique, & les *Amoureufes* dans le comique.

1741. *

BARON, petit-fils de *Michel Baron*, a débuté le 8 Juillet 1741, par *Agamemnon* dans IPHIGENIE, reçu le 15 Septembre de la même année.

BONNEVAL a débuté le 9 Juillet 1741, par le rôle d'*Orgon* dans le TARTUFFE, a été reçu le 8 Janvier 1742.

PAULIN a débuté le 5 Août 1741, par *Rhadamifte* dans la Tragédie de ce nom ; reçu le 20 Mai 1742.

---

* Le Roi a accordé aux Comédiens, dans le mois d'Octobre 1736, une penfion de trois mille livres par extraordinaire. Mille livres à Mlle. *Quinault*, mille livres à *Quinault du Frefne*, & mille livres à *Duchemin*.

La Comédie donnée *gratis* au Public le 5 Juin 1739, en réjouiffance de la paix.

* Il y avoit tant de monde fur le Théâtre, à la reprefentation d'A-THALIE, le 16 Décembre 1739, & le Parterre étoit fi exceffivement rempli, & fi tumultueux, que les Comédiens ne purent achever la Piéce.

LA NOUE , Auteur, a débuté le 14 Mai 1742 , par le *Comte d'Ef-fex* , dans la Tragédie de ce nom ; reçu le lendemain de fon début. (*a*)

DROUIN (*Mademoifelle Gaultier*) a débuté le 30 Mai 1742 , par *Chimene* dans le CID , a été reçuë le 11 Juin de la même année.

DESCHAMPS a débuté le 30 Août 1742 , par le rôle d'*Hector* dans le JOUEUR , a été reçu le premier Octobre de la même année.

ROSELY (*Raiffouche Montet dit*) débuta le 24 Octobre 1742 ; par *Andronic* dans la Tragédie de ce nom ; reçu le 17 Décembre de la même année ; mort le 22 Décembre 1750.

1743.

CLAIRON *de la Tude* (*Mademoifelle*) a débuté le 19 Septembre 1743. par *Phedre* dans la Tragédie de ce nom , reçuë le 22 Octobre de la même année.

1744. *

DROUIN , a débuté le 20 Mai 1744. par *Azor* dans AMOUR POUR AMOUR , reçu le 25 Avril 1745.

1746. *

MELANIE , (*Mlle la Balle*) débuta le 15 Septembre 1746. par *Agnès* dans l'ECOLE DES FEMMES , reçuë le 12 Décembre de la même année , morte le 16 Novembre 1748 , elle finit le 31 Octobre par l'*Amoureufe* dans LE DEUIL , cette jeune Actrice avoit beaucoup de naturel , & comme elle étoit dans le printems de fon âge , il y avoit tout à efpérer de fes talens.

DE VOS , débuta le 11 Mai 1746. par *Baftien* dans LES VENDAN-

---

* Le 16 Mai il y eut tumulte à la Comédie à l'occafion d'un particulier arrêté pour avoir fait du bruit , & que le Parterre vouloit qu'on relachât. La Piéce d'AMOUR POUR AMOUR qu'on devoit jouer ne put être achevée , & l'on ne fortit qu'à onze heures du foir.

La Comédie donnée *Gratis* le 28 Juin 1744 à l'occafion de la prife de *Menin*. Le 11 Septembre de la même année en réjouiffance de l'heureufe convalefcence du Roi ; & le 26 Février 1745. en réjouiffance du Mariage de M. le Dauphin.

* Le Théâtre fermé le 22 Juillet 1746. à caufe de la mort de M^e la Dauphine , rouvert le 5 Août , fermé le 5   jour du tranfport du corps de cette Princeffe à S. Denis , rouvert le lendemain.

(*a*) Quoique l'on ait mis une note à la fin de l'état des Auteurs vivans, qui doit juftifier toute omiffion dans cette partie , on ne peut s'empêcher de marquer ici le chagrin qu'on a reffenti quand on s'eft apperçu que le nom de l'Acteur dont il vient d'être parlé n'étoit pas fur cette Lifte. Un copifte peu exact a occafionné cette omiffion. Elle feroit impardonable de la part de l'Auteur de cet ouvrage , qui fuit depuis trop long-tems le Théâtre , pour ne pas connoître le mérite des Auteurs & des Acteurs qui s'y font diftingués.

GES DE SURESNE , reçu le 26 Décembre de la même année pour Danseur , & pour remplir dans le besoin les petits rôles ; retiré en Décembre 1747.

1747. *

RIBOU a débuté le 6 Novembre 1747, par le rôle d'*Oreste* dans ELECTRE ; reçu le 15 Janvier 1748 ; retiré en 1750.

1749. *

BEAU-MENARD (*Mademoiselle*) a débuté d'abord à la Cour le 11 Mars , par *Finette* dans les MENECHMES , & à Paris le 17 Avril 1749, par *Dorine* dans le TARTUFFE ; reçuë le 24 Octobre de la même année.

1750. *

BRILLANT (*Mademoiselle Buro*) a débuté le 16 Juillet 1750 par *Lucinde* dans L'HOMME A BONNES FORTUNES , & d'*Agathe* dans LES FOLIES AMOUREUSES ; reçuë à la fin de la même année.

LE KAIN a débuté , pour la premiere fois , le 14 Septembre 1750 , par le rôle de *Titus* dans BRUTUS ; reçu à l'essai le 4 Janvier 1751 , a reprit son début le 21 Février de la même année ; reçu le 24 Janvier 1752.

BELLECOUR a débuté le 11 Décembre 1750 , par le rôle d'*Achile* dans IPHIGENIE ; reçu le 24 Janvier 1752.

1752. *.

---

* La Comédie donnée *gratis* le 10 Février 1747 , en réjouissance du mariage de M. le *Dauphin*.

* Le Théâtre fermé le 3 Février 1749 , à cause de la mort de S. A. R. Madame la Duchesse d'*Orléans* ; rouvert le 9 du même mois.

* La Comédie donnée *gratis* le 13 Février 1749 , en réjouissance de la paix.

* La Comédie donnée *gratis* le 15 Septembre 1751 , en réjouissance de la naissance de M. le Duc de *Bourgogne*.

* Le 26 Avril 1751 , les Gardes Françoises ont relevé, par ordre du Roi , le Guet à la Comédie Françoise , pour en former la garde. Heureuse époque pour le bon ordre & pour la tranquillité de ce Spectacle.

* Le Théâtre fermé le 10 Février 1752 , à cause de la mort de *Madame* ; rouvert le 23 du même mois.

AVIS.

L'On n'a point placé ici les débutans, parce que cette Liste de Comédiens non reçus, auroit grossi mal à-propos ce Volume : mais l'intérêt que le Public a paru prendre à plusieurs jeunes personnes qui ont fait l'essai de leurs talens sur la Scène dans le courant des deux dernieres années, a fait penser qu'on sçauroit gré à l'Auteur de cet Ouvrage d'en faire mention ; d'ailleurs il pourra fort bien arriver que quelques-unes de ces jeunes Actrices reparoîtront un jour sur notre Théâtre avec plus de succès ou avec plus de bonheur.

DÉBUTANTES.

1750.

Mlle. SOULE' a débuté le 30 Avril 1750, par *Mélite* dans le PHILOSOPHE MARIE' ; s'est retirée, & a passé à *Berlin* où elle joue dans la Troupe du Roi de *Prusse*.

Mlle. EMILIE de L.... a débuté le 2 Juin 1750, par *Celimene* dans le MISANTROPE ; passée à *Metz*, où elle joue les premiers rôles dans la Troupe de *du Gravier*.

Mlle. LULIE a débuté le 8 Octobre 1750, par le rôle d'*Agnes* dans L'ECOLE DES FEMMES ; s'est renduë à *Bourdeaux* où elle joue la Comédie.

1751.

Mlle. MARTIN a débuté le 27 Avril 1751, par *Angélique* dans LA GOUVERNANTE ; joue actuellement la Comédie à *Versailles* dans la Troupe de *Dorville*.

Mlle. GUEANT a débuté, pour la premiere fois, le 27 Septembre 1749, par le rôle de *Junie* dans BRITANNICUS ; pour la seconde, le 31 Mai 1751, par *Rosalie* dans MELANIDE. Elle avoit déja paru sur le Théâtre à l'âge de trois & de six ans dans les rôles d'enfans.

Mlle. FAUVEL a débuté le 5 Juillet 1751, par *Inès* dans la Tragédie de ce nom ; joue, depuis sa retraite, la Comédie au *Temple*.

Mlle. HUS a débuté le 26 Juillet 1751, par *Zaïre* dans la Tragédie de ce nom.

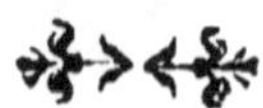

ETAT

ETAT

De M^rs les Comédiens du Roi, du 24 Janvier 1752.

Messieurs.		Messieurs.	
LE GRAND.	part.	DROUIN.	demi part.
LA THORILLIERE.	part.	LE KAIN.	un quart & demi.
ARMAND.	part.	BELLECOURT.	un quart & demi.
POISSON.	part.	**Mesdemoiselles.**	
DUBREUIL.	part.	DE LA MOTTE.	part.
SARASIN.	part.	DANGEVILLE.	part.
GRANDVAL.	part.	GAUSSIN	part.
DANGEVILLE.	part.	GRANDVAL.	part.
DUBOIS.	trois quarts.	DUMENIL.	part.
BARON.	part.	LAVOY.	part.
BONNEVAL.	trois quarts.	DROUIN (GAULTIER)	part.
DE LA NOUE.	part.	CLAIRON DE LA TUDE.	part.
PAULIN.	trois quarts.	BEAUMENARD.	demi part.
DESCHAMPS.	demi part.	BRILLANT (BURO.)	demi part.

PENSIONNAIRES.

Mlle. POISSON.	1000 liv.
Mlle. DANGEVILLE la mere.	1000.
Mlle. MORANCOURT.	1000.
Mlle. DESMARRES.	1000.
Mlle. QUINAULT l'aînée.	1000.
M. DU BOCCAGE.	1000.
Mlle. LA CHAISE.	500.
M. CLAVAREAU.	500.
Mlle. DU CHEMIN.	1000.
Mlle. GAULTIER , Carmelite à Lyon.	1000.

Mᵉ. DESHAYES DANCOURT.	1000.
M. DUMIRAIL.	1000.
Mlle. LA BATTE.	1000.
M. DE BERCY.	500.
Mᵉ. BARON DE LA TRAVERSE.	1000.
Mlle. DE SEINE DUFRENE.	1000.
M. FLEURY.	1000.
Mlle. DANGEVILLE la tante.	1000.
M. FIERVILLE.	500.
Mlle. QUINAULT la cadette.	1000.
M. QUINAULT DUFRENE.	1600.
M. DU CHEMIN.	1000.
Mlle. JOUVENOT.	1000.
Mlle. POISSON.	1000.
Mlle. DU BOCCAGE.	1000.
Mlle. DU BREUIL.	1000.

Corrections pour le Dictionnaire.

AMAZONES MODERNES... *page* 13, *ajoutez après*, fut jouée pendant l'absence. A la quatriéme Repréfentation, cette Piéce fut afhichée fous le nom du TRIOMPHE DES DAMES.

ASSEMBLE'E DÊS COMEDIENS *p.* 26 du Dictionnaire, *ôtez*, à la colonne des Auteurs, Anonyme, & *placez-y* PROCOPE.

ATHALIE. *p.* 27 du Dictionnaire, *ôtez* l'étoile à la colonne des Repréfentations, & *mettez* 14.

ATTENDEZ-MOI SOUS L'ORME, *p.* 27 du Dictionnaire, *ôtez* à la colonne des Auteurs, REGNARD, & *placez-y* DUFRENY.

Page 34 du Dictionnaire, après BELLE PLAIDEUSE, *ajoutez* ce qui fuit.

BELLEROPHON | QUINAULT. | 1670. | * | 1671.

Tragédie. C'est la derniere Piéce de l'Auteur. Aſſez bien conduite, & les caracteres raifonnablement foutenus. Elle eut quelque fuccès. *Voyez* PAUSANIAS.

CAMMANE, *p.* 41, *ligne* 3, n'eft point dans l'édition de .. *lifez* 1641.

CAPTIFS DE ROI, *p.* 42. *en* 3 *Actes en Vers*, *ajoutez*, *libres*, avec des Divertiſſemens de *Quinault* le Comédien. Elle fut repréfentée le 28 Septembre.

CEPHALE ET PROCRIS, *p.* 46 du Dictionnaire... *en trois Actes en Vers*, *ajoutez*, *avec un Prologue & 3 Intermédes dont la Muſique eſt de Gilliers.*

COMEDIE DES COMEDIENS, *p.* 56 du Dictionnaire!... *en* 3 *Actes* en Profe . . . ajoutez , avec un Divertiffement dont la Mufique eft de Gilliers.

CORNELIE VESTALE , p. 60 , ôtez , à la colonne de l'année des Repréfentations , 28 Février , & mettez 27 Janvier.

CURIEUX IMPERTINENT , p. 64 . . . . très-médiocre . . . ajoutez , L'Auteur étoit le frere de de Broffe , connu par les INNOCENS COUPABLES , & d'autres Piéces de Théâtre.

DIABLE BOITEUX, p. 70 . . . avec un Divertiffement . . ajoutez, dont la Mufique eft de Grandval le pere.

DIVORCE. Avice , p. 72 , ajoutez après DIVORCE (LE) OU LES EPOUX MECONTENS.

ECLIPSE , p. 77. ôtez à la colonne des Auteurs, anonyme, & mettez DANCOURT.

ECOLE AMOUREUSE , p. 77. Comédie en 3 Actes . . , ôtez 3 & mettez 1.

ETRANGER , p. 89 , avantures de Calliope , ajoutez , cette Piéce a été attribuée à l'Abbé Bouvet.

FETE INTERROMPUE (LA) p. 99 , Comédie en . . . lifez 2 Actes, précédée d'un Prologue.

FETES DU COURS p. 99 . . . avec un Prologue . . . ajoutez en Vers Lyriques mis en Mufique.

FILLE SUPPOSE'E (LA) , ôtez Anonyme à la colonne des Auteurs & y placez, LA GRANGE CHANCEL. . . . . au Duc de la Force. . . . . . . C'eft la feule Piéce Comique que l'Auteur, ait donnée au Théâtre.

FILLE VALET (LA) p. idem art. fuiv. ôtez l'Abbé à la colonne des Auteurs . . . . FILLE VALET . . . ajoutez l'Auteur de cette Piéce étoit neveu de l'Abbé Abeille.

FOIRE S. LAURENT p. 103 . . . avec un Divertiffement . . . ajoutez dont la Mufique eft de Grandval le pere.

FONDS PERDUS (LES) p. 104 . . jouée . . . ôtez au mois , & mettez le 8 du mois de . . . .

INO ET MELICERTE , p. 129 . . Tragédie , ajoutez , repréfentée le 10 Mars.

ITALIE GALANTE , p. 134 , à la colonne de l'année des Repréfentations , lifez 1726.

LISIMACHUS , p. 139 . . . Verfification foible. ajoutez , Cette Piéce n'étoit pas achevée quand l'Auteur mourut. Elle l'a été par fon fils.

MAGNIFIQUE (LE) p. 143 . à la colonne de l'année des Repréfentations , lifez 1731.

PANDORE , St. Foix , p. 174 , lif. avec un Divertiffement. Effacez Quinault l'aîné , & mettez de Grandval le pere.

RENCONTRE IMPREVUE , p. 199 , ôtez , à la colonne des Auteurs, Anonyme, & mettez l'Affichard.

SAGE ETOURDI , p. 207 . . . repréfentée , ôtez , felon les regiftres le 25 Septembre , & felon les Mercures.

SOUHAITS POUR LE ROI , ôtez , à la colonne des Auteurs , Anonymes , & mettez Dubois & Valois.

Corrections pour les Auteurs.

ALAIN *Robert*, *p.* 1, colonne de la naissance, né en .... *ajoutez* 1720.

AMBROISE *Adrien*, *même pag. & même colonne* .... né en .... *ajoutez* 1680.

Correction pour les Auteurs vivans.

MOUHY (DE) *p.* 56, *après ce nom*, *lisez* LA NOUE.

TABLE

Des Articles contenus dans ce Volume.

APPROBATION.

J'Ai lu par Ordre de Monseigneur le Chancelier un Manuscrit intitulé *Tablettes Dramatiques contenant toutes les Piéces du Théâtre François &c.* & n'y ayant rien trouvé qui doive empêcher de l'imprimer, j'ai signé la présente Approbation ; dans laquelle cependant je ne prétens pas comprendre divers jugemens absolus que l'Auteur porte sur le plus grand nombre des Piéces. A Versailles ce 6 Octobre 1751.

DE MONCRIF.

Additions pour le Dictionnaire.

Page 1. avant ABEL.

ABAILARD | GUIS. | N. R. | * | 1752-12.
ET ELOISE, *Tragédie.* Bien faite, intéressante.

Page 81. après ELECTRE *de Valef.*

ELECTRE, | LARCHER. | N. R. | * | 1750-12.
Tragédie. Traduite du Grec d'*Euripide*, a été accueillie du Public favorablement.

Page 106. après FREGONDE, *ajoutez*

FRERES, (*les*). | Anonyme. | 1683. | * | Incert.
Comédie en 3 Actes en vers libres, imitée des *Adelphes* de Térence. Jouée à Salins pendant le Carnaval : le dialogue en est vif & le comique assez bon ; mais on y trouve quelques mots Gaulois.

Page 211. après la SEMIRAMIS *de Voltaire.*

SEMIRAMIS, | MONTIGNI. | N. R. | * | 1749-12.
(LA PETITE) Piéce critique & plaisante.

Additions pour les Auteurs.

Avant LONGEPIERRE page 16 des Auteurs, *mettre*

LINANT, né à Rouen, avoit bien fait ses Etudes. Il s'attacha à la Poësie où il fit des progrès : il remporta trois fois le Prix à l'Académie Françoise. Le dernier intitulé : *Les progrès de la Comédie sous le régne de Louis XIV.* qui le fit couronner pour la troisiéme fois au mois d'Août 1744. lui fit beaucoup d'honneur & lui mérita la permission de faire un remerciement public à l'Académie Françoise. Ce remerciement dans lequel on trouve l'éloge de quelques Académiciens célebres est bien fait : il fut fort approuvé, on le trouve imprimé à la suite du Poëme qui lui fit remporter son troisiéme Prix. *Linant* entendoit assez bien le Théâtre ; mais il avoit plus de goût que de génie. Il est mort le 11. Décembre 1749. âgé de 45 ans.

Additions pour les Pensionnaires.

Page 82 des Acteurs, après DUCHEMIN le pére, *ajoutez* DUCHEMIN le fils, 500 liv.

Page *idem* FLEURY, *ôtez* 1000 liv. & *mettez* 500 liv.

Fautes à corriger.

Page 68 des Acteurs année 1695. QUINAULT, *effacez* reçu en Mai, & le reste de l'article.

Page 70 année 1712. MORANCOURT, *effacez* morte.

Page 74 des Acteurs, *effacez* l'article de *le Sage* année 1726. (c'est un double emploi) & portez-le à la page suivante année 1728. Montmeny, & *lisez* Montmeny fils de *le Sage* l'Auteur, débuta pour la premiere fois le 8 Mai 1726. par le Rôle de *Mascarille* dans l'ETOURDI, pour la seconde le 18 Mai 1728. reçu le 7 Juin, &c.

Page 242. ZULIME, *effacez* l'Auteur la retira après la premiere Représentation pour y faire des corrections.

* Plusieurs personnes de Lettres & de distinction ont eu la bonté d'envoyer à l'Auteur de très-judicieuses remarques sur son Ouvrage, on n'a pû faire usage ici que des principales, parce que la place a manqué pour le reste, & que l'Edition est déja trop répanduë pour imprimer des Additions qui seroient devenuës embarrassantes pour ceux qui ont l'Ouvrage relié, mais on ne manquera pas d'en profiter ou à une seconde Edition ou dans le Supplément qu'on donnera à la fin de cette année des Piéces nouvelles qui paroîtront d'ici au mois de Décembre prochain.

PRIVILEGE DU ROY.

LOUIS par la Grace de Dieu, Roy de France & de Navarre : à nos amez & féaux Conseillers, les Gens tenans nos Cours de Parlement, Maîtres des Requêtes ordinaire de notre Hôtel, Grand-Conseil, Prevôt de Paris, Baillifs, Sénéchaux, leurs Lieutenans Civils & autres nos Justiciers qu'il appartiendra : SALUT, notre cher & bien amé le Sieur DE MOUHY, Chevalier, Gentilhomme des Etats de Bourgogne, Nous a fait exposer qu'il désireroit faire imprimer & réimprimer des Ouvrages qui ont pour titres : *La Vie de Chimene Spinelli, les Mémoires de Madame de Villenemours, écrits par elle-même, Tablettes Dramatiques*, s'il Nous plaisoit lui accorder nos Lettres de Privilége pour ce nécessaires. A CES CAUSES, voulant favorablement traiter l'exposant & reconnoître en sa personne ses talens, ses applications & son zéle à procurer au Public des Ouvrages curieux & amusans, & qui ont toujours été reçus avec applaudissement, en lui donnant les moyens de nous les continuer, Nous lui avons permis & permettons par ces Présentes, de faire imprimer & réimprimer lesdits Ouvrages en un ou plusieurs Volumes & autant de fois que bon lui semblera, & de les faire vendre & débiter par tout notre Royaume pendant le tems de six années consécutives, à compter du jour de la date des Présentes. Faisons défenses à tous Imprimeurs, Libraires & autres personnes de quelque qualité & condition qu'elles soient d'en introduire d'impression étrangere dans aucun lieu de notre obéissance, comme aussi d'imprimer ou faire imprimer, vendre, faire vendre, débiter ni contrefaire lesdits Ouvrages, ni d'en faire aucuns extraits sous quelque prétexte que ce soit d'augmentation, correction, changemens ou autres sans la permission expresse & par écrit dudit Exposant ou de ceux qui auront droit de lui, à peine de confiscation des Exemplaires contrefaits, de trois mille livres d'amende contre chacun des contrevenans , dont un tiers à Nous , un tiers à l'Hôtel-Dieu de Paris , & l'autre tiers audit Exposant ou à celui qui aura droit de lui & de tous dépens , dommages & intérêts ; à la charge que ces Présentes seront enregistrées tout au long sur le Registre de la Communauté des Imprimeurs & Libraires de Paris dans trois mois de la date d'icelles , que l'impression & réimpression desdits Ouvrages sera faite dans notre Royaume & non ailleurs, en bon papier & beaux caracteres , conformément à la feuille imprimée attachée pour modéle sous le contrescel des Présentes , que l'Impétrant se conformera en tout aux Réglemens de la Librairie , & notamment à celui du 10 Avril 1725 ; qu'avant de les exposer en vente les Manuscrits & Imprimés qui auront servi de copie à l'impression & réimpression desdits Ouvrages , seront remis dans le même état où l'Approbation y aura été donnée, ès mains de notre très-cher & féal Chevalier Chancelier de France le Sieur DE LAMOIGNON , & qu'il en sera ensuite remis deux exemplaires de chacun dans notre Bibliothéque publique , un dans celle de notre Château du Louvre , un dans celle de notre très-cher & féal Chevalier Chancelier de France le Sieur DE LAMOIGNON , & un dans celle de notre très-cher & féal Chevalier Garde des Sceaux de France le Sieur DE MACHAULT , Commandeur de nos Ordres ; le tout à peine de nullité des présentes : Du contenu desquelles vous mandons & enjoignons de faire jouir ledit Exposant & ses ayans cause , pleinement & paisiblement , sans souffrir qu'il leur soit fait aucun trouble ou empêchement. Voulons que la Copie des présentes , qui sera imprimée tout au long au commencement ou à la fin desdits Ouvrages soit tenue pour dûment signifiée ; & qu'aux Copies collationnées par l'un de nos amez & féaux Conseillers-Secrétaires foi soit ajoutée comme à l'Original. Commandons au premier notre Huissier ou Sergent sur ce requis , de faire pour l'exécution d'icelles tous actes requis & nécessaires, sans demander autre permission , & nonobstant clameur de Haro, Charte Normande & Lettres à ce contraires. Car tel est notre plaisir. Donné à Versailles le vingtiéme jour du mois de Mars l'an de grace mil sept cens cinquante-deux , & de notre régne le trente-septiéme. Par le Roi en son Conseil ,

S A I N S O N.

Registré sur le Registre XII. de la Chambre Royale & Syndicale des Libraires & Imprimeurs de Paris , N. 747. fol. 525. conformémens au Réglement de 1723, qui fait défense Article IV. à toutes personnes de quelque qualité qu'elles soient , autres que les Libraires ou Imprimeurs , de vendre , débiter & faire afficher aucuns Livres pour les vendre en leurs noms , soit qu'ils s'en disent les Auteurs , ou autrement, & à la charge de fournir à la susdite Chambre neuf Exemplaires prescrits par l'Article CVIII. du même Réglement. A Paris le 11 Mars 1752.

J. B. C O I G N A R D , Syndic.

CATALOGUE

Des Œuvres de M. le Chevalier DE MOUHY.

Mémoires de M. *de Ville-Nemours*, en 4 part. in-12. par M. de *Mouhy. Sous presse.*

Les Mémoires du Marquis de Fieux en 4 part. 2 vol. in-12. Chez *Prault* fils, Libraire, a la descente du Pont-neuf; l'édition finie.

La Paysanne parvenue en 12 part. avec figures, quatre volumes in-12. 4e. édition; *idem* Libraire.

Paris ou le Mentor à la mode, 3 part. in-8°. Chez *Poilly*, Libraire, ruë Guenegaud, 2e édition.

Le démêlé survenu entre le Paysan & *la Paysanne parvennë*, à la sortie de l'Opera, Brochure in-12, chez *Ribou*; édition finie.

La vie de Chimene de Spinelli, en 8 part. 2 vol. in-12. Seconde édition finie. Chez *Ribou. Sous presse.*

La Mouche ou les Avantures de Bigand, en 8 part. 4. in-12. Chez *Poilly.* 3e. édition.

Les Mémoires de Mademoiselle de * * * en 4 part. édition finie & que l'Auteur n'a pas voulu qui fussent réimprimés. A Amsterdam.

Les mille & *une saveurs*; 8 vol. petit in-12. Neaulme a la Haye 3e. édition finie.

Nouveaux motifs de conversion, à l'usage des Gens du monde. 1 vol. in-12 2e; édition. La seconde finie.

Lettres d'un Génois 1. vol. in-12 2e édition. La seconde finie.

Les Mémoires posthumes du Comte D. B. avant sa retraite. 2 vol. in-8°. 2e. édition bientôt finie. Chez *Poilly.*

Lamekis ou les Avantures extraordinaires d'un Egyptien. Idem Libraire. 2. vol. in-12. 3e édition bien avancée.

Les Mémoires d'une Fille de qualité qui ne s'est par retirée du monde, en 12 part. 4 vol. in-12. 3e. édition. Par la Compagnie des Librai-res, à Amsterdam. Dédiés à la Reine de *Prusse.*

Le Masque de fer ou les Avantures du pere & *du fils*, 6 part. 2 vol. in-12. A la Haye. 5e. édition.

Le Répertoire, Ouvrage périodique, 1 vol. in-12. Chez *Grégoire Dupuis.* Edition finie.

Le Papillon ou Lettres Parisiennes, 4 vol. in-8°. Chez *Vandole* à la Haye, 2e édition des trois premiers tomes.

Le mérite vengé, Ouvrage critique sur les Observations de l'Abbé Desfontaines; 2e. édition finie. Chez *Prault* fils. 1 vol. in-12.

Tablettes Dramatiques, &c. Contenant tout ce qui a été écrit sur l'Histoire du Théâtre François. 1 vol. in-12. Chez *Sébastien Jorry.*

Les Mémoires du Marquis de Benavidez, en 12 part. 4 vol. in-12 sous Presse.

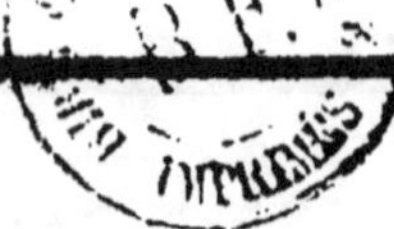

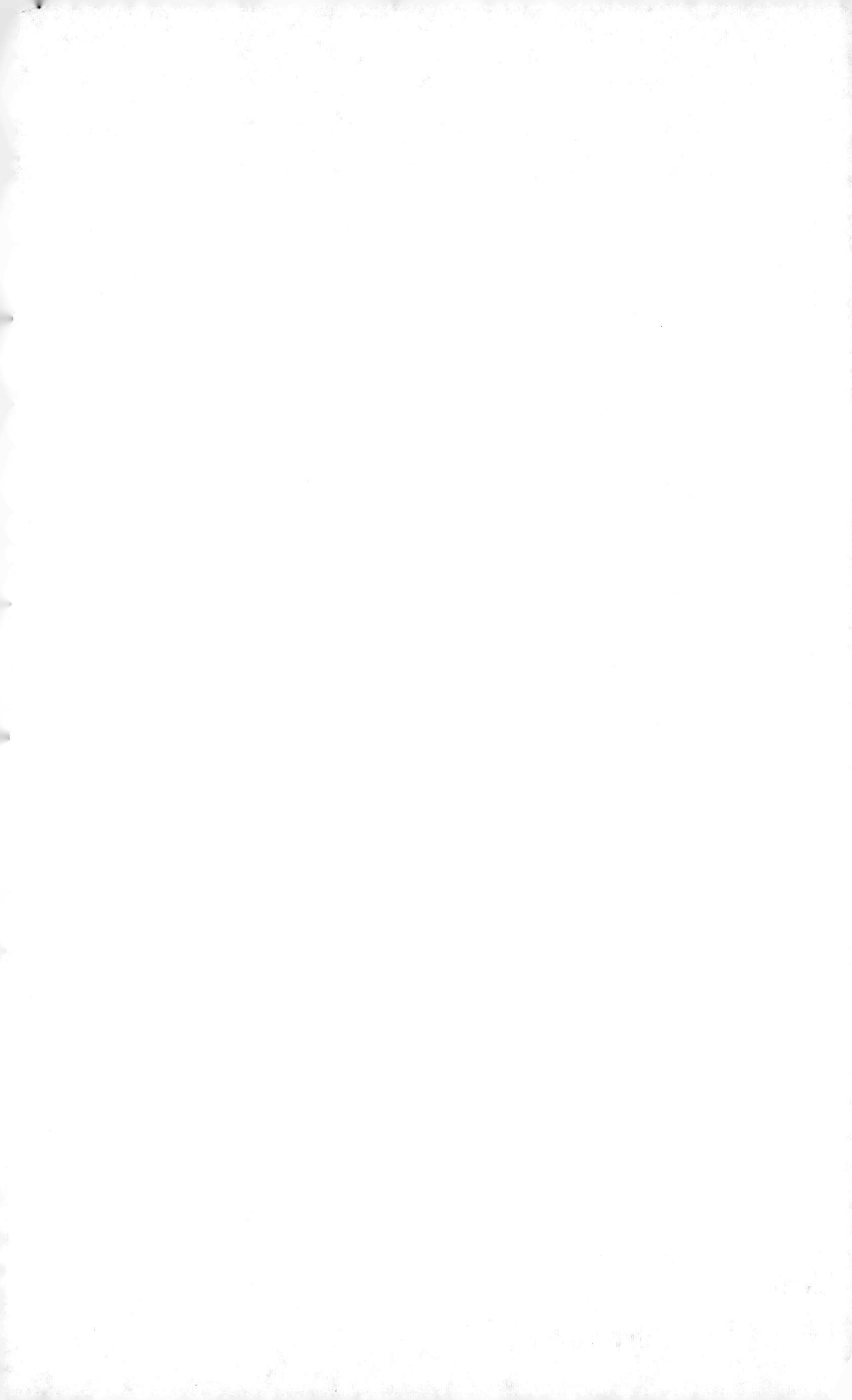